中国高级工商管理丛书

CEO
人力资源管理与开发
（第二版）

赵曙明　刘　洪　李乾文　主编

北京大学出版社
PEKING UNIVERSITY PRESS

图书在版编目(CIP)数据

CEO 人力资源管理与开发/赵曙明等主编. —2 版. —北京:北京大学出版社,2021.4
(中国高级工商管理丛书)
ISBN 978-7-301-32068-6

Ⅰ.①C… Ⅱ.①赵… Ⅲ.①企业管理—人力资源管理 Ⅳ.①F272.92

中国版本图书馆 CIP 数据核字(2021)第 049686 号

书　　　名	CEO 人力资源管理与开发(第二版) CEO RENLI ZIYUAN GUANLI YU KAIFA(DI-ER BAN)
著作责任者	赵曙明　刘　洪　李乾文　主编
责 任 编 辑	赵学秀
标 准 书 号	ISBN 978-7-301-32068-6
出 版 发 行	北京大学出版社
地　　　址	北京市海淀区成府路 205 号　100871
网　　　址	http://www.pup.cn
微信公众号	北京大学经管书苑(pupembook)
电 子 信 箱	em@pup.cn
电　　　话	邮购部 010-62752015　发行部 010-62750672　编辑部 010-62752926
印 刷 者	大厂回族自治县彩虹印刷有限公司
经 销 者	新华书店 787 毫米×1092 毫米　16 开本　19 印张　427 千字 2011 年 6 月第 1 版 2021 年 4 月第 2 版　2021 年 4 月第 1 次印刷
印　　　数	0001—4000 册
定　　　价	55.00 元

未经许可,不得以任何方式复制或抄袭本书之部分或全部内容。
版权所有,侵权必究
举报电话:010-62752024　电子信箱:fd@pup.pku.edu.cn
图书如有印装质量问题,请与出版部联系,电话:010-62756370

丛书编委会

主任委员　赵纯均　郑绍濂

副主任委员　仝允桓　吴世农　张维迎　席酉民　徐二明

主　　编　仝允桓　吴世农　陆正飞

编　　委　（按姓名汉语拼音排序）

陈　收　陈晓红　戴国强　董大海　贾建民
蓝海林　李国津　李维安　李新春　李燕萍
李延喜　李一军　李　垣　刘　星　王重鸣
王方华　王　华　翁君奕　武常岐　杨　丹
伊志宏　尤建新　于　立　曾　勇　张金隆
张　维　张新民　张屹山　赵曙明

丛书序言

在我国高校 MBA 教育项目成功开办十周年后,国务院学位委员会于 2002 年 7 月正式批准我国 30 所高校开办 EMBA 教育项目。从此,一批具有高层管理经验的企业家、董事长和总经理等纷纷报考高级工商管理硕士研究生,再次走进高校,开始他们的学习生涯,工作之余,继续学习。他们刻苦钻研,深究理论,联系实际,探讨改革,在课堂上提出许多中国特有的、具有理论挑战性的管理问题。这批具有丰富实践经验、勤于探索的学生在高校的管理学院实现了实践和理论的结合,推动了我国高校管理学院在教学和科研方面的改革与创新。

自清华大学、北京大学、复旦大学、上海交通大学、西安交通大学、厦门大学和南京大学等 30 所高校开办 EMBA 教育项目以来,EMBA 教育特有的学习和培养模式深受国有企业、外资公司和民营企业高级管理人员的欢迎。他们当中不乏硕士毕业生、博士毕业生,或者高级工程师、高级经济师等,但他们有着明确的学习目标——不为学历为学习,不为文凭为求知,不为自己为企业,不为现状为未来。我国 30 所高校的管理学院,在国务院学位委员会的领导下,由全国 MBA 教育指导委员会组织全国著名专家学者,借鉴国际上 EMBA 教育的经验,结合中国国情,认真设计和制定了 EMBA 教育项目的培养方案、课程体系和管理办法;密切注意 EMBA 教育中出现的问题,提出和制定了相应的政策和管理规范;设计和制定了 EMBA 教育基本教学规范和教学质量评估方案,并对全国 30 所招收 EMBA 学生的高校进行了教学质量评价。这些举措有力地推动了我国 EMBA 教育的健康发展。

五年多来,在各高校管理学院的努力之下,EMBA 教育的总体发展趋势良好,并涌现了一批优秀的 EMBA 教师。他们按照我国 EMBA 培养方案中的课程体系和教学要求,借鉴全国重点高等院校和国际一流大学 EMBA 课程教学的经验,根据 EMBA 学生的特点,精选教学内容,结合典型案例,善于联系实际,授课生动活泼,深受学生欢迎。他们丰富的教学经验,是我国管理教育的一笔宝贵财富。为此,北京大学出版社在全国 MBA 教育指导委员会的支持下,邀请国内一流 EMBA 院校的负责人和活跃在 EMBA 教学一线的知名学者组成"中国高级工商管理丛书"编委会,遴选国内一流 EMBA 院校中在 EMBA 教育领域已积累丰富经验、深受学生欢迎的知名教师为各书作者,组织撰写和出版"中国高级工商管理丛书"。

本丛书针对企业高层管理者在现代管理思想、领导能力、综合决策方面的实际需要，强调管理理论的知识整合和决策导向，注重使用通俗易懂的语言和国内外典型案例，讲授涉及企业全局性、战略性、前瞻性等方面的管理问题，使广大企业高层管理人员能够尽快掌握系统的工商管理理论要点和分析决策方法，结合企业管理实践进行有效的管理决策。本丛书具有以下特点：

1. 实用性。本丛书参照 EMBA 培养方案和课程体系，以全国重点高等院校和国际一流大学所开设的 EMBA 主干课程为基础，邀请具有丰富教学经验的知名专家学者，尊重和鼓励他们在教学内容和教学组织等方面有所突破和创新，同时结合国情，根据我国高层管理人员的管理实践需要，精选教学内容和案例，设计和撰写适合我国高层管理人员实际需要的教材。丛书内容充分吸收了中国企业管理的智慧和经验，具有突出的中国特色。

2. 思想性。本丛书针对企业高层管理人员在企业实际运作中面临的企业组织、公司治理、竞争力、财务、资本运作、人力资源、营销、生产和运作等战略性问题，在准确、精练地阐述每个领域的基本理论的同时，结合中国本土的各类企业的实践，深入挖掘管理实践背后的理论观点和思想内涵，注重启发读者的思维，使读者既能掌握先进的现代管理理念，又能增强解决实际问题的能力。

3. 广泛性。本丛书坚持"学以致用，学以致道"的原则，旨在为企业高层管理人员提供一整套系统、实用的企业管理理论和分析方法，为其发现、分析和解决企业各类战略决策问题服务。由于语言通俗易懂，理论突出重点而又简练，分析精辟而独到，案例经典且有借鉴价值，因此本丛书不仅适合作为 EMBA 学生主干课程的教材，同时也适合作为国际通行的高级管理人员培训项目 EDP（Executive Development Program）的教材或企业高级管理人员自学的教材。

此外，本丛书将在出版基础教材的同时，推出教学课件，包括教学 PPT、思考与练习题参考答案和案例分析示范等配套教辅材料，以尽可能地方便教师使用。

基于此，我代表编委会真诚地向各位读者推荐这套丛书，并希望这套丛书在今后能够持续地吸收来自读者的意见和建议，在可以预见的将来不仅能够充分地满足国内读者学习高层管理知识的需要，同时也因为它日益完善的本土特色而有朝一日成为国外读者了解和学习中国高层管理知识的首选。

赵纯均

全国 MBA 教育指导委员会常务副主任

2008 年 1 月 30 日

再版前言

本教材自2011年6月第1次出版以来,因其兼具理论价值与实践意义,被诸多高校选为EMBA或MBA的人力资源管理课程教材,得到了广大师生的一致好评。但近十年来,随着互联网、物联网、大数据、人工智能等科技手段与产业的深度融合,企业人力资源管理的内外部环境无时无刻不发生着巨大变化,尤其是以易变性、不确定性、复杂性、模糊性为特征的VUCA时代的挑战,加之突如其来的至今仍对世界经济造成广泛影响的新冠肺炎疫情,以上种种都促使我们根据新的环境和最佳企业实践,对本教材进行修订完善。

为了系统梳理中国企业人力资源管理的发展脉络,赵曙明等(2019)借助可视化技术,通过关键词共现、聚类分析、文献共引分析等,富有逻辑地展示了中华人民共和国成立以来70年(1949—2018年)国际和国内中国情境下人力资源管理领域研究的演进历程。基于对SSCI期刊693篇、CSSCI期刊人力资源管理6 874篇研究论文可视化计量分析比较,对国内外中国情境下人力资源管理研究关键词汇总对比,将中国情境下人力资源管理研究分为三个阶段,即引入探索阶段(1949—1997年)、系统深化阶段(1998—2008年)、同步创新阶段(2009—2018年)。从近十年的同步创新阶段看,互联网、大数据、人工智能等科学技术的发展在东西方基本是同步的,对于新兴行业的人力资源管理的探索步伐国内外基本保持一致。该阶段国内人力资源管理研究蓬勃发展,研究内容也是宏观与微观相结合、横向与纵向相联通。具体而言,除聚焦"高绩效工作系统""雇佣关系""劳动关系""人力资源柔性"等企业管理方式,还对员工的态度、行为予以研究,对人力资源管理结果的关注由"绩效"转向"(员工)创新行为""(团队)创造力""组织认同"等领域。与此同时,人力资源管理研究紧跟时代发展、符合时代需要,如"科技人力资源管理""数字化人力资源管理"等时代热点命题方兴未艾。此外,中国的传统哲学、文化和价值观对人力资源管理的影响也引起了学界和实践界的兴趣。

综合实践发展和理论研究,赵曙明教授等前瞻性地提出了未来中国情境下人力资源管理研究的十大趋势:(1)互联网时代人力资源管理变革研究;(2)中国人力资源管理国际化研究;(3)中国情境下本土人力资源管理研究及跨文化比较;(4)创新驱动的人力资源管理变革与发展研究;(5)中国企业和谐雇佣关系研究;(6)社会网络视角下的人力资源管理研究;(7)新生代员工的人力资源管理研究;(8)组织变革转型下的人力资源体系调整研究;(9)公共部门人力资源管理研究;(10)低绩效管理系统研究。围绕以上趋势研判,本教材与时俱进地进行了相应的修订完善。

关于领导胜任力和高素质、创新人才的培养,赵曙明(2015)提出了管理者需要"四识"齐备的观点,即有"知识、见识、胆识、共识"。"四识"是包括理论修养、政策水平、渊博学识、决断能力、创新精神、宽广视野和求同存异在内的综合素养,是德与才、胆与识、勇与谋、个人与集体的有机统一。管理者"四识"与员工具备"高素质、高积极性、高协作性、高自律性"具有高度统一,体现了对事业的追求、对责任的担当。而开展创新人才的培养,需要逐步形成"制度牵引、问题导向、道德至上、资源整合、合理使用"的全要素运行模式。

2020年11月21—22日,南京大学商学院隆重举办了"第十届企业跨国经营国际研讨会"。赵曙明教授在大会致辞中明确指出,移动互联网、大数据、物联网、人工智能和区块链等新技术的出现,正在以前所未有的方式改变着商业世界。迅速发展的新技术改变了原有的工作性质和方式,它挑战了我们长期以来关于领导力、组织运营模式、员工敬业度、文化宗旨以及未来人力资源管理的理解。新技术作为一把双刃剑,一方面破坏了现有的商业模式,冲击了现有的商业秩序;另一方面,跨国公司可以利用这些技术从根本上简化、改善工作流程,创建全新的商业模式,并开发适应消费者新年龄结构的创新产品和服务。在威胁与机遇并存的当下,企业如何做出适当的投资决策、利用新技术适应人口变化,并进行人力资源管理创新,是需要学界和实践界共同携手解决的突出问题。

基于以上内外部环境变化,本教材具体内容的修订包括以下几部分:首先,较大的修改是在第十章,由原来的"人力资源管理展望"修订为"我国人力资源管理发展历程和面临挑战",把改革开放以来的人力资源管理实践归结为起步阶段、成长阶段和成熟阶段,并探讨了新时代背景下人力资源管理面临的新生代员工的管理、大数据背景下的人力资源管理、共享经济下的人力资源管理、跨国企业的人力资源管理等挑战及其解决措施。

其次,对第四、五、七、八、九章进行了中等程度的修改。第四章"组织学习与员工发展"的第三节增加了企业职业发展管理的配套制度和领导力开发两部分内容,并根据最新的管理实务需要增加了第四节"行动学习"的内容,课后案例分析也更新为民营企业的典型案例"组织学习:红豆集团核心能力的构建";第五章"绩效管理与评估"第一节删除了绩效管理上的误区部分内容,在第二节增加了"OKR(目标与关键成果法)",课后案例分析更新为"A公司南京软件中心的绩效管理改进";第七章"劳动关系管理"第一节增加了劳动关系管理的作用、劳动关系的类型和调整劳动关系的法律基础,对于第二节"劳动合同制度"也进行了修订,第五节"转型期中国劳动关系的特点"增加了当前劳动关系所处环境变化带来的挑战与机遇、建立和发展和谐劳动关系相关内容,并增加了第六节"新时代非典型用工关系"内容,课后案例分析更新为"中国本田汽车零部件制造有限公司员工罢工事件";第八章"国际人力资源管理"第一节第三部分修改为"中国企业国际化进程中的人力资源管理挑战",第二节的国际外派、培训、个人发展等内容进行了整合和扩展,课后案例分析更新为"美国工厂——福耀玻璃在美国的故事";对第九章第三节"全球化背景下的领导胜任力"的内容进行了补充完善,课后案例分析更新为"华为的胜任力模型"。

最后,对其他章节进行了微调与修订:第一章"人力资源管理的历史演变"课后案例分析更新为"华为的人力资源管理之路";第二章修订了原图2-2中的不完善之处;第三、六章修订了部分细节内容。同时,根据内容调整,整本教材增加了相应的参考文献。

综上，本教材修订版继续保持了第一版对象明确、体系新颖、案例引导、研究扎实等特点，并继续吸纳、整合了南京大学商学院人力资源管理研究团队的最新研究成果。虽然，本教材的整个修订过程经过作者团队的多次讨论、数轮修改统稿，但由于VUCA时代的复杂性、不确定性特征，CEO的人力资源管理呼唤从理论到实践与时俱进的应对之策，本教材力求整体结构的完整性，却难以穷尽人力资源管理的最佳实践经验。再加上作者水平存在一定局限性，错误与不足在所难免，衷心希望各界读者能继续提出宝贵建议，以策进步。

赵曙明　刘　洪　李乾文

2020年11月28日于南京大学商学院

第一版前言

跨入新世纪以来,"以人为本""人才资源是第一资源"等理念日益成为社会各界的共识,"人才强国战略"也已经成为我国的发展战略,人才发展是党和国家的第一发展目标。而经济全球化、社会知识化发展的广泛性、快速性、复杂性和不确定性等特征日益明显,并对人力资源管理提出了新的要求。中国的人力资源管理如何适应新时代的发展,已成为当今社会面临的新课题。

伴随社会经济改革的进一步深化,人力资源管理正朝着国际化、市场化、职业化、知识化等方向发展。从理论和实践这两个层面看,新时期的人力资源管理必须是动态的、战略的和全球的,在做好传统人力资源职能管理的同时,必须因应以下变化趋势[①]:(1) 知识经济时代下的人力资源管理。知识经济本质上是一种创新经济,在这种新的经济形态中,拥有知识的人才将对组织的生存与竞争具有关键意义,决定企业竞争优势的根本在于组织拥有的知识和快速学习的能力,而这一切又取决于处于企业中的人。知识型员工成为企业人力资源管理关注的重点,知识的创造、传递、整合、应用和增值成为人力资源管理的主要内容。素质高、稀缺、热门的人才将获得更多的工作机会和更高的报酬。(2) 人力资源管理的全球化。全球化浪潮正席卷商业世界的各个领域,全球领导者成为学术界和企业界所关注的焦点问题。全球化时代需要更多的全球领导者,缺乏足够的全球领导者已成为阻碍全球性企业获得成功的关键因素。在我国,随着国际资本和技术的加速涌入,与此同时我国企业走出国门参与全球资源配置,很多产业已经"国际竞争国内化,国内竞争国际化",培养和造就一大批具有全球视野和战略思维的全球胜任力领导者和员工队伍,是摆在我国广大企业面前的现实挑战。(3) 人力资源管理的职业化。职业化是市场发展成熟的重要标志,市场环境的变化使得我国的人力资源从业人员面临着职业化的挑战。职业化是一个过程,通过这个过程,人力资源管理从业人员由于其拥有的独特专长、关注工作生活质量以及为社会带来利益,而获得从事某种特定的工作、控制职业培训和职业进入、确定与评价该职业工作方式的专有权力。员工队伍的职业化水平提高将有利于人才流动和打破人才的行业垄断,进而有利于人才发展和社会公平。

2010 年发布的《国家中长期人才发展规划纲要(2010—2020 年)》指出,未来十几年,

---

① 赵曙明:《中国人力资源管理的转变历程与展望》,《人力资源管理》,2009 年第 10 期,第 24—25 页。

是我国人才事业发展的重要战略机遇期。我们必须进一步增强责任感、使命感和危机感，积极应对日趋激烈的国际人才竞争，主动适应我国经济社会发展需要，坚定不移地走人才强国之路，科学规划，深化改革，重点突破，整体推进，不断开创人才辈出、人尽其才的新局面。在这一规划纲要中，明确提出了要实施企业经营管理人才素质提升工程，提出着眼于提高我国企业现代化经营管理水平和国际竞争力，到2020年，培养一批具有世界眼光、战略思维、创新精神和经营能力的企业家；培养1万名精通战略规划、资本运作、人力资源管理、财会、法律等专业知识的企业经营管理人才。[①]

本教材正是着眼于此背景，站在培养具有全球视野和战略思维人才的高度，以企业高管的视角，关注企业人力资源管理传统职能的新变化，以及全新企业人力资源管理问题，全面、深入地阐述适应中国经济转型期的企业人力资源管理系统，反映新的人力资源管理发展趋势。全书共分十章，第一章是关于人力资源管理的历史演变，重点对人力资源管理的发展历程，以及新时期人力资源管理的特征与作用进行了阐述，目的是从历史观和系统观的视角给高管们关于人力资源管理在企业经营管理系统中的准确定位；第二章是关于人力资源战略与规划，既反映了人力资源管理自身必须上升到战略高度，同时又与企业总体战略相关联，阐述人力资源战略与战略性人力资源管理；第三章是关于员工招聘与匹配，帮助高管们不仅了解如何获取符合岗位需要的员工，而且更需要获取与组织战略相匹配的员工，确保企业战略和目标的实现；第四章是关于组织学习与员工发展，只有高管层面认识到组织学习的重要性，学习型组织的建立才能有保障，而员工的发展与组织的发展密不可分，学习型组织的建立有赖于每个员工的学习与发展；第五章是关于绩效管理与评估，这是高管们时常需要关注的核心问题之一，该章通过介绍具体的方法和操作来帮助高管们掌握采用、改进和完善与组织战略目标匹配的绩效管理办法的原理和方法；第六章是关于薪酬与激励，这是人力资源管理的核心职能，着重阐述如何制定与企业战略相匹配的薪酬体系与激励制度；第七章是关于劳动关系管理，随着新的《劳动合同法》的颁布，产业结构的深入调整，高管们必须了解由此带来的各种劳资矛盾以及如何建立和谐的劳动关系管理的理论与实践问题；第八章是关于国际人力资源管理，讨论在使用国内外两种资源、开拓国内外两种市场的过程中人力资源管理的相关问题；第九章是关于全球化背景下的领导胜任力，介绍具有全球视野和战略思维的全球领导者的胜任力内涵和表现形式，并以培育全球视野的人力资源管理者为例加以说明；第十章是关于人力资源管理展望，重点对转型经济、法治化和全球网络经济对人力资源管理提出的挑战给予了阐释。

与同类教材相比，本教材的突出特点表现在以下方面：（1）对象明确。本教材针对的是企业的CEO层面，以及未来希望成为CEO层面的企业高级经营管理者。（2）体系

[①] 《国家中长期人才发展规划纲要（2010—2020年）》，http：//www.gov.cn/jrzg/2010-06/06/content_1621777.htm［2021-03-08］。

新颖。本教材充分梳理了新世纪人力资源管理的最新发展趋势，特设了组织学习与员工发展、劳动关系管理、国际人力资源管理、全球化背景下的领导胜任力等章节。(3) 案例引导。每章都安排了与该章内容相适应的案例，有助于企业高管们联系经典案例进行深入研讨。(4) 研究扎实。南京大学商学院是国内人力资源管理研究的重要力量，作者正承担着"转型期人力资源管理的若干重大问题"国家自然科学基金重大项目，完成了一系列国家自然科学基金项目，本教材吸收了已有的研究成果，如全球化的领导胜任力、国际人力资源管理等都体现了这样的积累。

虽然作者团队为此教材的出版兢兢业业，数易其稿，但由于国内外人力资源管理的发展异常迅速，中国转型期的人力资源管理并未完全定型，实践问题层出不穷，再加上作者水平的局限，错误与不足肯定在所难免，衷心希望读者能提出宝贵意见。

赵曙明　刘　洪　李乾文
2011 年 1 月 8 日于南京大学商学院

目　　录

第一章　人力资源管理的历史演变 …………………………………………… (1)
　　第一节　人力资源管理的发展历程 ………………………………………… (3)
　　第二节　新经济时代人力资源管理的特征及作用 ………………………… (9)
　　第三节　人力资源管理活动、系统与竞争优势 …………………………… (14)
　　【本章案例分析】 …………………………………………………………… (22)
　　【本章小结】 ………………………………………………………………… (25)
　　【关键概念】 ………………………………………………………………… (26)
　　【思考与练习】 ……………………………………………………………… (26)

第二章　人力资源战略与规划 ………………………………………………… (27)
　　第一节　人力资源战略 ……………………………………………………… (29)
　　第二节　人力资源规划 ……………………………………………………… (34)
　　第三节　工作分析 …………………………………………………………… (39)
　　【本章案例分析】 …………………………………………………………… (44)
　　【本章小结】 ………………………………………………………………… (49)
　　【关键概念】 ………………………………………………………………… (50)
　　【思考与练习】 ……………………………………………………………… (50)

第三章　员工招聘与匹配 ……………………………………………………… (51)
　　第一节　与组织匹配的员工 ………………………………………………… (53)
　　第二节　人力资源供需预测 ………………………………………………… (56)
　　第三节　如何有效地获取员工 ……………………………………………… (61)
　　【本章案例分析】 …………………………………………………………… (67)
　　【本章小结】 ………………………………………………………………… (71)
　　【关键概念】 ………………………………………………………………… (72)
　　【思考与练习】 ……………………………………………………………… (72)

第四章　组织学习与员工发展 ……………………………………………… (73)
- 第一节　组织学习 ………………………………………………………… (75)
- 第二节　员工的学习 ……………………………………………………… (83)
- 第三节　员工发展 ………………………………………………………… (87)
- 第四节　行动学习 ………………………………………………………… (96)
- 【本章案例分析】 ………………………………………………………… (98)
- 【本章小结】 ……………………………………………………………… (100)
- 【关键概念】 ……………………………………………………………… (100)
- 【思考与练习】 …………………………………………………………… (101)

第五章　绩效管理与评估 …………………………………………………… (103)
- 第一节　认识绩效管理 …………………………………………………… (105)
- 第二节　绩效考评的常用方法 …………………………………………… (107)
- 第三节　绩效评估的操作 ………………………………………………… (122)
- 【本章案例分析】 ………………………………………………………… (132)
- 【本章小结】 ……………………………………………………………… (134)
- 【关键概念】 ……………………………………………………………… (135)
- 【思考与练习】 …………………………………………………………… (135)

第六章　薪酬与激励 ………………………………………………………… (137)
- 第一节　薪酬及其影响因素 ……………………………………………… (139)
- 第二节　薪酬管理与薪酬体系 …………………………………………… (144)
- 第三节　薪酬激励 ………………………………………………………… (151)
- 第四节　经营管理者薪酬 ………………………………………………… (155)
- 【本章案案例分析】 ……………………………………………………… (162)
- 【本章小结】 ……………………………………………………………… (165)
- 【关键概念】 ……………………………………………………………… (165)
- 【思考与练习】 …………………………………………………………… (165)

第七章　劳动关系管理 ……………………………………………………… (167)
- 第一节　劳动关系概述 …………………………………………………… (169)
- 第二节　劳动合同制度 …………………………………………………… (176)
- 第三节　劳动争议的处理 ………………………………………………… (183)
- 第四节　三方协商机制 …………………………………………………… (189)
- 第五节　转型期中国劳动关系的特点 …………………………………… (197)
- 第六节　新时代非典型用工关系 ………………………………………… (203)

- 【本章案例分析】 ……………………………………………………………… (207)
- 【本章小结】 …………………………………………………………………… (208)
- 【关键概念】 …………………………………………………………………… (209)
- 【思考与练习】 ………………………………………………………………… (209)

第八章 国际人力资源管理 ……………………………………………………… (211)
- 第一节 国际人力资源管理概述 ……………………………………………… (213)
- 第二节 员工配置与培训发展 ………………………………………………… (219)
- 第三节 国际薪酬与绩效管理 ………………………………………………… (225)
- 第四节 国际人力资源管理的敏感问题 ……………………………………… (230)
- 【本章案例分析】 ……………………………………………………………… (232)
- 【本章小结】 …………………………………………………………………… (237)
- 【关键概念】 …………………………………………………………………… (237)
- 【思考与练习】 ………………………………………………………………… (238)

第九章 全球化背景下的领导胜任力 …………………………………………… (239)
- 第一节 胜任力及领导胜任力概述 …………………………………………… (241)
- 第二节 人力资源管理领导胜任力 …………………………………………… (245)
- 第三节 全球化背景下的领导胜任力 ………………………………………… (251)
- 【本章案例分析】 ……………………………………………………………… (255)
- 【本章小结】 …………………………………………………………………… (257)
- 【关键概念】 …………………………………………………………………… (257)
- 【思考与练习】 ………………………………………………………………… (257)

第十章 我国人力资源管理发展历程和面临挑战 ……………………………… (259)
- 第一节 我国人力资源管理发展历程 ………………………………………… (261)
- 第二节 当代人力资源管理的挑战和对策 …………………………………… (267)
- 【本章小结】 …………………………………………………………………… (274)
- 【关键概念】 …………………………………………………………………… (275)
- 【思考与练习】 ………………………………………………………………… (275)

参考文献 ………………………………………………………………………… (276)

后记 ……………………………………………………………………………… (287)

第一章　人力资源管理的历史演变

"劳动创造价值",人作为劳动的主体一直备受关注。经济学把创造物质财富而投入生产活动中的一切要素统称为资源,其中包括人力资源、物质资源、财务资源、信息资源和时间资源等。相较于其他资源而言,人类自身具有主观能动性并且是持续可再生的。有限资源的价值最大化是人类发展必须解决的难题,更是企业需要思考的问题。

伴随着信息技术的发展,在信息时代下企业减少了对于物质资源、财务资源、时间资源乃至劳动力数量的需求,人类作为唯一可以对其他有限资源进行加工、使用以及创新的资源在这种背景下显得尤为重要。组织赋予了人力资源新的价值,通过不断更新人力的观念和技能,从而提升有限的土地、设备等物质资源以及财务资源等所能带来的竞争力,因此劳动力的质量即人的质量相较于其他资源已成为企业更为重要的特殊资源,在此背景下,各类组织对人力资源也就越发重视。

对企业而言,人力资源已成为企业获得竞争优势的有力要素的重要来源,开发人力资源已成为管理活动的一个重要任务。在这种时代背景下,回顾人力资源管理理论和实践的发展,对认识人力资源管理及其对企业的自身发展都有着深刻的影响意义。

本章首先回顾了人力资源管理的发展历程,并将人力资源管理与传统的人事管理进行了比较,在此基础上进一步讨论了新经济时代人力资源管理的特征及作用,进而最后分析了人力资源管理活动、人力资管理系统,并且对人力资源管理与企业竞争优势之间的关系进行了剖析。

第一节　人力资源管理的发展历程

一、人事管理的出现

(一)早期人事管理思想的萌芽

第一次工业革命不仅是一次技术层面上的巨大进步,更是一场深刻的社会变革。工厂制度建立,新的产业形式出现,工业逐渐从农业中脱离,形成了一个独立的产业部门,大量限于农事的劳动力从土地中解放出来,从手工作坊中走出来,成为产业工人,专业的雇佣部门应运而生,劳工管理成为工厂管理的一个重要工作。

这一时期有关雇员管理的具体内容大致包括:通过"人际关系实践"使一线管理得以树立"人"的观念;为雇员提供福利(包括休假、退休金等);建立一些形式的非工会组织或企业民主组织,由其组织雇员代表大会。这些内容反映了企业开始重视雇员管理,理论界也将其纳入研究的框架,并以此形成了两条研究思路:一条被称为内部主义者的思路,主要是运用行为科学(如心理学和社会学)的理论和商业管理、工程技术的知识,从公司内部解决自身的劳动问题;另一条被称为外部主义者的思路,主要运用经济学、历史、法律及社会学等宏观方面的知识,以公司外部为视角,解决劳工问题。其中,内部主义者的思路后来发展为现代人力资源管理。1912年,在波士顿召开的雇佣经理联合会成立大会上,首次提出了雇员管理的概念,雇员管理成为公司的日常工作之一,这一概念是人事管理思想的萌芽,但此时的管理工作大多局限在劳资谈判、劳工关系等问题上,人们普遍认为雇员管理是雇主解决劳工问题的有效手段。

(二) 科学管理理论在人事管理中的应用

19世纪末20世纪初,第二次工业革命引发了大机器生产方式,资本进一步集中,大生产也要求更加专业化的劳动,工厂的生产一切都以效率最大化为原则。为了追求效率最大化,美国、法国和德国等率先展开二次工业的国家兴起了科学管理的浪潮。其中泰勒的科学管理理论就是以谋求最高效率为指导思想、基于经济人假设提出的,这一管理思想的提出适应了时代的要求,在美国被广泛地采用,也给人事管理的思想带来重大的影响。工厂要提升工作的专业化,达到最大的工作效率,就必须用科学化的管理方法代替传统的经验式管理,为此,泰勒在《科学管理原理》一书中首先提出了一些基本的管理制度[1]:

(1) 对工人提出科学的操作方法,以便有效利用工时,提高工效。研究工人工作时动作的合理性,去掉多余的动作,改善必要动作,并规定完成每一单位操作的标准时间,制定出劳动时间定额。

(2) 科学地挑选工人,对其进行培训和晋升。选择合适的工人安排在合适的岗位上,并培训工人使用标准的操作方法,使之在工作中逐步成长。

(3) 实行具有激励性的计件工资报酬制度。对完成定额或超额完成定额的工人以较高的计件支付工资;对完不成定额的工人,则按较低的工资率支付工资。

(4) 管理和劳动分离。设置单独的专职人事管理岗位,以保证工作按标准的设计程序进行,因此管理者和劳动者在工作中是密切合作的。管理者和劳动者在工作中密切合作,以保证工作按标准的设计程序进行。

科学管理不仅提出了标准化的管理方式,更重要的是泰勒所倡导的心理革命,这应该是科学管理观点的真正本质。泰勒认为雇主和雇员的利益应该是指,对雇主而言,所追求的应该是事业的发展,而不仅是单纯的利润。事业的发展不仅可以给雇员带来更可观的报酬,而且能给雇员创造一个发挥个人潜质的更好的平台。泰勒倡导雇主和雇员的合作,并且他在1912年美国众议院特别委员会意见听证会上指出了这一场心理革命是科学管理的实质。可见,泰勒强调的是合作,而不是剥削,并在1912年美国众议院特别委员会意见听证会上指出《科学管理原理》提出的标准化管理方式表面上是一场科学管理方式的革命,本质上更是一场精神革命。他倡导雇主和雇员应该是合作关系,而不是剥削与被剥削关系。他认为二者应该通力合作以达到对雇主事业发展的追求,因为事业发展可以给雇员带来可观的报酬,从而激励雇员积极发挥个人潜质,形成良性循环,以获得最大利润回报。

---

[1] 〔美〕泰勒:《科学管理原理》,机械工业出版社2007年版,第22页。

遗憾的是,科学管理学家们不知道如何开展这场革命,虽然泰勒早年就提出了开展一场心理革命,但他也不知道应该如何有效地实现。科学管理思想中有关效率方面的阐述影响太大,以至于掩盖了对人的心理因素的认识。这一时期,突然出现大量的所谓的效率专家,根本不懂得如何理解人的心理因素。不管是有意还是无意,科学管理思想中有关人的思想,尤其是有关积极心理的思想被当时的学者们忽视了,但这一思想并没有被时代遗忘。

(三) 人事管理概念的形成和内涵的发展

1. 霍桑实验和人际关系运动

20世纪30年代霍桑实验的研究结果使人事管理研究重点从科学管理方法转向了人际关系。1924—1932年,哈佛商学院的梅奥等人在芝加哥的西方电器公司霍桑工厂开展的实验证明了,员工的生产率不仅会受到工作方式和报酬的影响,某些社会和心理因素对其也有影响。梅奥等人发现员工的感情、情绪和态度受到群体环境、领导风格和管理者的支持等工作环境的强烈影响,而员工情感等也对员工的生产力产生重要的影响。因而,对员工的尊重将会提高他们的满意度,从而提高劳动生产率。梅奥等人的研究促使行为科学理论在人事管理中得到了广泛的应用。很多企业采用了设置培训主管、强调对员工的关心和支持、增强员工和管理人员之间的沟通等人事管理的新方法,人事管理人员负责设计和实施上述各项方案,这极大地丰富了人事管理的职能。

梅奥等人的研究结果否定了传统的经济人假设,研究表明工作中的人际关系对工人工作效率的影响远大于工资等物质利益对其的影响。梅奥等人认为:工人是"社会人"而不是"经济人";企业中往往会因为人际关系和情感沟通而无意识地形成非正式组织;有效的管理应当有适当的人性化,以便更加有效地激励工人。

但是,梅奥主义者也产生了扭曲人际关系说的现象。这一学说的推崇者认为,"他们努力的目标是使每一个人在没有冲突的平衡状态中获得幸福,其结果是工人—管理当局的幸福结合"[①]。与此同时还出现了这样一种极端,即把人际关系看作目的而不是手段,认为当培养了良好的人际关系后,生产率的提高是必然的结果。但是,后人研究表明,只有和工作相结合的幸福感和满意度才能提高工人的生产效率,而不能脱离工作的重心强调人际关系。此外,对于领导者而言,不仅需要人际技能,知识性技能也不可忽视。

2. 组织行为理论的早期发展及其对人事管理的影响

20世纪60—70年代是人事管理获得大发展的时期。这一时期,组织行为学对人事管理的影响达到了顶峰。当时美国许多大学开设了人事管理方面的专业,并且组建了美国人事管理协会,即现在的美国人力资源管理学会前身。行为科学的研究发现,组织中员工的行为是多种多样、复杂多变的,因此不能仅仅将组织中员工的行为当作组织中的人际关系。组织自身对员工的表现具有塑造、控制和协调的作用。而员工的行为还要受

---

① 〔美〕丹尼尔·A.雷恩:《管理思想的演变》,李柱流、赵睿、肖聿等译,中国社会科学出版社1997年版,第416页。

到员工所处的职位、工作和技术要求的影响。组织行为学是"一个研究领域,它探讨个体、群体以及结构对组织内部行为的影响,以便应用这些知识来改善组织的有效性"[①]。组织行为学是和社会学、心理学以及政治学等密切相关的学科,其分支是工业心理学(又称组织心理学)。组织行为学通过对个体、群体以及组织在工作中行为的研究,说明它们是如何影响个体、群体的生产力水平以及生产绩效的。组织行为学的发展使人事管理中对个体的研究与管理扩展到了对群体与组织的整体研究与管理,人事管理的实践也为此发生了很大的变化。组织行为学对个体、群体行为的动机和原因的研究促进了员工激励理论的完善和应用,并发展了一大批经典的理论,譬如马斯洛的需要层次理论、赫茨伯格的双因素理论、奥尔德弗的 ERG(生存需要、关系需要和成长需要)激励理论等。

二、人力资源管理的提出

(一)人力资源管理概念的诞生

在后工业化社会,组织中员工的素质和需求都发生了改变,组织中出现了大量拥有相当知识基础和技能的员工,经济需求不再是员工的唯一需求,员工在组织中的人性地位发生了改变。伴随着员工从组织的一般生产资料到成为一种重要的资源,人事管理也开始向人力资源管理转变。

20 世纪 60 年代,企业中工会活动的规模及其影响力都在下降,并且工会的活动范围仅限于谈判活动,资本家和工人的对立关系也有所缓和,二者逐渐成为一个利益共同体,劳动关系向一元关系转化。在这种情况下,非工会企业也应运而生,企业的组织结构以及工作制度都发生了根本性的变革。企业不再重视泰勒提出的标准化的科学管理方法,转而开始重视对工人的关怀,并且开始注重人才的获取和培养,重视员工个人的发展和价值的提升。这突破了原本的管理方式,是一系列相互联系的人力资源管理方法。20 世纪 50 年代初至 60 年代初,人事管理开始向人力资源管理转变,萌芽阶段的人力资源管理起源于人事发展,这种转变适应了后工业化时代经济和社会发展的要求,因此这种转变也是必然的。虽然早期的人力资源管理理论仅仅从人事管理职能和管理活动的变化来阐述人力资源管理,但它将人事管理理论推到了一个全新的发展阶段——人力资源管理。

(二)知识经济时代的人力资源管理

管理学中的"人力资源"概念最先由彼得·F. 德鲁克(Peter F. Drucker)在其 1954 年出版的《管理的实践》(*The Practice of Management*)一书中提出。[②] 人力资源是指存在于劳动人口之中的从事经济及社会活动并能创造价值的能力。在这部学术著作里,德鲁克提出了管理的三个更广泛的职能:管理企业、管理经理人员和管理员工及其工作。在讨

---

① 〔美〕斯芬·P. 罗宾斯:《组织行为学(第 14 版)》,孙健敏、李原、黄小勇译,中国人民大学出版社 2012 年版,第 9 页。

② Drucker, P. F., *The Practice of Management*. New York: Haper & Brothers, 1954, 264.

论管理员工及其工作时,德鲁克引入了"人力资源"这一概念。他指出,"和其他所有资源相比较而言,唯一的区别就是它是人",并且是经理们必须考虑的具有"特殊资产"的资源。德鲁克认为人力资源拥有当前其他资源所没有的素质,即协调能力、融合能力、判断力和想象力。经理们可以利用其他资源,但是人力资源只能自我利用。"人对自己是否工作绝对拥有完全的自主权。"[1]

在知识经济时代,一个最直观和最基本的特征是知识作为生产要素的地位空前提高。但是,知识经济问题不仅是在工业文明条件下科学技术的地位问题。科学技术无论在广度和深度上,都还远远没有达到知识经济变革所涉及的内涵。在知识经济时代,对知识本身的认识,与在工业文明中对技术的认识最本质的差别在于知识不再是资本的附庸,资本必须借助于知识这一要素才能创造出价值,知识已成为企业生产过程中最为关键的要素。

在这一背景下,知识成为人类实现其他一切预期的首要前提,知识生产也成为知识经济中企业经营的核心活动。在新经济背景中,一切生产活动都围绕着知识生产进行。人的创新能力也在这一过程中得到最大限度的发挥。社会的生活结构方式、经济组织形态也在进行着深刻的改造。知识经济成为继工业革命以来又一次深刻的社会变革。

20世纪90年代以来,随着知识经济的深化,高新技术的运用也越来越普及,迅速发展的高新技术给企业的传统管理实践带来了巨大的冲击。经济全球化、信息网络化、知识社会化、人口城市化、人工智能化已经成为整个社会发展的代名词,而信息化、数据化、网络化与智能化更是当今企业管理的主要特点。为了更好地发展,企业在经营活动的各个方面都展开了适应性的转变,其中,由于人力资源的地位日益提升以及其涉及面的广泛性,人力资源管理如何转变以支撑企业适应不断变化的外部环境,一直为研究者和管理人员所关注。在组织结构方面,由于信息技术的使用,加快了信息传递的速度,也提升了信息传递的效率,减少了管理的中间环节,扩大了管理幅度。这些变化让组织结构趋向扁平化,同时也出现了诸如基于团队的组织结构和虚拟组织结构等新的组织管理模式。这些新型组织的出现,也给人力资源管理提出了新的要求,要求人力资源管理必须灵活、机动,并不断创新。

三、人事管理与人力资源管理的比较

传统的人事管理遵循着成本的观点,将人看作一种成本,人是被管理和控制的对象,人事部门是一个辅助的管理部门,只进行重复性的事务工作,并不能为企业直接创造价值。现代人力资源管理则将人看作企业中最宝贵的资源,甚至是企业的资本和资产。人力资源管理是为了实现既定目标,采用计划、组织、领导、监督、激励、协调、控制等有效措施和手段,充分开发和利用组织系统中人力资源所进行的一系列活动的总称。人力资源

---

[1] 〔美〕彼得·德鲁克:《管理的实践》,齐若兰译,机械工业出版社2006年版。

管理成为企业战略管理中不可分割的组成部分,直接关系到企业经营的成败。企业的员工不仅需要管理,而且需要开发,人力资源成为企业的核心竞争力之一。

在传统的雇佣关系中,企业的地位类似于"父母",员工的地位类似于"子女";员工的身份与价值由企业决定;好的、忠诚的员工被企业保留;员工在退休前一直做着企业指派的工作;员工主要通过职位升迁得以成长。而在新的雇佣关系中,企业与员工之间是建立在互利的工作上的"成人"契约关系,双方地位平等;员工的身份与价值由自己决定;员工的正常流动对企业来说是有利的;长期的雇佣方式被多种雇佣方式取代;员工主要通过个人发展不断成长。①

现代人力资源管理在招聘前就制定了人力资源规划,对招聘的人数有所计划,强调有计划地进行人员招聘工作,并且在用人、留人方面处处体现以人为本的管理思想,以员工胜任力的情况来科学地安排最合适的工作,让工作方式更加灵活与自主,并且在工作中充分地考虑企业和员工共同发展的需要,帮助员工的个人成长和价值体现。此外,通过全面的人力资源开发计划和企业文化建设,充分激发员工的积极性、主动性和创造性。传统的人事管理与现代人力资源管理的具体比较如表1-1所示。

表1-1 人事管理与人力资源管理的比较

对比的角度	人事管理	人力资源管理
信条与假设前提		
合同	详细的书面合同	致力于走出合同界限
规定	订立明确的规则或相互关系	不拘泥于条文
管理行为导向	制定程序	以商业需求导向
行为参考	规范或实践传统	价值观或当前使命
对于劳动力的管理使命	监督	培养
关系本质	多元化	统一化
矛盾	已成习俗化	属于次要方面
战略性因素		
要害关系	劳资关系	与顾客的关系
主动性	零散的	综合的
公司策划	处于边缘位置	处于核心位置
决策速度	缓慢	迅速
直线管理层		
管理职能	事务处理型	领导能力转换型
主要管理者	人事管理人员	各层管理者
信息传达	间接	直接
标准统一化	高(如平均制)	低(如员工激励制度)
重视的管理技能	谈判	鼓励

---

① Kissler, G. D,"The new employment contract", *Human Resource Management*, 1994,33(3), 335-352.

(续表)

对比的角度	人事管理	人力资源管理
主要控制机制		
选拔	孤立的次要任务	相互关联的主要任务
给薪/奖励	工作评价(固定的登记制度)	与工作成绩和效果挂钩
工作条件	单独协商	协调化
劳资关系	集体谈判合同	趋向个人契约
工作种类与等级	复杂	精简
交流	受限	频繁
工作设计	劳动力分配	团队合作
矛盾处理	以求暂时解决矛盾	试图管理企业文化与气氛
培训与发展	培训机会受限	学习型企业
干预重点	人事管理程序	包括企业文化、组织结构和人事政策等广泛领域

资料来源：Storey. J., *Developments in the Management of Human Resources*, Oxford: Blackwell, 1992, 35; 王俞, 《西方人力资源管理概念浅析》, 《中国人才》, 2003年第9期, 第20—23页。

第二节 新经济时代人力资源管理的特征及作用

一、新经济时代的影响

(一) 经济全球化

当今时代竞争的全球性特征正在对组织产生着深远的影响,贸易国际化程度日益加强,使得竞争的界限突破了原有的地理距离的限制,企业市场竞争的边界正在逐步改变。同时,竞争激烈程度的加深,以及产品生命周期的不断缩短,也要求企业应提升自身的弹性和适应性,优秀的企业不可能抱着"适者生存,优胜劣汰"的自然选择的思想,"萧规曹随"的观点也已不再适用,它们会主动地适应环境,随环境的变化而变化,甚至它们要做的是提前适应环境的主动变革。环境的变化无疑对企业变革产生了不可抵挡的动力,这种动力可能将企业推向一个新的发展平台,也可能将企业推入深渊,淹没在时代潮流的漩涡中。经济的全球化也促进了国际分工,在全球范围内形成了资源共享。在全球化过程中的新型企业与传统企业相比,更加注重分权性和员工的参与性,以及通过团队合作的方式来创造新的产品,并且把顾客的需求管理放在首位。这就要求企业能够有效地融合不同的文化,并能有效利用全球规模经济的优势,同时利用地方反应的灵活性。经济的全球化,创造了新市场、新产品,并孕育着新观念以及新的思考方式。在这一趋势下,人力资源管理需要创建新的模式和流程来培养领导者全球性的灵敏嗅觉、组织效率和核心竞争力。

（二）社会知识化

在经济全球化的同时，知识经济已成为当今和未来世界经济的主要形式。知识经济相较于农业经济和工业经济作为另一种经济增长的方式，其最突出的一点就是依赖于知识，知识成为经济增长的重要资源。正如德鲁克所言，"在知识社会中，知识将代替自然资源、金融资本等成为最重要的资源"[①]。德鲁克指出，知识已经成为使我们跨入后资本主义时代的那种资源，而不是其中的一种资源，它从根本上改变了社会的结构。世界范围内，知识日益成为经济增长和社会发展的最重要的资源。知识型企业作为知识经济的微观基础，越发看重知识的创造、整合与利用，更加重视知识管理以及智力资本的管理，以此适应经济全球化和知识经济时代所带来的外部环境的转变。而知识管理也逐渐开始成为企业的核心竞争力，知识成为企业获取竞争优势的不竭源泉。企业的员工尤其是知识工作者是企业利润的源泉。人力资源管理及其相应的组织安排被纳入企业战略管理领域，不间断的组织学习和员工培训被认为是企业的战略性武器。

在经济全球化的背景下，组织拥有知识和掌握知识的人就具备竞争优势。知识管理者作为一种战略竞争能力，只要重视并运用于实践，持续收集并更新知识，促进其发展，就可以辅助企业设计一个具有不可模仿性的操作程序。为了更好地通过知识打造竞争优势，组织学习就成为人力资源管理的一项主要任务，组织学习将员工个人的学习作为基本出发点，通过员工在互相的学习和竞争中产生力量，因此可以被认为是一种集体的现象。组织通过对知识的收集和运用以及实验的方式展开学习，保证组织具有独特的竞争力；通过增加知识、对原有知识进行整合以及不断地更新已有知识以此产生新的知识，并运用到企业的实践中；组织要有一个开放的态度，兼容并蓄，积极吸取经验，提高利用知识的水平。

（三）信息网络化

信息网络化带来了生活方式和社会结构的变化。信息技术的发展让社会每一个地方都处于智能化综合网络之中，这改变了人类的学习方式、工作方式以及娱乐方式。人类已经生活在一个被各种数字化生产工具和消费终端包围的社会中，计算机技术和通信技术的高度发达是现代社会的一个基本特征。在此基础上，市场越来越电子化，市场中的产品和服务也越来越知识化、智能化和数字化，信息的网络化改变了传统的工作场所的概念，科学技术的迅猛发展及其广泛应用，极大地改变了人们的生产、生活方式，互联网的高速发展，拉近了人与人之间沟通的距离，空间距离感逐渐消失。随着信息网络化，工作的性质将发生变化。一些传统的岗位被淘汰，员工向信息部门流动，新的就业形态和结构正在逐步形成。劳动密集型的蓝领工作和一般事务性工作的作用将会弱化，而技术类、管理类以及专业类工作的作用将会增强。新的工作时间制和工作方式由此产生，

---

① 〔美〕彼得·德鲁克：《后资本主义社会》，张星岩译，上海译文出版社1998年版，第4页。

如弹性工时制、居家办公、网上求职、灵活就业等。一项关于美国工作现状的调查显示，约有34%的美国劳动人口涉及非正式的虚拟雇佣工作，并且越来越多的专业人员参与其中。[①]

伴随着"工业4.0"的提出，企业处于更加信息化、数据化和透明化的环境。人力资源管理面临更多的挑战，无论是招聘、培训还是员工绩效的管理都需要依据企业的发展进行必要的改革。此外，在此背景下企业边界日益模糊，企业人力资源管理部门除了管理企业内部员工，还需要对相关的客户以及合作者进行管理。[②]

（四）人口城市化

经济由生产型向服务型转变，迅速扩大了技术人员、服务人员、专业人员、销售人员和行政管理人员的需求量，并且对从业者的教育背景有了较高的要求。此外，经济发展使得城市的就业机会大量增加，劳动力大量从农村转移至城镇。那么，问题就产生了：一方面，新的工作要求从业者具有越来越高的受教育水平；另一方面，有可能从事这些工作的人员却越来越多地来自农村，而这些人又不大可能具备工作所要求的基本教育水平和必要技能。这样，在今后若干年中，基本技能培训、基于培训潜力进行的雇员甄选、鼓励雇员接受继续教育的计划等重要性越来越明显。

此外，随着人口的变化和追求公平就业的需要，员工队伍在性别、种族、民族、年龄、文化结构、能力结构和性格特征等各方面更加多样化。[③] 在多元化发展的过程中，个人的作用越来越小，团队的作用越来越重要。企业作为市场经济的重要元素，要得到长足的发展和坚实的竞争优势，必须建立一个有效的工作团队，这就要求人力资源管理者能协调好员工间文化与价值观的冲突，并且正确处理不同类型员工的公平问题。

二、新经济时代人力资源管理的特征

（一）人力资源的基本性质

德鲁克认为，与其他所有资源比较而言，人力资源是经理们必须考虑的具有"特殊资产"的资源。[④] Elias认为，人力资源是指在一定的时间和空间条件下，劳动力数量和质量的总和。[⑤] 人力资源的本质就是人所具有的脑力和体力，它所有的性质都是围绕这个本质而形成的。根据相关学者的研究，我们将人力资源的基本性质概括为以下几个方面：

（1）人力资源具有能动性。人类的主观能动性是人类不同于自然界其他生物的根

---

① Gale S. F., "Welcome to the human cloud", *Workforce*, 2016, 95: 48-51.
② 赵曙明、张敏、赵宜萱：《人力资源管理百年：演变与发展》，《外国经济与管理》，2019年第12期，第50—73页。
③ Catherine Cassell, *Qualitative Methods in Organizational Research: A Practical Guide*, Sage Publications, 1994.
④ [美]德鲁克：《管理的实践》，齐若兰译，机械工业出版社2006年版。
⑤ Nabil Elias, "Elias' experimental study of the effects of human asset statements on the investment decision", *Human Resource Accounting*, Dickenson Publishing Company, 1974.

本标志之一,人类能够积极主动、有目的、有意识地认识世界和改造世界,在认识世界和改造世界的过程中能够充分发挥主观能动性对所采取的行为、手段以及结果展开分析,进行判断和预测。正是由于人具有社会意识和在社会生产过程中处于主体地位,使得人力资源具有能动性。

(2) 人力资源具有时效性。人力资源的形成、开发和使用必然受到时间因素的影响。从个体角度看,作为生物有机体的个人,有其生命周期,如幼年期、青壮年期和老年期,每个阶段的劳动能力都有所区别;从社会角度看,人才的培养、开发和利用也都需要有培训期、成长期及成熟期等。因此,组织在进行人力资源开发的过程中要遵循其内在规律,使人力资源的形成、开发、配置和使用处于一种动态平衡之中。

(3) 人力资源具有智力性。人不仅具有主观能动性,而且还是知识的载体,这是人力资源区别于其他资源的又一特征。人们在认识世界和改造世界的过程中可以依靠自己的智力,将器官得以延伸和放大,从而无限提升自身的能力。同时,知识可以通过载体保留、传播,并进一步深入。也正是一代又一代的人汲取了先辈们在生产生活中积累的知识并将其发扬,才能使得如今的人力资源更具价值和使用价值。

(4) 人力资源具有两重性。人既是生产者,也是消费者,人的两重性要求组织不仅要控制人口的数量,更要对人力资源的开发和人才的培养加以重视。降低人力资源成本,通过人力资源获益的基本途径是充分利用和开发现有的人力资源。

(5) 人力资源具有可再生性。相较于不可再生资源,人力资源自身得以延续和发展的原因在于人口的不断更新。而这种可再生性区别于一般生物的再生性,除却需要遵守一般生物学的规律,人力资源的再生产还受到人类意识的支配和人类活动的影响。

(二) 新经济时代人力资源管理的特征

从人力资源管理的对象来看,人力资源管理的活动表现在以下两个方面的内容:对人力资源外在要素——量的管理,就是根据人力和物力及其变化,对人力进行恰当的培训、组织和协调,使两者经常保持最佳比例并有机结合,使人和物都能充分发挥最佳效应;对人力资源内在要素——质的管理,主要是指采用现代化的科学方法,对人的思想、心理和行为进行有效的管理(包括对个体和群体的思想、心理和行为的协调、控制和管理),充分发挥人的主观能动性,以达到组织目标。

1. 现代人力资源管理是一种战略人力资源管理

战略人力资源管理(Strategic Human Resource Management,SHRM),是指将企业的合适员工视为企业发展的战略性资产,按照企业战略的要求,将人力资源要素进行分析、整合、配置。在此基础上形成一套全新的管理思想、方法和制度,以在与对手竞争的过程中建立起企业的竞争优势。它既要求对组织成员的价值创造能力进行管理,也要求对人力资源各单项职能进行有机整合,还要求建立起人力资源战略管理体系,从而对组织战略经营目标提供有效支持等。

战略人力资源管理的思想,起源于美国。但早期的应用实践率先在日本的企业中发挥了显著效果,其人力资源管理的重点在于对人的管理,人力资源管理实践的核心理念是人本主义。日本企业制定了一系列的人力资源管理制度以体现其人本思想,例如终身雇佣制、年功序列工资,以及完善的培训和保障制度等。制定这些制度的战略基础在于要全面提升员工的教育水平、能力、品质、技能,并将员工的特质与工作特征相结合,以提升员工的工作绩效。虽然战略性人力资源管理在日本得到了很大的发展,但在20世纪80年代以后,日本企业的人力资源管理也逐渐暴露出其弊端。其人力资源管理制度虽然是基于企业战略而制定,但是其实施过程却在很大程度上陷入了一般性事务职能,大大降低了核心人力资源的战略性作用。较为完善的战略人力资源管理实践产生于80年代中后期,并在之后的一二十年中获得了学者的广泛关注。随着对战略人力资源管理研究的日益深入,欧洲、美国以及日本的大量企业的人力资源管理实践都证明了这一管理方式是企业获取持续性竞争优势的有效战略途径。

在企业管理研究中,我们一般采用 Wright & McMahan(1992)的定义,即认为战略人力资源管理是指为了实现企业目标所进行和采取的一系列有计划、具有战略性意义的人力资源配置以及相应的管理活动。① 这个定义反映了战略人力资源管理的四个基本特征:

(1) 人力资源管理的战略性。人力资源是企业持续取得竞争优势的源泉,战略人力资源是指那些具有核心知识或关键技能、为企业打造核心竞争力并发挥作用的人力资源。

(2) 人力资源管理的系统性。很多企业都遇过这样的问题,对人力资源的各项职能投入了大量的人力和财力,但是人力资源依旧难以提高组织的有效性和竞争力。这就需要企业从系统的角度出发看待工作分析、员工获取、员工培训与开发、员工激励、员工整合及控制调整等各项人力资源管理实践发展的平衡性,其中无论哪一项活动缺失,都会对改善组织有效性有着不可忽视的影响。

(3) 人力资源管理的契合性,包括纵向和横向两方面的契合。纵向方面要求人力资源管理能与企业的总体战略相一致,横向方面也就是我们所说的人力资源管理的系统性。

(4) 人力资源管理的目标导向性。所谓战略人力资源管理注重的就是战略,由此可见其最终是为企业的总体战略服务,也就是要通过一系列的组织管理,将人力资源管理置于整个企业的经营系统中,并为整体战略服务,促进企业绩效最大化。

2. 现代人力资源管理是一种国际人力资源管理

全球化意味着有更多的组织将要进行跨国经营,或者与国际供应商、卖主、外包经营者有业务往来,全球化经济的趋势也暗示着全球化竞争与人力资源管理之间的密切关系,国际企业人力资源管理在这一环境中应运而生。我国提出"一带一路"的发展倡议,加快了本土企业"走出去"的同时也对国际企业人力资源的研究提出了更高的要求。国际企业人力资源管理,是指在经济全球一体化和区域化的趋势下,根据各种不同文化背景,就不同国家和地区的人力资源管理的理论与实践,对全球化企业中的人力资源进行合理配置与有效利用的管理学科。这一学科的发展与企业全球化发展密切相连,是人力

---

① Wright, P., and McMahan, G., "Theoretical perspectives for strategic resource management", *Journal of Management*, 1992, 18: 295–320.

资源管理与全球化经济紧密结合的结果,也是人力资源管理新的发展趋势。

要在全球化竞争中获得成功,企业必须制定全球战略。20世纪90年代,跨国企业的经理人员和管理学者们已经认识到全球战略的重要性。德鲁克认为,国际企业管理"基本上就是一个把政治、文化上的多样性结合起来进行统一管理的问题"。跨国企业在经营中会受到多重文化的挑战,为了有效减少文化摩擦而带来的交易成本,企业就必须站在全球的视野中制定经营方案,构建跨文化人力资源管理战略,从而实现企业经营的成功。① 在对人力资源管理的过程中,跨国企业的人力资源管理有其特殊性,主要表现出以下三大特征:

(1) 人力资源管理的跨文化性。在跨国企业中,其成员来自不同国家或地区,由于所处的文化背景不同,成员的价值观、行为方式都会存在很大的差异。这些差异如果处理不当,就可能激发出各种矛盾与冲突,从而影响员工的工作效率。

(2) 管理人员选拔途径的多样性。对于国内企业来说,管理人员选聘主要通过内部提升和外部招聘两个途径。但是,对于跨国企业来说,管理人员选聘的途径远比国内企业更加复杂和广泛。跨国企业的管理人员通常是跨国界的,西方国家的全球企业在跨国经营中人员配备的经验表明,他们主要是从三个方面来挑选和配备跨国公司的人员②:挑选那些经过本国母公司教育和培训,并且取得经验的本国公民,即直接从本国外派;挑选经过东道国的分公司或子公司教育和培训,并取得经验的东道国的人才,即从东道国公民中选拔;从第三国中选拔跨国人才,即从第三国中聘用国际化专职经理人。

(3) 人力资源管理模式的综合性。由于跨国企业成员的不同特点,导致了人力资源管理模式的差异性,这种差异性造成了跨国企业在招聘、绩效以及激励方法上的不同。但是作为一个整体性的企业,跨国企业就必须考虑到如何在这些差异的基础上建立一个综合性的管理模式。

第三节 人力资源管理活动、系统与竞争优势

一、人力资源管理活动③

人力资源管理的核心问题是对组织成功的贡献,提高组织绩效的关键是确保人力资源管理活动支持组织在生产率、质量和服务方面的努力。

(1) 生产率。全球竞争日益加剧,企业如何持续提高生产率以期持续保持甚至提高竞争力变得尤为重要。因为组织中人力资源的生产效率受到管理能力、工作项目和系统的显著影响,这就需要企业衡量每一个雇员的产出,以便根据雇员的表现对人力资源管理进行战略调整。

---

① 赵曙明:《21世纪全球企业的人力资源管理所面临的问题与挑战》,第三届企业跨国经营国际研讨会论文集,1999,第406页。
② 赵曙明:《海外派遣经理人的思考》,《管理@人》,2007年第1期,第39—40页。
③ 赵曙明、Mathis. R., Jackson. J.:《人力资源管理》,电子工业出版社2003年版,第10页。

(2) 质量。产品和服务的质量在长期内明显影响组织的成功,如果组织有了一个提供较差质量的产品和服务的坏名声,那么就会影响组织的成长和绩效;重视质量需要持续进行旨在改进工作流程的改革,这需要为企业再造打开方便之门。顾客价值与顾客满意成为判断人力资源绩效考核成功的重要衡量标准。

(3) 服务。由于组织的产品和服务通常都是由人生产或提供的,因此一旦妨碍生产或服务的问题出现时,人力资源管理就必须考虑重新设计运作流程。这涉及所有雇员,而不仅是管理人员。在解决问题时常常需要变革公司文化、领导系统及人力资源政策和实践。

为实现这些目标,人力资源管理要由几组相互有内部联系的活动构成。人力资源管理活动的绩效必须包括在组织的上下联系中。另外,所有的经理人员都有人力资源管理的责任,他们在考虑这个问题时必须考虑外部环境的压力,如法律、政策、经济、社会、文化及技术。人力资源管理活动可以归纳为人力资源规划和分析、平等雇佣机会、人员配备、人力资源开发、薪酬和福利、健康安全和保险、雇员和劳动关系、国际人力资源管理等方面。当人力资源管理活动具有国际性时,这些外部因素尤其重要。人力资源管理主要有人力资源规划、招募和选择、人力资源开发、薪酬和福利、安全和健康、员工和劳动关系六大职能。

值得注意的是,人力资源管理的实施需要依赖高、中、低三个直线管理层的共同作用,其中由于高层管理者拥有最高的权力,因此负责目标、计划与政策的制定;中层管理者负责对需要推行的目标、计划与政策的解释说明;底层管理者负责目标、计划与政策的具体实施。所以,人力资源管理活动的决策是企业各部门、各层级的整体活动,而不仅是人力资源部门的活动。企业管理的三个主要直线管理层都应有对各自管辖人员的领导和监督的职责,并且对相关目标、计划和政策的制定、推行、具体实施负有不可推卸的责任。

二、人力资源管理六大运行系统[①]

(一) 基于战略的人力资源规划系统

企业要根据发展战略制定人力资源管理开发和规划,决定人力资源的获取、配置、储备和开发方案。人力资源规划中必须先保证主业人才队伍的稳定和提升,再不断地延伸至其他相关专业人才的培训、储备与开发,完善内部人才培养与激励政策和外部人才引进计划,为企业未来向更广阔的行业挺进奠定坚实的人才基础。

(二) 基于素质模型的潜能评价系统

企业基于组织战略、客户需求和竞争要求,深入分析各类岗位上高绩效员工的内在素质,从而归纳出各类员工的成功素质模型。以此素质模型为基础,制定企业人才招聘

---

① 龙叶、振磊史:《人力资源开发与管理》,清华大学出版社、北京交通大学出版社2007年版,第37页。

和选拔标准,以实现人岗匹配,人尽其才,充分发挥人的潜能,建立人才竞争优势。

(三) 基于岗位资格的职业化行为评价系统

企业的任职资格标准应当基于岗位职责,并且应当是对各岗位高绩效员工行为的分析、总结和提炼,且能促进员工的不断进步。相关职业标准和资格认证使得企业可以为员工提高多条职业通道,为员工晋升与薪酬调整提供决策依据。

(四) 基于关键绩效指标的考核系统

企业建立分层分类的关键绩效评价体系,高层领导采用述职报告制度,中基层员工采用季度绩效考评制度,操作层员工采用月度测评制度。绩效指标的确定与企业的战略目标和岗位的职责,对中高层领导的考核更强调结果指标,对基层管理者的考核更强调行为过程,考核的结果必须和员工的分配与晋升挂钩。

(五) 基于业绩与能力的薪酬分配系统

企业实行业绩与能力导向的薪酬分配制度,员工的收入直接取决于员工对企业的贡献。企业承诺,只要员工的付出和投入有价值,就一定会得到合理的回报,贡献越大,回报越高。

(六) 基于职业生涯的培训开发系统

企业鼓励员工进行职业生涯设计,并提倡立足本职岗位规划自己的事业愿景,每一个岗位的工作都是完成自己事业目标的一个步骤。员工应该依据职业生涯规划有针对性地加强自学,结合岗位不断提高自身能力和素质;企业将针对员工的职业生涯制定多样化的职业培训和开发课程,帮助员工提高终身就业能力。

三、人力资源管理与企业竞争优势

美国哈佛商学院也于20世纪80年代早期提出了人力资源管理分析模式,称之为哈佛模式。由于该模式提出得比较早,对后来的研究有很大的影响和指导作用。该模式包括六个基本组成部分:① 情境因素;② 相关者利益;③ 人力资源管理政策选择;④ 人力资源效果;⑤ 长期影响;⑥ 反馈圈(通过这一反馈圈,人力资源管理产生的效果直接导向组织和股东)。[①] 该模式如图1-1所示。

这一模式是一种市场经济与社会文化因素相结合的产物。人力资源管理理论界和实践界对该模式所包含的变量评价较高,认为该模式反映了雇佣关系中所涉及的商业利益,也反映了雇佣关系应该实现的社会责任。模式中相关者利益的提出,显示了在人力

---

① Beer, M., Spector, B., Lawrence. P. et al., *Managing Human Assets*, New York: Fress Press, 1984.

资源管理中所有者和雇员之间利益协调的重要性。人力资源效果指的是雇员对组织目标的高度忠诚和个人的工作绩效,这样的忠诚和绩效能给企业带来高效益的产品和服务。该模式认为组织应该按照麦克格里格(McGregor's)的 Y 理论来设计。因为雇员总是具有很高才能的,他们也很希望通过工作来获得成就感。但是他们的才能很少在工作中得到充分的发挥,人力资源管理恰恰应该也能够帮助他们。①

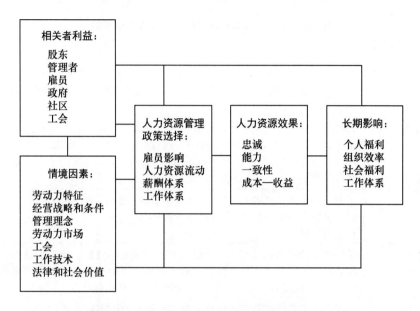

图 1-1　哈佛人力资源管理分析模式

资料来源:〔美〕迈克尔·比尔等,《管理人力资本》,程化、潘洁夫译,华夏出版社 1998 年版,第 19 页。

哈佛模式的优点很明显,它提供了一个分析人力资源管理的很有价值的分析框架。这一模式既包括了分析性的内容,如对情境因素、股东、战略不同层次的分析,也包括了描述性的对策性内容,如提高忠诚度和竞争力等。该模式的重要特点是从社会的层次来看待人力资源管理的结果和问题,这为比较人力资源管理研究提供了一个很好的基础。②

在新经济时代,人力资源作为一种战略性的资源已经逐渐得到理论界与实践界的公认。资源基础理论最早在 20 世纪 50 年代潘罗斯(Penrose)的著作《企业增长理论》中提及,20 世纪 80 年代以后经过 Wernerfelt & Barney 等人的努力逐渐成为企业战略管理研究领域的一种重要理论。资源基础理论立足于企业资源和能力异质性的观点,强调组织持续竞争优势的获取主要依赖于组织内部的一些关键性资源。这一理论将人力资源管理理论和战略管理理论相结合,使管理研究者及实践者对"企业中的人具有重要战略意义"有了深入的理解。

---

①　谢晋宇:《人力资源管理模式:工作生活管理的革命》,《中国社会科学》,2001 年第 2 期,第 27—37 页。
②　同上。

(一) 人力资源管理实践与企业竞争优势

人力资源管理实践对竞争优势的潜在影响曾经由劳伦斯·S. 克雷曼(Lawreence S. Kleiman)在其所著的《人力资源管理——获取竞争优势的工具》中做过描述。克雷曼提出了一个公司的竞争优势的16种人力资源管理实践[①]，如表1-2所示。

表1-2　16种提高竞争优势的人力资源管理实践

人力资源管理实践	效果
就业安全感	对员工的就业提供保证，任何一个员工都不应因为技能的暂时缺乏而被解雇。组织向雇员们提供一个长期承诺。这种实践导致雇员的忠诚、承诺和愿意为组织利益付出额外努力
招聘时的挑选	仔细地以正确方式挑选合格的雇员。一个非常合格的员工要比不太合格的员工平均劳动生产率高出两倍。此外，通过在招聘实践中挑选，组织向求职者发出的信息是他们加入的是一个精英组织，同时发出的信息还有它对雇员的绩效有高度期望
高工资	工资高于市场所要求的工资(即比竞争者所付的工资还要高)。高工资倾向于吸引更加合格的求职者，使流动较少可能发生；并且发出一个信息——公司珍视它的雇员
诱因薪金	让那些导致绩效和盈利率水平提高了的员工分享津贴。员工们认为这样一种实践既公平又公正。如果由员工的才智和努力所产生的获益都归最高管理部门，他们将把这种情况看作不公平，将会气馁，并放弃努力
员工所有权	通过向员工提供诸如公司股票份额和利润分享方案等把组织中的所有权的利益给予员工，给员工提供一个长期的激励手段。如果实施得恰当，员工所有权可以让员工的利益与其他股东的利益密切地结合起来。这样员工将可能对组织、组织战略及其投资政策抱持一种长期的信念
信息分享	向员工提供有关运作、生产率、盈利率的信息。为员工提供正确评价自己的利益与公共的利益是怎样关联的信息基础，并因此为他们提供所需要的信息，让他们去做要想成功就必须去做的事
参与和授权	鼓励决策的分散化和在工作过程中扩大员工的参与和授权。组织应当从一种层级制的控制和协调活动的系统走向这样的系统：在其中，较低层次的员工被允许做那些能提高绩效的事情。有研究表明，员工参与既能提高自身满意度又能提高生产效率
团队和工作再设计	使用跨学科的团队以协调和监控员工自己的工作，通过设定关于恰当的工作数量和质量的规范，团队对个体施加某种强烈的影响。当存在对群体努力的奖励时，当群体对工作环境拥有某种自主权和控制权时，以及当群体受到组织严肃对待时，更有可能产生来自群体影响的正面结果
培训和技能开发	为员工提供完成某工作所必需的技能。培训不仅保证员工和经理们能胜任工作，而且也显示了公司对其雇员们的承诺

---

① 〔美〕劳伦斯·S. 克雷曼，《人力资源管理——获取竞争优势的工具》，孙非等译，机械工业出版社2003年版，第13—15页。

(续表)

人力资源管理实践	效果
交叉使用和交叉培训	培训员工去从事几项不同的工作。让员工去做多项工作以使工作变得更加有趣,并为经理们提供安排工作日程的更大弹性。例如,可用一个受过培训的员工代替一个缺勤的员工履行职责
提供公平的环境	平等对待员工,给以通过诸如取消经理餐厅和保留泊车空间之类的行动从而减少员工在公司中社会地位的差别,可能减少"我们"对"他们"的对立思想,并且提供一种每个人都为一个共同的目标而工作的感觉
缩小工资差别	减小员工间薪金差别的程度。当任务需要互相合作以及完成工作需要协调时,缩小工资差别可以通过减少人际竞争和提供合作提高生产率
内部晋升	通过使处于交替组织层次上的员工晋升去填补职务空缺。晋升增加培训和技能的开发,提供给员工一个"好好干"的诱因,并且能提供一种关于工作产出所得公平和正义的感觉
长期观点	组织必须明白,通过劳动力去达到竞争优势需要花费时间,因此需要一种长期观点。虽然在短期内,与维持就业安全感相比,解聘员工也许更有利可图,减少培训经费也是保持短期利润的快捷方式。但是,一旦通过使用这些人力资源管理实践获得竞争优势,这种优势就有可能实实在在地更为持久
对实践的测量	组织应当测量诸如员工态度、各种方案和首创精神的成功以及员工绩效水平等方面。测量能够通过指明"何者重要"而指引行为,而且它能为公司及其员工提供反馈告诉他们,相对于测量标准,他们表现得有多好
贯穿性的哲学	让根本的管理哲学把各种个体的实践连接成一个凝聚性的整体

前15项中各项实践的成功一定程度上依赖于形成一个关于成功的基础和怎样管理人的价值和信念的系统。例如,高级微设备公司的一贯性经营哲学是"持续快速改进、授权、无缝的组织界限、高期望和技术卓绝"[①]。同时,克雷曼指出通过人力资源管理实践所获得的竞争优势就有可能比通过其他手段所获得的竞争优势更为持久:第一,竞争者们很少接触一个公司的人力资源管理实践,就是说,这些实践对外人不是非常清楚可见,因此不可能轻易被模仿;第二,在这些实践都清楚可见时,即使竞争者们使用它,其影响效果也未必有利。因为人力资源管理的实践代表一个相互关联的系统;一种特殊的人力资源管理实践只有在配合其他人力资源管理实践使用时才可能成功。

(二) 基于资源基础理论的竞争优势来源

资源基础理论一直作为研究者们研究人力资源及其实践能否成为持续竞争优势的战略资产的基础理论,具体包括:① 运用资源基础理论分析人力资源实践和人力资源库成为战略资产的可能性。由于人力资源实践能够很容易地被竞争对手复制,所以无法成为战略资产,而人力资源库这种高技能、高智能的劳动力储备最有可能构成企业持续竞

---

① 〔美〕劳伦斯·S. 克雷曼:《人力资源管理——获取竞争优势的工具》,孙非等译,机械工业出版社2003年版,第15页。

争优势的源泉。① ② 运用资源基础理论分析组织的人力资源实践能否成为持续竞争优势的源泉。强调人力资源系统在增强组织竞争力方面具有独特、因果关系模糊、协同及不可模仿等性质。② ③ "人力资源优势"概念的提出。人力资源优势由人力资本优势和人力整合过程优势组成，这两种优势的结合具有价值性、稀缺性、难以模仿性和组织性等特征，从而成为持续竞争优势的源泉。③ 根据 Snell and Youndt(1996)④，由于人力资源具备下列特性，组织可以通过其实现并维持竞争优势：

(1) 价值性。人是竞争优势的源泉。当他们提高了效率或公司效益时，当员工发现了降低成本的方法、为消费者提供了极好的服务时，或者上述两者组合时，其价值就增加了。具备这个能力意味着，组织中的员工面对不断变化的环境因素，可以为企业做出决策或为企业提出创造性设想。

(2) 稀缺性。当员工的技巧、知识和能力与竞争者截然不同时，就是一种有竞争优势的资源。这种稀缺性优势还可以帮助企业吸引和保留那些具备独特才能的员工，毕竟，减少员工流失对维持员工稀缺性优势而言至关重要。

(3) 难以模仿性。当员工的知识和贡献不能被其他人复制时，人力资源就具有竞争优势。任何想模仿这些优秀企业人力资源管理文化的竞争对手，都不得不对自己的组织与人力资源战略做出重大而根本的调整。

(4) 组织性。只有当人的才能在新的任务中被组合和运用时，人力资源才具有竞争优势。为了能使一个经济实体从上面所提到的各种竞争优势中获利，组织中的人力资源必须系统地组织起来。这就是说，组织中的人力资源必须有效地结合在一起，一个组织必须制定出合适的人力资源政策和程序以支持、协助在一起工作的员工。

从20世纪80年代开始，研究者对于企业竞争优势的研究重点从原来的外部环境转为企业内部，运用着众多的理论，但资源基础理论及其演化是其中最具影响力的。资源基础理论认为，组织是特殊资源和能力的结合体，这一结合体奠定了企业竞争战略优势的基础。企业的战略管理本质上就是如何最大限度地培育和开发组织特有的战略资源以及优化配置这种战略资源的独特能力，即核心能力。核心能力的形成建立在组织持续积累制定战略所需资源的基础上，并且要求组织持续学习、超越和创新，在这个过程中人力资源管理系统有着非常重要的作用。员工拥有的知识和掌握的技能是企业制定和实施战略时必需的重要资源，这些资源和企业相结合，就成为企业的人力资本。企业拥有的人力资本不仅有助于企业更加充分地利用战略机会，而且可以为企业创造更多的价值。由此可见员工在企业战略的制定和实施中的重要地位，任何战略都离不开员工的支持，因此在企业进行价值创造的过程中员工的态度和行为应该是被首要关注的。

---

① Wright P., MacMahan G., and McWilliams A., "Human resources and sustained competitive advantage: A resource-based view", *International Journal of HRM*, 1994, 5:301-326.

② Lado Augustine A., and Wilson Mary C., "Human resource systems and sustained competitive advantage: A competency-based perspective", *The Academy of Management Review*, 1994, 19:699-727.

③ Boxall P., "Beginnings of a new theoretical sophistication?", *Human Resource Management Journal*, 1992, 2:60-79.

④ S. A. Snell, M. A. Youndt, "Wright. establishing a framework for research in strategic human resource management: merging research theory and organizational learning", in G. Ferris(ed.), *Research in Personnel and Human Resource Management*, Greenwich, Conn.: JAI Press, 1996, 14: 61-90.

人力资源管理是企业竞争优势的来源已成为共识,企业的正常运营首先必须拥有充足的人力资本存量,要以量为标准,以质为依据,以企业战略为基础实行规范。其次,企业要对人力资源进行有效的管理。人力资源是知识经济中企业的关键要素,是企业竞争优势的重要来源,但是这一来源并不会自动转化为企业的竞争优势。有效的人力资源管理活动才能帮助企业形成真正的竞争优势。转型经济中人力资源管理实践的有效性,关键在于其对新时期要求的适应性。在转型经济下,政治、经济、社会文化等各种因素发生了新的变化,在这样一个背景环境中,人力资源本身发生了变化,对企业的要求也发生了变化,人力资源管理实践就需要适应这些变化,帮助企业获得所需要的知识型员工,并将这一资源在生产过程中转化为企业的竞争优势。

在资源基础理论的发展过程中,相继出现了核心能力、动态能力、知识基础理论等相互联系的观点。但是这些观点本质上是一致的,都认为企业的竞争优势来自那些具有特殊性质的要素。人力资源与基础理论的结合就是研究如何进行有效的人力资源管理,将企业的人力资源发展为人力资本,进而成为企业核心能力的来源。伴随着这些理论和观点被研究者运用到战略人力资源管理的研究后,产生了很大的影响,深化了管理者对于人力资源管理对企业竞争优势影响的认识。图1-2展示了这两个领域的结合,表明了人力资源管理与资源基础理论的交互作用所形成的具有价值性、稀缺性、难以模仿性和组织性的知识资源最终转化为企业的核心能力。

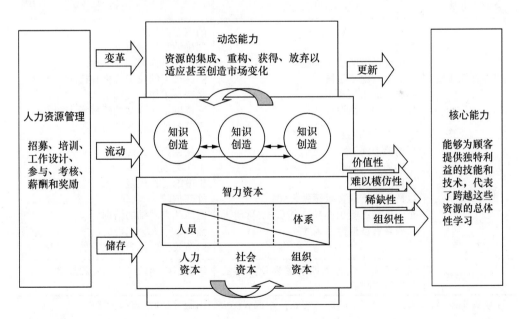

图1-2 资源基础理论与人力资源管理的结合

资料来源:Patric M. Wright, Benjamin B. Dunford, and Scott A. Snell, "Human resources and the resource based view of the firm", *Journal of Management*, 2001,27;彭剑锋,《人力资源管理概论》,复旦大学出版社2003年版,第19页。

(三) 通过人力资源管理获取竞争优势的路径

竞争优势始终是战略管理研究的核心,一个组织要想获得和维持某种优势,就必须形成一种竞争优势,也就是相对于竞争者的优越市场地位。企业一般可以通过成本领先战略、产品差异化战略或战略集中化战略三种方式中的一种达到这个目标。

戈梅斯(Gomez)和麦加(Mejia)等人提出了与波特的竞争战略相对应的三种人力资源战略(见表1-3)。当企业采用成本领先战略时,主要是通过低成本来获取竞争优势,因此严格控制成本并加强预算。为了配合低成本的企业战略,此时的人力资源战略强调的是有效性、低成本市场、高结构化的程序,从而减少不确定性,并且不鼓励创新性。当企业采用差异化的企业战略时,这种战略思想的核心在于通过创造产品或服务的独特性来获得竞争优势。因此,这种战略的一般特点是具有较强营销能力,强调产品设计和研究开发,公司以产品的质量著称。此时,人力资源战略强调创新性和弹性、以团队为基础的培训和考评、差异化的薪酬策略等。当企业采用集中化的战略时,由于这种方式是在结合前两种战略的基础上建立起来的,因此其主要特征是综合了成本领先战略和差异化战略的组织特点,相应的人力资源战略将结合上述企业战略。

表1-3 人力资源战略与企业业务战略间的匹配关系

企业业务战略	相应的组织特征	人力资源战略
成本领先战略	持续的资本投资 严密的分工体系 严格而详细的成本控制 低成本的配置系统 结构化的组织和责任 标准化的产品设计	高效率的生产 明确的工作说明书 详尽的工作规划 强调员工的技术资格和技能 强调与工作有关的培训 强调以工作为基础的薪酬 用绩效评估作为控制手段
差异化战略	营销能力强 产品的开发与设计 研发能力强 以产品品质或技术领先著称 企业环境可吸引高技能的员工、科研人员或具有创造性的人才	强调创新和弹性 工作类别广 松散的工作规范 外部招聘 以团队为基础的培训 强调以个人为基础的薪酬 以绩效评估作为员工发展的工具
集中化战略	结合了成本领先战略和差异化战略的组织特点战略	结合了上述两种人力资源战略

资料来源:赵曙明,《人力资源战略与规划》,中国人民大学出版社2002年版,第68页。

【本章案例分析】

华为的人力资源管理之路

1987年,在深圳成为我国第一个经济特区的背景下,已过不惑之年的任正非以2.4

万元资本注册了深圳华为公司。1991年9月,华为租下了深圳宝安县蚝业村工业大厦的三楼,50多人开始了艰难的创业之路。2017年,站在新时代的起点,华为提出了新的愿景与使命:把数字世界带入每个人、每个家庭、每个组织,构建万物互联的智能世界。华为全年实现销售收入6 036亿元,同比增长15.7%,成为全球领先的信息与通信技术(ICT)解决方案供应商。

华为快速发展的三十多年,其人力资源管理也不断发展、完善。毫不夸张地说,华为三十多年的发展史是一部波澜壮阔的变革史,而人力资源管理体系的变革贯穿其中并成为其不可或缺的一部分,华为人力资源管理成为其取得成功与持续发展的关键驱动因素。

一、传统人事管理阶段(1987—1991年)

1987年,华为在深圳成立,包括股东在内只有14名员工。为了在激烈的市场竞争中生存下来,华为初期员工数量增长很慢,因为只需要聘请少量员工就能达到公司组装和销售的要求。不仅如此,在被国有企业垄断的通信行业,一家初创的民营企业很难进行大规模招聘。至1991年,华为公司也只有50多名员工,这不仅为创始人任正非熟悉员工提供了条件,更为人事管理提供了便利,只需要对已聘用的少量员工进行合理的贡献评估,员工之间的利益分配相对比较直接和简单。

从1991年开始,华为通过让员工购买公司的股份以提供额外的奖励。这一举动对华为以后的人力资源管理工作产生了很大影响,这也是任正非在人力资源管理体系上展现其"以奋斗者为本"管理哲学的开端。作为一家民营企业,华为实行的员工内部持股机制被多位学者认为是后来华为人力资源管理变革的先决条件。

二、人力资源管理阶段(1992—1997年)

1992年华为销售额达到1亿元,员工人数从50多人增至270人。从那时起,华为开始大规模招聘,到1995年员工超过1 800名。员工数量增加以及很多早期的员工难以适应公司快速发展带来的更高的要求,在这种情况下,华为的人力资源管理的第一次变革也由此开始,同时代表着华为公司仅仅关注招聘和进行简单直接利益分配的人事管理阶段的结束。

1996年,华为人力资源管理体系首个重大变革拉开帷幕。1月,市场部的所有经理(代表处的正职)被要求同时上交一份年度述职报告和一份辞职报告,这两份报告用于重新评估他们的绩效并衡量他们是否适合当前的岗位。这为华为注入了新鲜血液,提升了华为的竞争力,并对之后公司内部建立所谓的"狼性文化"起到了很大的作用。

1997年年初华为采取了职能薪酬体系,这套体系强调每一个特定岗位的价值。这一体系是基于"人岗分离"的原则建立的。以三个维度衡量员工——知识能力(作为输入)、解决问题的能力(处理过程)及职责范围(作为输出)。这一先进的薪酬体系顺利地将公司"以奋斗者为本"的管理哲学落地实施。在这一发展阶段,华为开始将公司的人事管理体系向人力资源管理体系转变。

三、战略性人力资源管理(1998—2010年)

1. 关于招聘

面对在技术迅速迭代变化的产业中不断提升自身技术能力的要求,华为需要聘请更多的研发人员,为了更符合企业发展的战略开发个人素质模型,将其运用在招聘初期,华为不仅降低了新员工的离职率并且整个部门的招聘效率也得到了提升。

2. "导师"带路

华为提出"导师制"的方式,不仅有利于新员工更好地解决工作上的问题,更有助于对新员工灌输华为企业文化的价值观。

3. 关于考核机制

为了保证员工的工作动力以及长期稳定的高水平工作产出,华为在已有人力资源体系中加入了轮岗制和末位淘汰制,这一体系通过培养优秀员工和淘汰不合格员工来激活组织活力。到2004年,华为在人力资源管理体系中已经拥有了一个相对完善的整体框架以及一些制度化的流程,包括系统性的选人过程、任职资格体系、轮岗制度、末位淘汰制度、双通道晋升制度以及一系列利益分配制度。这些正式的流程帮助华为成为中国通信业领先的公司,其销售额在2004年达到462亿元,员工数超过3万人。

4. 关于企业文化

华为坚持"以奋斗者为本"的核心价值观,2007年年底通过集体辞职的方式打破组织惰性,贯彻企业文化。

5. 打造培训基地

2005年华为已经在通信行业获得了很好的口碑和声誉,并且仍然保持着高速的增长,这就使得华为在聘请更多员工的同时,还要找到优秀的各级管理人员。为了可以继续扩展市场并专注于内部的研发,华为必须给予管理者提升自我的机会以保证他们能够带领华为在快速发展的产业中进一步扩张,成为全球化的企业。为此华为和合益集团进行合作建立了华为大学。华为大学的建立是华为人力资源体系建设的一个里程碑,它标志着华为已经有能力在公司内部为员工提供领导力培训。

四、员工赋能管理(2011年至今)

1. 高管与员工的赋能管理

为了使得组织充满活力,永远都跟上时代的步伐做出迅速的反应,华为人力资源管理发生了两个重要的变化,而这两个重要变化都是基于对于人才的培养。其一,华为从2011年开始实施了轮值CEO制度,保证企业可以应对不断变化的环境;其二,由华为的战略目标变化引起,华为要从事更多的基础研究以继续提高对世界级领先技术的开发能力。为了达到这一目标,华为建立了诸多研究中心,并聘请了很多知名科学家和工程师来做最先进的研究。

2. 薪酬激励:TUP

2014年华为公司推出了"时间单位计划"(TUP),TUP是一个包括外国员工在内的、基于所有员工绩效的利润分享和奖励计划。该计划避免那些拥有大量公司股票但已不为公司奉献的人继续享有收益,以及基于华为的"以奋斗者为本"的核心价值观对所有优秀员工予以长期激励。

3. 人才储备建设:战略预备队

华为在近几年对人力资源管理体系做出的最大变革应属战略预备队的建立。通过一系列基础的培训之后,战略预备队的人员具备了在公司不同职能、不同地区和不同岗位就职所需的基本知识和能力,也为华为储备了一批优秀的人才。

人力资源管理的一大主要目的就是激励员工,使得员工不断为公司创造价值。华为在2011—2017年,通过轮值CEO、建立战略预备队、启用TUP计划等为员工赋能,坚持用熵减与开放持续激发个体的创造活力,为其发展产生了巨大的促进作用。到2017年,华为人力资源管理已经系统化,不论是招聘、培训、绩效还是薪酬,都形成了自己独特的模式。过去三十多年的发展已经使得华为人力资源管理趋向完美,但华为始终不会停止前行,因此对人力资源管理的探索依旧会昂首向前。

资料来源:根据中国管理案例共享中心案例库2018年百优案例《"巨人背后的功臣":华为的人力资源管理之路》(http://www.cmcc-dut.cn/Cases/Detail/3661)改编。

思考题

1. 根据本章人力资源演变等基本内容分析不同阶段华为公司人力资源管理的战略性作用。
2. 结合华为公司的人力资源管理实践讨论现代人力资源管理的新特征与重要性。

【本章小结】

人力资源的概念有狭义与广义之分。狭义的人力资源是指具有劳动能力的劳动适龄人口;广义的人力资源是指劳动适龄人口再加上超过劳动年龄仍有劳动能力的那部分人口。总之,人力资源是指能够推动整个经济和社会发展的具有智力劳动和体力劳动能力的人口的总称,它包括数量和质量两个指标。人力资源管理是为了实现既定的目标,采用计划、组织、领导、监督、激励、协调、控制等有效措施和手段,充分开发和利用组织系统中的人力资源所进行的一系列活动的总称。

人力资源管理经历了早期雇员管理思想的萌芽、科学管理阶段、人际关系阶段、行为科学等阶段。相对于传统人力资源管理,战略人力资源管理(SHRM)定位于在支持企业的战略中人力资源管理的作用和职能。战略人力资源是指在企业的人力资源系统中,具有某些或某种特别知识(能力和技能),或者拥有某些核心知识或关键知识,处于企业经营管理系统的重要或关键岗位上的那些人力资源;相对于一般性人力资源而言,这些被称为战略性的人力资源具有某种程度的专用性和不可替代性。

人力资源管理能够成为企业竞争优势的来源已经成为共识。员工的行为是战略人力资源管理中一个重要的独立组成部分,人力资本蕴含的技能对企业的价值贡献,只有通过特定的行为才能体现出来,而能够把人力资本存量与员工行为联系起来的只能是企业的人力资源管理系统。

【关键概念】

人力资源;人力资源管理;人力资源管理战略;竞争优势;核心能力;资源基础理论

【思考与练习】

1. 什么是人力资源管理？它包括哪些内容？
2. 与传统人事管理相比,人力资源管理具有哪些特点？
3. 现代人力资源管理有哪些特征？
4. 基于资源基础理论,怎样将企业战略与人力资源管理相结合？

第二章 人力资源战略与规划

越来越多的 CEO 和部门经理认识到人力资源战略和规划是组织长期成功的重要因素。管理实践的宗师彼得·德鲁克在六十多年前提出未来管理者的"七项新任务",前三项都与企业的各类战略有关系。这三项分别是目标管理、承担更多风险且考虑得更长远、制定战略决策。在今天来看,彼得·德鲁克这些观点的预见性仍让人惊叹。[①] 企业的长期发展要求管理者从战略角度思考问题,既要考虑外部环境条件和变化趋势,也要考虑内部条件和能力。企业人力资源战略与规划决定了企业内部人力资源的长远发展,无论现今还是未来,都是企业发展最重要的内部因素,是获取和维持组织竞争优势的关键。

人力资源战略与规划的关系密不可分,人力资源战略通过人力资源规划制定和实施,而工作分析是制定人力资源规划必不可少的基础。本章首先阐述人力资源战略的概念和类型,介绍人力资源战略管理的流程;其次阐述人力资源规划的内涵,介绍人力资源规划的制定过程和评估方法;最后对工作分析的内容和操作进行解析。

第一节 人力资源战略

汤姆·彼得斯在其畅销书《基业长青》中说道,高瞻远瞩的公司必须有胆大包天的目标。但是目标如何实现?人力资源战略是企业战略的一部分,是帮助组织实现目标和获取组织竞争优势的关键。人力资源战略是企业长远的人力资源发展目标制定和实现过程,对人力资源战略进行系统思考和科学管理具有必要性。

一、人力资源战略概述

20 世纪初,国外一些成功企业开始进行人力资源战略的实践探索。直到今天,这一领域仍是学术界的热点,更是企业界关注的焦点。人力资源战略是指通过分析企业外部环境与现状,对企业长远的人力资源及其管理的目标和行动计划所做出的界定。[②] 人力资源战略是从企业战略引申出来的[③],如果考虑人力资源与企业战略之间的"关系"和相互"适应性",人力资源战略是指在一定的战略目标和竞争环境下,对人力资源的长远需求、管理方式和有效的、系统的管理过程[④]。

通俗地说,人力资源战略是企业关于人力资源在战略层次上的长远规划。人力资源战略上接企业战略,下到人力资源方案落实,由人力资源战略目标、战略规划组成。在战

---

① 〔英〕斯图尔特·克雷纳:《百年管理》,邱琼等译,海南出版社 2003 年版,第 124 页。
② 郭春梅、魏钧:《人力资源战略制定流程及要点》,《中国人才》,2003 年第 3 期,第 46—48 页。
③ 赵曙明:《人力资源管理理论研究现状分析》,《外国经济与管理》,2005 年第 1 期,第 15—20、26 页。
④ 赵曙明:《我国三种不同所有制企业的人力资源管理》,《中国工业经济》,1998 年第 10 期,第 61—66 页。

略视角下,员工被企业视作一种资源而不是一种费用;同时,人力资源管理的地位从传统的企业职能部门上升为企业的战略伙伴。

人力资源战略是企业战略至关重要的一部分①,对取得经营成功至关重要。企业战略需要考虑外部环境的威胁和机会,也要考虑内部资源和能力的优势和劣势,人力资源是其中最重要的资源之一。如果一个企业只是考虑外部发展,不考虑内部因素,那么它就很难在复杂环境中长期生存。图2-1 说明了人力资源战略在企业战略中的地位。

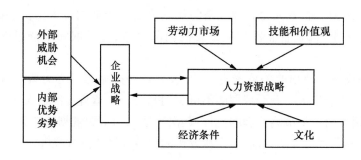

图2-1 人力资源战略在企业战略中的地位
资料来源:赵曙明,《论战略人力资源管理》,《中国工业经济》,1996年第4期,第17—23页。

从图2-1来看,人力资源战略是多种因素的综合产物,多方面的要求和多侧面的准备很重要,尤其必须将人力资源管理与企业经营战略紧密结合起来考虑。

人力资源战略可以划分为四种不同的类型,即家长式人力资源战略、开发式人力资源战略、任务式人力资源战略、转型式人力资源战略。

(1)家长式人力资源战略强调人力资源管理集中控制,强调秩序和一致性,人事的内部任免有硬性的规定,人力资源管理基础是奖惩与协议,注重规范的组织结构与方法,重视人力资源管理操作与监督。

(2)开发式人力资源战略注重开发个人和团队潜能,尽量从内部招聘,有大规模的发展和培训计划,"内在激励"多于"外在激励",优先考虑企业的总体发展,强调企业的整体文化,重视企业绩效管理。

(3)任务式人力资源战略注重业绩和绩效管理,强调人力资源规划、工作再设计和工作常规检查,注重物质奖励,同时进行企业内部和外部招聘,开展正规的技能培训,有正规程序处理劳动关系和问题,重视战略事业部的组织文化。

(4)转型式人力资源战略是指对企业组织结构进行重大变革,对职位进行重新调整,对员工队伍结构进行重新配备,缩减开支,重视从外部招聘骨干人员,对管理人员进行团队训练,建立新的"理念"和"文化",重视打破传统习惯,摒弃旧的组织文化,以期建立适应经营环境的新的人力资源系统和机制。

---

① 赵曙明:《论战略人力资源管理》,《中国工业经济》,1996年第4期,第17—23页。

二、人力资源战略管理

有效的人力资源战略,需要经过系统的思考和科学的管理。人力资源战略管理是对组织人力资源战略进行系统思考和科学管理的过程。我国企业在人力资源战略管理中面临的普遍问题是缺乏系统思考,因此了解人力资源战略管理的步骤和过程非常必要。作为企业领导者,除了明确人力资源战略管理过程,还需对关键步骤给予高度重视,才能使人力资源战略具备有效性。

人力资源战略制定有三个要点:第一,明确人力资源战略制定不是一套空洞的技术,而是保证人力资源管理与企业战略相一致的工具,同组织战略一样具有指导意义;第二,在不同环境下制定人力资源战略要使用不同的规划工具;第三,管理者对一般人才的数量预测将逐渐淡化,转而关注战略性人才的配置与培养。人力资源战略管理过程包括人力资源战略评估阶段、制定阶段、整合阶段、实施阶段、控制阶段(见图2-2)。

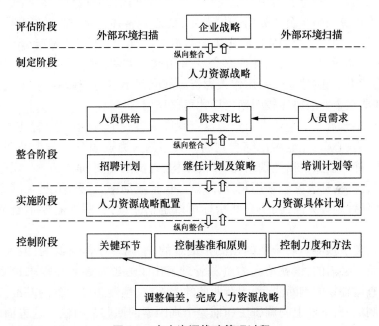

图2-2　人力资源战略管理过程

资料来源:郭春梅、魏钧,《人力资源战略制定流程及要点》,《中国人才》,2003年第3期,第46—48页。

(一) 战略环境评估阶段

评估阶段包括明确企业战略和进行人力资源环境扫描等措施。

首先明确企业战略。人力资源战略制定必须和企业战略相一致,因此明确企业战略是制定人力资源战略的第一步;同时,人力资源战略的制定要反映企业战略导向。比如,华为公司以技术为核心优势,人力资源战略的重点便是技术培训、产品开发和知识共享,以及管理和技术人员内部流动制度等。

其次进行环境扫描,仔细考察企业的内部和外部环境,以获取可能对企业未来人力资源管理发生影响的信息。内部环境包括企业的研究与开发、制造、市场销售等对企业的价值增值产生影响的环节。此外,企业文化、资本、技术、员工等也是企业内部环境的关键组成部分。企业的外部环境主要包括外部宏观环境和对企业产生影响的竞争者、供应商、顾客等市场主体。企业在对外部环境进行分析的时候,首先要全面了解如人口结构、法律、政治、社会和技术变化趋势等宏观经营环境;此外,企业还要注意对竞争环境进行分析,要能够通过对竞争环境的分析,鉴别竞争对手的行动对自身的影响等。例如,企业可能由于竞争对手的新产品推出速度加快,而需要加大新产品研发和销售力度及鼓励员工的创新精神等。

(二) 战略制定阶段

制定人力资源战略,要考虑制定方式,并进行企业人员供给盘点和人员需求预测。

(1) 方式选择。制定人力资源战略有三种常见方式,即整合式、并列式、独立式。整合式是指人力资源战略与企业战略一同制定,优点是整体性强,缺点在于难以协调各种资源,并且难以达到完备性,因此常在企业兴办之初使用;并列式是指分头进行战略制定,优点是灵活,时间好掌控,因此许多企业采用这一方法,缺点是难以与主体战略相衔接,搞不好会背道而驰;独立式只用作人力资源战略而不参与企业战略,由人力资源部自行操作,往往要在企业战略比较明确之后才可以采用。

(2) 人员供给盘点。企业人力资源盘点就像观察一个人,不仅要看他的身高、相貌,还要看他的能力、心态,才能做出综合判断。典型的人力资源盘点分为静态盘点和动态盘点两部分。静态盘点包括性别结构、年龄结构、人员配置图、职务结构、职称结构、专业结构等方面,这些指标大家经常用到;动态盘点包括流动率、晋升率、员工满意度、各岗位能力评估、继任计划等方面,其中有些指标可以定期完成,有些则需要不断调整,比如继任计划。

(3) 人员需求预测。对未来的预测是最难的,准确程度是很低的,但人才储备又是实现企业战略所必需的,这就给人力资源管理者出了一道难题。在需求预测方面,一些常见方法有查漏补缺的判断法、预测新业务的零基法、预测跟进业务的基准法、对已有业务的比率预测法、自下而上的调研法和抽象个别因素的回归分析法。这方面的研究告诉我们,由于基础信息的不完备,以及大量假设和不可控因素的存在,长期预测很难保证有效性。尽管如此,预测还是要做的,正如某位管理学家指出的:"在掌握信息的40%的时候就要做出决策,因为要等到拥有70%的信息时再做决定就已经晚了。"[①]

(三) 战略整合阶段

人力资源战略最终形成必须通过战略整合。战略整合包括:① 纵向整合(Vertical Integration),即人力资源管理与组织战略的整合;② 横向整合(Horizontal Integration),即

---

① 郭春梅、魏钧:《人力资源战略制定流程及要点》,《中国人才》,2003年第3期,第46—48页。

人力资源管理实践与各项职能之间的整合。①

纵向整合,强调在组织战略形成时人力资源的参与。人力资源管理应成为战略方案制定、选择中一个最重要的因素。与传统的员工适应战略不同,战略人力资源管理更注重战略对员工的适应,因为员工比战略更具有灵活性,更容易根据不同的情况进行调整。Lengnick-Hall 等人在《人力资本核算研究综述》中提出的业务战略与人力资源战略整合模型,认为竞争战略与人力资源战略应该互为投入—产出关系:竞争战略提出了企业所需要的员工数量、技能、能力等,从而要求人力资源战略必须支持战略形式;而组织实际拥有的或可获得的人力资源性质,决定了企业能够采用的战略类型。②

横向整合,强调人力资源的各项政策作为一个整体进行战略整合。它们之间首先应具有内部一致性,例如,如果企业调整了薪酬发放方式,相应的招聘计划、继任计划及策略、培训计划等人力资源管理实践也应调整。正如美国学者 Susan E. Jackson 和 Randall S. Schuler 提出的人力资源战略 5P 模型:理念(Philosophy)、政策(Policies)、项目(Programs)、实践(Practices)和过程(Processes)。5P 模型中的五个要素应该根据企业战略目标同时进行调整,要素相互之间保持一致性,从而实现战略人力资源管理。③

(四)战略实施阶段

实施阶段是指根据人力资源战略进行人力资源战略配置和制定各项人力资源具体计划的过程。

人力资源战略配置就是给企业发展提供合适质量和数量的人力资源。尤其在战略性核心人才配置时,需要重视其文化和管理风格是否与企业相一致。研究发现,员工的满意度和绩效表现,取决于他们是否认同企业的文化与管理风格。我们经常看到,许多踌躇满志的人离开了企业,不是因为能力不强,而是由于与企业理念不合。

根据人力资源战略制订各项人力资源具体计划。以招聘计划为例说明人力资源具体计划制定的特点。制订招聘计划是人力资源管理的主要工作之一,但作为战略规划的执行部分,它还有另一个特点,就是确保战略重点。人力资源战略之所以高于人力资源规划,就是因为它可以提出保证企业实现战略的工作重点。为了解决企业不同时期的主要矛盾,人力资源战略要说明各类人才在不同时期的迫切程度,是一种重点排序过程。例如,2019 年实现企业战略目标的瓶颈在于生产能力,于是技术人才就成为招聘的重头戏;在产能问题解决后,2020 年企业要拓展国际市场,跨国营销人才必须提前到位。可见,只有保证了企业的战略重点,才能称得上是有效的人力资源战略规划。

(五)战略控制阶段

在具体实施人力资源战略的过程中,由于人类预测理性的有限,内外部环境的快速

---

① 李英:《西方战略人力资源管理综述》,《东岳论丛》,2005 年第 2 期,第 175—177 页。
② Lengnick-Hall, C. A., and Lengnick-Hall, M. L., "Strategic human resources management: A review of the literature and a proposed typology", *Academy of Management Review*, 1998, 13:454-470.
③ Jackson, S. E., and Schuler, R. S., "Understanding human resource management in the context of organizations and their environments", *Annual Review Psychology*, 1995, 46:237-264.

和不确定性的变化,都有可能使得最初制定的人力资源战略不能真正有效地达到企业预期追求的目标和要求。因此,必须建立一套科学的控制体系,利用实施结果对最初的人力资源战略主动调整,以适应变化了的内外部环境,修正企业对人力资源战略实施中的偏差,最终保证人力资源战略的持续滚动发展。因此,对人力资源战略进行系统化的反馈与控制就成为一项对企业利害攸关的重要工作。

对人力资源战略控制的基本目的,就是保证企业最初所制定的人力资源战略与其具体实施过程动态实时地相互适应。对人力资源战略控制的基本内容包括:选择人力资源战略的关键环节进行关键监控与评估,确立控制基准和原则,监测关键控制点的实际变化及变化趋势,选择实施适度的控制力和正确的控制方法,调整偏差。其中一个难点是找到关键成果领域,通过人力资源战略实施所能表现出的关键成果来评估战略达成率。比如,把人力资源战略的关键成果领域分为企业绩效、人才满足率、员工满意度等方面,并制定出相应量化目标,以便进行人力资源战略实施效果的跟踪与监控,确保战略顺利完成。

第二节 人力资源规划

人力资源规划与人力资源战略紧密相连。从本质上说,人力资源规划是一种针对人力资源的计划过程,阐明比较广泛的与人有关的企业问题的过程。人力资源战略目标的制定和实施要通过人力资源规划来进行。

一、人力资源规划概述

人力资源规划是指为实现组织目标,在企业人力资源战略目标的指导下,分析企业内外部环境的变化,根据企业各部门人力资源需求,对可得到的人力资源进行分析、识别、分配的过程。人力资源规划的过程是一个匹配的过程,它的目的是在适当的时间、适当的岗位获得合适的人员,以实现企业人力资源战略。总之,人力资源规划为企业人力资源战略的制定和实施提供有效工具,为组织将来的发展提供了路径图,指明哪里可以得到员工资源,什么时候需要员工资源和员工需要什么样的培训和发展计划。此外,人力资源规划不是单独的部分,它要与绩效评估、员工发展等系统相兼容,也就是说人力资源规划必须与企业的整体战略及支持促进它的人力资源战略整合在一起。

人力资源规划按时间划分,可分为短期人力资源规划和长期人力资源规划。所谓短期人力资源规划,通常指时间不超过一年的人力资源规划,其特点是,目标明确、任务具体。长期人力资源规划是辅助企业长期发展目标而制定的,是对人力资源开发与管理的总战略、总方针进行系统的筹划。企业长期人力资源规划非常重要,企业不能只关注人力资源的短期规划而忽略了其长期的战略意义。例如在为人力资源进行规划时,一个组织必须考虑到它是要把自己的员工长时间地分配到一个工作岗位上,而不仅是下一个月或下一年。这种工作安置必须洞察到将来能影响到组织的任何在经营方面的缩减与扩张以及在技术方面的变化。组织必须以这些分析为基础,制定出员工在组织内部的调动计划,用以安置、裁减或保留现任员工。需要加以考虑的因素包括企业里现任员工的知识、技能水平,以及由于退休、晋升、调任、病假和解雇而造成的空缺等。

人力资源规划按照层次划分,可分为战略人力资源规划和业务人力资源规划。战略人力资源规划涉及的是企业长期的人力资源需求、政策、目标及实施实现目标的基本步骤等。战略规划总目标以人力资源绩效、人力资源总量素质、职工满意度等指标来衡量。业务人力资源规划是战略人力资源规划实现的基础,包括具体的人员补充规划、人员分配规划、人员晋升规划、人员发展规划、工资福利规划、劳动关系规划等。业务人力资源规划是对战略人力资源规划的具体实施规划,它的每一项业务也需要由清晰的目标、政策、实施步骤等构成。人员补充计划以对人力资源素质结构及绩效的改善为目标,人员分配计划以人力资源结构优化及绩效改善、人员岗位匹配、职务轮换幅度等为目标,人员接替和提升计划以后备人才数量保持、提高人才结构及绩效为目标,培训计划以提高素质和技能、改善技巧、转变态度和作风等为目标,薪酬激励计划以人才流失减少、提高士气、绩效改进等为目标,劳动关系计划以降低非期望离职率、劳资关系改进、减少投诉、提升员工参与率等为目标。

人力资源规划的焦点是在合适的时间和合适的地点,保持合适数量的合适人才。人力资源规划与企业战略相连,从人力资源供需的角度,为组织培养和保持竞争优势提供人力资源的支持。人力资源规划需要掌握与组织战略扩张、流程减少和影响技术变革的相关知识。人力资源规划的焦点需要人力资源专业人员和部门经理付出足够的时间和努力(见图 2-3)。

图 2-3　人力资源规划的焦点

资料来源:赵曙明等,《人力资源管理》,电子工业出版社 2008 年版,第 46 页。

一般来说,人力资源规划的主要责任在最高人力资源经理和专业人员。由于人力资源规划对于培养和维护核心竞争力的组织来说非常重要,需要组织各部门的全体参与,因此其他管理人员也承担相应的人力资源规划责任,表现在为人力资源专家提供必要的分析数据,并从人力资源部门获取相关信息,与本部门的规划进行整合。总之,一个组织的人力资源规划的成功需要人力资源部门和其他部门的合作才能实现。

二、人力资源规划的制定

科学制定人力资源规划的技术层面包括遵循科学的制定流程、监测外部环境、分析组织内岗位和员工技能匹配、预测人力资源供需、调整人力资源供需等。

(一) 人力资源规划的制定流程

人力资源规划流程包括组织目标和战略分析、人力资源需求预测、人力资源战略与规划(见图2-4)。规划流程是从仔细考虑组织目标和战略开始的,企业的人力资源规划从组织目标和战略分析获取组织的人力资源需求目标,同时人力资源需求目标必须与组织的目标、战略相一致。

在充分了解组织目标和战略对人力资源的需求后,企业必须对内外部人力资源状况进行评估,了解内部人力资源需求及外部供给状况,分析组织人力资源数量及技能需求,监测影响劳动力供给的外部环境变化,得出人力资源长远和短期的供需预测结果。

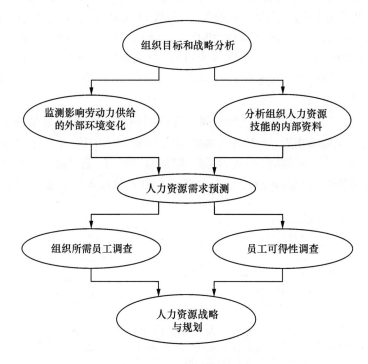

图2-4 人力资源规划流程

资料来源:赵曙明等,《人力资源管理》,电子工业出版社2008年版,第47页。

根据人力资源供需预测结果,进一步了解企业组织员工需求及内外部员工可得性状况,做出企业战略层面和业务层面的人力资源规划方案。

(二) 监测外部环境

外部环境监测是研究组织所处环境,并指出机会和威胁的过程。环境监测对组织人力资源规划影响很大,在西方人力资源管理中,组织利用合适资源吸引、招聘充足人力资源的能力是组织效率的衡量标准。许多因素对人力资源供给产生影响,包括政府、经济、地理和竞争条件和劳动力构成等。

(1) 政府因素。政府法律和规章制度影响劳动力市场的供给和需求,进而影响企业人力资源规划,如法定每周工作时间和税收政策的影响等,因此,人力资源规划专业人员需要了解政府法律制度。比如在欧盟,规定工人每周工作时间不得超过 48 小时。2018 年,总部位于华盛顿的咨询公司 Trade Partnership Worldwide LLC 的研究显示,时任美国总统特朗普对中国加征的 500 亿美元进口关税和中国对美加征的报复性关税,将会减少超过 13 万个美国就业岗位,包括超过 67 000 个农业岗位。总之,组织在进行人力资源规划时必须对政府政策、规章和立法详细考虑。①

(2) 经济因素。经济繁荣和萧条的周期会影响到人力资源规划,比如利率、通货膨胀、经济增长和失业率等,这些因素影响组织战略和目标,并影响组织人力资源的可获得性。在 2008 年的全球金融危机背景下,我国经济发展受到一定影响,经济增长速度趋缓,企业用人需求下降。再如在失业率高的市场上招聘,寻找工作的员工数量增加,招聘成功可能性会增加。在西方,如果在失业率为 3% 的劳动市场招聘胜任员工,成功可能性几乎为零,但是在失业率为 7% 的市场上,招聘会容易些。

(3) 地理和竞争因素。一个地区的净人口流入十分重要,净人口流入意味着充足的劳动力资源。比如我国的"三农"(农业、农村、农民)问题是关系国计民生的根本性问题,2018 年的中央一号文件是关于实施乡村振兴战略的意见,2019 年的中央一号文件是关于坚持农业农村优先发展做好"三农"工作的若干意见②,我国政府对"三农"问题的持续关注和农民在农村收入和待遇的提高等因素,使得以往净人口流入的地区发生民工荒,迫使这些地区改变以往的人力资源规划,更加关注对熟练工的挽留。直接竞争者也是组织招聘的重要外部影响因素,比如一家沃尔玛超市在某个地区开业,这个区域其他零售商的雇员可能会受到吸引。

(4) 劳动力构成因素。劳动力构成因素的变化会对组织的人力资源规划产生重要影响,这些因素包括劳动力老龄化、员工文化多元化、女性员工增加、员工弹性工作制、外包可能性等。

(三) 组织内工作岗位和员工技能分析

组织内工作岗位和员工技能分析是人力资源规划中预测的前提,通过分析的结果与外部劳动力市场供给进行比较,预测未来和当前组织人力资源规划的供需状况。

(1) 组织内工作岗位分析。对当前岗位的深入分析,是预测未来组织所需岗位的基础。这些数据来自已有的人事和组织数据库。

(2) 组织员工技能分析。规划人员分析员工技能,可以为招聘、选拔和长远规划服务。这些数据基本来源是组织中的人事信息档案,这些信息可以帮助了解一个员工的能力、知识水平和技能。信息对于规划的帮助是显而易见的,如果一些特殊专业如计算机

---

① 于换军、毛日昇:《中美贸易摩擦对两国就业的影响》,《东北师大学报》(哲学社会科学版),2019 年第 6 期,第 136—139 页。

② 刘楠、周小普:《乡村振兴背景下的"三农"主体话语生产与实践建构》,《甘肃社会科学》,2019 年第 5 期,第 215—221 页。

技能是空缺的,那么组织发展新技术就会受到限制,如果大量技术员工都处在一个年龄档,他们同时退休会使组织在未来出现员工断层。

(四) 人力资源供需预测

人力资源供需预测利用过去和现在的信息,如外部环境检测和内部优劣势分析的信息,估计未来实现组织目标和战略所需的人力资源情况。对未来的预测可能存在主观错误,但在规划越来越成熟的情况下,专业人士完全有可能做出正确的预测。

(1) 预测方法和阶段。预测方法可以是判断的,比如经理人员的主观判断;也可以是定量的,比如相关分析。总体而言,预测人力资源供需是定量方法和主观判断的结合,即使在定量方法中,各项因素的评估和加权仍然需要人力资源专家进行,数学模型作为一种分析工具,不能盲目依赖。

人力资源预测按照时间可以分为短期、中期和长期预测,短期预测通常是6个月到1年,中期预测通常要对未来1—5年进行预测,而长期预测时间更长,通常要估计5年以上的情况。相比之下,中长期预测比短期预测要困难得多。

(2) 预测人力资源需求。人力资源需求可从组织层面,也可从部门层面进行预测,比如可以预测组织某段时间内将需要的员工数目,也可以预测销售部门、生产部门、财务部门和人力资源管理部门在某段时间内的所需员工。部门细分的方法对专业技能的考虑更为具体,但是组织层面预测对于组织战略和目标的实现更为契合。

每一份工作的聘用都有相应的规则。比如一个金融机构,其分支管理者的人选50%来自客户服务人员的晋升,25%来自资深金融专业人士,25%的聘用要面向新雇员。因此,人力资源需求预测还要对所需的人力资源数量和类型进行估计。

(3) 预测人力资源供给。人力资源供给的预测帮助我们了解人力资源的可获得性,但必须同时考虑外部供给和内部供给。外部供给预测需要对劳动力市场人数进行估计,也必须考虑行业趋势和其他更为复杂的相关因素。这些信息可以从政府的经济发展部门和劳动部门获得。内部供给预测要估计员工因为晋升、平调和辞职而发生的变化,同时也要考虑企业培训发展计划、晋升制度和退休政策等制度因素的影响。

(五) 调整人力资源供需

在人力资源规划流程中,只要人力资源供给和需求之间存在差异,组织就应该采取措施来减少这种差异。

(1) 应对员工短缺的措施。当人力资源管理部门在对员工的供给和需求做了分析之后,发现供给是小于需求的,那么对于组织而言就存在若干种可能性。如果这种短缺不严重,而且现有员工愿意加班加点,那么现有的员工供给完全是足够的。如果短缺的是那种特殊技术的员工,那么就可能采取一些措施,比如对现有的员工进行培训、招募一些新员工等。类似的措施还包括返聘以前的员工。

(2) 应对员工过剩的措施。当对员工的供给和需求进行比较之后,人力资源管理部门发现存在员工过剩的现象,那么可以采取的措施包括裁员、提早退休、降职以及终止合同等。应对员工过剩的措施让管理者于心不忍,因为过剩现象往往不是那些被认为过剩的员工造成的。许多组织都倾向于采取提早退休、创造额外工作机会等方式来避免裁员。一些组织干脆不补充那些离职或者退休的岗位,从而减少员工数量。有时候可以通过鼓励那些即将到达退休年龄的员工提早退休来实施裁员计划,但是提早退休的方案一定要事先做好安排,否则会产生很多意想不到的弊端。

三、人力资源规划的评估

评估人力资源规划成功的标准有多种,最常用的方法就是将起初预测的某个时期的人力资源需求水平与后来的实际水平相比较。但是对于人力资源规划成功最有说服力的证据应该是,在一个组织中,人力资源是否与企业的长期发展需要相一致。以下四个方面可以作为评估人力资源规划成功的基础:

(1) 高级管理层对人力资源的贡献有更清楚的认识。人力资源规划的成功更多体现在为企业经营决策的贡献方面,因而让经营决策层了解人力资源规划与组织决策的关系和贡献是判断的首要基础。

(2) 人力资源成本有所降低。管理层可能预见到人力资源不平衡的发生,而避免使这种不平衡发展到不可收拾的地步,导致企业损耗巨大。

(3) 拥有更多的时间发现人才。在实际招聘发生以前,人力资源的需求就已经被预料到并且得以实施,因而更多的时间和精力被用于组织中人才的发现和获取。

(4) 经理人员的职业发展得到更好的规划。经理人员是组织发展的中坚力量,经理人员的忠诚和职业素质是组织人力资源规划的重要内容。

第三节 工作分析

全世界各种组织的工作和岗位都在随时发生变化,这些变化显著地影响了组织的人力资源战略和规划。工作分析是人力资源战略和规划科学制定和实施的关键基础。

一、工作分析概述

工作分析又称为职务分析或岗位分析,是人力资源开发与管理工作中最常规的技术,是整个人力资源开发与管理工作的基础。科学的工作分析,不仅提供了确认工作相关信息的技术手段,而且更重要的是它直接影响着组织与工作系统的运行效果。做好工作分析,可以改善和弥补组织功能不足的缺陷,在达成组织目标的同时给予员工更高的工作满意度。

工作分析是制定人力资源战略规划的基础。工作分析的资料可以直接应用在企业人力资源规划方面,通过对部门内各项工作的分析,得到各部门人员编制,进而得到组织的人力资源需求计划。没有工作分析,人力资源计划就是空洞和不合理的计划。

工作分析对人力资源战略落实非常重要。人力资源战略制定之后,落实到人力资源管理实践部分,需要工作分析的支撑。例如,企业在招聘、选拔和录用的实践中,要识别和招聘最适合的求职者,通过工作分析所得到的信息可以帮助企业达到这个目的。工作分析可以确定出招聘、选拔和录用的标准,并帮助新员工最快地进入职业角色。在招聘人员之前必须确定岗位的主要工作职责,以及应聘者必须具备的知识、技能和能力。这些信息都是通过工作分析获得的。如果招聘者不知道胜任某项工作所必需的资格条件,那么员工的招聘和选择就将是漫无目的的。如果缺少适时的工作说明和工作规范,就会在没有一个清楚的指导性文件的情况下去招聘和选择员工。

工作分析以企业单位各类劳动者的工作岗位为对象,采用多种科学方法,根据工作内容,分析工作的性质、繁简难易、责任轻重、执行工作应具备的学识技能与经验,制定出工作说明书等人事文件,为人力资源的战略规划、招聘配置、绩效考评、培训开发、薪酬福利、劳动关系等管理提供规范和标准的过程。

如图 2-5 所示,工作分析产生工作描述和工作规范两份主要的人事文件。通过工作分析,可以确定某一工作的任务和性质是什么,哪些类型的人适合从事这项工作。

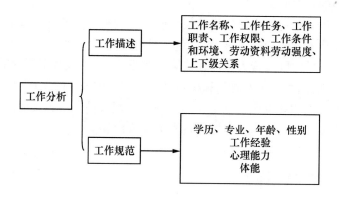

图 2-5 工作分析与工作描述、工作规范关系

工作分析的主要功能有:让员工了解工作的大致情况、建立工作程序和工作标准、阐明工作任务和责任职权、助力员工的聘用与考核培训等。工作分析的成果从工作描述和工作规范两个角度描述。工作描述要求对企业各类岗位或工作的性质、任务、程序、工作条件和环境进行研究。工作描述是对有关工作职责、工作活动、工作条件以及工作安全等方面的书面描述文件。工作描述包括工作名称、工作任务、工作职责、工作条件和环境、工作中与其他工作人员的正式联系以及上下级关系、各部门之间的关系、员工工资报酬、奖金制度、工作时间、工作季节性、晋级机会、进修和提高的机会、该工作在本组织中的地位以及与其他工作的关系,等等。

工作规范要求对员工承担本岗位或工作应具备的技能、责任和知识等资格条件进行系统分析和研究。工作规范是全面反映对工作承担者在个性特征、技能以及工作背景等方面的要求的书面文件。工作规范说明了从事某项工作的人所必须具备的知识、技能、能力、兴趣、体能和行为特点等心理及生理要求,以此作为人员筛选、任用和调配的基础。工作规范是有关工作程序和技术的要求、工作技能、独立判断与思考能力、记忆力、注意力、知觉能力、警觉性、操作能力(速度、准确性和协调性)、工作态度和各种特殊能力的要求。职务要求还包括文化程度、工作经验、生活经历和健康状况等。

二、工作分析的程序

作为对工作的一个全面评价过程,工作分析过程可分为四个阶段:准备阶段、工作信息收集与分析阶段、成果生成阶段、成果实施反馈完善阶段(见图2-6)。

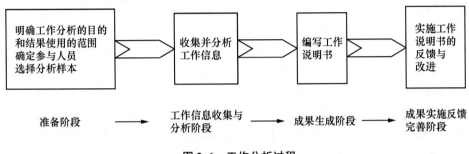

图2-6 工作分析过程

(一) 准备阶段

(1) 明确工作分析的目的和结果使用的范围。在进行工作分析之前,要明确工作分析的目标,即工作分析是服务于人员选拔,还是服务于薪酬设计;是服务于人员培训,还是据此进行内部职位的调整。然后依据不同目标运用深度访谈方式、职位分析问卷法、任务分析清单法、工作量化排序等不同的方法来进行工作分析。不同的目的和使用范围决定了进行工作分析的方式和重点。若工作分析是让企业所有员工明确各自的工作职责和工作范围,则要求工作说明书能够明确划分出职位与职位之间的职责权限,揭示出每一职位的主要工作流程,其他部分可以适当弱化分析,化繁为简。若重点是为了有效选拔和使用所需要的人员,则在明确工作职责的基础上,重点说明具有何种资格的人才能适应职位的要求即可。工作职责和任职资格是工作说明书的核心,最简洁的工作说明书可以只包括这两个部分。但是,当工作分析的目的是制定考核标准及方案、科学开展绩效考核工作,或是设计公平合理的薪酬方案时,则可借助工作分析的过程着重分析每一职位的价值并明示评估标准,以节省日后制定绩效考核指标体系和职位评估的时间。

(2) 确定参与人员。工作分析的可选主体有人力资源专职管理人员、员工、工作承担者的上级主管及其他相关人员(如外部咨询师)。员工、上级主管应成为工作分析的主体,人力资源专职管理人员及外部咨询师只能起参谋作用。因为工作分析不仅仅是对现有工作状态的描述,而且是根据企业战略、企业流程再造等对现有劳动分工关系所进行的变革及改进,具有探索性、创新性。员工、直线经理是工作的直接完成者及管理者,是他们自身工作领域的专家,工作分析由他们作为主体来完成是理所当然的。

(3) 选择分析样本。以典型的、有较好代表性的业务作为工作样本,先对样本进行全面的分析,再扩大到企业全部的业务,目的是提高工作分析的效率。当需要分析的工作有很多但又彼此相似的时候，选择典型工作进行分析显然是十分必要同时也是比较合适的。

（二）工作信息收集与分析阶段

（1）收集信息。工作分析所要收集的信息来自三个层面：组织层面，在组织层面收集内、外部环境的信息；作业层面，主要在组织的作业部门展开，系统收集反映工作特征的数据，核定期望绩效标准，观测实际的作业过程，确定总体的理想绩效与实际绩效的差异，这个层面的分析单位是以部门或工作水平为表征的；个人层面，主要分析实现理想绩效所需要的知识、技能、能力等，分析个人在这些方面与期望状态的差异。

（2）分析信息。对工作分析所需的信息收集完后要对信息进行分析，信息分析阶段是整个工作分析过程的核心部分，主要包括工作名称分析、工作任务分析、工作责任分析、协作关系分析和工作环境分析等。工作名称分析过程中，工作名称要明确、标准，力求通过工作名称即可了解工作内容；工作任务分析是对工作具体事项分析，如工作的核心任务、工作内容、工作的独立性和多样化程度、完成工作所需要的方法和步骤；工作责任分析是分析完成该工作所应配置的相应权限，工作责任和权利要相互对应，应尽量使用定量的方法来确定工作的责任和权利。协作关系分析是了解和明确该项工作的协作关系，包括该项工作受哪些工作制约、相关工作的协调合作关系、哪些工作可以进行协调和更换；工作环境分析包括对工作的物理环境和社会环境进行分析。

（三）成果生成阶段

这一阶段的主要工作就是编写工作说明书，大多数情况下，在完成了工作分析之后都要编写工作描述和工作规范。这个阶段主要是解决如何用书面文件的形式表达分析结果的问题，可以通过工作描述和工作规范的方式表达。通过对所获各种信息材料的分析和整理，写出工作说明书。工作描述是关于一种工作中所包含的任务、职责和责任的一份目录清单。工作规范是一个人为了完成某种特定的工作所必须具备的知识、技能、能力以及其他特征的一份目录清单，全面反映对工作承担者在个性特征、技能以及工作背景等方面的要求。具体内容我们将在后面章节详细阐述。

（四）成果实施反馈完善阶段

这个阶段主要是将分析结果具体应用到人力资源管理的各个环节，为人力资源管理的各个环节制定可以参照执行的文件，例如甄选录用的条件、考核标准、培训内容的设计等。实施反馈包括以下三个阶段：

（1）试用期和调整阶段。此阶段检查信息收集的准确性及正确性，设计方案的适用性，鼓励员工或部门提出意见或建议，如果是工作分析小组的问题，那么需要分析产生差异的原因并及时调整；如果是部门认识的误差，那么工作分析小组就要耐心加以说明，使双方达成共识。

(2) 正式运用阶段。定期检查各部门是否按工作说明书制度执行,只有领导定期或不定期检查工作,才能使员工重视工作说明书并贯彻执行。

(3) 改进阶段。工作分析的结果要定期反馈给员工,同员工共同分析原因,让员工参与并充分认同工作的调整。组织结构的调整可能产生新的任务或取消任职资格,所以工作分析需要重新调整、适应变化。工作分析贯穿工作始终,是一个不断调整的过程。组织的生产经营活动不断变化会引起组织分工协作体制发生变化,从而引起工作的变化。因此,对应工作必须做出相应调整。另外,工作分析的适用性只有通过反馈才能得以确认,并根据反馈修改其中不适应的部分。

三、工作说明书的编写

工作说明书是工作分析的最后成果,包括工作描述和工作规范的内涵,又称职位描述、职位界定、岗位说明等,用来定义、辨别和描述一个职位的最重要特征。编制工作说明书是企业管理的一项基础,也是各级主管的一项基本职责。它可以使主管对下属的工作要求有清晰的了解,以便提供必要的辅导,做出恰当的评估。另外,职位说明书为组织的许多项目(例如招聘、薪酬调查、技能差距分析、绩效考核和级别确定等)提供必要的信息。

(一) 工作说明书内容

工作说明书一般仅描述职位本身,而与从事或即将从事此工作的人员无关。通俗地讲,就是通过对职位的工作内容、责任范围等的分析,给工作岗位画像、照相。但有时工作说明书也会包括对从事该职位人员的知识、技能和经验等的要求,即工作规范。图2-7明示了工作说明书的内容。

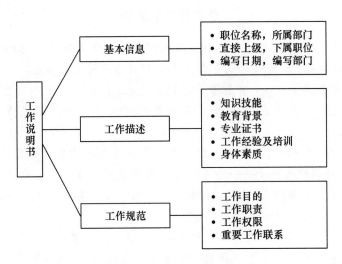

图2-7 工作说明书内容

(二) 工作说明书撰写要点

工作说明书应该包括以下要点:① 工作目的,反映该职位存在的价值,突出该职位区别于其他职位的特征。② 主要工作职责,是职位说明书的核心部分,包括主要工作内容(按重要性顺序排列)和工作任务。③ 汇报及联络关系,包括内部关联和外部关联,内部关联指的是在完成工作时,该岗位同组织内什么样的主管上级/同部门同事/其他部门发生工作关系;外部关联指的是因完成该岗位工作而必须发生联系的所有组织以外的机构,包括供应商、客户、上级单位、关系单位、政府机关等。④ 任职条件,任职人必备的岗位要求的知识、能力等。

【本章案例分析】

荣富集团危机何在?

2007年11月底一个寒冷冬夜的凌晨4点,火车到达了内蒙古B市,知华和孝立兄弟俩开始了咨询生涯的第一个项目:荣富实业集团。两个人哆嗦着开玩笑:荣富,荣华富贵,名字不错。

去荣富集团的路上,兄弟俩脑子里想着战略和人力资源需要怎么谈——因为来之前,项目介绍人告诉他们,这个企业可能需要做战略,最可能是做人力资源战略。

在兄弟俩把咨询涉及的主要内容和方向做完简要介绍以后,集团董事长兼总裁黄朝南的一句话把他们给砸蒙了:"我们需要的是做全部!"……做全部25万!这老板肯定是疯了!……兄弟俩迅速稳住神,告诉对方,没有这种做法,事有轻重缓急,得一项一项来,并表示愿意做个简要的诊断后再定方向。

总裁代理的危机

在荣富集团会议室里,摆满了各种各样的奖牌和荣誉证书——"2006年中国成长企业100强""全国首批520家重合同守信用企业""B市先进龙头企业",以及各种国家、自治区和B市的荣誉称号……荣富集团下辖12个分(子)公司,总资产8亿多元,业务范围涉及城市集中供热、农产品加工、地产开发及建筑、机械制造加工等领域,每年总体保持30%的快速增长……

然而,兄弟俩很快感到,在阳光灿烂之下却隐藏着某种危机。他们首先发现了一个"奇怪"的现象:黄朝南的长子——公司的代理总裁黄武力每天早上六点半开始办公,直到晚上十点,排队等办事的人,从二楼排到一楼。而几乎所有的人对他的评价都是"一声叹息"……

细细一打听,才知道集团这些创业元老们都不买代理总裁的账。因为黄武力一直在外读书,虽然大学毕业之后有了两年的外资企业工作经历,但对荣富集团的业务非常不了解,每个问题都要询问半天,决策的时候又常拿不定主意。

为什么要用一个不懂业务的儿子担任公司总裁?项目介绍人说,黄朝南多年劳累过度,得了严重的尿毒症,医院甚至下了病危通知书。好端端的一个人仿佛一下子走到了生命尽头,妻子因此一度情绪不稳定。而且,眼看公司发展也要出现问题,心急如焚的妻子给远在北京的长子黄武力打了一个电话。黄武力自小聪明能干,是一块经商的"好料"。黄朝南也有意培养,因此在儿子大学毕业后,特意"悄悄地"将他安排到一个国际知名公司北京分公司,让他单独打拼,积累经验和锻炼能力。两年后,又让他在北京一所知名大学攻读MBA。但是刚开学一个月,黄武力就接到了母亲的电话:"赶紧回来,你爸爸快不行了!"急切的黄武力赶回来之后才知道,父亲必须做肾脏摘除手术。而他父亲给他安排的是公司的代理总裁一职。

手术很顺利,黄朝南的身体很快得到了康复。几个月之后,黄朝南已经能够到公司上班,但每天只能工作两三个小时。知华和孝立很快发现,高管们不时猜测着黄朝南的身体状况,相互之间说话都察言观色,极其谨慎,各怀心事的样子。各分(子)公司老总更是士气低落,抱怨不断,许多人甚至早已萌生去意。

"你们可以看到,集团从高管到最低层的办事人员,每人都一脸菜色,从早忙到晚,从来没有周六和周日,除了春节,没有任何国家法定节假日,加班是常态,且从来没有加班费一说。员工充满怨言,人员流动频繁,任何人到公司都没人过问,集团办公室主任不堪重负,一年之内换了两任,不知道新上任的办公室主任能干多久……整个企业的运转都靠着董事长以往的威信维系着!"项目介绍人悄悄地对兄弟俩说。

"为什么不考虑启用有能力的创业的老人做代理总裁或者聘用职业经理人呢?"兄弟俩问。

项目介绍人想了一下说:"也许这些高管们能力所限,没有人能够接替董事长的位置吧。他们原来对企业很忠诚。特别是创业初期,用无私奋斗形容一点不夸张。但是,他们在有了一定的股份和积蓄之后,奋斗精神好像明显下降了,吃、喝、嫖、赌的人都有,在员工中威信下降。这些年,集团也尝试引进了一些人才,但很多人最后还是离开了。其中不少是工作中和老员工发生冲突辞职而去,留下的也没有全部发挥才能。董事长也曾和创业的元老谈,制定了一些政策,但是效果不明显。好在公司一直成长很快,董事长也没有更多过问这个事情。"

"当初起家创业的老员工,现在还有五十多人,基本都在各级管理岗位,占中高管理层二分之一。董事长也曾说,企业的管理迟早要交给下一辈。一些老员工的子女也有的在公司工作,他们也在考虑这个问题。但是,只有一个副总裁的孩子是分公司老总,算比较有出息。其他人的孩子大多在职能或销售部门。"项目介绍人强调说。

找不到组织结构图

更令兄弟俩惊讶的是,荣富集团的公司文件里没有组织结构图,没有任何详细可执行的制度和程序,没有任何一个人能清楚地告诉他们公司的整体情况。对一个企业进行内部诊断调研,一般最直观反映状况的莫过于组织结构图,对组织结构图的解读直接反映咨询师对管理理解的程度和功底。如同滴水见海,对组织结构图的正确解读和判断,几乎可以了解一个企业内部管控的大部分问题。然而,在荣富集团,兄弟俩却找不到这张图。

通过访谈,兄弟俩根据实情复原了荣富集团的组织结构(见图2-8)。

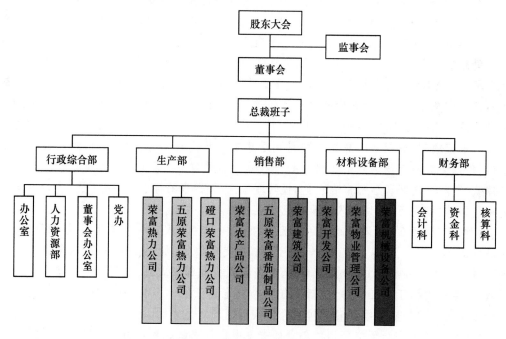

图 2-8 荣富集团的组织结构

有意思的是,荣富集团组织结构图上没有总裁,而是以总裁班子代替行使决策功能,根据集团组织结构图,兄弟俩很快发现集团实际的运行中以总裁班子以上部分为决策层,同时,以总裁班子加上集团总部部门为管理层,以各分(子)公司为经营层。简单说来,就是班子成员不仅负责集团和分(子)公司的决策,同时还负责集团总部的管理事务,进而还负责分(子)公司的具体经营业务。也就是说,同一个人既是决策者,又是管理者,还是经营者。

混乱的股权结构

为了更好地进行诊断,兄弟俩通过访谈和查阅各种资料,大体梳理了荣富集团的发展历程。

荣富集团的前身是B市房管所供热站,始建于1986年,当初只有10名职工、一台锅炉、5 000平方米的供暖面积,由黄朝南任供热站站长,供热站为事业单位,实行企业化管理,单独核算,自负盈亏,受B市房管所的直接领导。从建站初,黄朝南一边做好供热站的自身扩建任务,一边向社会(不但在本地区,而且在周边的旗县)开展承揽锅炉、采暖设备的安装及给排水工程,供暖面积在不断扩大,外揽业务也取得了很好的经济效益,于1986年正式办理了企业营业执照。企业虽未成立太多的公司,但已开始向多元化经营方向发展,于1990年成立热力水电安装队、1994年成立B市锅炉厂,这两个公司于2000年分别转制成立B市荣富建筑工程有限责任公司和B市荣富锅炉制造有限责任公司;同年成立B市荣富房地产有限责任公司,2000年成立了B市荣富物业管理有限责任公司和A

县荣富热力有限责任公司;2001年在收购破产后的原国有大型企业临河糖厂成立B市荣富农产品加工有限责任公司和B市荣富机械设备加工有限责任公司;2002年成立五原县富源热力有限责任公司;2003年巴盟热力公司完成转制,注册成立荣富热力有限责任公司;2004年成立荣富商贸公司;2004年5月注册成立荣富集团。

随后,兄弟俩花了两天的时间,梳理和复原了股权关系图(见图2-9),其中的混乱程度,不由得让他们倒吸了一口凉气……

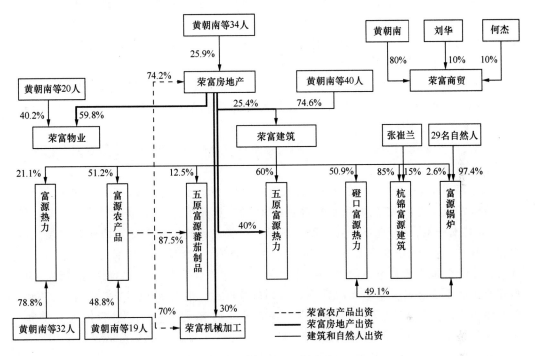

图2-9 荣富集团的股权关系

一个"地头蛇"类型的企业?

初次看到荣富的业务版图,很自然地让兄弟俩想到"小国民经济型"的企业:集中供热、农产品加工、房地产、机械加工。业务之间基本没什么关系,而且几乎所有业务的经营情况都良好:城市集中供热在整个盟区处于绝对垄断地位,是集团的传统主业;农产品业务主要为番茄酱生产,直销国外,供不应求,盈利丰厚,是集团的主要盈利来源和未来被看好的重点发展业务,同时,农产品板块正准备扩展甜菜制糖业务;房地产方面,B市最好的楼盘和多幢标志性建筑都是荣富集团开发建造的,盈利也很好。

兄弟俩的第一反应:这是一个"地头蛇"类型的企业,通吃当地所有资源。然而,很快发现两个有趣的现象让他们认为这个判断站不住脚:

第一,整个盟区的暖费价格为每平方米1.6元!多年为全国最低暖费价格,更远低于整个内蒙古自治区的平均暖费价格。虽然这和当地经济发展水平有关系,但如此低价仍然让人吃惊。众所周知,地方暖费价格的高低在国家政策的大前提下,更多取决于地方政府部门的"态度"。如果是地头蛇类型的企业，兄弟俩很难想象关系到荣富集团主业盈亏的供暖费价格会如此之低。

第二，荣富集团是整个盟区的税收贡献大户，财务工作十分规范，且历来有当年账款当年结清的习惯。但当地税务局的人却三天两头到公司查账，给公司财务造成许多不必要的重复工作。而众所周知，如果是"地头蛇"类型的企业，税务部门显然是不会这么"关照"荣富集团的。关于税务局的人总是来查账的原因，兄弟俩向项目介绍人询问，原来是董事长黄朝南坚信公司在税收方面绝对清白，因而从未对当地的税务部门进行任何"公关"。这似乎触动了中国政商关系中"特有的潜规则"。因此，税务部门将荣富集团列为重点关注的对象，而性格要强的黄朝南更加坚持自己的"态度"，专门抽调了几个财务人员负责与税务部门的对接和相关工作的开展。

加上当地还有两个非常厉害的企业，一是河套酒业集团，二是鄂尔多斯集团，都不比荣富集团差。由此可见，荣富集团和当地政府的关系显然远没到那种能通吃所有资源的地步，说不定还很糟糕呢。

那么，既然不是"地头蛇"类型的企业，难道是盲目的多元化？就算是多元化，什么是集团未来最主要的业务呢？

根据集团董事长黄朝南的说法，供热是集团的传统业务，是事业基础，当然不会放弃。房地产是看情况而定，有项目有地块就做，没有就算了，意思是房地产是个"横财型"业务，有就发一笔，没有也不指望。而番茄酱生产将成为集团未来主要的业务发展重心，理由是这样的：最适合番茄生长的地方就是北纬35度到48度这一狭窄区域，而全球最适合番茄生长的地方就是中国的河套平原黄河"几"字弯顶上的这一小块地方，所以，荣富集团生产的番茄酱其实是世界品质最好的番茄酱产品。荣富集团产品直销国外，盈利丰厚且供不应求。另外，新疆屯河和新中基等巨头也打算在河套地区进行产业转移和扩张。这一切都说明了这块天然资源的价值。

对于多元化，黄朝南坚决进行了否定，原因非常有意思：

番茄酱的集中加工生产期在每年的4—8月，甜菜在8—10月，而10月到次年4月是集中供热的生产期，几块业务正好都在一个大厂区内，正好实现一套人马，三块业务轮流转的状况，人力资源的运用是最合理的。所以，绝不是盲目的多元化。

基于此，兄弟俩基本认为荣富集团虽然没有明确的关于战略的说法，但其关于战略的想法没有错误。他们建议，以集中供热为基础金牛型业务，夯实其区域垄断的地位（很难做其他区域的扩张），做好政府公关，伺机寻求提价机会，为番茄酱业务做资金支持；重点发展番茄酱生产这一重点成长型业务，做局部区域资源抢占和垄断；并积极谋求上市机会，打通资本融通渠道，为番茄酱产业的扩张打造资本平台。至于其他业务，甜菜制糖最好不要涉及（相比蔗糖的低成本，甜菜制糖注定没有事业空间），可将甜菜厂房作为番茄酱扩产的储备用地；地产可以伺机而定，有好项目就做一把，没有就算了；机械加工没什么贡献，内化为供热的一个部门，或者直接砍掉。

"我要的是全部！"

对于兄弟俩的意见，黄朝南有两点坚决不同意：一是坚决不搞资本运作，认为"我们是老老实实做实业的,那东西是不务正业,会害死企业";二是坚决要上甜菜制糖,理由是"国企改制时,人家把价值2亿多元的资产以不到3 000万元的价格转让给我了,是希望我能把这块业务做起来,所以我得对人家有个交代"。

"企业能做多大,应该做多大,我心里也没底。我只知道要发展。你们说,这难道是战略和人力资源就能够回答的?难道不是全部?"黄朝南反问道。

资料来源:张祖安,《我要的是全部!》,《北大商业评论》,2009年第1期,第104—108页。

思考题

1. 荣富集团的危机在哪里?
2. 荣富集团当前是应解决战略定位问题,还是强化人力资源管理并进行相应变革问题?
3. 从该案例,我们可以看出企业战略与人力资源战略、人力资源规划之间存在什么样的关系?

【本章小结】

人力资源战略对公司经营战略的成功至关重要。一个企业的经营战略既要考虑环境的特点,同时必须考虑内部因素的优劣势,其中人力资源是企业经营战略需要考虑的重要因素。人力资源战略,从"关系"和"适应性"的思路来解释,就是指在一定的战略目标和竞争环境下,预测企业人力资源的需求,选择人力资源的管理方式,并对其进行有效的系统性管理的过程。实施人力资源战略后,雇员被重新认识,被企业视作一种资源而不是一种费用;同时,也使得人力资源管理的地位从传统的企业职能部门上升为战略人力资源管理,成为企业的战略伙伴。

我国企业在人力资源战略管理中面临的主要问题是缺乏系统思考,因此,明确人力资源战略管理的过程,对关键步骤给予高度重视,才能使人力资源战略具备有效性。人力资源战略管理过程包括人力资源战略制定、实施、评价和控制等阶段。其中人力资源战略制定是一个关键,本章从评估、制定和整合三个阶段对人力资源战略制定进行了详细介绍。

工作分析是人力资源战略和规划的基础。工作分析又称为职务分析或岗位分析,是人力资源开发与管理工作中最常规的技术,是整个人力资源开发与管理工作的基础。科学的工作分析,不仅提供了确认工作相关信息的技术手段,而且直接影响着组织与工作系统的运行效果。做好工作分析,可以改善和弥补组织功能不足等常见的缺陷,在达成组织目标的同时给予员工更高的工作满意度。

人力资源规划是人力资源战略的前身,是人力资源战略制定和实施的过程。人力资源规划从本质上说,是一种针对人力资源的计划过程,是指为实现组织目标,对可得到的人力资源进行分析、识别、分配的过程。人力资源规划为组织将来的发展提供了路径图,指明哪里可以得到员工资源,什么时候需要员工资源,以及员工需要什么样的培训和发展计划。人力资源规划要与绩效评估、员工发展等系统相兼容,必须与企业的整体战略以及支持促进它的人力资源战略整合在一起。

【关键概念】

人力资源战略;人力资源战略管理;人力资源战略评估与控制;工作分析;人力资源规划

【思考与练习】

1. 请考虑你熟悉的企业,人力资源战略与经营战略相一致的地方有哪些?
2. 企业的人力资源管理如何才能确保人力资源在企业的战略管理中起到有效作用?
3. 在当代企业管理中,影响企业人力资源职能的关键因素发生了哪些改变?这些改变对企业人力资源管理有什么影响?
4. 工作分析对于管理者有什么重要性?管理者如果不了解下级的工作,可能会产生什么后果?
5. 各种工作分析的方法优势和不足是什么?你认为在工作分析的时候哪种方法的运用最广泛?
6. 劳动力短缺会对人力资源管理的哪些方面带来影响?如何才能避免劳动力短缺的出现?

第三章 员工招聘与匹配

第二章 国民经济核算

从系统的观点看,我们可以遵循以下程序来完成员工的获取。首先,你需要对是否需要招聘新员工进行判断,当你认为可以通过其他途径来克服企业的困难,如加班、更新设备等,你就可以跳过这一步。然而,在很多情况下,你的回答都是肯定的——我需要招聘新员工。那么,紧接而来的问题就是你需要什么样的员工以及多少员工。你需要的员工一般就是指与你的组织相匹配的员工,不仅在知识、技术能力上匹配,还要与组织有较为相似的或互为补充的价值观;你对需要招聘的员工数量的了解可以从人力资源供给和预测方面着手。在你明确需要什么样的员工和需要多少员工后,接下来的问题就是你从什么地方获得这些员工,一般而言,可以通过对各种招聘渠道进行分析来决定你需要的员工的来源。再往后的工作就是你打算用什么样的程序来最终获得你需要的员工,通常情况下,这需要根据应聘提供的材料进行初步的筛选,然后对符合条件的候选人进行测试,最后决定哪些人是你所需要的员工。

本章首先从人岗匹配和个人组织价值观匹配两个方面介绍了与组织相匹配的员工要求;其次从人力资源供给与需求的预测方面分析如何确定所需员工的数量;最后介绍了员工获取的渠道与程序。

第一节　与组织匹配的员工

企业进行员工招聘活动的前提假设就是"我们需要员工",然而,你真的需要招聘新员工吗?一般而言,在决定招聘新员工之前,你会考虑很多的替代方案。比如对原有的工作设计进行调整,使员工能够充分发挥技能和才干;通过外包或雇用临时工来完成一些超额的或短期性的工作;以设备和技术的更新来替代人员的增加,等等。以上都是不通过招聘新员工来解决组织问题的方法,当你觉得这些办法都不能达到预期的效果时,招聘新员工可能就是一条有效的路径了。

当你确信你需要招聘新员工时,接下来的问题就是你需要什么样的员工?你需要多少员工?我们首先关注组织需要什么样的员工。对于组织而言,员工的质量体现在与组织的匹配程度,不仅包括人岗匹配还包括个人组织价值观匹配。

一、人岗匹配

在人力资源的发展历史中,当人们谈及招聘什么样的员工时,一般是指寻找并获取与企业匹配的员工。然而,匹配具有丰富的内涵,早期的人力资源管理实践大多强调员工与岗位要求的匹配,即当挑选、培训员工时,知识、技术及能力(Knowledge、Skills、

Ability, KSAs)等岗位的要求是管理者关注的重点。Edwards(1991)[①]从两个方面来解释匹配,一方面立足于个人,指传统的员工知识、技术以及能力等个体的特征与岗位的需求一致,即要求能力型匹配;另一方面关注的是组织,指组织能在多大程度上满足员工的需求、期望或者偏好,即需要提供型匹配。

在传统的人力资源管理中,工作分析与岗位说明手册详细地探讨了这一问题,通过对岗位特征的描述,确定所需员工的标准。工作分析是在比较全面地了解本企业的发展、运行状态之后,对企业目前的工作和今后的发展做详细周密的分析,以便明确工作任务及完成这些任务所必需的人的特点。岗位说明书是工作分析的实际产出,是从企业长远发展战略目标和现实经营管理效益以及从人事管理对岗位的要求出发,对应具备知识、技术、能力等素质做出的客观描述。岗位说明书一般包括岗位职责名称、设置的目的、主要职责、组织关系,其中,最主要的是员工胜任该岗位所应具备的条件,例如学历、工作经验、技术专长与技巧、工作态度、智力水平、身体状况、交际能力、人格特征等。

岗位胜任要求会根据不同行业、不同的企业以及不同的岗位有所变化,表3-1是对化妆品销售岗位胜任要求的描述,表3-2是对人力资源经理岗位胜任要求的描述。

表 3-1 化妆品销售岗位胜任要求

岗位胜任要求		
类别	系数	具体要求
性别	0.10	女性优先
年龄	0.10	20—30 岁
知识	0.15	商务礼仪知识; 美容护理的相关知识; 心理学基础知识
学历	0.10	大专以上学历(包括大专),市场营销或相关专业
经验	0.20	具有一年以上相关工作经验,有良好的工作业绩者优先
技能	0.35	具备良好的口头表达和沟通能力; 根据消费者的表现揣摩消费者心理的能力; 熟练运用促销技巧; 熟练掌握各类商品陈列和包装技能; 具有一定的临场应变能力

在实际操作的过程中,企业可以用三种方式使用岗位胜任要求,以此来选择与企业匹配的员工。首先是不考虑胜任系数,岗位胜任要求在这种情况下一般都是指最低任职资格,凡是满足该资格的人员都可以作为选择的对象;其次是确定固定的胜任系数,即根据应聘岗位的数量与应聘人员的数量等因素,决定胜任系数的大小,一般而言,系数越高,匹配程度就越高,但如果将系数定得过高,就会无法招聘到一定数量的合格员工,系数太低就会丧失甄选的意义。还有一种方法是事先不确定胜任系数,而是对应聘人员的

---

① Edwards, J. R., "Person-job fit: A conceptual integration, literature review, and methodological critique", *International Review of Industrial and Organizational Psychology*, 1991, 6: 283-357.

实际胜任系数从高到低排序,然后按一定的比例(如 1∶1.2)确定实际需要招聘的人数。

表 3-2 人力资源经理的岗位胜任要求

岗位胜任要求		
类别	系数	具体要求
教育水平	0.10	本科或以上学历
专业要求	0.10	人力资源管理、行政管理及相关专业
知识	0.15	掌握人力资源管理理论、心理学理论、熟悉劳动法律法规及劳动政策,以及相关的行业知识
工作经验	0.20	5 年以上从业经验,3 年以上的管理岗位工作经历
计算机水平	0.10	熟练操作 Word、Power Point 等办公软件
沟通技能	0.10	具有较强的阅读能力、写作能力和表达能力
其他	0.15	应具备较强的协调能力、分析决策能力、影响力与执行力等

人岗匹配不仅体现为上述纵向的个人—组织的匹配,还包含横向的互补,即在传统的纵向匹配基础上考虑到群体协同效应的发挥。这种横向的互补需要人力资源经理对组织现有的员工以及拟招聘的员工有比较清楚的了解。比如不同专业背景的员工,就有可能在知识的深度、广度上形成互补,使整个企业的知识结构更加全面与合理;不同性格的员工,有可能会由于性格的互补而使组织的决策更加理性,因为个体具有不同的性格特点,比如内向与外向、急躁与冷静、直爽与含蓄等。那么,作为一个整体而言,不同性格的员工就易于在处理问题时表达出不同的观点和方式,进而形成胜任解决各类不同问题的良好的性格结构;不同年龄的员工,不仅可以在体力、智力、经验、心理上进行互补,还有利于实现人力资源的新陈代谢,焕发出持久的活力。此外,在当今强调创新的竞争环境中,这种立足于多样化的横向匹配思想还有利于提高企业的创新潜能,即通过人员的招聘来形成以多样化为基础的协同优势。

二、价值观匹配

在以往传统的人员招聘中,人们关注的重点往往是能否满足工作岗位的需求,并将人岗匹配作为招聘员工时的重要标准,甚至是唯一的标准。然而,这种立足于工作视角的招聘理念,没有对员工的性格、价值观给予充分的关注。招聘是一个双向选择的过程,当企业在寻找匹配的员工时,员工也在选择适合自己的企业。按照相似吸引的原则,招聘与组织匹配的员工不仅要考虑员工与岗位要求的一致性,也需要考虑员工的性格、价值观与组织文化的相容性。伴随着 20 世纪组织文化研究的兴起与文化建设的广泛推行,越来越多的组织认识到文化对于组织生存和发展的重要影响,文化管理业已广泛地体现于组织经营活动的各个方面,尤其是对新员工进行文化教育和价值观培训俨然成了当今组织普遍坚持的原则,各类组织都会采取一定的措施来影响个人与组织价值观匹配的过程,员工的价值观是否或在多大程度上与组织的价值观保持一致,成了员工组织匹配的另一个重要内容。很多研究者都认为,在判断个体与组织的匹配情况时,价值观是一个核心的标准。当个体具备和组织相似的价值观时,更容易对组织产生认同,并与组织建立长久的感情,从而表现出有利于组织的态度和行为。[1]

如何判断员工与组织在价值观上的匹配呢?最为简便的方法是直接判断法,即直接询问拟招聘的员工与组织价值观的相似程度或对组织价值观的接受程度,这种方法虽然简便,但其有效性不高却是显而易见的,因为这种判断方式带有很大的随意性,无法避免应试者刻意隐瞒信息的情况,并且仅仅是一种粗糙的评价方法,没有固定的指标来保证被试者的回答与测试者的提问在内容上保持一致。另一种方法则是间接判断法,这类方法与直接判断法不同的是,管理者可以使用利克特量表的形式或强制排序的方法,首先测出员工本身的价值观或期望的价值观,然后将其与组织本身的价值观进行配比,从而确定员工与组织价值观匹配的程度,这种方法虽然更为科学,但却带来了成本的增加。企业需要综合考虑各种因素,进而决定使用哪种方法来挑选在价值观上与组织匹配的员工。

需要强调的是,个人与组织在价值观上的匹配是一个非常复杂的问题,有时,并不是匹配程度越高越好。在当今不断变化的环境中,各类组织都将增加创新能力和提高适应能力作为获取竞争优势的源泉,引进一些与组织原有价值观不匹配的员工反而有可能会有利于组织的生存和发展。许多研究者都指出企业文化具有刚性的特征,当企业做出变革时,原有的文化特征、行为方式往往成为阻碍企业变革的重要力量,因此,选择与组织价值观不匹配的员工也可以作为推动企业变革的有效措施。此外,理论界对于个人与组织在价值观上的匹配大都采用国外已有的文化调查问卷,但这种测量不一定能反映中国的实际情况,不同的经营理念与不同的企业特征等因素会造成各个企业都有自己独特的"文化图谱",如何明确表达本企业的文化特征,对试图招聘与本企业匹配的员工是一项极为重要的工作。

总体而言,选择与组织匹配的员工不仅需要考察员工的知识、技术及能力与岗位要求的一致性,还要关注员工与组织在价值观上的匹配程度,只有综合考虑各方面的因素,才有可能真正挑选出与组织匹配的员工。

第二节 人力资源供需预测

当你清楚地了解需要什么样的员工时,下面的步骤就是确定需要多少员工了。具体而言,在这一步,你不仅需要清楚地知道本企业对员工的需求量,还要对员工的供给有一定的了解,很多企业都由于没能对员工的供给做出准确的预测而导致经营的失败。

一、外部人力资源供给预测

人力资源的供给有着两个不同的来源,即外部供给和内部供给。影响企业外部供给

---

[1] Hoffman, B. J., and Woehr, D. J., "A quantitative review of the relationship between person-organization fit and behavioral outcomes", *Journal of Vocational Behavior*, 2006, 68:389–399.

的因素主要有以下几个方面：

（1）宏观经济状况。在当今全球化与国际化的经济背景下，宏观经济状况不仅包括一个国家或地区的经济状况、行业的经济状况，还包括世界性的经济发展状况。以发生的全球性金融危机为例，许多企业都将裁员作为缓解困难的手段，失业人口的大量增加使得各行各业中都存在众多需要工作的"过剩劳动力"。

（2）地区性因素。众多企业在招聘新员工时，都会秉持就近原则从当地招纳员工，不仅因为就近招聘降低了费用，而且工作地点的便利降低了企业员工的管理难度。影响企业人力资源外部供给的地区因素具体包括：公司所在地和附近地区的人口密度；其他公司对劳动力的需求状况；公司当地的就业水平和就业观念；公司当地的科技文化教育水平；公司所在地对人们的吸引力；公司当地临时工人的供给状况；公司当地的住房、交通、生活条件等。

（3）外部劳动力市场。从表现形式上看，外部劳动力市场可以以实体的形式出现，如各种猎头公司和中介机构；也可以以短期的形式出现，如校园招聘会等；还可以以虚拟的形式存在，如网络上的招聘平台。无论哪种形式，外部劳动力市场都是企业和员工进行交易的场所。外部劳动力市场的供给状况可以看作影响企业人力资源外部供给的直接因素，当劳动力市场不能提供足够数量和质量的求职者时，企业的招聘活动会举步维艰，而当劳动力市场的劳动力供过于求时，虽然企业将面临一个比较有利的环境，但面对众多的求职者，如何进行选择仍然会对企业造成困扰。此外，全国劳动人口的增长趋势、宏观经济状况、全国各类人员的需求程度、各类学校的毕业规模与结构、教育制度变革、国家就业法规与政策等很多因素都会对外部劳动力市场的规模和结构产生影响。

如何有效地对外部人力资源供给进行预测？主流的方法是市场调研法。市场调查预测是企业人力资源管理人员组织或亲自参与市场调查，并在掌握第一手信息资料的基础上，经过分析和推算，预测劳动力市场的发展规律和未来趋势的一类方法。由于市场预测方法强调调查得来的客观实际数据，受人为的主观判断影响较小，可以在一定程度上减少主观性和片面性。

在具体的操作上，有很多具体的调查方法可供选择。最为简单有效的方式就是文献调研法，即通过查阅各类经济信息报刊、市场行情资料以及各类调研机构所发表的各种统计资料等相关信息，就可以大致地获取外部人力资源供给的情况。这种方法的优点是成本的节约以及信息的时效性高，然而其缺点就是有些资料可能无法获得，以及查阅资料的具体工作人员在信息搜集时无法避免的各类偏差有可能造成数据偏离真实情况等。

从理论上看，最有效的方法可能就是实验法。这种方法是把市场调查看作一次实验，通过实验，摸清影响市场状态的各种因素的变化情况。但是，影响市场变化的因素很多，欲查清某种因素产生的具体影响，必须固定其他非调查因素或把它们排除掉，然后让所有调查的因素系统地变化，以此来预测所需调查因素的效果。这种方法的优点是能够做出精确的预测，但其缺点就是费用高昂以及难以建立精确的模型，如果不能全面地将各类因素进行控制或排除，那么很难达到预测的准确性。还有一种方法被称为主观判断法或直接观察法。它是依靠有经验的市场调查或市场研究人员对市场的直接观察结果，来判断市场状况的方法。这种方法的优点是简单易行；缺点是观察范围有限，并且观察者的主观看法也容易对准确的预测产生影响。

除以上这些方法,企业还可以采用会议调查法、抽样调查法等多种方法来进行人力资源外部供给的预测。无论哪种方法都是为了准确地预测人力资源的供给,有些方法虽然会相对更有效,但其使用成本也相对高昂。考虑到企业的具体情况,人力资源外部供给的预测并不是每个企业都必须要用到的,比如企业近期没有招聘的计划或者只需要招聘数量很少且各方面要求不高的员工时,如果耗费大量的资源进行供给预测就会显得不合时宜,所以企业应当根据实际的需要选择是否进行预测或以何种方法进行预测。

二、内部人力资源供给预测

相对于外部的人力资源预测,企业的内部供给预测相对比较简单,较少受到其他因素的干扰,总体而言,企业内部人力资源供给主要受以下因素的影响:

(1) 员工的流动率。从经济学的视角来看,员工流动的动机可以被解释为追求净收益的最大化,从心理学或组织行为学视角来看,员工流动也可能是没有与组织建立长久的感情联系。无论是出于何种动机,员工流动都是当今企业必须应对的问题,因为过高的流动率不仅带来了各种管理措施的无效性,还会直接导致企业经营的失败。从国际视角来看,各类人才一般是从发展中国家流向较发达国家;从较发达国家流向更发达国家;从社会和政治不稳定的国家流向社会相对稳定、政治气氛宽松的国家。世界各国经济社会发展的不平衡,使人才竞争的马太效应十分明显。同样,员工也会对同行业内的各种企业进行比较,"人往高处走"的心理是无法避免的,所以企业间的人才流动趋势也是马太效应的具体表现。对于人力资源供给的内部预测,高流动率可能意味着从企业内部很难为未来的需要提供可选之才,企业也很难建立起系统的员工培养计划。

(2) 组织生命周期。对于组织生命周期的划分,不同的学者提出了不同的观点,一般而言,人们习惯将组织的生命周期分为三个阶段,即发展阶段、稳定阶段和衰落阶段。在企业的发展阶段,企业一般会不断扩大规模,而企业本身并没有足够的员工,所以这一阶段,是内部市场的建立和培育阶段,也是发挥企业内部人力资源供给预测作用的最重要阶段,因为日后众多熟悉业务的管理者都在这一阶段伴随着企业的发展而逐渐走上管理岗位。在稳定阶段,企业一般已经建立起成熟的内部市场,对内部人力资源供给的预测也比较容易。而在企业衰落阶段,伴随着工作效率的低下和员工流动率的增高,内部人力资源供给预测也会变得比较艰难,企业往往也会因为很多原因而轻视了内部人力资源供给预测的重要性。

(3) 组织结构。当今大多数企业都是科层式的组织结构,有着明确的等级划分。当企业的层级较多时,也就意味着管理层的人员数目会相对较多,员工跨层升迁的机会也就有所增加,此时的内部人力资源供给预测也大都强调对适合管理职位的员工跟踪。反之,如果组织结构偏向扁平化,同一级别的人员供给相对过剩,这时横向的职位变迁(如在某个同级工作部门中调换不同的岗位)将受到欢迎。因此,内部人力资源供给预测的重点就会是对适合横向岗位变动的员工进行各方面的了解。

此外,企业的内部供给预测还会受到企业战略以及企业规章制度等因素的影响,企业外部的环境变动也会间接地产生作用,但无论如何,进行内部供给预测的难度都会小于外部供给预测,所以如何以最有效的方式进行预测就变得十分重要。

由于可选对象的确定性较高,所以内部人力资源供给预测的方法大都是定量的方法,比如人力资源信息库的建立。企业可以通过对现有人力资源的数量、学历、年龄、工作经验、技能等方面的数据进行搜集,从而通过数字化的手段建立全面的信息库,当出现新增岗位或已有岗位的人员不再胜任,企业可以很快地获得备选人员的详细资料。

三、人力资源需求预测

与人力资源的供给预测类似,影响人力资源需求的因素也很复杂,除了社会、政治、经济法律、劳动力市场、竞争者等外部因素,企业战略、组织结构、经营状况等内部因素也会影响预测的准确性。人力资源需求预测是对你需要多少员工的回答,怎样才能知道这一问题的答案呢?在人力资源需求预测中,根据企业的具体情况,选择合适的预测方法非常重要。目前在企业人力资源需求预测中有很多可供选择的方法,比如管理者判断法、德尔菲法、比率分析法、散点分析法等,下面将对几种普遍采用的人力资源需求预测的方法进行评析。

(1) 管理者判断法。这种方法的原理是由企业各部门的基层管理人员根据本部门的实际情况以及对未来的预期,做出本部门各类人员的需求量预测,然后将结果给上一层管理者,经过层层上报,最后由最高管理层做出人力资源的需求总量预测。然后,经过最后的调整,人员需求总量的预测会被分解开来,作为被批准的人员配置计划再返给管理者。

这是一种简单易行的方法,因其容易操作且成本较低,所以在实际工作中的应用较为广泛。这种方法的基本假设就是每个部门的管理者最了解该部门的人员需求状况,由他们做出的预测往往最贴近现实情况,并且这种方法等于变相地赋予了各层管理人员人事配置的权力,是一种分权再集权的管理模式,在各层管理人员做出预测的同时,这种方法对各层次管理者的激励作用也会显现出来。各层管理者对人员需求的准确预测需要对以下情况有清楚的了解,比如新增加的职位、要撤销的职位、工作内容的改变、新技术的引进、企业一般管理费用、签约的劳动力及管理监督的变化等。这种方法主要凭借的就是管理者的主观判断,从管理者需要掌握的信息来看,有效使用这一方法的关键就是管理者本身能否获得足够的有效信息,以及管理者主观判断的准确性。有限理性的限制使得我们不能肯定管理者能够做到像计算机那样精确,所以这种方法可以看作一种定性的预测方法,需要和其他手段结合起来运用才能达到准确预测内部人力资源需求的目的。

(2) 德尔菲法。德尔菲法是美国兰德公司开发的一种经典的方法,有着普遍的应用价值,对于缺乏相关信息的预测尤为有效。德尔菲法又称专家评价法,这种方法的主要特点就是使用专家判断的方式进行预测并且专家之间不发生横向联系,通过专家反复填写问卷的形式对各种意见进行搜集,最终达成一致的见解。具体而言,应当在企业内部首先成立一个调研小组,将需要预测的内容凝练为若干具体的问题。然后组成专家小组,按照需要预测的问题性质,确定专家的种类和数量,专家人数的多少可根据实际情况而定,一般不超过 20 人。接着就是向所有专家提交所要预测的问题的相关材料。下一步就是由专家根据自己的知识、经验以及材料中的问题提出自己的预测意见。当这一步完成之后,就可以将各位专家第一次判断意见汇总和提炼,再分发给各位专家,让他们对各种不同的观点进行比较,进而修改自己的意见和判断,这一步一般要进行三轮至四轮,直到大多数专家的意见趋于一致。

德尔菲法与普通的专家会议和集体讨论既有联系又有区别,其主要特点就是避免了集体决策时的常见问题,如权威人士的影响、折中趋势等。这种方法能充分发挥各位专家的作用,把专家意见的不同之处清晰地表达出来,扬长避短。然而,这种方法也存在缺陷,如过程比较复杂,花费时间较长。此外专家的挑选也没有一个固定的标准,一般而言,应当选取对企业内外部情况比较了解的人作为专家,例如一线的管理人员、企业高层管理人员以及外部专家。

以上两种方法都是定性的预测方法,人力资源内部需求的预测方法还有很多定量的手段,但其核心思想都是借助因素间的相关性来进行预测,比如比率分析法和散点分析法。

(3) 比率分析法。比率分析法是以组织中以下两种因素的比率为依据:某些自变量,如产量、已有的员工、所需要的人力资源数量。例如,可以根据组织的普通员工数量预测组织需要的管理人员的数量。假设一名管理者的平均管理幅度为 10 人,企业中的普通员工为 200 人,则管理人员与普通人员的比率为 1:20。假如计划在今年进行扩张,将组织中的普通员工数量增加到 300 人,在管理幅度不变的情况下,则需要招聘 5 名管理者。如图 3-1 所示,横轴代表管理者数量,纵轴代表员工数量,斜率就是管理幅度,假设管理幅度不变的情况下,可以根据之前的数据,来推算目前需要招聘的人数。

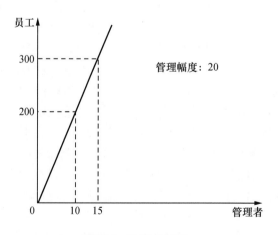

图 3-1　比率分析法

值得强调的是,比率分析法的前提假设就是因素的比率不变,这种假设的准确性在大多数情况下都是值得商榷的。比如企业组织的结构变革、外部法律政策的改变,都会对其产生影响,当比率不再是固定不变时,这种方法的有效性就会大打折扣。

(4) 散点分析法。散点分析法与比率分析法的核心思想是一致的,不过,这种方法的使用是建立在并不知道两种因素是否相关的基础上。所以需要首先确立两个变量的相关性,再进行预测。我们关心的人员需求量往往是作为因变量存在的,然而,影响人员需求量的因素往往并不是一种,所以这种方法的使用需要对各种干扰变量加以控制或使用多元回归的方式进行更加精确的预测。

总体而言,无论是人力资源的预测还是需求,都不可能做到完全正确,在实际操作中,预测越精确,其成本就会越高,所以企业要根据实际的情况慎重选择合适的方法,当花费在预测上的成本不能获得预期的收益时,再好的方法也是没有价值的。

第三节 如何有效地获取员工

当确定需要招聘员工,也清楚招聘什么样的员工以及招聘多少员工时,接下来的问题就是如何获得这些员工。通过对招聘渠道和招聘程序的分析,可以详细地了解获取员工的具体方案。

一、获取员工的渠道

人员招聘渠道,即打算从什么地方招聘所需要的员工,结合上文的内容,招聘的渠道无外乎两种,即外部招聘和内部招聘。外部招聘渠道一般包括招聘会、媒体、猎头公司等,内部招聘渠道一般可以借助推荐、档案查询、内部公告等。

(一) 外部招聘

组织外部招聘的渠道很多,每种渠道都意味着不同的操作方式和不同的招聘成本,这就要求企业在招聘的过程中需要对招聘渠道的特征及功能有清晰的了解,下面就几种常见的外部招聘渠道进行分析。

1. 招聘会

招聘会一般是由政府所辖人才机构及高校就业中心举办,主要服务于待就业群体及用人单位。其中最为常见的是大型综合招聘会和应届生专场招聘会。大型综合招聘会一般在大型的展览中心和体育馆举行,应聘的人员遍及各个行业,对于参会的人员和企业往往没有严格限制;校园招聘会一般由学校就业办公室或各地毕业生就业指导中心举办,主要面向即将毕业的应届生,这种招聘会主要面对学生群体。除了这两类,还有行业招聘会、中高级人才招聘会、专场招聘会等不同的招聘会形式,主要区别在于招聘会针对的应聘群体以及参会的企业不同。比如中高级人才招聘会就会对学历、工作经验有具体的要求。

招聘会的优点就是用人企业能与招聘人员面对面沟通,有利于促进应聘者与企业的交流;作为企业,也能通过招聘会直观地了解到行业的相关信息;由于应聘者相对集中,采用这种招聘渠道,企业的可选余地也较大。然而,招聘会的缺点也很明显,比如国内很多大型招聘会往往人满为患，应聘者无法与企业的招聘人员有效地沟通；有的企业在宣传时准备不够充分，没能将企业很好地展示给应聘者；有些企业还可能故意夸大或进行虚假宣传，对企业造成不良影响。

2. 媒体

借助媒体就是指通过电视、广播、报纸、网络、新媒体等向公众传送企业的就业需求信息，伴随着时代的发展，我们可以将媒体分为两类，即传统媒体和新兴媒体。

传统媒体包括电视、广播、报纸等，每一种媒体都有自己的优点和缺点，企业应当根据需要进行选择。电视、广播的最大优点就是其较强的视听感能够更有效地传达信息，尤其是在黄金时段发布的广告。但利用其作为招聘的渠道，成本较高，并且由于时间较短，有时会使应聘者很难获取具体的信息。在新企业成立或企业进行扩张的阶段，可以借助这一渠道扩大影响，在对企业形象、产品进行宣传的同时，附带人员的招聘会起到很好的效果。报纸的优点在于它的发行量大，企业发布信息的成本也比电视广播宣传低，一般情况下，很多报纸都有专门的版面发布招聘信息，有利于应聘者查找。但是其缺点就是由于版面的限制，很多招聘信息的集中排版可能导致潜在的候选人漏看了信息，并且报纸的时效性较短，如果在一定时间内，潜在的候选人没有购买报纸，就有可能错失应聘的机会。除以上两种媒体，企业还可以选择杂志、海报、传单、邮寄等传统媒体发布招聘信息，有时还需要通过多种渠道的结合来达到招聘的目的。

伴随着信息化进程的加快，网络招聘由于其成本的低廉和信息覆盖面的广泛而越来越受到人们重视。网络招聘也称在线招聘或者电子招聘，这种以互联网为平台进行的招聘活动，不仅是将传统的招聘业务搬到网上，还是一种无地域限制的、互动的、具备远程服务功能的全新的招聘方式。网络招聘有两种具体的操作方式：一种是借助专业的网络招聘公司进行招聘活动，如国内众多的网络招聘公司；另一种是公司通过自己的网站发布招聘信息。和传统的招聘渠道不同，网络招聘的优点非常显著。首先是成本低廉，如果企业利用自己的网站发布招聘信息，几乎是不费成本的，即使通过专业的招聘公司进行招聘活动，其成本也比传统媒体低。其次是速度快、效率高。无论是用人单位还是求职者个人，都能用很短的时间，通过搜索引擎寻找到需要的人才或合适的工作。最后是覆盖面广、时效性强。网络招聘不受地域的限制，异地求职由于这种方式而变得切实可行，有利于人力资源的合理配置，并且网络招聘由于其成本低廉和所占资源较少，很容易长期保存，有助于求职者的搜寻。当然，作为一种新兴的媒体，网络招聘也存在缺点。首先就是资源的浪费，比如同一个求职者被多家同时录用，但只能选择一家，而企业也可能在多个网络上发布招聘信息，结果吸引了大量的求职者，这就为以后的甄选活动带来了极大的不便。其次是信息的真实性不能得到有效的保证，有一些企业或个人会为了吸引人们注意而做出不符合实际的虚假宣传。

3. 猎头公司

由于高层人才在任何国家都是一种稀缺资源，所以"猎头"作为一种专门网罗高级人才的特殊招聘方式，受到很多企业的青睐。猎头公司就是指专门帮助企业寻找、追踪、评价和甄选高级人才的机构。猎头公司和一般的中介公司有着很大的区别，从收费标准和方式上来看，猎头公司收费标准比一般的中介机构要高出很多，并且猎头公司一般只向企业收费,而一般的中介机构同时向企业和应聘者收费;从服务的群体来看,猎头公司一般是针对总裁、总经理、人事总监、财务经理、市场总监等高级的职位寻求高级的人才,而一般的中介机构面对的服务群体没有特殊的限制;从服务过程来看,猎头公司往往需要寻找人才,然后对其进行评价、甄选,并协助企业与人才进行沟通、提供详细与专业的咨询服务,而一般的中介机构在这方面的工作就会简单很多。

  当企业决定通过猎头公司来招聘人才时,需要综合考虑这种手段的利弊。通过猎头公司招聘的好处主要有以下几个方面:首先,猎头公司针对的主要是企业中较高层次的职位,而这种职位被赋予的权力往往也比较大,并且可能该职位目前还有人仍在担当,只不过企业认为需要换人而已。在这种情况下,大张旗鼓地进行招聘极易带来管理上的动荡,企业为了维持稳定的经营,不得不秘密地进行招聘,猎头公司正好满足了企业这种特殊的需求。其次,猎头公司的目标人选往往也并非是没有工作,并且亟须解决就业危机的人士,这些"猎物"往往也有着不错的平台与较高的待遇,不会轻易转换单位,而企业所需要的人才往往又必须是这一类,由于各种因素,这类人才不会在没有目标的情况下到处寄发自己的简历,所以猎头公司也会给这类人才提供他们所需的操作方式。最后,猎头公司由于其专业化程度很高,会为企业和各类人才提供优质的服务,比起其他招聘渠道,往往能够使用人单位和应聘者提前进行有效的沟通。然而,猎头公司的各种特点往往也会被人们诟病,比如其收费标准往往很高,不是所有的企业都能轻松地承担这笔费用。当企业通过猎头公司获得了人才,那么这类人才就不得不面对很大的压力,因为任何企业都不会花费大量的金钱而不求回报。此外,人们对猎头公司最多的抨击就是其"挖墙脚"式的操作方式,这种操作方式往往被认为不符合商业道德并扰乱了正常的经营秩序。

  除了上述主要的外部渠道,企业还可以通过就业服务机构、现有成员推荐等多种方式进行人力资源的获取。企业应当针对各类招聘渠道的特点,结合企业本身的具体情况,决定以何种形式、多少成本招聘所需的人员。

(二) 内部招聘

  相对于外部招聘,企业内部招聘的渠道比较单调,因为所需招聘人员都是"内部人",并不需要企业花费大量的精力去寻找。一般而言,内部招聘渠道可以分为程序化招聘和非程序化招聘。程序化招聘是指在招聘过程中严格遵守企业的规章制度,很少有变通的空间,各个环节有着严格的控制;而非程序化招聘中所涉及的"人"的因素就比较多了。比如档案筛选法和公开选聘法就可以看作程序化招聘,而推荐法就是非程序化招聘的典型代表。

  档案筛选法就是根据企业中员工的档案记录,寻找适合空缺职位的员工并加以录用的方式。一般而言,企业的人力资源部门都有员工的详细档案,尤其是已经建立起人力资源管理信息系统的企业。使用档案查询的方式来寻找合适的员工则会更为便捷、迅速,然而这种方法只限于对员工客观信息的搜集,需要一些主观的手段作为补充。公开选聘是内部招聘最常用的方法,一般而言,就是通过张贴招聘公告或其他手段公开发布企业的招聘信息,鼓励符合条件的员工积极申报。这种方法一般在招聘敏感岗位或急缺岗位时的人员使用,鼓励员工积极地竞聘。这两种方法在招聘这一环节上的透明度比较高,易于接受员工的监督,并且由于严格的程序限制,所以很少会出现营私舞弊的现象;但其缺点就是普遍缺乏主观信息的佐证,并且初选时可能产生大量符合条件的候选人,仍需进一步的筛选。所以企业在内部招聘的时候往往需要结合一些非程序化的手段来提高效率,比较典型的方法就是推荐法。推荐法一般是由企业中管理者和普通员工根据职位的需要,推荐其熟悉的合适人员,然后由人力资源部门进行选择和考核。在大多数情况下,由于负责推荐的人员对被推荐人比较了解,并且推荐人会考虑到推荐人如果不能胜任便会对自己的声誉产生影响,所以被推荐者基本上能够胜任岗位的需要,这种招聘的成功率也较高。当然,如果缺少必要的监督机制,这种方式也有可能促使组织内成员产生寻租的行为,进而不利于组织的生存和发展。

总体而言,内部招聘和外部招聘各有优劣,各种具体的招聘方式只有在一定的情境下使用才能更好地发挥出功效,有时还需要同时使用多种渠道来达到有效招聘的目的,所以企业必须对各类渠道的特点以及使用各种渠道的利弊有透彻的了解,在考虑成本的同时不忽略招聘的有效性,才能以最佳的方式获取自己所需要的员工。

二、招聘人员的程序

结合以上的论述,对招聘渠道的深入了解有助于确定从什么地方获取需要的员工,但在大多数情况下,不太可能仅凭借发布招聘信息就获得所需要的员工,各种渠道所获得的资源要么在质上与所要求有差异,要么不符合所需要的数量。当然,国内大多企业面临的问题不是应聘者不够,而是太多。所以,进一步的挑选就显得尤为重要了。一般而言,对人员的挑选分为三步,首先根据应聘者提供的材料进行初步筛选,然后对符合条件者进行测试,最后决定录用的人选。

(一) 初步筛选

初步筛选一般是根据应聘者提供的各种材料进行考察和选拔。申请表、个人简历、各类证书、推荐信等都是初步筛选所依据的材料。因为初步筛选主要依据应聘者个人的传记特征进行选拔,因而必须与其他选拔方法结合使用,才能取得令人满意的效果。现实中,大多数的招聘都会根据应聘者提供的简历对应聘者进行初步的判断。通过对个人简历的查看,可以简便、快捷地掌握应聘者的一些基本信息,如姓名、性别、联系方式、受教育程度、技能、已有的工作经历、个人兴趣爱好等。一般而言,个人简历能够较为全面地反映应聘者的信息,是做出准确雇用决策所必需的参照。所以简历是整个选拔过程中不可缺少的组成部分,需要人力资源部门的工作人员、相关部门的管理者花费大量的时间和精力进行仔细的查看,初步确定能够进入下一轮筛选的人员名单,将应聘者的数量减少到能够应对的数目。在具体的操作上,企业一般可以采用确定的个人简历格式,这样做的好处是能够一目了然地获得自己所需的信息。如果不这样的话,五花八门的简历所包含的繁杂的信息可能会耽误筛选人员大量的时间,并且有些应聘者为了能够给企业留下很好的影响,会花费大量的成本制作精美的简历,事实上对企业重要的并不是简历本身的质量,而是应聘者本身的才能,所以企业提供固定模板不仅对企业有利,还会给应聘者明确的指引,同时还会避免筛选人员犯下一些惯性思维所导致的错误。例如,很多人都会对制作特别精良的简历多加关注,潜意识地认为这个应聘者态度非常认真,工作能力也会比较出色。除了个人的简历,用人企业还可以要求应聘者提供各类辅助材料,如推荐信、所获证书等,以方便企业进行有效的初选。

(二) 测 试

根据个人材料进行判断只是一个初步的选拔,因为各种材料的真实性有时是值得怀疑的,并且有时根据材料进行判断,会发现很多应聘者没有太大的区别,所以对应聘者进行测试就变得尤为重要了。常规的测试包括笔试和面试。

笔试是对被试者的知识广度、知识深度和知识结构了解的一种方法。从岗位需求的角度来看,在企业中的各种岗位都要求员工具备相应的知识,即使简历中会对应聘者所掌握的知识做出解释,但他们是否真的掌握这些知识或在多大程度上能够熟练地运用这些知识并不能通过简历的查看得知,所以就需要通过测试来了解;否则,如果最终获选的员工并没有具备岗位要求的知识,无论是对其进行培训,还是重新选择员工,都将给企业带来很高的费用。正如前文所说的,企业需要的员工不仅是和岗位匹配,还要与组织的文化、核心价值观匹配,所以对员工的笔试有时不仅是知识考试,还要对员工的心理、性格等进行测量,以期能够获得与组织匹配的员工。具有不同气质、性格的人在行为风格和方式上是有差异的,员工性格本身并没有好坏之分,但由于不同的岗位会要求特定性格的员工,所以对应聘者性格的了解就十分必要了,比如一个很内向的人去从事与公关、销售相关的工作,由于其不喜欢与人打交道,所以其表现就不会很好,他自己也会对工作产生抗拒心理。

面试是应用最为普遍的一种选拔测评方法,几乎所有的人员甄选过程都会采用面试。一般来说,面试分为结构化面试和非结构化面试。结构化面试中的问题一般都是事先准备好的,对于这些问题的回答也已经准备好了不同的评价标准,面试者根据设计好的问题逐一提问。这类面试中主观的因素比较少,相对而言,其效果和笔试相差不大,主要适用于对一般员工的选聘。非结构化面试则完全相反,这种形式的面试并无一般性的规律可循,主要是面试者与被面试者随意交谈,通过面试者的主观判断决定被面试者是否符合要求,这类面试主要观察的就是被面试者的思维能力、判断力以及性格等主观素质。保证此类面试成功的关键因素就是面试者本身的知识、经验、谈话技巧,以及对于刻板效应和晕轮效应等面试中常见的负面效应有一定的了解和规避能力,此类面试一般适用于对高级管理人员的选拔。

除以上两种主要的测试手段,企业还可以根据实际情况采取情景模拟的方式对应聘者进行进一步的考核,以期更好地了解他们的实际工作能力。比如,可以让他们去处理正常工作中的公文、尝试以角色扮演的方式与现有员工进行对话或工作上的配合、参加企业中的小组讨论,等等。

(三) 录用

当所有测试都结束以后,企业也选拔出自己所需要的员工了,这时就可以发布录用通知。然而,作为人力资源管理实践的一个重要环节,招聘似乎并不能就这么简单地结束了。因为从系统学的角度来看,还要对招聘的有效性进行评价,借此了解还有哪些地方需要改进。一般而言,你首先需要对整个招聘流程的效率进行了解,在当今快速变化的环境中,招聘部门的反应是否迅速,能否在接到用人要求后短时间内完成空缺职位的填补,是决定企业招聘能否成功的重要标志。其次,还需要关注用人部门对招聘工作的满意度。其中包括对新录用员工的数量、质量满意,以及对整个招聘过程满意,因为招聘的最终结果就是为企业各部门提供合适的人才。

需要强调的是,在最终录用这一环节上,有一个需要特别解释的情况——试用。从某种意义上说,对员工进行试用成了判断招聘是否有效的最直接方式。试用是指用人单位和劳动者相互了解对方的情况,以及确定对方是否符合自己的招聘条件或求职条件而约定的最多不超过6个月的雇佣关系。

伴随着新劳动合同法的出台,企业在对新员工进行试用期间,有很多必须遵守的原则,例如试用的期限,新劳动合同法第十九条规定"劳动合同期限三个月以上不满一年的,试用期不得超过一个月;劳动合同期限一年以上不满三年的,试用期不得超过两个月;三年以上固定期限和无固定期限的劳动合同,试用期不得超过六个月""同一用人单位与同一劳动者只能约定一次试用期""以完成一定工作任务为期限的劳动合同或者劳动合同期限不满三个月的,不得约定试用期""试用期包含在劳动合同期限内。劳动合同仅约定试用期的,试用期不成立,该期限为劳动合同期限"。对于试用期员工的工资标准,新劳动合同法第二十条规定"劳动者在试用期的工资不得低于本单位相同岗位最低档工资或者劳动合同约定工资的百分之八十,并不得低于用人单位所在地的最低工资标准"。此外,当企业要与试用期的员工解除劳动关系时,新劳动合同法也对解除的条件做了明确的规定。

试用的目的是实现最终的录用,但很多企业在实践过程中,并不是本着这一意图来对员工进行试用。比如,对于试用的期限,有的企业不管什么情况,都将试用期定为6个月,有的劳动者在同一用人单位由于工作的需要而必须进行岗位的变动,此时这一劳动者又会面临新一轮的"试用"。对于新劳动合同法对试用期员工的其他规定,很多企业也不能很好地执行。究其原因,是很多企业在对员工进行试用时,根本就没有考虑要与员工建立长久的雇佣关系,员工仍然被当作廉价的、可替代的资源使用。这种做法虽然在短期内降低了企业的用人成本,然而,面临当今不断变化的环境与日益加剧的竞争,人才的获取在企业生存和发展过程中的地位也变得越来越重要,将试用当作降低企业成本的手段无疑是一种短视的和不明智的行为。所以,企业应当发挥试用原有的功能,在试用期内对员工进行全面和深入的考察,为企业留住每一个可用之才。

【本章案例分析】

海企公司人力资源管理改革

海企公司是江苏省的国有独资公司,是一个主要从事进出口贸易的企业集团。面对中国加入WTO等一系列竞争环境的变化,海企公司认识到人力资源管理的改革带动企业整体竞争能力的重要性,通过招聘、选拔制度的改革,为企业带来了新的活力。海企公司的人力资源招聘和选拔的改革,与一般企业相比有着较大的差异性。因为,海企公司改革的总体思路并不是就招聘和选拔来谈招聘、选拔的人力资源问题,而是希望以此推进全面的人力资源管理改革,并以此为基础全面推进企业的改革,推动企业组织结构的变革,推进企业的创新和变化。在他们看来,招聘与选拔的改革是全面改革的突破口,是企业整体改革的基础和保证。

1. 以招聘、选拔为突破口全面推进人力资源管理改革

应该说招聘、选拔工作只是人力资源管理中的一个部分,人力资源管理工作本身内容庞大,包括了工作分析、资源规划、招聘与选拔、工作绩效考评、工资与福利、人员的沟通、员工培训等内容。在具体的实践中,企业中的人力资源管理改革并不可能一下全面铺开。因为,改革是一个不断探索的过程。人们需要不断地积累经验,去摸索、去实践,以此来获取成功经验,再全面展开。更主要的是改革的过程本身就有很多的阻力,推进改革本身也是循序渐进的过程,面临如何选择突破口的问题。

海企公司的人力资源改革选择招聘、选拔为突破口是基于以下三个方面的原因:首先,是本着改革从易到难、循序渐进的原则。企业的招聘与选拔已经在外贸国有企业内开始了,例如上海外贸就在1999年全面推行了竞争上岗,江苏的苏豪集团、开元集团、弘业集团也在2001年年初开始了招聘与选拔的改革。外贸企业的改革形势已经对海企公司的员工心理造成影响,招聘与选拔的改革已有"风雨欲来"的迹象。因此,海企公司改革的"解冻"工作比较容易开展;同时,外面企业的成功实践也为海企公司的顺利改革提供了宝贵的经验。其次,海企人也有自己的考虑,在他们看来招聘与选拔改革具有涉及面小、影响大的特点,完全符合企业全面改革初期"解冻"的需要。招聘与选拔改革可以使企业内部形成富有生机和活力的用人机制,促进企业优秀人才脱颖而出,激发员工奋发向上。再次,海企人认为招聘与选拔的改革具有拓展效应,它可以迅速扩展到人力资源管理的大部分工作,从而使得企业的工作分析、资源规划、招聘与选拔、工作绩效考评、工资与福利、人员的沟通、员工培训等工作全面进入一个新的时期。

2. 将招聘、选拔与企业的创新、组织结构的变革相结合

海企公司的招聘与选拔工作具有自己独特的个性,他们将招聘与选拔看作企业组织结构改革与企业创新的一个部分。

企业组织结构变革是当今企业改革过程中的一个重要部分,传统的科层式的组织机构庞大、管理费用高、缺乏横向的沟通、没有灵活的适应能力。扁平化、开放式的组织结构逐渐为现代企业所采用。海企人追逐当代企业管理的潮流,结合企业的招聘与选拔实

施企业结构的调整。海企人以"定岗、定编、定员、定薪"的"四定"为基础,根据国家经贸委《关于深化国有企业人事、劳动、分配制度改革的意见》,改革不适应市场竞争需要的企业组织体系与管理机构,精简职能部门、减少管理层次、增加管理幅度;根据"公开、公平、公正"的原则,实行竞聘上岗,择优录用。

企业的创新依赖一定的文化氛围,海企人将招聘与选拔作为改革的突破口,不仅是在寻求企业的管理人才,也是在营造企业创新的氛围。在一定程度上,海企人是希望借助外部人才的引进,给企业带来新的思想、新的观念,给全体员工带来冲击,改变原有的死水一潭的局面,为企业创新打下良好的文化基础。

3. 科学化、社会化、稳步地推进人力资源管理的改革

海企人本着务实的态度和科学的精神推进招聘与选拔改革。在科学化方面,他们严格坚持德才兼备、注重实绩的原则;坚持民主推荐、民主测评、群众参与、群众公认的原则;坚持民主集中制、党委决定的原则。海企人明确了企业不需要的四类人员:品德不好的、有资历无能力的、"和事佬"和稀泥的、"殷勤"不务正业的。海企人是将品德和企业效益排在第一位的。在海企人看来,那些专门和稀泥、遇到问题不讲原则、以原则换取"好人缘"的人并不是真正代表企业的利益和员工的利益;在企业中并不要对领导的殷勤,要的是效益,只有人际关系上的左右逢源,没有过硬的业务能力,在海企公司是行不通的。

在社会化方面,海企人不仅面向社会进行招聘与选拔,更主要的是吸收社会人力资源学者和企业的专家参与招聘和选拔过程的始终,使得企业的招聘与选拔有了比较可靠的保证。海企公司坚持积极稳妥地开展招聘与选拔工作,他们采用先试点、后铺开的逐步推进的方法,严格按照规范程序操作:① 公布竞聘职位、岗位要求和具体条件;② 民主推荐;③ 公开答辩;④ 组织考察与任前公示;⑤ 决定聘用;⑥ 公布选聘结果。

海企公司招聘与选拔改革的实施方案和过程主要有以下几点:

1. 营造改革的氛围:宣传国内改革经验、建立完整的岗位职责

为了顺利推进人力资源的改革,海企人首先注意改革"解冻"阶段的重要性。进入21世纪以来,集团领导反复地宣传国内优秀企业的改革经验,营造改革的氛围,比如海尔"三工并存、末位淘汰、动态转换"的观点、河南许继集团"三条死亡线"的思想等。这些宣传激发了企业员工的变革欲望,在企业内部形成了"风雨欲来"的改革态势。

海企公司在定编、定员、定薪、定岗的基础上,确立了新的岗位职责。每个岗位的描述均由:岗位名称、直接上级、直接下级、本职工作、直接责任、岗位职责和基本的业务要求七部分组成。比如人力资源部总经理助理岗位,其直接上级为人力资源部总经理,直接下级为人力资源部经理;本职工作为按照质量体系的要求和职能,协助部门总经理组织本部门人员开展人力资源管理、开发、配置等多项质量活动。其直接责任有:正确传达上级指示,协助开展部门各项工作;布置分管工作;根据需要进行现场指挥;制定本部门目标,起草各类文件方案,制订各类计划;制定下级岗位描述,界定下级工作;检查下级工作,等等。

再如,资财部总经理助理岗位的基本要求:符合会计专业职务条例规定的任职资格;较为系统地掌握财务会计基础理论和专业知识;掌握并能正确贯彻执行国家有关的财务

方针、政策和财务会计的法规、制度;具有一定的财务会计工作经验,能够协助总经理进行部门工作的管理与协调,并具有独立处理日常财务工作的能力,等等。

2. 招聘与选拔工作的第一战役:公开选聘总经理助理

2001年2月海企公司开展了内部公开选聘总经理助理,推出了9个职位,有51名员工符合条件。通过专家组织笔试、面试、心理测试、组织考察、任前公示等办法,选聘9位总经理助理。

专家测试是基础知识结合企业工作实践,试卷以定性为主导。专家组根据笔试、面试和心理测试的结果写出综合点评,如针对某某情况提出"竞聘报告面面俱到,缺乏重点,自我评价较高,长期从事办公室工作,具体事务做得比较多,工作有经验,但心态不好,很难做好工作,只能是应付性的,改进不容易。竞岗的思路不够开阔。他应该轮岗,否则心态不好"。

对确定的聘用人选进行任前考察,主要是通过开座谈会、个别谈话、群众举报等形式,对候选人的德、勤、能、绩、廉五个方面进行评价。

这批选聘的9位干部经过岗位的锻炼绝大多数表现突出、进步明显,有的人还因工作需要已经被选聘到上一层的岗位上工作。

海企公司的人力资源改革成功走出了第一步,进一步激发了海企公司上下深化改革的热情。3月又采用民主推荐和民主测试的方法由集团部门经理以上干部85人参加,通过无记名投票产生4名后备干部。4月又在服装公司、外贸公司和投资公司范围内,公开选聘了派驻香港钟山公司的工作人员。

3. 招聘与选拔工作的第二战役:面向社会公开招聘

2001年5月,为了深化改革国有企业外贸干部选拔任用制度,在更大范围内选拔经营管理人才,海企公司决定面向社会招聘经营管理人才。本次招聘的主要岗位是上海浦东公司3名副总经理和2名集团财务部总经理助理。整个工作分成三个阶段:5月15—18日为前期准备,确定招聘实施的意见,起草招聘公告;5月21日至7月11日为组织实施阶段,发布公告、报名登记、资格审定、审定考题、笔试、阅卷评分、公布笔试结果、体检、面试、确定考核对象、组织考核、确定聘用人选;最后一个阶段进行归纳总结,完善信息库,以备后用。

2001年6月中旬,海企公司在"金陵经理热线"、《人才市场报》《扬子晚报》等媒体上发布了招聘信息,先后接待近百位应聘人员,从中确定33名应聘者参加了笔试。随后,海企公司对进入第二轮面试的27名应聘人员进行了两天的考核,主要考核范围是工作目标与工作条件分析、人际协调、分析问题与解决问题、组织控制等能力。在外部专家、企业领导的深层次的测试下,对应聘人员逐一点评。由于评委的意见分歧,将拟用人员分成两批进行组织考察。最终确定7名管理岗位人员。

外部人员的引入使得企业人才选拔的范围更加广泛,也给企业注入新的活力。

4. 招聘与选拔工作的第三战役:中、基层管理人员公开竞争,选拔上岗

如果说前面两大战役尚属局部战役的话,那么从2002年起海企公司的招聘与选拔进入整体的攻坚阶段,在这个阶段要对公司的中、基层管理人员全面实施公开竞岗。

(1)服装公司的试点。2001年8月,集团为了推进人力资源管理的全面改革,首先

在服装公司打响了总攻的第一枪。集团领导亲自到服装公司进行改革的动员,提出改变原有的人才选拔制度是大势所趋。改变由少数人选才和在少数人中选才的做法,变"相马"为"赛马"。

由于积累了相当的经验,服装公司的试点工作非常顺利。服装公司的招聘与选拔工作引入了民主推荐和专家测评相结合的方法。服装公司的人力资源改革中发现了一些原来喜欢搞关系、没有业务能力而又长期占据领导岗位的人,也挖掘了一些年轻的、个性鲜明的、熟悉业务有能力的好苗子,对于进一步有针对性地使用人才、培养人才奠定了良好的基础。

(2) 集团中、基层管理人员公开竞聘。2002年以来,海企公司对中、基层管理人员大面积地实施了公开竞岗的改革,2002年3月一次拟聘的岗位就有14个,涉及的部门有总裁办公室、人力资源部、法律审计部、外经部、资财部、外贸部、投资部等众多部门。

工作本着公开、公平、公正、竞争上岗和群众公认的原则有序地开展。竞岗的程序为:各部门推荐候选人;对候选人进行民主测评;拟聘人员呈交书面陈述报告,由专家和领导进行点评;上报组织考核;决定聘用发给聘用书。

经过两年多的实践,海企公司在人员的招聘与选拔上积累了很多经验,为企业的中、基层管理人员的选拔奠定了牢固的基础。整个中、基层公开竞争上岗过程顺利进行,企业内部稳定,员工积极性高涨。企业人力资源招聘与选拔工作顺利走上制度化的轨道。

中、基层管理人员的选拔在范围和视野上更加开阔,选人用人更加具有针对性,有利于专业对口、用其所长、人事相宜、"量体裁衣"的局面开始出现;中、基层对于企业来说面更广,影响更大,更能激发员工奋发进取,促使员工将精力放在学习和工作上;中、基层的公开选聘可以促使海企公司的人力资源改革进入规范化、制度化阶段。

人力资源的招聘与选拔对于企业的人力资源管理来说是项基础工作。虽然今天有不少企业已经有效地掌握了人力资源招聘与选拔的基本理论与基本技能,但是作为一个老的国有企业,海企公司的人力资源改革应当说对很多企业都有借鉴意义。

海企公司人力资源改革具有从易到难、从点到面、兼顾全局、综合发展的特点;海企公司人力资源管理改革的成功之处在于,有效地实施了从解冻到变革再到冻结的科学管理,同时对于走向社会借助"外脑"也起了很大的作用。

当然,海企公司人力资源改革还存在一些问题,特别是如何将企业招聘与选拔的成绩推广到整个人力资源管理工作(包括工资与福利改革、人员培训与能力开发、360度工作绩效考评等)乃至企业的全面改革中,铸造企业的核心竞争能力,这是有待于进一步思考的问题。

作为企业获取持续竞争优势的工具,人力资源管理在新经济时代面临着诸如经济全球化、社会知识化、信息网络化和人口城市化以及企业管理广泛变革等方面的挑战,从而使得战略性人力资源管理、全球化企业人力资源管理的趋势愈加明显,并引起了一些新的人力资源管理问题。为此,海企公司从招聘、雇用入手,对人力资源管理进行变革,取得了成效。海企公司的人力资源管理实践表明:新经济时代的人力资源管理不仅仅表现出越来越多的不同于传统经济时代的特点,对于管理者来说,更为重要的是企业创造价值的源泉的转变和依赖重点的转移——转向人力资源和知识。在企业里,越来越多的人所从事的工作不再是对自然界物质的加工和处理,而是通过对数据中信息的提取、知识的挖掘和创造,以此作为人们生活的一种方式,并在此过程中创造社会财富。由此而引致的不仅是人力资源管理职能的转变,更为重要的是人力资源管理理念的转变。

资料来源:赵曙明,《人力资源管理案例点评》,浙江人民出版社2003年版,第60—69页。

思考题

1. 对海企公司的改革进行综合评价,指出值得借鉴与需要改进的地方。
2. 公开竞岗体现了程序性的公平,请分析哪些因素会破坏这种公平,并指出保证公开竞岗这一措施有效执行的途径。
3. 结合自身的经历,举例说明国有企业与私营企业在人力资源改革过程中有哪些差异。

【本章小结】

本章首先对获取员工的前提条件进行了分析。企业进行员工招聘活动的前提假设就是"我们需要员工",然而,企业是否真的需要招聘新员工是需要提前判断的,如果可以通过其他途径来克服企业的困难,如加班、更新设备等,那么企业并不需要进行招聘,只有当企业的发展足以支付新员工的费用,或者当公司不招聘新员工就会面临困难时,企业才应该增加员工。

其次,本章对于企业应当招聘什么样的员工,以及招聘多少员工进行了介绍。企业应当招聘与组织匹配的员工,这种匹配不仅包括员工与岗位要求的匹配,还要求员工与企业的价值观匹配。人岗匹配不仅体现为上述纵向的个人—组织的匹配,还包含横向的互补,即在传统的工作分析与岗位说明书基础上考虑到群体协同效应的发挥。员工与企业的价值观匹配可以使用直接判断法和间接判断法进行甄别。

确定招聘员工的标准后,就可以对人力资源的供给和需求进行预测,进而决定需要招聘多少员工。人力资源的供给有着两个不同的来源,即外部供给和内部供给。影响企业外部供给的因素主要有宏观经济状况、地区性因素、外部劳动力市场。可以使用市场调研法、实验法、会议调查法、抽样调查法等多种方法来进行人力资源外部供给的预测。企业内部人力资源供给主要受员工的流动率、组织生命周期、组织结构等因素的影响。可以使用管理者判断法、德尔菲法、比率分析法、散点分析法等方法进行预测。

最后,本章对如何有效地获得匹配的员工提出了建议。人员招聘渠道即企业打算从什么地方招聘需要的员工。一般而言,招聘的渠道有两种,即外部招聘和内部招聘。外部招聘的渠道一般包括招聘会、媒体、猎头公司等;内部招聘渠道一般可以借助推荐、档案筛选、公开招聘等。考虑到国内大多企业面临的问题不是应聘者不够,而是太多。所以,进一步的挑选就显得尤为重要了。一般而言,对人员的挑选分为三步,首先根据应聘者提供的材料进行初步的筛选,然后对符合条件者进行测试,最后决定录用的人选。

【关键概念】

人岗匹配;价值观匹配;需求与供给;招聘渠道;员工挑选

【思考与练习】

1. 企业每个部门都称缺少人手,请问作为 HR 负责人如何应对这一局面?

2. 对于从人才市场获得的员工与不是从市场获得的员工,企业获取的办法有何差异?

3. 某公司一直想要招募的稀缺人才突然联系要来公司参观与洽谈,但由于不可预知的原因,公司正在进行变革,一直负责该类事务的人事经理不在,公司的总经理正在外地,此时公司决定要你负责,但你以前并没有相关经验,那么如何应对这种突发的情况?

4. 对外部前来应聘部门经理职位的某人,大家普遍认为该人能力不够但态度诚恳,招聘小组成员有不同的意见,一方认为能力重要,另一方认为态度更重要。请问如何看待此事?

第四章　组织学习与员工发展

随着信息技术的迅猛发展和全球经济一体化时代的到来,知识的传播速度和知识的创造效率都呈现了爆炸式的增长。近十年来,盈利水平最高、发展最具活力的企业往往是那些善于进行知识保护和更新的组织。正如彼得·德鲁克所言:"知识生产力已经成为企业生产力、竞争力和经济成就的关键。"确实,知识是企业竞争力的根源所在,学习必将成为企业管理的核心内容,学习型组织将是这个时代最成功的组织。当今世界,组织之间的竞争既是知识的竞争,又是人才的竞争。企业人才的竞争本质上是员工能力和素质的竞争,知识社会的到来也要求劳动者不断学习,合理地安排自身的职业发展,只有这样才能赢得个人发展的空间。

本章首先从概念、主体、过程、方法和障碍五个方面对组织学习进行了较为全面的论述,其次从员工的学习动机、学习障碍,以及员工职业生涯规划、领导力开发等角度讨论了如何促进组织内员工的学习和发展。

第一节 组织学习

一、组织学习的概念

在知识经济社会中,学习已经成为时代的要求,只有成为"学习人"和"学习型组织",才能在这个知识爆炸的社会中生存和发展下来。20 世纪名列《财富》(Fortune)500 强企业排行榜的公司,到 2020 年为止已经有大部分销声匿迹,现存的企业以金融、能源、新兴科技企业等为主,这些公司都具有一个共同的特点——强调企业自身不断学习。多次成为 500 强第一名的壳牌石油公司的德格(Arie De Geus)说:"唯一持久的竞争优势,或许是具备比你的竞争对手学习得更快的能力。"

任何组织都是由人组成的,组织学习依赖于组织成员的个体学习,但是组织学习又不是个体学习的简单加总。组织学习的效果既有可能低于个体学习的简单加总,也有可能高于个体学习的简单加总。组织学习是一个持续性、综合性和系统性的概念。第一,组织学习强调持续性,即组织通过学习不断地改变自身以适应内外部环境的变化;第二,组织学习强调综合性,即组织只有把内外不同层面的人的知识整合到一起,才能有效地发挥作用;第三,组织学习涵盖着认知、行为和结果三个方面,即组织学习既是组织各个层面的个体获取、传播和创新知识的过程,又是通过获取和应用知识使组织行为持续改进的过程,还是通过调整认知和改进行为来实现组织绩效不断提高的过程。

二、组织学习的主体

组织学习的概念是从个体学习引申而来的,传统所说的学习主体就是指个人,但是组织是由许多个人有机组合而成的,那么组织学习的主体是谁呢?关于这个问题,应当把组织学习进行分层来理解。组织中的学习包括个体学习、团队学习和组织学习三个层次,在这三个层次上涉及不同的学习主体,并呈现学习主体的扩大化和复杂化。

(一) 个体学习

组织是由个体组成的,个体学习是组织学习的重要前提和基础,任何组织的学习最终都是通过其中每个成员的学习来完成的。个体学习指的是个体为使自己的行为更有效而获取知识与技能的过程,一般包括行为学习和概念学习两种。所谓行为学习,就是学习掌握某种行为的能力;所谓概念学习,是指学习掌握把各种经历抽象为知识或经验的能力。

(二) 团队学习

团队是由组织内的一部分人组成的,他们有共同的目标,并为此共同承担责任。团队可以是正式的,也可以是非正式的。团队学习介于个体学习与组织学习之间,是联结个体学习和组织学习的桥梁。与个体学习相比,团队学习有两个重要特征:第一是团队学习存在个体的交互作用,即团队成员通过在学习过程中的交流和互助,建立彼此之间的知识共享,进而提高所有个体的学习效率,促进知识的创造。第二是团队学习强调目标导向,即团队学习是为团队共同的目标而展开的,并也将团队目标的实现作为激励。团队学习的这两个特征,可以引导个体学习的方向,并通过团队学习的过程,建立起团队共同体的亲密关系,把个体之间的竞争转化为团队之间的竞争,从而促进团队绩效的提高。

团队学习是个人学习过渡为组织学习的关键。如果没有团队学习,即使每个个体都在学习,也不表示组织在学习。反之,如果团队在学习,团队将变成组织学习的一个单位,他们可将内部形成的共享知识转化为共同行动,甚至可以将这种团队学习技巧向组织内其他团队推广,从而建立整个组织共同学习的标准,并能营造一种组织共同学习的良好氛围。

(三) 组织学习

组织学习是团队学习的进一步扩大化和复杂化,它把组织内的个人和团队按照一种机构化的运作机制集合起来,并通过组织的政策、战略或文化等,主动影响其组织成员,从而形成特定的学习模式。在组织学习的过程中,个体学习和团队学习受到组织的强烈影响。在一个倾向于保守和稳定的组织内,个体学习和团队学习容易受到抑制;而在一个鼓励变革和创新的组织内,个体学习和团队学习往往受到激励。

判断一个组织是否在学习,可以考察以下三点:① 组织能否不断地获取知识,在组织内传递知识并不断地创造出新的知识;② 组织能否根据外界环境的改变而不断地调整自身行为及结构,从而提高对外界环境的适应力;③ 组织能否通过自身的努力不断地提高组织绩效。

三、组织学习的过程

组织学习的过程包括知识获取、知识分享和知识应用三个步骤。

（一）知识获取

组织通过监控环境，搜集、储存和管理信息，进行研究和开发，实施教育和培训等活动，获取与组织活动相关的知识。知识获取并不是一个被动的信息接收过程，它需要重新审视和整理已有的信息，通过对各类信息的分析比较，做出某种选择判断，进而修改以前的知识结构，建立或修改既有理论。因此，知识获取就是一个学习的过程。

（二）知识分享

知识分享是组织学习和个体学习的主要区别之处。个体学习没有必须知识分享的要求，而组织学习必须在组织内部单位和成员之间推动知识的共享和扩散，从而促进相互学习并产生新的知识。在这个过程中，组织内部的各类数据、备忘录、会谈、报告和技术等形式存在的知识，被相互获取并加以共享。知识分享不仅发生于组织成员的正式交流中，而且发生在组织成员日常的非正式交流中。组织内部知识分享和扩散的速度越快、范围越广，组织学习的效果就越好。例如，美国施乐（Xerox）公司鼓励每一个产品维修服务人员在完成每一次用户的维修服务活动后，写下工作日志，记录维修过程中的主要问题和解决的方法。工作日志被放在公司的内部网络上，其他维修人员就可以看到并从中学习，遇到类似问题时就可以帮助解决。这样，个体的经验和知识就得以在组织中传播。

（三）知识应用

组织获取和分享知识的目的是应用知识，从而促进组织目标的实现。有些组织不是提不出好方法和主意，而是不能将这些方法和主意付诸实施。能否将一个好的方法或主意真正有决心、有计划、有系统、可操作、有始有终地付诸实施，这也许是好公司与不好公司的真正差别所在。因此，组织必须建立一定的方法、流程、系统和能力，使它能够切实高效地推进知识的广泛应用。

应当注意的是，知识获取、知识分享和知识应用只是对组织学习过程的一个逻辑抽象，组织学习并不总是遵循这三个线性步骤。知识既可以在第一阶段获得，也可以在第二和第三阶段获得，并不是组织进行一次突击学习就可以简单获得的。学习可以是计划性的，也可以是非正式的，甚至是无意识的。组织应当把学习意识融入组织运作的所有过程，不断提高知识获取、分享和应用的效率，加快知识的积累和流动，从而实现组织绩效的持续性提高。

四、组织学习的方法

(一) 五项修炼法

五项修炼法是彼得·圣吉(Peter Senge)提出的[①],他认为,推动组织学习,建立学习型组织,应从五个方面做起,分别为实现自我超越、改善心智模式、建立共同愿景、开展团队学习和进行系统思考。

1. 实现自我超越

自我超越不是指超越个人已经拥有的某些能力,而是一个永不停止的修炼过程。自我超越的修炼通过不断理清和加深个人的真正愿望,客观地观察现实,不断自主性地学习,从而不断增强实现个人愿望的能力。组织学习的过程应当激发每个员工不断实现他们内心深处最想实现的愿望、创造和超越,它不是一般意义的吸收知识和提高技能,而是一种全身心地投入学习,是突破极限的自我实现。圣吉提出自我超越的修炼包括五部分:一是建立个人愿景,这是个人发自内心真正希望实现的状态。二是保持创造性张力,即让愿景在一定程度上始终高于现实,从而激发员工不断地创造和超越。三是看清结构性冲突。所谓结构性冲突,指的是内心深处的超越心和放弃心两种信念的斗争。只有战胜和改变导致放弃心和无力感的那些信念,才能实现超越。四是诚实地面对真相,这是处理"结构性冲突"的一种方法。诚实地面对真相不是追求一项绝对的真理或追究世界本源,而是根除看清真实状况的障碍,并不断对于自己心中隐含的假设加以挑战。五是运用潜意识,即训练个人运用潜意识来处理复杂的问题,其前提是潜意识须契合内心真正的愿景。

2. 改善心智模式

心智模式是根植于内心深处,影响人们如何看待世界和如何行动的各种假设、成见、思维方式、印象、图像等。改善心智模式的两个重要方法是反思和沟通。所谓反思,指的是静下心来,思考自己的心智模式究竟是如何形成的,以及是如何影响我们的行动的。所谓沟通,指的是我们应当以何种方式来跟别人进行面对面的互动,从而实现双方的充分沟通和理解。改善心智模式的修炼要求组织为成员提供一个自由开放的氛围。在这种氛围中,组织成员能够有效地表达自己的想法,并以开放的心灵容纳别人的想法。

为了揭示人们隐藏在内心深处的心智模式,促进人们彼此之间的充分沟通。彼得·圣吉介绍了"左手栏"方法。表4-1右侧呈现的是实际进行的谈话,左侧呈现的是"我"内心真实的想法。根据左右对比,就可以看出这次谈话总是围绕着"我"内心深处的想法游走,谈话的效果不是很好。通过左手栏方法,人们就会找出沟通不畅的真实原因,以及人们内心深处的心智模式。如果组织内成员彼此之间都能用左手栏来分析双方的谈话,就可以开诚布公地展现自己真实的想法,并了解沟通对象的真实看法,从而有利于彼此心智模式的改善。

---

① 〔美〕彼得·圣吉:《第五项修炼——学习型组织的艺术与实务》,郭进隆译,上海三联书店1998年版。

表 4-1　左手栏示例

我所想的	我们所说的
每一个人都说这次简报是一个炸弹	我：简报进行得如何？
难道他真的不知道这次简报有多糟？或者他不肯面对这件事？	老张：嗯，我不知道。要下结论是否还太早。此外，这个案子此前没做过，我们这次的尝试有些新突破。 我：那么，你认为我们应该怎么做？我相信你当时提出的课题很重要。
他其实是害怕看见真相。只要他更有信心，他或许已从这个状况中学到东西了。我无法相信他不知道那次简报对我们日后的进展伤害有多大。	老张：我也不太确定。让我们等等看事情如何发展。
我必须设法让这家伙开始动起来。	我：你或许是对的，但是我想我们可能需要有所行动，不能只是等待。

资料来源：〔美〕彼得·圣吉，《第五项修炼——学习型组织的艺术与实务》，郭进隆译，上海三联书店，1998 年，第 225 页。

3. 建立共同愿景

共同愿景是由个人愿景引申出来的。共同愿景最简单的说法是"我们想要创造什么"。正如个人愿景是人们心中或脑海中所持有的意象或景象，共同愿景也是组织成员共同持有的意象或景象，它创造出众人是一体的感觉，并遍布组织的全面活动，而使各种不同的活动融汇起来。建立共同愿景的修炼，首先必须持续不断地鼓励成员发展自己的个人愿景，然后通过互动实现我愿中有你、你愿中有我，并在此基础上融入组织理念，创建共同愿景。只有当组织成员拥有共同愿景时，才会团结一致，为实现共同愿景而不断学习和努力。

4. 开展团体学习

团体学习是团体成员不断改善协作能力和追求共同目标的过程。团体学习的前提是自我超越和共同愿景，但是仅有自我超越和共同愿景是不够的，团体成员必须进行集体的修炼才能实现共同学习。团体学习对于组织学习十分重要，如果没有团体学习，个体学习与组织学习就是没有关系的；当团体在学习时，团体变成组织学习的一个单位，它们将所得到的共识化为行动，甚至将这种团体学习技巧向别的团体推广，进而建立起整个组织一起学习的良好气氛。

在组织内部，团体学习有三个方面需要关注：第一，当需要深思复杂的议题时，团体必须学习如何萃取高于个人智力的团体智力。第二，团体学习需要既有创新性又协调一致的行动。第三，要十分重视团体成员在其他团体中所扮演的角色与影响，比如高层管理者团体大部分的行动，实际上是透过其他团体加以实现的。

团体学习可以采用"深度沟通"与"开放讨论"这两种修炼方法。所谓深度沟通是指先暂停表达个人意见，彼此用心聆听，尽可能地展现所有人的真实看法。所谓开放讨论则是鼓励人们提出各自不同的看法，并进行辩论。这两种方法在团体学习过程中可以交互使用。

5. 进行系统思考

圣吉把系统思考看作五项修炼的核心和基石。系统思考的修炼要求人们摒弃传统的、片段的、割裂的思维方式,用动态的、整体的、联系的思维方式来分析影响组织运行的各个因素,从而使组织不断适应时代的变化。圣吉认为系统整体的合力远大于各部分简单加总的合力,只要组织成员都努力进行五项修炼,组织必将迸发巨大的活力。

(二) 标杆学习法

标杆学习法最早由美国施乐公司于20世纪70年代末80年代初提出并组织实施,取得巨大成功后风靡西方企业界。标杆学习法的基本思想是:不断寻找和研究业内一流的企业或者部门,以之为标杆,将本企业或部门的实际情况与标杆进行比较,分析这些标杆之所以优秀的原因,结合自身实际加以创造性地学习、借鉴和改进,从而实现自身绩效的持续性提高。

标杆学习法按照学习的内容可以分为战略性标杆学习、业绩性标杆学习和流程性标杆学习三类。所谓战略性标杆学习,是指寻找和确认某一杰出组织获得成功的长期战略和总体方法,包括核心竞争能力、资产平衡能力、适应环境变化能力等,并将其与本组织过去的长期战略和总体方法进行比较,从而找出本组织的不足并加以改善。战略性标杆学习的对象既可以是行业内的杰出企业,也可以是跨行业的杰出企业。这种学习的难度很大,学习效果的呈现也比较慢,但是对组织的影响十分深远。所谓业绩性标杆学习,是指寻找和确认某一杰出组织获得出色业绩的具体方法,包括产品价格、产品质量、产品创新、服务特色、运行速度等,然后与本组织的相关业绩进行比较,找出不足并加以改善。业绩性标杆学习的对象主要是与自己有竞争关系的其他企业或企业内部的其他部门。所谓流程性标杆学习,是指寻找和确认最佳的工作流程和操作方法,结合本组织的特点进行学习,进而改善原有的工作流程和操作方法。流程性标杆学习的对象是与本组织有相同或相似的工作流程和操作方法的组织,这些作为学习对象的组织可以是企业内其他部门,也可以是同行业其他企业,也可以是跨行业的其他企业。

标杆学习法的流程主要包括六步(见图4-1)。第一步是确定学习主题,即学习什么,是战略、业绩,还是流程。第二步是确定学习标杆,即学习对象。在选择学习对象的时候,要考虑到自身目前的能力,未必要选择世界上最好的组织。与其好高骛远选择一个根本无法达到的目标去学习,还不如设定一个切合实际的目标,逐步改善自身的绩效。第三步是通过各种渠道收集学习对象的相关资料,这些资料越详细越好。第四步是结合学习主题,了解本组织的相关表现。第五步是比较和分析学习对象与本组织的差距,找出学习对象的优点所在,以及本组织的不足之处。第六步是制订学习计划,并积极实施。需要注意的是,标杆学习法不是一次性的学习过程,在完成学习计划后,应当再确定下一个学习标杆,并不断地循环往复,从而实现持续性的组织学习。

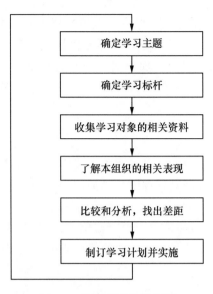

图 4-1　标杆学习法的流程

五、组织学习的障碍

随着组织学习的重要性越来越被认可,许多组织提出要加强组织学习,提高知识管理和组织变革的能力。但是,现实中能够贯彻组织学习、具有超强学习力的组织仍然很少,这是因为,在组织学习的过程中隐藏着许多学习障碍。组织首先必须找出和认清这些障碍,才能设法清除这些障碍,进而提高组织的学习力。在组织学习的过程中,有以下七项主要障碍①。

(一) 认知滞后

组织只有察觉到某些已经存在或者潜在的问题或机会,才会产生学习的压力或动力。如果组织看不到这些问题或机会,组织就存在认知滞后的障碍。在认知滞后的情况下,组织会逐渐变得自满并安于现状,等到问题变得严重时,再去解决问题就已变得困难重重了。这种情况就如同温水中的青蛙一样在不知不觉中被慢慢煮熟。因此,对于组织来说,应当时刻保持危机意识,积极找出企业存在的潜在问题,并寻找各种可能的机会,从而尽可能地减少认知滞后的错误。

(二) 思维简单化

组织问题往往都有着十分复杂的背景和原因,但是许多组织往往忽略这些复杂的背

---

① 〔美〕杨国安、欧瑞奇:《学习力》,华夏出版社 2005 年版。

景和原因,而企图运用简单的思维或直觉去解决复杂的问题,这种情况就被称为"思维简单化"障碍。在思维简单化的情况下,组织要么使用简单的答案去解决困难问题,要么强调众多原因中的一个,要么忽略组织是一个环环相扣的复杂体,最后都无法找出问题的根本所在,从而延误问题的解决或者加剧组织的问题严重性。要克服思维简单化障碍,就应当采用系统性的思维方式,运用多种方法、在多个领域去分析和解决问题。

(三) 同质化

所谓同质化,就是组织获取的信息来源单一或成员观点单一。这种障碍多见于一些成员高度同质化的组织,比如经营管理团队成员都来自同一所大学、同一个地区,或者他们性别相同、年龄相近等。因此,企业经营管理团队的多元化是克服同质化障碍的一种有效方法。同质化障碍与思维简单化障碍密切相关,但又有所区别。思维简单化是指对信息的分析比较简单,而同质化是指所获取的信息或观点的多样化不足。

(四) 控制过度

如今组织所面临的环境变化越来越快,这就需要组织的各组成部分随机应变,快速灵活地处理所遇到的各种问题。如果组织管理过于死板,各部门缺少快速反应力,就很难适应外部环境的变化。所谓控制过度是指组织对成员控制过于死板,以至于限制了成员对于外部的灵活反应能力。对于企业来说,如果其各部门或员工对于外在环境变化只有一套既定的分析和应对方式,那么就不能根据市场变化而适时采取相应的变通方式,从而不利于企业绩效的改善。

(五) 行动不力

组织学习的一个重要组成部分,就是要将好的构想转化为具体的行动计划和行动步骤,从而带来实际的改变。行动不力是指组织因某种原因难以推行新计划、新产品或新流程。组织如果出现行动不力的障碍,即使拥有大量新构想与解决方案,也无法付诸行动,更不能带来改变。造成组织行动不力的原因很多,比如,偏向旧有做法的奖励机制会阻碍组织产生变革的动力;僵硬的规定、程序、角色定位以及企业文化,都会阻碍企业进行改革;严格追究失败的组织容易造成成员的怠惰,因为他们害怕受到惩罚而不敢冒险或改变。

(六) 归因偏差

如果组织对过去经验教训的总结,依据的资料不真实或不充分,或者思考方式不理性,那么总结就可能出现偏差,这种偏差被称为归因偏差。当企业出现归因偏差时,往往会错误地把某些行动与某些结果联系起来,从而误导企业的政策和行为。例如,在古代中国,人们会把某些自然灾害的发生归结为天神的旨意,从而花费大量的人力物力来祭拜天神。

（七）扩散迟滞

组织学习既包括组织获取知识的过程，也包括知识扩散和分享的过程。如果某些个人或者个别团队获得学习成果后，这些学习成果迟迟无法与组织其他成员分享，那么组织就是遇到了扩散迟滞的障碍。提高学习成果的扩散速度，可以通过设立专责部门、改变考核奖励制度，以及高层主管的大力提倡等方式来实现。

以上七项学习障碍只是所有学习障碍中的一部分，但它们足以说明组织学习会因某些因素而受到负面影响。而且，无论出现哪一个学习障碍，组织学习的进程都会受到阻碍。因此，企业必须十分重视这些学习障碍，尽量采取各种措施，避开它们。

第二节 员工的学习

员工是组织的基础，只有员工不断地学习和发展，才能实现组织的学习和发展。但是，员工的学习和发展不是自然而然发生的，它需要激发员工的学习动机，克服学习的障碍，提供必要的学习条件，还要帮助员工规划其职业生涯。

一、学习的动机

动机是激发和维持个体进行活动，并引导该活动朝向某一目标的心理倾向。动机起着激发、调节、维持和停止行动的作用。学习作为人的一种行动，同样需要学习动机的激发。影响学习动机的因素很多，接下来将对自我效能感和成就动机这两个主要因素进行论述。

（一）自我效能感

所谓自我效能感，指的是人们对自己实现特定行为目标所需能力的信心或信念。自我效能感表现在三个维度上：一是水平维度，人们在这一维度上的差别导致不同个体选择不同难度的任务；二是强度维度，弱的自我效能感容易因为一时的失败而导致自我怀疑，从而放弃努力，强的自我效能感则不容易被失败击倒，而是相信自己有能力取得最后的胜利，从而面对重重困难仍不放弃努力；三是广度维度，有的人只是在比较狭窄的领域内判断他们自己是有效能的，而另一些人则在比较广泛的领域内都具有很好的自我效能感。自我效能感的测量如图 4-2 所示。

> **自我效能感的测量**[①]
>
> 指导语:请仔细阅读本量表,共十道题,测量选项分为完全不正确、尚算正确、多数正确和完全正确四类,其分值依次为 1 分、2 分、3 分、4 分,分数越高说明自信心越高:总分 1—10 分代表自信心很低,甚至有点自卑,建议经常鼓励自己,相信自己是可以的,正确地对待自己的优点和缺点,学会欣赏自己;10—20 分代表自信心偏低,有时候会感到信心不足,找出自己的优点,承认它们,欣赏自己;20—30 分代表自信心较高;30—40 分代表自信心非常高,但要注意正确看待自己的缺点。
>
> 1. 如果尽力去做的话,我总是能够解决问题的。
> 2. 即使别人反对我,我仍有办法取得我所要的。
> 3. 对我来说,坚持理想和达成目标是轻而易举的。
> 4. 我自信能有效地应付任何突如其来的事情。
> 5. 以我的才智,定能应付意料之外的情况。
> 6. 如果我付出必要的努力,一定能解决大多数的难题。
> 7. 我能冷静地面对困难,因为我可信赖自己处理问题的能力。
> 8. 面对一个难题时,我通常能找到几个解决方法。
> 9. 有麻烦的时候,我通常能想到一些应付的方法。
> 10. 无论发生什么事,我都能够应付自如。

图 4-2 自我效能感的测量

自我效能感对于员工自主学习的作用主要表现在三个方面:

(1) 自我效能感影响员工的学习行为选择。例如,高自我效能者往往设置富有挑战性的目标,敢于承担难度大的工作任务;而低自我效能者,倾向于回避那些他们认为超过其能力所及的任务,而只选择执行他们能够干的事。

(2) 自我效能感决定着员工将付出多大的努力去学习以及在遇到障碍或挫折时学习行为所坚持的时间。自我效能感越强的员工,其学习毅力越强,越能在艰难的学习境况下坚持下去;而自我效能感较弱的员工,遇到困难会怀疑自身能力,从而放松甚至放弃学习的努力。

(3) 自我效能感影响员工的思维模式和情感反应模式。自我效能感强的员工倾向于把成功归因于自己的能力和努力,而把失败归因于努力不足;同时当自我效能感强的员工遇到学习挫折时,会激发斗志,更积极地争取学习的成功。自我效能感弱的员工则会把行为结果归因于个人能力或环境等相对稳定和无法控制的因素,从而降低努力程度;同时当自我效能感弱的员工遇到学习挫折时,会情绪低落,自我怀疑,放弃继续学习的努力。

提高员工在学习方面的自我效能感,可以从以下四个方面入手:

(1) 组织为员工提供有利的学习条件,增强其学习的成功体验。这是因为员工学习的结果(即成功或失败)对其自我效能感的形成影响非常大。

(2) 在组织内为员工树立学习的榜样。当员工发现和自己能力相似的人获得成功时,就会提升自己的学习信心。

[①] 该量表参考 Schwarzer 等人编制、王才康等人翻译修订的《一般自我效能感量表(GSES)》,http://www.docin.com/p-9369624.html[2021-03-08]。

(3) 组织要及时为员工提供学习结果的反馈和鼓励。当员工在学习方面取得了满意的成绩时,要及时给出反馈信息,指导员工将其成功归因于个人的能力和努力,激发起进一步学习的积极性和信心。当员工在学习方面遇到挫折时,除了给予鼓励,还要指导其得出恰当的归因,避免将失败归因于个人能力等稳定的、不可控的因素。

(4) 组织要积极为员工的学习提供必要的培训,包括让员工了解学习的任务、复杂程度等相关信息,培训其必要的学习能力,协助其制定学习的策略等。

(二) 成就动机

所谓成就动机,指的是个人在学习、工作等活动中力求成功的心理倾向,在学习领域则是力求获得学业成就的心理倾向。广义的成就动机包含两个部分,即追求成功的倾向和避免失败的倾向,这两者在强度上可能是不一样的。成就动机水平最终受到这两种倾向的综合作用所决定。如果一个人追求成功的倾向强于避免失败的倾向,那么这个人的成就动机水平就比较高;反之,如果一个人追求成功的倾向弱于避免失败的倾向,那么这个人的成就动机水平就比较低。

一般来说,成就动机高的人在面对挫折与失败时,对任务的坚持性要比成就动机低的人要强。追求成功的人往往有很强的自信心,如果获得成功,会使他们更加相信自己的能力。如果失败,他们也会认为是自己采取了不恰当的策略,或者没有付出足够的努力,从而更加努力地完成任务,而不会把失败视为能力缺乏的表现。避免失败的人则正好相反,他们往往自信心较差,如果失败,就认为是自己能力不行,从而降低对自己的要求,放弃对任务的坚持。如果成功,则容易把成功归因于运气或者任务简单,而不是自己的能力。总之,成就动机与员工的学习毅力、学习效率和学习成绩密切相关,是影响员工努力程度和工作绩效的重要因素。

成就动机的形成既受到客观环境的影响,也与个人性格特点有关。但是,成就动机并不是一成不变的,通过有计划的训练,完全可以提高人们的成就动机水平。从组织角度来看,提高成员的成就动机水平可以从以下四个方面进行努力:

(1) 营造一个积极进取的环境氛围。组织应当鼓励成员去争取成就,并且要经常公开地肯定他们所取得的成就。支持成员不断挑战自己,敢为人先,即使他们在某些方面遇到了挫折或失败,也要给予热情的鼓励,帮助他们找出挫折或失败的原因,继续前进。

(2) 在组织内树立学习的榜样。让组织成员模仿成就水平高的人去思考和行动,并为成员提供大量的锻炼机会,以使他们有条件观察与反思自己的思考和行为的模式。在这个过程中,应当帮助组织成员对其思考和行为的方式进行分析,让他们了解到自己成就动机水平形成的原因,并加以改善。

(3) 帮助成员制定适当的目标。这些目标应当高于成员现有的水平,但是经过努力又能够实现。组织成员在目标追求和目标实现的过程中,就可以在潜意识中不断增强努力和成功的联系,从而逐渐相信:只要努力和坚持,就一定能够取得成功。于是,自信心就慢慢得到了提高。

(4) 提倡成员之间互相鼓励、互相支持的文化氛围,反对打击他人积极性的言语,让成员真实地感受到组织的关怀和集体的力量。这样可以使成员的信心倍增,既有利于组织成员的成就动机水平的提高,也有利于增进组织成员之间的配合,从而最终促进组织绩效的持续性上升。

二、在职学习的障碍

企业的员工都属于成人,成人在职学习所处的环境与在校园中的学习完全不同,面临着更多的学习障碍。如何帮助员工克服在职学习的障碍,是组织推动员工学习和培训的一项非常重要的工作。根据障碍所涉及的领域不同,可以把成人在职学习的障碍分为个人因素、组织因素和生活因素三大类。

个人因素的障碍指的是由于组织成员个人的某些原因阻碍了他继续学习。比如,认为自己年龄太大而不适合学习,认为自己精神体力不足而学不下去,由于过去不愉快的学习经历而不喜欢学习,找不到学习的方法而不知道如何正确地学习,等等。

组织因素的障碍指的是由于组织的相关制度或条件的限制阻碍了成员学习的开展。比如,某些学习需要脱产学习或者修习时间很长而组织不提供这方面的支持;组织安排学习的时间与成员的工作或生活相冲突,使得成员难以投入相关的时间进行学习;某些学习的内容与成员的工作要求不相符,成员没有动机进行学习;组织不提供相关的学习信息,使得成员不知道如何学习;等等。

生活因素的障碍指的是由于成人有比较沉重的家庭和生活负担,难以抽出时间和精力进行学习。比如,某些学习项目需要较昂贵的学费而成人难以负担;某些学习项目需要抽出大量的时间而成人难以抽出必要的时间;某些成人有比较沉重的工作任务和家庭负担,因而难以抽出精力进行额外的学习和进修;某些学习需要投入较多的时间和精力,但效果未知,因此有亲友表示反对。

根据成人在职学习的障碍,组织帮助其成员在职学习也应从三个方面着手:

第一,加强在职学习者的学习动机。首先,让在职学习者了解到他们的能力与未来目标之间的差距,学习后能够给他们带来什么效益,若不学习会造成什么不好的结果,从而激发成人学习的欲望。其次,学习课程的设计应当符合在职学习者的特点,即这些课程应当与在职学习者的平时工作和日常生活紧密联系,并且应根据在职学习者每个人的个人背景、兴趣、经验和思维习惯制订不同的学习计划,从而让在职学习者接受学习课程,产生学习兴趣。

第二,在工作安排上为在职学习者提供必要的条件。首先,组织应当积极支持其成员进行自我学习和提升,对学习优秀者给予奖励和晋升,从而营造一个鼓励学习的组织气氛。其次,组织应当根据成员的工作特点和个人特点,制定多套学习课程,由成员选择适合自己的学习课程,并为成员学习提供必要的便利安排,例如调整工作时间、安排一定时间的脱产学习等。

第三,关心在职学习者的生活情况。首先,组织应当了解在职学习者的生活情况,并表示理解和支持。其次,组织在安排学习课程时应当考虑到在职学习者的生活困难。比如有的在职学习者需要照顾小孩,那么学习形式就可以考虑在家自学。最后,通过联欢活动或奖励大会等形式让在职学习者的亲友了解到学习与工作的紧密联系,争取在职学习者亲友的支持。

总之,对于已经工作的成人来说,其面临着各种各样的实际问题,这些问题都需要解决,无视这些现实的障碍是不可能取得好的学习效果的。成人在职学习与未成年人的学习存在很大的不同,必须结合成人的学习特点来安排学习计划。对于企业来说,必须综合考虑员工的成人身份,根据员工的个人因素、工作特点和生活情况灵活地安排员工的培训和学习计划。

第三节 员工发展

员工发展(Employee Development)的目标并不是针对某一特定的工作。比如,London(1997)将"员工发展"定义为影响个人发展和专业成长的课程、讲习班、讨论会及工作分配。员工发展的机会并不一定是与某一特定的职位相联系的,而是影响个人长期工作效率的。员工发展是人力资源管理的重要环节,保持人力资源战略与组织的战略相匹配,把人才看作组织获得竞争优势的重要战略资产,从而实现员工发展与企业共同成长的目的。本节从员工发展计划的必要性,以及对新员工的引导培训和组织社会化及员工的职业生涯规划三个方面进行阐述。

一、员工发展计划的必要性

员工发展作为企业提升人力资本的重要措施,对保持企业的核心竞争优势、提供高质量的产品和服务有着重要的意义。美世咨询公司发布的《2010年中国人才保留实践调研》结果显示[①],企业员工流失情况愈演愈烈,为了留住核心员工,从职业发展着手已经成为最普遍的做法。国外也有一些优秀的公司实施了员工发展计划,如惠普公司等。成功的员工发展计划对于企业和员工是双赢的。越来越多的企业认识到,员工发展计划是稳定员工、调动员工积极性、提高生产效率以及实现员工和组织共同成长的重要措施。员工发展计划的必要性具体表现在以下几个方面:

(1) 员工发展计划可以帮助企业了解员工的特点、能力和需求,从而有利于更合理地利用人力资源。一方面,企业可以更合理地配置人力资源,将员工与岗位进行恰当的组合,从而提高员工的工作绩效;另一方面,企业了解员工的真实需求和目标以后,可以更合理地运用薪水、奖金、地位和培训等方式,来激发员工的工作热情。

(2) 员工发展计划可以帮助企业合理地调和企业现实与员工职业选择之间的矛盾。在现代社会,员工的职业发展可以在企业内完成,也可以选择跳槽到另一个企业实现。对于企业来说,某些处于重要位置的员工的流失有可能给企业带来重大损失。通过员工发展计划,企业可以与员工进行深入的沟通,争取让员工在企业内部实现职业的发展,实现企业与员工的双赢。

---

① 《从职业发展着手留住核心员工》,http://cn.mercer.com/press-releases/1389185 [2021-03-08]。

（3）员工发展计划的制订是基于可以帮助员工充分认识自我，激发个人的潜能。人们在进行职业生涯规划过程中，会对自己进行全面的评估，正确认识自己的个性特征、能力和条件。在综合比较自己的各项优势和劣势后，确定合适的目标。由于充分认识了自己，并有了明确的奋斗目标，员工就有可能激发自己的内在潜能，爆发出惊人的力量。

（4）员工发展计划可以指导员工以一种恰当的路径实现目标，减少盲目性。古语云，"凡事预则立，不预则废"。这就是说，无论做任何事情都要有事前的计划和准备，否则就不能取得成功。做一件事情需要事先的计划和准备，对于涉及人生几十年的职业生涯来说，就更需要严谨周全的计划和准备，否则就很可能糊里糊涂地度过一生。职业生涯规划就是为个人职业生涯的全过程来制订计划和做出准备的。

（5）员工发展计划可以帮助员工协调好职业与非职业的关系，提高生活的质量，达到内心深处真实的向往。职业很重要，但并不是人生的全部。能否处理好职业与生活的关系，不仅会影响职业的发展，还会影响人生的质量，因此，必须予以高度重视。良好的职业生涯规划，会展现一个人内心真实的向往，从而使人们能够站在更高的角度看待职业发展过程中工作与生活的各种矛盾与纠结，综合考虑职业追求与兴趣爱好、家庭生活等其他人生目标的平衡发展，避免顾此失彼的窘境。

二、新员工的引导培训和组织社会化

员工的发展从进入组织的第一天开始。员工的发展离不开组织的支持。任何一个员工进入企业都需要经历引导培训和组织社会化过程。新员工引导培训，又称岗前培训、职前教育、入职培训，是组织对从组织外部进入到组织内部的人员进行的培训，是员工进入企业后接触到企业人力资源管理的第一个环节。

"社会化"（Socialization）一词最早是由德国社会学家 Simmel 在其《社会学的问题》一文中首次使用，用来表示群体形成的过程。后来，Schein 将"社会化"概念引入组织中，他认为组织社会化是新进人员进入组织学习一些诀窍的过程。这是组织社会化的早期含义。后来 Louis 指出，组织社会化是使员工获得和掌握组织中自己所承担的角色所必需的知识、技能、行为方式、行为规范、期望等的过程[1]。或者，员工的组织社会化是组织向员工灌输与实现组织目标联系在一起的技能和文化的过程。

（一）新员工引导培训和组织社会化的不同点[2]

新员工引导培训和组织社会化的不同点表现在以下三个方面：

（1）从持续时间上看，新员工引导培训的时间比组织社会化的持续时间短，大约在进入组织的一周之内。通常来看，新员工引导培训被当作员工实现组织社会化的重要途径和方法。

（2）从对象看，引导培训的对象是新进员工，而组织社会化的对象更加宽泛。随着

---

[1] 王明辉、凌文辁：《员工组织社会化研究的概况》，《心理科学进展》，2006 年第 14 期，第 722—728 页。
[2] 石金涛、颜世富：《培训与开发》（第 4 版），中国人民大学出版社 2019 年版，第 82—88 页。

组织跨越不同类型的组织边界,如从外界到内部(组织进入)、从底层到高层(管理层级的改变)、从一种工作类型到另一种工作类型(工作职能的改变)、从普通员工到核心骨干,这些变化都需要社会化的过程。

(3) 从所关注的实际内容看,新员工引导培训主要是在新员工工作之初对其态度、行为、方法等进行引导和训练,主要包括岗位技能培训、团队融入、基本礼仪养成等方面,帮助新员工快速融入团队。而大多数学者认为组织的社会化包括生活中与工作相关的所有方面。社会化的范围被认为包括历史、语言、政治、人群、组织目标和组织价值观以及执行的成熟度七个基本维度。

(二) 新员工引导培训的内容

(1) 公司的基本情况及相关制度与政策。当员工刚进入一家公司的时候,对公司的了解往往是从公司网站、招聘信息以及面试中获得的宽泛的信息。因此,公司应当让新进人员更快地适应企业,对公司的发展历史、经营理念、组织结构与部门职责、工作时间、考勤制度、薪酬福利制度、晋升制度、养老保险、医疗保险等方面内容有所了解。企业可以将这方面的文件印成小册子发给大家。

(2) 企业文化与基本礼仪。企业文化和基本礼仪的培训对于员工融入企业的氛围,与同事、上级进行人际交往,有着重要的意义。主要包括与同事之间的问候与措辞,着装与化妆的要求,公司电话的应答方式,报告、联络、协商的工作程序,与上司以及同事的交往方式。

华为在新员工刚入职的时候会安排他们到深圳总部参加集中培训,主要是围绕华为的文化展开学习。在这个阶段,新员工白天跑步、上课,晚上开辩论会、表演节目等。培训的内容是学习企业文化,新员工要能讲清楚为什么公司会出台相应的政策与制度,以及它反映的文化和价值观是什么。此外,员工还会被要求去学习任正非的《致新员工信》,里面包含了华为的文化和对新员工的要求。

(3) 工作技术方面的内容,包括工作程序、工作要求、技能标准、安全知识等。这部分内容的培训,是由新员工所进入的部门承担,一般集中在引导教育之后进行。比如华为采用"721法则"来对新员工进行培训,即70%能力的提升来自实践、20%来自导师的帮助、10%来自课堂的学习。在这部分培训中,新员工要在华为导师的带领下,在一线真实的工作环境中锻炼和提高自己。

(三) 组织社会化策略[①]

组织社会化策略是指组织通过某种特定的策略(Tactics)或方式加速员工的组织社会化过程,促使员工尽快成为组织所期望的角色。Van Mannem and Schein(1979)指出,组织对新员工社会化所采取的策略有六种,每种策略由相互对立的两个概念组成。这六种策略分别是"集体—个别"的社会化策略、"正式—非正式"的社会化策略、"固定—变

---

① 王明辉、凌文辁:《员工组织社会化研究的概况》,《心理科学进展》,2006年第5期,第722—728页。

动"的社会化策略、"连续—随机"的社会化策略、"伴随—分离"的社会化策略和"赋予—剥夺"的社会化策略。

(1) "集体—个别"的社会化策略。集体策略是指组织将新进员工集中起来,通过提供一套通用的学习经验使新进员工对其职务产生标准化反应,目的是使新员工形成对组织的认同和忠诚;个别策略是指组织提供给新进员工一套特别的学习经验,使他们对其职务产生差异性反应。

(2) "正式—非正式"的社会化策略。正式策略是指将新进员工与其他组织成员分开,通过有计划性的训练,指导他们理解工作环境和工作角色;非正式策略则是没有将新进员工与其他组织成员分开而直接安排工作,让他们在工作环境中通过尝试和错误进行学习。

(3) "固定—变动"的社会化策略。固定策略给新员工提供明确的时间表,使其了解在社会化过程中经历各个不同阶段所需花费的时间;而变动策略则不提供新员工达到某一阶段所需时间的有关信息。

(4) "连续—随机"的社会化策略。连续策略是指给新员工提供社会化所要经历的一系列活动信息,该策略使新进员工了解其在组织内必须经历的各个阶段及顺序;随机策略则相反,允许员工自由地去解释其角色及在组织中的发展,因此容易激发员工的角色创新。

(5) "伴随—分离"的社会化策略。伴随策略是指组织安排有经验的员工辅导新员工进行社会化,有经验的员工作为角色榜样(Role Model)使新员工跟随其学习;分离策略是指在社会化过程中由新员工独自探索和发展其组织角色。

(6) "赋予—剥夺"的社会化策略。赋予策略是指组织肯定新进员工的个人特征及先前的一些观念,组织并不想改变这些对组织有益的特征;剥夺策略是指组织对新员工的想法和特征加以否定,并试图重新建立组织所需要的知识或经验。

三、员工的职业生涯规划

当员工的发展嵌入特定的组织,开展职业生涯时,就需要组织、管理者、员工共同为员工进行职业生涯规划。员工的职业生涯规划是以组织的发展和员工的发展为共同目标,员工的发展需要依赖于组织的支持。

(一) 职业生涯规划的概念

所谓职业生涯,是指一个人从进入社会之前的职业学习开始,经过若干年的工作经历,直到职业劳动最终结束为止的全过程。在现代社会,一个人的大部分时间都是在职业劳动中度过的,职业生涯跨越了人生从懵懂到成熟、知识经验逐渐丰富的最精华的几十年,成为大部分人生活的重要组成部分。职业不仅提供了人们谋生的手段,而且提供了人们追求发展和自我实现的广阔舞台。职业发展的成功,很大程度上决定了人们对于自身成功和自我实现的认知。

所谓职业生涯规划，是指在对个人的个性特征、能力和条件等进行充分认知的基础上，结合时代的特点，制定最佳的职业目标，并对实现该职业目标而做出行之有效的安排。职业生涯规划不仅仅是帮助个人找到一份合适的工作或赢得晋升的机会，更重要的是帮助个人真正认识自己，为自己的人生确定发展的方向，并为此不断奋斗和前进。职业生涯规划终极目的是实现心理的成功，而非表面上的事业成就。

随着知识社会的不断发展，新型职业生涯呈现以下几个特点[1]：

（1）职业计划的目标不是获得外在的各种成功符号，而是获得心理上的成功，这种成功是指个人的生活目标达成而获得的一种自豪和成功体验。心理上的成功不仅仅局限于工作中取得的成就，还包括建立家庭、保持良好的身体状况、建立良好的人际关系等。心理上的成功更多地受到员工个人的控制，受到职业阶梯、企业奖励等制度因素的约束较少。

（2）员工要不断开发新的技能，而不是仅仅依赖一成不变的旧知识。一方面是因为大学毕业后，原有的知识很快会老化；另一方面，知识更新是员工为适应客户服务以及产品需求的变化而必须进行的。员工在工作中取得成功所需要具备的知识已经从传统的知道"怎么做"转化成不仅知道"怎么做"，更要知道"为什么做"和"为谁做"。

（3）职业是无边界的。它可能包括不同工作甚至不同职业之间的转换。另外，职业发展所包括的内容可能远远超出当前企业内寻找工作岗位或专业机会的范畴。职业规划或者目标往往受到个人或者家庭需要以及价值观等影响。

（二）职业生涯规划的基本步骤

职业生涯规划是一个系统性工程，包括测评个人职业潜能、评估职业生涯机会、确定职业生涯目标、选择职业发展路线、计划和实施、评估和反馈六个基本步骤。

1. 测评个人职业潜能

能否找到适合自己的职业，是职业生涯能否取得成功的重要影响因素。有效的职业生涯规划首先要求对个人的兴趣、爱好、能力等各方面有充分和深入的了解。测评个人职业潜能对于正确认识个人的职业倾向、做出理智的职业规划有着重要的意义。测评个人职业潜能包括两个方面：一是对个人一般能力的测评，包括智商、情商、特长、人格特征、创造力等方面的测评；二是结合职业的特点，测评个人与职业的匹配。关于个人一般能力的测评，主要是运用心理学的测评方法，例如人格量表等。这里介绍一种测评个人与职业匹配的方法。

20世纪70年代初，心理学家约翰·霍兰德发现，通过让人们按顺序列出其最想从事的职业的方法，可以快速、有效地测量出人们对于职业的兴趣，从而作为个人与职业匹配的依据。霍兰德根据人们的特殊职业能力和职业兴趣把职业人格分成六类（见图4-3）。

---

[1] 石金涛、颜世富：《培训与开发》（第4版），中国人民大学出版社2019年版，第190页。

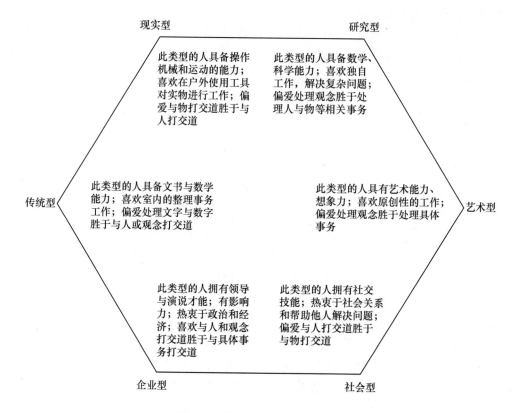

图 4-3 霍兰德的职业人格类型

资料来源:里尔登等,《职业生涯发展与规划(第 3 版)》,侯至瑾等译,中国人民大学出版社 2010 年版,第 24 页。

2. 评估职业生涯机会

评估职业生涯机会,就是通过社会调查,了解社会上各种职业的发展状况及发展趋势,评估社会环境对自己的职业生涯的影响。具体来说,就是通过调查社会上各类行业的发展现状及前景和自己所面临的就业机会,分析自己职业发展的优势和劣势。在对职业生涯机会进行评估时,涉及职业选择的区域、行业以及具体企业三方面的选择。所谓区域,指的是国家、地区、城市、农村等。一般来说,发达地区和城市,就业机会比较多,发展空间比较大。但这也不是绝对的,在发达地区和城市,人才竞争也会比较激烈;而在发展比较落后的地区,人才有可能会被格外重视,从而获得更快的发展。职业所在行业的现状和发展空间,将对个人的职业生涯发展空间有重要影响。对企业的选择也很重要,不能只看企业的大小、名气,还要看该企业的企业文化、人才政策、发展状况等与自己是否匹配。

3. 确定职业生涯目标

确定职业生涯目标包括选择职业和确定职业目标两个方面。所谓选择职业,是指根据个人职业潜能和职业生涯机会的评估,来确定自己的职业。职业选择合适与否,直接影响个人在职业生涯发展道路上能走多远。所谓确定职业目标,是指确定职业后,计划在职业道路上走到什么程度。比如说,选择了军人的职业,是计划将来成长为司令员还是师长。职业目标应当根据社会环境和个人条件制定一个合理的目标,并不是越高越好,如果根本不可能实现,反而不能起到对个人的激励作用和指导作用。一般来说,一个人职业发展的目标可分为短期目标、中期目标、长期目标,三者重点关注的内容不尽相同。

(1) 短期目标(3年以内):要具体做好哪些工作?在能力上有什么提高?准备升迁到什么职位?以什么样的业绩来表现?

(2) 中期目标(3—5年):在能力上有什么提高?准备升迁到什么职位?在知识、技能方面要接受哪些具体的培训?是否需要进修或出国学习?

(3) 长期目标(5—10年):在能力上有什么提高?准备升迁到什么职位?在知识、技能方面要接受哪些具体的培训?是否需要进修或出国学习?为组织做出哪些较突出的贡献?自己在组织中处在什么样的地位?个人价值观与组织的价值理念融合的程度如何?

4. 选择职业发展路线

确定了个人的职业和职业生涯目标之后,就要认真考虑实现这个职业生涯目标的途径,即职业发展路线。比如,选定了传媒行业,确定将来成为传媒老板的职业生涯目标,那么是走行政管理的路线,还是走资深记者的路线,或是广告营销的路线?不同的发展路线,对于个人的职业要求也是不同的。因此,选择职业发展路线又包括两个步骤:一是找出所有可能的发展路线;二是比较这些路线的特点,结合自己的相关情况,选择最有利于自己的发展路线。

5. 计划和实施

确定了职业发展路线以后,就要具体制订相关行动计划并予以贯彻实施,包括通过学习、培训和社会实践等活动提高自己的相关知识和技能,扩展自己的人际关系。比如,希望通过走资深记者的路线成为传媒巨头,那么就应该学习成为一名资深记者的相关知识和技能,制订具体的实施计划,什么时候达到什么具体目标,都应该有明确的计划规定,然后按照这些计划规定具体实施。

6. 评估和反馈

计划和实施并不是一成不变的,由于社会环境的变化,以及个人经验的不足,计划在实施过程中必然会遇到各种新的情况,这些情况可能从未想到过,从而使实施遇到障碍和挫折。这时,一方面要克服障碍继续前进,另一方面也要考虑调整计划绕道而行,甚至可能要从根本上改变自己的职业选择和职业生涯目标。总之,要使职业生涯规划行之有效,就必须根据不断变化的各种情况对职业生涯规划进行评估和修订,并再次投入实践,这样不断循环。

四、企业职业发展管理的配套制度

（一）招聘甄选

从个人职业生涯发展出发，企业在招聘时要考虑员工的资质能否满足空缺岗位的需要，同时也要考虑员工在企业内部的长期发展。

（二）绩效考核

以职业开发为导向的企业会采用以职业发展为导向的绩效考核。即不仅要强调考核员工过去的工作绩效，而且也要把员工的发展潜力、职业偏好、职业价值观等作为考核评价的对象，并将这些因素与正式的职业发展计划相结合起来。

（三）培训

考虑到员工的职业生涯发展，培训更要强调"发展"的方面。培训的需求分析既要考虑企业工作的需要，又要考虑员工个人的发展。这样可以满足企业目前对于员工的要求，还可以瞄准长期发展对于员工的要求。即使员工在未来可能离职，企业也应该这么做。

（四）晋升与调动

企业晋升的依据一般是能力和资历。从个人职业发展的角度来看，应该兼顾两个指标。在工作能力、工作绩效以及资格条件相同的情况下，优先考虑资历的因素；只有当资历较浅的员工有突出表现时，才会被优先考虑。如何在资历和能力之间取得平衡，是偏重资历还是能力，应该受到公司的性质、企业文化等方面影响。

五、领导力开发

一位有效的领导者对于组织的发展至关重要，他可以为组织带来积极的改变。如强生、通用电气和3M公司在领导力开发方面都是顶尖水平。然而，与其他可开发的能力一样，并不是每个人都适合领导力开发。领导力开发是将个人的能力发展成为有效的领导者水平。最广泛使用的方法有管理模型、管理指导、学徒制及高级经理教育等。

（一）管理模型

管理开发的一条常见格言是经理人趋向于以他们被管理的方式管理别人。换一个说法，经理人通过行为模仿进行学习，或是模仿其他人的行为。这并不奇怪，因为人类大量的行为都是通过模仿学习而得。儿童通过模仿父母和大龄儿童的行为来学习。管理开发能够利用人类的天生行为,使年轻的和发展中的经理人与合适的模型相匹配,然后强化公司期望。

要认识到模仿远不止直接的仿制或复制的过程,相当程度上来说它是复杂的。比如,经理通过观察错误的典型来学会不做什么。因此,与正反面的模型接触对新经理是有利的。

(二) 管理指导

管理指导是指在管理能力开发的情境,指导涉及两位经理人在一段时间内完成工作时所建立的关系。有效的指导需要耐心和很好的沟通技巧。指导结合了观察与建议。与模仿一样,这也是人们学习的一种很自然的方式。简单地说,好的指导包括解释合适的行为、说清楚为什么要采取行动、精确阐述观察结果、提供可能的选择方案或建议、遵循或强化五个要点。

指导的一项特别用途是"高级管理人员指导",公司使用高级管理人员指导活动来帮助有潜力的明星员工改进人际交往能力或者决策能力。在一些情况下,指导者会帮助处理一些管理方面的问题。高级管理人员的指导者大部分具有心理学或者咨询知识背景并且能够为客户提供关键问题和一般方向的建议。有时他们会亲自辅导员工,但是很多时候他们是通过电话和邮件进行指导。关于指导的有效性研究表明,指导在处理总裁和管理者的慢性压力、心理问题,甚至身体问题方面很有帮助。

(三) 学徒制

学徒制是经理处于其职业生涯的中段而雇员处于其职业生涯的早期时产生的一种关系。在这种关系中,长者向学徒传递技能、人际技巧及政治技巧。在这一过程中不仅年轻人将获益,长者也能从分享智慧的挑战中获得乐趣。

进一步来说,对自身工作不满意的指导老师和对事件有狭隘的、扭曲看法的指导老师可能无助于年轻经理的开发。然而,大多数经理在其职业生涯中有一系列的顾问或指导老师,他们可能发现从不同的指导老师处学习的好处。比如,有许多指导老师的经历可能有助于不太有经验的经理确认管理中成功和失败的主要行为。另外,受指导过的人员会发现先前的导师都是重要的关系网络资源。图4-4描述了成功师徒关系形成的四个阶段。

事实上,世界上所有国家,管理职位上的女性比男性的数量平均少很多。同样,高管人员中少数族裔和有宗教信仰的员工所占比例不到10%。遗憾的是,较年轻的少数的员工和经理可能难以找到导师。关注女性和不同民族、种族背景的个人的公司师徒制在很多大企业中取得了较大的成功。在这种学徒制的指导下,很多成功的女性执行官已经打破"玻璃天花板效应",发展了政治经验,建立了可信性,提炼了管理风格等管理能力。

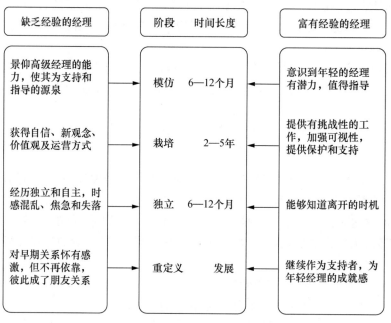

图 4-4　师徒关系中的各个阶段

（四）高级经理教育

由于环境的快速变化以及不确定性,组织中的高级管理者经常面临困难的工作。组织高层的变动以及高级经理职位的压力会增加这些职位的人员流动性。为了降低流动性,一些组织实施了对高级经理的特别培训。这种类型的培训包括大学的商学院提供的传统的高级经理人员培训课程,并增加了战略规划、财务模型、逻辑、物流、联盟以及全球发展等方面的课程。高级管理人员 MBA 培训方案也很流行。

第四节　行动学习

行动学习(Action Learning)是帮助个体学习迈向组织学习的一种有效方式。21 世纪的组织面临着剧烈的变革,这种情况源于经济全球化、产业贸易融合、快速发展的互联网造就的颠覆式创新等。为了应对环境的复杂性,个体和组织都必须不断地进行学习,持续地提升组织解决问题的能力。本节主要对行动学习的起源与原则进行介绍,包括行动学习的内涵、构成等。

一、行动学习的内涵

行动学习的理念由雷金纳德·瑞文斯(Reginald Revans)提出。他借鉴了古代智慧与近代哲学等的理念,去寻求人类系统的改进方法,来帮助人们的工作和生活。瑞文斯没有给行动学习下过一个单一的定义,他认为智慧不应该拘泥于特定的形式。迈克·佩德勒(Mike Pedler)对行动学习的定义为:"行动学习是个体、团队和组织学习的方法。人们通过团队工作的形式,解决重要的个人、团队、组织或社会挑战,并从这种改进的努力中学习。"类似地,麦吉尔和贝蒂(McGill & Beaty)将行动学习定义为:一个以完成预定的工作为目的,在同事支持下的持续不断的反思与学习过程,并且其指向的目标是解决问题。

瑞文斯没有对行动学习进行明确的定义,但他告诉了我们哪些不是行动学习。行动学习不是"项目工作、案例研究、商业游戏和其他模拟活动,也不是简单的常识"。瑞文斯通过以下方式总结了哪些方式不是行动学习:

与其他方法相比,行动学习的结构化更少一些……它几乎不使用教室、专家和更多的技术性知识,它试图鼓励那些对他们自己的任务做决策的管理者本身来发现如何最好地互相帮助。

二、行动学习的构成

(一) 行动学习的四要素模型[①]

人:每个人都是自愿加入进来的(你不能被强迫或强迫别人——尽管你可能会劝说和鼓励他们)。

难题或挑战:每个人都必须拥有一个组织难题、挑战、任务和机会,并承诺要对其采取行动。

由同事或伙伴组成的小组:在伙伴的帮助下,我们更容易取得成功。所以,我们要组建行动学习小组来帮助彼此对难题的思考,创造更多的可选方案。

行动:采取行动,并从行动中得到学习。

(二) 行动学习的五要素模型[②]

在行动学习的五要素模型中,有四个基本要素,即问题、结构化知识、团队探索、行动,还有一个关键要素,即质疑与反思。

问题:行动学习的参与者更加关注真实问题,是一种问题导向的学习方式,问题往往是行动学习的起点和目标。

结构化知识:来自课堂或书本的理论知识以及来自个人生活和工作的阅历、经验等。这些结构化知识不能盲目地引入,而是在所要解决问题的指引下导入适当的"专业性"知识,有助于问题的解决与学习过程的开展。

---

① 〔美〕迈克·佩德勒、克里斯蒂娜·阿博特:《行动学习的催化密集》,机械工业出版社2015年版,第14—15页。

② 高松、汪金爱、林小桢:《行动学习理论、实务与案例》,机械工业出版社2014年版,第23—24页。

团队探索:行动学习通常以团队学习的方式来开展,团队的构成与协作、积极的团队探究过程是行动学习成功的关键。

　　行动:采取行动,学习中的行动过程有助于问题的解决,提高对学习过程的控制程度。

　　质疑与反思:质疑包括人与人之间的质疑与内在质疑,人与人之间的质疑常用于与他人交谈和沟通,而内在质疑用在自我学习、思考和反思。反思通常聚焦到学习者本身以及其所在的情境之中。

三、行动学习在企业管理中的应用要点①

　　行动学习理念始于企业管理实践,在其发展过程中不断被通用、波音、IBM、李宁、华润等知名企业应用于领导力开发领域,在国内也作为公务员培养的有效途径被广泛使用。在企业应用行动学习时,需要关注以下几个要点:

　　(1) 获得高层领导的支持。行动学习在企业应用时很有可能一开始就被提到战略高度,故重大问题的提出、学员的选拔、过程的投入与结果的检验,都必须经过企业高层领导的肯定与支持,领导层的重视与认可对行动学习顺利执行以及获得成功具有决定性的作用。

　　(2) 选择有价值的问题。行动学习强调解决客观存在而非虚构的问题,尤其是面对企业战略转型、组织变革、文化再造等重大而又无标准解的问题时具备得天独厚的优势,故在行动学习开始时务必要选择和组织生存发展相关的重大问题。

　　(3) 选定理想的催化师。行动学习是团队学习的过程,但并不意味着不需要引导。一个好的催化师对于行动学习具有关键性的作用。理想的催化师应具备丰富的业内经验,能够自如地在行动学习团队中进行沟通与协调,并选定适当的时机对行动学习过程进行推动。

【本章案例分析】

组织学习:红豆集团核心能力的构建②

　　从企业初创的 1957 年,到走出困境的 1983 年,再到目前成为久负盛名的大型现代化企业集团——红豆集团经历了艰苦的创业历程,取得了惊人的成绩。目前,红豆集团产业朝着多元化纵深发展,实现转型升级:由生产经营型向创造运营型转变、由资产经营型向产融结合型转变、由国内企业向跨国企业转变,产业升级及竞争力升级。企业的产品也从最初的针织内衣,发展到服装、橡胶轮胎、生物制药、地产四大领域。"红豆"商标于 1997 年被国家工商局认定为中国驰名商标。2001 年 1 月,公司在上交所交易,开始迈入

---

① 线玲玲:《行动学习的理论发展及应用要点探讨》,《现代商贸工业》,2011 年第 12 期,第 53 页。
② 陈春花、杨忠、曹洲涛:《组织行为学》,机械工业出版社 2016 年版,第 338—340 页。

资本经营时代。集团拥有多个子公司,在柬埔寨、美国等均有境外分公司,产品出口至二十多个国家和地区。红豆集团从1983年创立以来,销售规模一直在高速增长:2006年销售收入仅有143亿元,到2011年达到352亿元。红豆集团经过多年的发展,积累了众多的能力,其中两个能力特别突出:一是其明显的企业文化——"情"文化,红豆集团在创立之初就强调企业文化的建设,从企业名称的策划到各种理念的总结、推行,都体现了文化在红豆发展中的重要作用;二是四制联动机制——公司制、内部市场制、内部股份制、效益承包制,这是红豆人在二十多年的发展中逐步摸索出来的一套独特而卓有成效的运营机制。

红豆集团的成功与其先进的组织学习系统有着密不可分的关系。从早期引进人才到后来的市场开拓引进技术与生产线,是红豆集团不断追求新的知识、新的技术,不断学习的证明。红豆集团取得各种专利技术,以及实行的知识产权战略,则是红豆集团通过个体学习与团队学习之后,将获得的知识与自身结合的过程,也就是组织学习的过程。红豆集团组织学习系统主要包括以下四个部分:

(1) 人员子系统:红豆集团从初创到1983年周耀庭接管,一直是一家乡镇家族企业。这样的家族企业缺乏有效的人才培养和成长机制,导致了企业在很长一段时间内无法引进高质量人才,很大程度上限制了组织学习。从周耀庭接管企业以来,采用了很多方法引进高技术人才,为企业带来了技术以及学习技术的氛围。1995年,红豆集团聘请以加拿大籍华人陈忠先生为代表的30名海内外高级管理人才参与集团的经营管理;1997年,红豆集团成立ESMOD国际培训中心,为企业培训了一大批骨干服装设计师;2005年,企业聘请当代中国优秀时装设计师王鸿鹰担任设计总监,旨在打造红豆高级男女时装;2006年,创办红豆职业学校;2009年5月,红豆集团被授予省博士后科研工作站;2011年11月,红豆集团成立红豆大学,为企业和社会培养各种人才。

(2) 学习子系统:个体学习方面,红豆集团不断引进高技术人才,借此来提升组织内部员工的文化水平,同时促进员工的自我学习;团队学习方面,红豆集团主要是技术引进,与科研机构合作以及专利研发。从1986年开始,红豆集团与无锡市服装研究所、江苏省纺织所等8家科研机构挂钩,了解国内外服装市场行情,先后从日本、美国、意大利等多个国家引进大量国际先进的生产线,以此来提高产品质量和档次。至2005年,红豆集团拥有完全自主知识产权的专利技术达到150项,实现专利产品销售额累计达20亿元。组织学习方面,通过实施知识产权战略,将积累下来的宝贵知识与企业自身紧密联系在一起。2009年10月,红豆集团成为全国第三批学习实践活动的典型。红豆集团用信息化推动工业化,以先进技术带动设计、工艺、制造、管理水平的快速反应。

(3) 组织子系统:组织子系统之下有四个要素,分别是观念、文化、结构、战略。① 观念。主要体现在两个方面:一是危机意识、拼搏精神。红豆集团特别强调危机意识与拼搏精神,让睡觉的人回家,让无能的人下岗,让无能的领导来当下等工人,百万年薪聘请总经理……二是永续创新。红豆集团极其推崇创新,在组织的学习氛围下,不断进行新的尝试。② 文化。文化是红豆集团着力打造的一个品牌标志。红豆文化立足于中国传统文化,"愿君多采撷,此物最相思"是红豆文化的完美诠释。③ 结构。红豆集团是全国首创的"母子公司制、内部市场制、内部股份制、效益承包制"为内容的"四制联动"的管理机制,使得企业的管理更加规范科学。④ 战略。红豆集团以创民族品牌为己任,从企业创立到走出困境,再到目前的相对多元化,走过了辉煌的创业过程。从单一的服装企业裂变为四元发展的格局,并在发展中不断改革。

(4) 管理子系统:管理子系统穿插在人员子系统、学习子系统和组织子系统中发挥作用。组织学习的经验也会反馈,并完善管理子系统。对于红豆集团,母公司带动子公司一同前进,不断学习,总结管理经验。同样,四制联动也是红豆集团在长期经营管理中,对企业经营方式进行不断总结得出的方法。同时,硬件的构成也是管理子系统的一个方面。根据调查,红豆集团在信息化建设方面的投入已经超过250亿元,建立了企业内部局域网和外部信息网,实现服装、机械设计数字化。同时,集团也成立了自己的信息技术管理中心。

在红豆集团不断发展壮大的过程中,学习始终伴随其成长。注重人才的引进,积极吸收海内外优秀人才,创办自己的红豆学校培养人才,都是在打造组织学习系统。学习型组织的建立,是企业核心能力积累的关键。一个企业想要持续成长,势必需要一套学习的机制以适应市场变化并及时做出反馈。

思考题

(1) 在红豆集团的组织学习过程中,具体阐述人员、学习子系统为组织子系统和管理子系统带来了哪些帮助?

(2) 互联网时代下的组织学习,红豆集团还能做什么?

【本章小结】

组织学习理论是当今管理学界最前沿的理论之一,相对于其他成熟的管理理论而言,组织学习理论还处于初创阶段,尚没有形成统一的理论结构,也正因为如此组织学习理论具有极大的潜力等待开发。组织学习理论更像是艺术而非科学,它最大的价值在于为管理者提供一种多元的、动态的、系统的思考角度,而不是某种手到擒来的管理方法。组织学习与员工学习是紧密结合的。如果没有组织学习的气氛,员工学习的热情就会受到抑制。而如果没有员工的学习,组织学习也就失去赖以存在的基础。另外,员工学习是为了个人职业生涯的发展,良好的职业生涯规划无论对员工还是对组织来说都具有重要意义。

【关键概念】

组织学习;五项修炼法;标杆学习法;自我效能感;成就动机;职业生涯规划;行动学习

【思考与练习】

1. 组织学习包括哪些主体和哪些障碍?
2. 你所在的企业重视组织学习吗?为什么?
3. 五项修炼包括哪五项?
4. 简述学习的两个动机因素。
5. 新员工引导培训的内容包括哪些?
6. 简述职业生涯规划的步骤。
7. 行动学习的关键要素是什么?

第五章　绩效管理与评估

企业根据发展战略制定相应的人力资源管理战略，进行人力资源规划、工作分析、招聘、甄选、培训、人员配置、绩效管理和薪酬管理等一系列人力资源活动，最终目的是实现企业的绩效。绩效管理是企业人力资源管理的重要环节，选择合适的绩效考评方法，构建系统的绩效管理制度，并有效地执行，可以显著地提高企业的业绩。

本章首先从总体上介绍了绩效管理的相关概念、作用；其次分别从排序、行为、结果几个类别讨论绩效考评的常用方法，并比较每种方法的优劣；最后系统地介绍整个绩效评估的实施过程，着重讲述绩效反馈和绩效改进。

第一节 认识绩效管理

一、绩效管理及其相关概念

讨论绩效管理首先要厘清几个绩效方面的概念和一些关于绩效的传统认识。绩效评估或者说绩效评价是对对象的绩效衡量，这个对象包括员工、管理人员和企业及企业内的组织。绩效评估是绩效管理的中心环节，绩效管理是以绩效评价为基础的，绩效管理是一个过程。传统的人力资源部门的绩效考核只是绩效管理中的一种方法，一种强化员工行为的手段。这是对绩效管理的一种片面理解，造成绩效考核包含很多负面的信息，让考核者和被考核者都有一种不舒服的感觉，很多考核因为面子问题而被扭曲，甚至成了一种形式。

绩效评估不同于绩效管理。绩效管理是一个完整的管理过程，绩效评估只是管理过程中的局部环节和手段；绩效管理伴随管理活动的全过程，绩效评估只出现在特定时期；绩效评估侧重于判断和评估，而绩效管理更侧重于信息沟通与绩效的提高；绩效管理有事先的沟通和承诺，而绩效评估主要是事后评估。

绩效考评是指一套正式的结构化的制度，用来衡量、评价并影响与员工工作有关的特性、行为和结果，考察员工的实际绩效，了解员工可能发展的潜力，以期获得员工与组织的共同发展。绩效管理是指为实现组织发展战略和目标，采用科学的方法，通过对员工个人或群体的行为表现、劳动态度和工作业绩，以及综合素质的全面监测、考核、分析和评价，充分调动员工的积极性、主动性和创造性，不断改善员工和组织的行为，提高员工和组织的素质，挖掘其潜力的活动过程。绩效管理是企业进行人力资源管理的重要模块，绩效管理涵盖了绩效考评，绩效考评是绩效管理的基础。绩效考评又包括了绩效评估和绩效考核。绩效评估是绩效考核的依据，绩效考评就是对绩效进行评估和考核，这些都仅仅是绩效管理的一部分。绩效管理及其构成部分和人力资源管理的关系如图5-1所示。

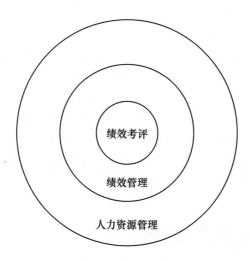

图 5-1 绩效考评与绩效管理的关系

绩效管理是企业人力资源管理的核心业务,绩效管理系统与其他人力资源管理的业务有着密切的联系,图 5-2 是企业绩效管理的系统示意图。

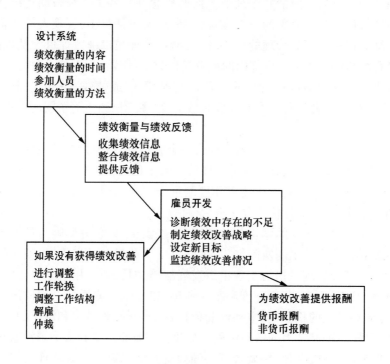

图 5-2 绩效管理系统

二、绩效管理的作用

深入认识绩效管理,首先要从了解绩效评估的作用和把握绩效评估的核心功能开始。许多企业的 CEO 对绩效评估没有全面认识和了解,认为绩效评估仅仅是员工薪酬支付的参考和淘汰绩效较差员工的手段。从上述绩效管理的概念和企业人力资源管理的核心业务关系,可以看出绩效管理的重要作用。绩效管理作用可分为四类:

(1) 评价。重点是对员工进行比较评价,比较结果作为雇佣决策的基本依据。

(2) 开发。重点是帮助员工不断地改善个人绩效。这是绩效管理的重要作用,也是被许多企业所忽视的作用。

(3) 系统维持。重点是利用绩效信息评价组织需要和组织目标的实现情况。系统维持的核心是提高组织的整体绩效。

(4) 文件证据。因为法律的原因,组织的不同决策也许在法庭上会引起争议,组织应该保留绩效记录。现行的劳动法律规定企业与劳动者产生劳动纠纷,企业负责举证。员工因为绩效不佳而被降级、调岗甚至解聘,企业要有相关的规定和绩效证明。

在上述绩效评估和管理的基础上,从个人、管理者和企业的三个角度看,绩效管理的益处主要有:

(1) 个人层面。个人层面包括:认同感,有价值感;对其技能及行为给予反馈;激励性;导向性;参与目标设定的机会;讨论员工的观点及抱怨的机会;讨论、计划员工发展及职业生涯的机会;理解员工工作的重要性,理解其表现怎样被衡量。

(2) 管理者层面。管理者层面包括:对管理方式的反馈;改进团队表现;对团队计划及目标的投入;对团队成员更好的理解;更好地利用培训时间和预算;确定如何利用其团队成员的优势。

(3) 企业层面。企业层面包括:不断改进学习;减少不良行为;使正确的人做正确的工作;人才梯队计划;奖励及留住表现最好的员工。

第二节 绩效考评的常用方法

绩效考评的方法较多,名称也不尽相同,如比较法、排序法、行为法、特质法、图表法、结果法等;以及近年来较为流行的绩效考核系统,如关键成功因素法、关键指标法、平衡计分卡法等。这里我们选用较为通用的分类方法对绩效考评方法进行介绍,同时关于指标和绩效考核系统也进行相关的介绍。

一、排序类考评

排序类考评是众多绩效考评方法中,最常用、最直观也是最简单的方法。组织经常把员工按班组、部门等单元,在单元内部对员工进行排序,进行奖优罚劣、晋升、调动、培训、辞退等人力资源活动,或者决定某一项任务派谁去完成最合适,这时排序类考评较为合适。进行排序的方法通常有直接排序法、交替排序法、配对比较法和强制分布法。

(一) 直接排序法

直接排序法,简而言之,就是根据整体绩效把员工按照从最好的到最差的依次排序。当然根据考评目的也可以按照主要考评因素或者指标,对员工进行从优到劣的排序。一般来说员工数量不多,易于进行排序,采用直接排序法比较合适。

(二) 交替排序法

交替排序法,就是根据绩效考评要素,将员工从绩效最好到最差进行交替排序,最后根据序列值来计算得分的一种考评方法。管理者在需要考评的员工名单上首先勾掉最好的,其次在剩下的名单中勾掉最差的,然后再在剩下的名单中勾掉最好的,再勾掉最差的。一直继续这一过程,直至把所有的员工按照优差排序。

(三) 配对比较法

配对比较法也是一种比较多用的比较排序法,考评人员对要进行排序的员工逐一相互比较。表 5-1 是一个配对比较法的示例。

表 5-1　配对比较法考核表

	甲	乙	丙	丁	戊
甲		+	+	−	−
乙	−		−	−	−
丙	−	+		+	−
丁	+	+	−		+
戊	+	+	+	−	
合计	2+2−	4+	2+2−	1+3−	1+3−
排序	3	1	2	5	4

注:+ 代表好于;− 代表差于。

根据每一个特定指标空格内所得"+"的个数之和排序,则乙为最好。

在表 5-1 中需要排序的部门共有五个员工,考评人员选定一项衡量指标,在这项指标上谁好,谁差一些,甲跟乙相比打一个分数。甲比乙强,甲乙对应的空格就是"+"号,乙甲对应的空格就是"−"号。两个人相比很容易排序。排完以后,甲再跟丙比,在这项指标上谁好,谁稍微差,逐一相比,每个人都会与其他四个人比较,最后根据个人的"+"号最多,"−"号最少进行统一排序,"+""−"一样的根据两者比较结果确定顺序。

通过比较可以很容易地对五人进行排序,乙、丙、甲、戊、丁,这种方法也是人跟人比。好处就是谁好谁差简明扼要、一目了然。典型的缺点是工作量太大,如果一个部门只有少数几个人还可以,如果人数太多就太耗费时间。

(四) 强制分布法

强制分布法不同于上述的排序法,而是预先设置几个绩效等级,这些等级一般是按比例分布的,然后对员工进行评价,将员工放置到这些绩效等级里面。强制分布法不需要进行排序,只需要把员工按绩效表现评定等级。通常情况下,这种评价方法都设置五个绩效等级,每一个绩效等级的员工比例都是固定的。

大多数的企业,员工的绩效曲线类似于正态分布(见图5-3),最优秀的员工一般不超过10%,最差的员工比例一般也在5%—10%,一般的员工为50%左右,剩下的是稍好或者稍差的员工。但是在进行等级评价的时候,由于部门经理的主观差异性,一些部门经理对下属员工的考评往往大部分都是好的,而差的甚至一般的等级可能没有员工。有些企业为了避免这一问题会采用部门经理相互对对方的员工进行考评,最后考评的结果和员工的等级与其部门经理的人际关系密切相关,部门经理人际关系不佳的,其员工整体绩效等级偏下。强制分布法可以有效地解决这一问题。

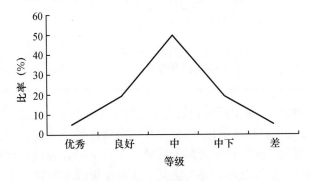

图 5-3　企业员工绩效等级分布

强制分布法的优点是容易理解和操作,执行起来所花费的时间和精力都比较少,有效地避免了宽厚性误差①。缺点是如果有的部门的员工整体绩效明显高于另一个部门,那么按照这种方法评定的等级就无法反映员工的真实绩效,这会大大降低员工的士气,从而使整体绩效下降,反而对于企业的绩效不利。另外,它判定绩效的评分标准模糊,主观性过大,难以评定员工的真实绩效。所以,使用强制分布法要对评估对象有整体的了解,辅以其他方法,尽量避免这个问题的发生。

二、行为类考评

行为类考评不是将评价对象进行相互比较排序或者划入绩效等级,而是根据某些评价标准对被评价者的绩效行为做出评价。较为常用的方法有尺度评价法、行为锚定评价法和行为观察评价法。

---

① 宽厚性误差又称宽松误差(Leniency),即评定结果是负偏态分布,也就是大多数员工被评为优良的误差。

(一)尺度评价法

尺度评价法(Graphic Rating Scales)是指根据被评价者的岗位分析,列出这一岗位需要的素质特征和高绩效的行为表现,为这些特征给出行为量表。根据员工的表现对照量表进行评分。一般采用5分或者7分的尺度分数。比如,5为最优,1为最差,4、3、2为均等递减的行为特征绩效表现。这个等级量也可以使用线条代表分值,让评价者在适当的地方做标记。

表5-2是一个尺度评价法的示例。某岗位员工的基本行为特性有六个指标,分别是仪表仪容、礼貌礼节、信心、团结协作、业务技能、创新。每一指标都用5、4、3、2、1作为一个评定尺度进行评定,根据员工行为表现,看看员工每一考察点在哪个尺度上。

表5-2 尺度评价法

特性指标	评分标准	评分	考评结果
仪表仪容	5 = 优秀(你认为最好的员工)		
礼貌礼节	4 = 良好(超出标准)		
信心	3 = 中等(满足标准)		
团结协作	2 = 需要改进(有些地方不够)		
业务技能	1 = 不令人满意(很差)		
创新			

尺度评价法实用性强,易于开发,被很多组织接受和使用。但是这种评价方法有一个很大的缺点,就是对评价标准的把握,尽管有时对特性做了描述,但是不同的管理人员评价的结果可能有很大不同。一个管理人员对一个员工的仪表仪容评价为优秀,可能另一位管理人员对同一位员工就不会评为优秀。这种评价的信度就不高。

(二)行为锚定评价法

行为锚定评价法(Behaviorally Anchored Rating Scales)与尺度评价法有很大的不同,前者基于行为,后者基于特质。尺度评价法对特质的评价结果笼统而不直观。行为锚定评价法在岗位分析的基础上,在各个维度汇总员工的绩效表现,并进行绩效分级,对每一级的行为进行锚定,然后根据员工的行为进行评价。

员工对自己岗位的绩效优差描述预先都很清楚,这样可以引导员工进行高绩效的行为,避免低绩效的行为,根据评价者对自己的评价,可以了解和清楚自己的绩效行为情况和存在的问题。行为锚定评价法是在关键事件法基础上产生的。管理人员记录员工的工作行为,区分哪些是与工作绩效相关的,哪些是不相关的,并确定员工的行为哪些是高绩效的,哪些是低绩效的,这种通过具体事件的记录分析,对员工的行为进行评分的方法称为关键事件法(Critical-incident Method)。

关键事件法包含三个重点:① 观察;② 书面记录员工所做的事情;③ 有关工作成败的关键性的事实。记录关键事件有一个原则叫STAR原则,S是情境(Situation),这件事情发生时的情境是怎么样的;T是目标(Target),为什么要做这件事;A是行动(Action),

当时采取了什么行动;R 是结果(Result),采取这个行动获得了什么结果。图 5-4 是关键事件法的原则构成图。遵从 STAR 原则记录关键事件,可以做到完整、简洁、有效。

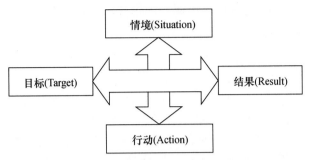

图 5-4　关键事件法的 STAR 原则

通过对关键事件进行记录整理,形成员工的绩效锚,可以明确地告诉员工哪些行为恰当,哪些是不妥的。通过考评并借助激励手段将不断强化员工好的绩效行为。如果在制定这些绩效锚的时候,能够将员工的绩效行为标准与公司的目标相结合,那么对于提高公司的整体绩效也是很显著的。

图 5-5 是某公司的销售经理处理客户关系的行为锚定评价法示例。销售经理处理客户关系好坏,直接关系着销售业绩和公司的声誉形象、品牌塑造,因此是与公司的目标紧密相关的。记录销售经理处理客户关系行为的相关事件,进行分析,并按 1—7 从低绩效到高绩效进行排序。根据图 5-5 对销售经理在处理客户关系维度进行评价打分。

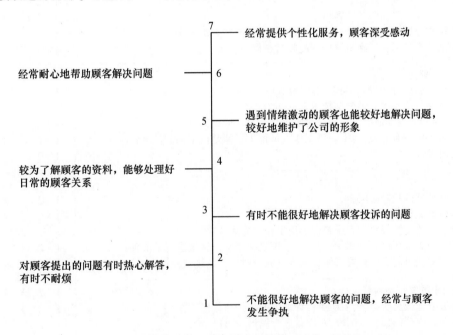

图 5-5　销售经理处理客户关系维度行为锚定评价法示例

行为锚定评价法可以有效地指导和监督员工的行为,描述的标准具体明确,有利于绩效反馈。这种方法在最初被提出的时候,深受欢迎,预期效果会大大优于尺度评价法,但实际上这种期望过高。行为锚定评价法相对于尺度评价法的开发显得过于费时。另外,行为锚定评价法在使用过程中常常会遇到被评价者表现为量表两端的行为,让评价者无法打分。如在上例中,一名员工可能不能很好地处理顾客投诉,但是他能够经常提供个性化服务,让顾客感动。

(三) 行为观察评价法

行为观察评价法(Behavioral Observation Scales,BOS)是行为锚定评价法新的变化形式,应该说结合了尺度评价法的一些形式。行为观察评价法也是以关键事件法为基础。行为锚定评价法把很多事例分散开来,一个行为由等级不同的绩效关键事件构成。行为观察评价法把一个岗位的绩效行为进行了汇总,观察一定时期内员工表现出这些行为的频率,进行绩效评价。一个行为观察评价法可能包含十几种甚至更多的行为。

表5-3是使用行为观察法对一名检修工人的绩效评价示例。从客户关系、团队工作、规划和计划当中的维修与检修工作4个方面18种行为进行绩效评定。

表5-3 使用行为观察评价法评价一名检修工人的绩效事例

评价说明:1—几乎从不出现,2—偶尔发生,3—有时发生,4—经常发生,5—几乎总是,R表示该值评价为负值

评价内容	行为出现频率
客户关系:	
• 当面辱骂顾客(R);	1 2 3 4 5
• 因为机器故障而责备顾客(R);	1 2 3 4 5
• 直接称呼顾客的名字,或者第一次见面就打听顾客的名字;	1 2 3 4 5
• 让话务员证明自己在机器出现故障时在做些什么	1 2 3 4 5
团队工作:	
• 表现出粗鲁行为,招致同事的抱怨(R);	1 2 3 4 5
• 愿意与其他技术人员分享技术上的知识;	1 2 3 4 5
• 如有必要,与其他同事共同探讨解决某一具体问题的办法;	1 2 3 4 5
• 如果工作没有完成,为下一班工作人员留下了清楚的书面交接单;	1 2 3 4 5
• 超时工作	1 2 3 4 5
规划:	
• 准确地估计检修时间;	1 2 3 4 5
• 准时地完成分配的工作任务;	1 2 3 4 5
• 能够妥善安排好每一天或者每一周工作的先后顺序;	1 2 3 4 5
• 即使当天工作没有全部完成,也在下班之前对工作区域进行了清理;	1 2 3 4 5
• 发现那些可能影响检修工作顺利进行或及时完工的现实和潜在问题	1 2 3 4 5
计划当中的维护与检修工作:	1 2 3 4 5
• 不需要他人再次提醒,主动执行计划中的维护与检修工作;	1 2 3 4 5
• 在预先出现的公差范围内,对设备进行调试,不许出错;	1 2 3 4 5
• 如有必要,及时更换零部件,而不是根据操作的方便与容易程度来定;	1 2 3 4 5
• 完成一项计划中的检修任务,花费的时间比规定的时间多(R)	1 2 3 4 5

资料来源:Huber,V. L., *Validation Study for Electronics Maintenance Technical Positions*, Washington DC: Human Resource Development Institutes,1991。

与尺度评价法和行为锚定评价法相比,行为观察评价法因为能够全面而客观地评价员工行为,便于绩效反馈而更受欢迎,从法律的角度讲,也更能作为法律的依据。但是与行为锚定评价法一样,开发行为观察评价法量表费时费力,开发好的评价量表可能因为组织目标、环境、工作流程的变化而不再适用,必须重新开发。另外,这种方法要求评价人员记住6个月甚至更长的时间内员工的很多行为出现的频率,这在实际执行中非常困难。

行为锚定评价法和行为观察评价法都是使用关键事件法对员工具体行为进行评价的方法。由于对员工行为有明确的评价和引导,所以作为绩效考评的方法十分有效。在心理学派有一个分支叫作行为学派,认为人们未来的行为总是受过去行为的影响,倾向于重复过去受到奖励的行为,因此组织可以通过反馈和强化来改善人们未来的行为。这种观点应用在组织中,就产生了组织行为修正。组织行为修正一般包括四个部分:① 定义一套实现工作绩效所必需的关键行为;② 利用测评系统来评估员工是否表现出了关键行为;③ 让员工了解关键行为,告诉他们组织的目标及他们应该表现如何;④ 根据员工的行为,提出反馈和强化。

组织行为修正在很多领域得到了广泛而有效的应用。行为锚定和行为观察评价法可以有效地修正组织成员行为,使之与组织文化一致,激励他们取得较好的工作绩效,并且使得个人目标与组织目标一致。

三、结果类考评

很多时候,结果可能比过程更为重要,不管你采用什么方法,最终的体现是结果。以结果为导向的考评,注重的是产出。也就是说产出是绩效衡量的主要内容。以结果为导向的方法注重结果,因而显得比较直观和易于控制,所以深受管理者欢迎。在今天的中国,企业使用这种方法进行绩效考评远远多于以上所说的方法。

目前,以结果为导向的评价方法主要有直接指标法和目标管理法(MBO),以及以这些方法为基础而产生的关键成功因素法(CSF)、关键指标法(KPI)、平衡计分卡法(BSC)、目标与关键成果法(OKR)等。这些方法各有优缺点,关于它们的成功和失败案例,以及对这些方法的褒贬议论可能非常多。

(一) 直接指标法

前面介绍的绩效评价方法,存在一个共同的问题,评价结果往往受评价者主观影响。直接指标法(Direct Index Approach)运用客观的、不受个人因素影响的指标,如劳动生产率、员工满意度、员工离职率等。这些指标易于量化,可以直接衡量绩效水平,如员工满意度可以直接衡量人力资源管理者管理绩效水平的指标。

直接指标法更多指的是劳动生产率指标,这一指标对衡量员工的绩效水平非常有效。劳动生产率一般包括数量和质量两种指标。数量指标如生产量、销售额、驾驶里程数等,不同的岗位具体体现及其绩效水平的数量指标也不同。质量指标如次品率、顾客表扬次数、废品率、投诉率等,这些指标对于不同的岗位也不同。

直接指标法也存在一些问题。可以从职务分析中找出绩效考评的指标,但是这些指标能否反映这一岗位的绩效却不一定。而一旦确定为考核指标,加上物质激励,这些指标就成了被考核者的目标了,甚至成了唯一目标,这对于组织的绩效是不利的。另外,这些指标的制定依据是什么,是否科学合理? 一些公司缺乏科学的分析和预测,制定的指标很高或者很低。指标很低对组织是有害的,会降低资源的利用率;指标很高也有问题,指标完不成,可能造成很多造假出现。

(二) 目标管理法

绩效管理的本质是通过绩效管理来激励组织成员实现组织目标。绩效的本身就是一个个目标。在激励理论中,目标对于发挥人的潜力,调动人的积极性有作用。表 5-4 是关于目标对业绩影响的一个实验,有没有目标的引导,业绩差距很大。

表 5-4 目标对业绩影响的实验

班次	人数	第一次指示	第二次指示	第二次成绩超过第一次成绩 10% 的人数	对第二次成绩满意的人数
第一班	60	尽可能地往上跳	在第一次记号上加一高度作为目标	25	24
第二班	60	尽可能地往上跳	与第一次相同	10	3

当然目标管理法与目标并不是同一个概念,目标管理法和直接指标法一样是以结果为导向的管理,目标管理法也由很多指标构成,但与直接指标法不同的是,它是一个管理系统,是一个过程,通过这个系统使组织的目标分解为可以实施的具体的个人目标,使组织每个成员都为完成组织使命而努力。目标管理强调组织的目标、目标的分解、人与组织目标的一致以及个人的自动自发。

1954 年彼得·德鲁克在《管理的实践》中提出"每一项工作都必须为达到总目标而展开"。德鲁克认为,并不是有了工作才有目标,而是相反,有了目标才能确定每个人的工作。所以"企业的使命和任务,必须转化为目标",并且在他以后的著作中多次指出进行目标管理要使组织的目标有效的分解,个人的目标要与组织的目标保持一致,目标必须全面系统,强调个人自动化对于实现组织目标的重要性。1960 年道格拉斯·麦格雷戈在《在企业中的人的因素》提出"综合与自我调整"——自上而下制定管理目标。1961 年乔治·奥迪奥恩在《管理目标的制定》提出"管理组织的上下层人员一起辨别他们的共同目标,根据每个管理人员对自己成果的预想来规定每一个人的职责范围,并用这些价值标准来指导推进这个单位的工作,来评价它的每一个成员的贡献"。

通过研究德鲁克的理论体系,目标管理应该是在泰勒科学管理理论的基础上发展起来的,当然有了本质性的突破。目标管理的核心指导思想是以 Y 理论为基础的,即认为在目标明确的条件下,人们能够对自己负责,强调人的自我能动性。它与传统管理方式相比有以下特点:

(1) 重视人的因素。这一点最为重要。目标管理是一种参与的、民主的、自我控制的管理制度,也是一种把个人需求与组织目标结合起来的管理制度。在这一制度下,上级与下级的关系是平等、尊重、依赖、支持,下级在承诺目标和被授权之后是自觉、自主和自治的。

(2)构建目标体系。目标管理是系统,而不是孤立、片面的指标。目标管理根据组织使命和战略,将组织的整体目标逐级分解,转换为各单位、各员工的分目标。从组织目标到经营单位目标,再到部门目标,最后到个人目标。对组织目标的分解一般遵循图5-6的目标三角形法则,目标的制定一般是从上而下,逐级分解目标,这样可以保持目标的一致性,然后再自下而上来讨论确定,并最终达成目标。事实上,这不是一次性的过程,而是不断反复的过程,这样才能保证在目标的实施过程中,既保证目标得以有效的实施,又能保证各级目标与组织目标一致。

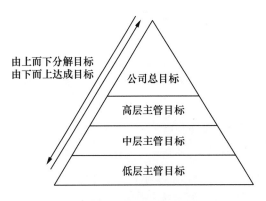

图5-6 目标三角形法则

(3)重视成果。目标管理注重成果,工作成果是评定目标完成程度的标准,也是人事考核和奖惩的依据,成为评价管理工作绩效的唯一标志。至于完成目标的具体过程、途径和方法,上级并不过多干预。所以,在目标管理制度下,监督的成分很少,而控制目标实现的能力却很强。这样才能使组织成员充分地自动自发,更好地实现组织目标。

目标管理的目标制定一般要遵循SMART法则,即目标必须是具体的(Specific)、可以衡量的(Measurable)、可以达到的(Attainable),目标必须和其他目标具有相关性(Relevant)并具有明确的截止期限(Time-based)。制定的可执行目标必须要满足SMART原则,否则目标可能很难实现。比如"近期我们要有效地提高我们的服务质量"就不是一个好的目标。这个目标很不具体,也无法衡量,当然能否达到,也就不可知了,这个目标是什么岗位的目标,与岗位相关度如何,什么时间达到,也不可知。所以这个目标即使制定了也没有意义。如改为前台接待岗位3月份顾客投诉率下降5%,那么就充分地体现了SMART原则,也易于考评。

SMART法则适用于单一目标的制定,对于整个目标系统在设计和分解制定时应遵循以下原则:

(1)目标的统一性。目标管理的所有目标一定是从组织总目标而来,而且始终与总目标相关,并最终以实现总目标为目的。因为组织是由组织和组织成员构成的,组织有组织的目标,而低一级组织和组织成员也都有自己的目标,由于文化、价值观、利益等因素,组织目标与低一级组织目标和组织成员目标就不尽相同。目标差异性越大,个人激励性越大,反而对组织的绩效越不利。彼得·圣吉在《第五项修炼》中提出组织的系统性思考,强调整体搭配和团队学习,组织只能是一个整体,组织成员只有围绕组织目标,才能实现组织的高绩效。

图 5-7 是整体搭配的示意图。整体搭配是一群人良好地发挥了整体运动的功能,即个人的目标与组织成员的目标一致,组织成员相互配合,从而创造良好的组织绩效。左边是未能整体搭配的团体,中间是整体搭配的团队,右边是不断激发个人才能而整体搭配不良的团体。

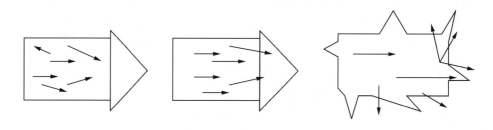

图 5-7 整体搭配

资料来源:〔美〕彼得·圣吉,《第五项修炼——学习型组织的艺术与实践》,张成林译,中信出版社 2009 年版,第 229—230 页。

(2) 目标的全面性。目标管理的目标制定不能片面,如果仅追求一部分目标,可能导致组织的整体目标难以实现。如果在目标的制定中过于关注营业收入和利润,就会导致短视行为,以损害组织的长远利益来实现短期的经济目标。这当然不是说经济利润不重要,而是片面地过于强调利润会损害企业的长远利润甚至生存,这与组织的总目标和使命是相违背的。

怎样才能避免目标的片面性呢? 每个企业的性质不同,使命不同,目标也不同,但是在目标制定的领域有一些共性。德鲁克认为,目标的制定应该包括市场营销、创新、人力资源、财务资源、物质资源、生产率、社会责任和利润八个关键领域。这八个领域概括了一般企业的主要关键目标领域,围绕这八个方面来制定目标,基本能够保证目标的全面性。

(3) 目标的可执行性。目标不能是口号,最终靠人去实现,所以目标要有效地分解。目标管理是由组织成员去承担完成任务的责任,从而让各级管理者和员工不再只是执行指标和等待指导,而是成为专心致志于自己目标的人。组织成员参与自己目标的拟定,将自己的想法纳入计划之中,他们了解自己在计划中所拥有的自主处置的权限,能够获取的资源和寻求的帮助及应承担的责任,有助于他们更好地完成目标。

目标管理虽然有很多优点,近年来也非常流行,然而在实施过程中由于其自身的局限性和不当实施,也产生了很多问题。它的局限性主要体现在:

(1) 合适的目标难以确定。目标管理的核心是目标的确定,要使目标具有激励性,目标必须合适,既不能过高,也不能过低。如何比较不同岗位的绩效,实施起来是非常困难的,很难说一个绩效较好的市场经理和生产经理哪一个更好,设定不同岗位和级别的合适绩效目标也是很困难的。

（2）目标难以分解。目标管理要求目标要层层分解，一直到具体可以执行的人。但是在有些情况下，一些目标是难以分解的。比如降低员工离职率，这个目标如何在人力资源部和其他部门间分解呢？一个部门一段时间出现的高离职率到底是人力资源经理、部门经理还是某些高层管理人员的责任呢？既然无法分解，那么谁又对离职率负责呢？

有些目标从表面上看很容易分解，然而由于其相互之间的关联，分解之后会出现一定的问题。例如，负责公司销售的部门可能主要是市场业务部和营销部，顾客在两个部门之间是相互转化的，顾客消费达到一定程度，变成营销部大客户，享受更低的折扣。那么很可能两个部门为了完成各自的销售额而相互恶性竞争，从而给公司带来一定的损失。

（3）目标短期化。很多人指责目标管理的短期化。目标管理一般比较倾向于短期目标，大部分考核的目标都是以一年为期的。短期目标的弊端是带来管理短期行为，为了完成年度目标会以损害长期利益为代价换取短期目标的实现。经理人为了完成当年的利润，不对应该维护保养的设施设备进行维护保养，减少计划支付的培训费用等。

（4）意外因素导致的失败。目标没有完成，有时可能会是因为经理人不能控制的意外因素。这些因素的出现，与经理人无关，但是发生了并且导致失败了，出现这样的结果是不是应该判定经理人的低绩效，甚至解聘他？

（5）缺乏对系统的关注。目标管理使得员工把注意力集中在完成目标上，但是对于如何完成目标，应该采取什么样的行动，如何指导和培训员工，目标管理并不关注。员工得不到有效的指导和培训，员工的绩效不会因为采用目标管理就会提高。有时，一个团队的绩效不佳可能是系统的流程、设备问题等而非员工的问题，这样因为绩效目标完成不了，而对员工进行考核，就会走入误区。

（三）关键成功因素法、关键绩效指标法和平衡计分卡法

影响组织绩效的因素非常多，其中确定性的因素称为关键成功因素 CSF（Critical Success Factors），衡量关键成功因素的标准是关键绩效指标 KPI（Key Performance Indicators）。CSF 和 KPI 被称为绩效系统，平衡计分卡 BSC（Balanced Scorecard）是该系统中的常用形式。根据管理会计师协会（Institute of Management Accountants，IMA）的报告，现今大的公司，如通用电气、杜邦、爱默生电气、惠普、强生、百事可乐、沃尔玛等，都建立和使用绩效系统，整合绩效管理系统是其成功的主要推动因素。

CSF 在 1979 年被首次提出，"对任何成功企业来说，如果结果令人满意，那么关键成功因素就是确保组织成功实现竞争性绩效为数不多的几个因素。企业要想发展就必须实现关键成功因素。如果关键成功因素的结果不理想，那么组织就无法实现这段时期的预期成果。因此，关键成功因素是指应该得到管理层持续的密切关注的活动领域。每个领域的绩效现状应该不断地被衡量，而且每个领域的信息都应该是有效的"。

CSF 是定性的，要通过 KPI 来定量。图 5-8 是 CSF 及相应的 KPI 示例。提供优质客户服务是一个定性的战略要素，实现它的方法之一是更重视顾客，进而提高顾客满意度。实现提高顾客满意度的 KPI 是满意的顾客数量、投诉处理的时间、重复购买等。

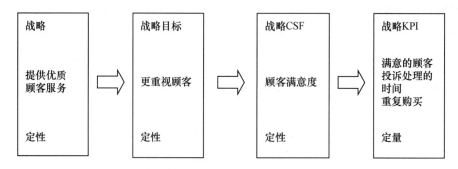

图 5-8 CSF 及相应的 KPI 示例

资料来源：〔美〕安德烈·德瓦尔，《成功实施绩效管理》，北京爱丁文化交流中心译，电子工业出版社 2003 年版，第 13 页。

KPI 是 CSF 的定量，是通过对组织内部流程的输入端、输出端的关键参数进行设置、取样、计算、分析，衡量流程绩效的一种目标式量化管理指标，是把企业的战略目标分解为可操作的工作目标的工具。可以通过组织和流程两个层面来提炼 KPI，这是设计 KPI 的两条主线。图 5-9 是 KPI 指标提取示意图。

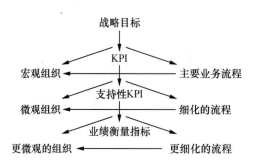

图 5-9 KPI 指标提取示意图

头脑风暴法、鱼骨图法、九宫图法等都是制定 KPI 的常用方法。头脑风暴法可以集思广益提出 KPI 指标；鱼骨图法可以有效地分解指标，找出指标的主要影响因素；九宫图法分析每一个流程各部门和岗位的角色和作用。使用这些方法，根据 KPI 指标的两条主线，就可以有序地构建 KPI 体系。从企业总的战略目标出发，制定一级 KPI，将一级 KPI 分解到部门为二级 KPI，再到下一级的组织和员工个人，这样就形成一级级的、相互关联的 KPI。这些 KPI 特别是二级以下 KPI 需要业务流程的支撑。通过分析流程重点，各部门在流程中的角色、责任，确定部门和各岗位的 KPI。表 5-5 是一个 KPI 分解的示意。

CSF 和 KPI 绩效管理系统过于复杂，偏于战术层面，显得过于凌乱，在实际使用的时候显得很难驾驭。20 世纪 90 年代初由哈佛商学院的罗伯特·卡普兰（Robert Kaplan）和诺朗诺顿研究所所长、美国复兴全球战略集团创始人兼总裁戴维·诺顿（David Norton）发展出的一种全新的组织绩效管理方法，这种方法就是平衡计分卡（BSC），是一种包含财务和非财务指标，在传统财务指标上又加入了未来驱动因素，即客户因素、内部经营管理过程和员工的学习成长的方法。BSC 更偏重于战略层面,适合于团队的绩效管理方法。

表 5-5　KPI 分解示意

流程:新产品开发流程		市场部门职责		部门内职位职责			
				职位一		职位二	
流程步骤	指标	产出	指标	产出	指标	产出	指标
发现客户问题,确认客户需求	发现商业机会	市场分析与客户调研,制定市场策略	市场占有率	市场与客户研究成果	市场占有率增长率	制定出市场策略,指导市场运作	市场占有率增长率
			销售预测准确率		销售预测准确率		销售预测准确率
			市场开拓投入率降低率		客户接受成功率提高率		销售毛利率增长率
			公司市场领先周期		领先对手提前期		销售收入月度增长幅度

图 5-10 是平衡计分卡基本框架。学习与成长远景又称为革新远景,衡量组织的学习成长与创新能力,组织只有不断地引进新产品、新服务和新技术,才不会自满,才会不断地更新自我。内部远景衡量组织创造价值的流程的效力,有效的流程可以保持并提高组织的竞争力。顾客远景根据顾客对组织的体验和认可进行衡量,顾客决定企业的生存。财务远景衡量经营最终绩效的财务指标。平衡计分卡以组织的远景和总目标为核心,运用平衡的哲学思想,把远景与目标转化为下属部门在学习与创新、内部流程、顾客和财务四个方面的具体指标,并进行绩效计分。这四个方面兼顾了财务与非财务、长期与远期、内部与外部等各个方面,使得指标全面而系统,与公司远景和战略高度相关。

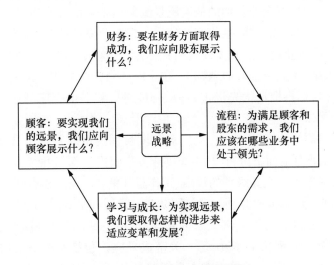

图 5-10　平衡计分卡基本框架

一家半导体公司 Analog Device Inc.(简称 ADI 公司)于 1987 年最早进行了平衡计分卡实践尝试,卡普兰在 ADI 公司发现了 ADI 的平衡计分卡,并认识到它的重要价值,随后与诺顿做了学术上的深化,并把它推广到全球的企业中。如今平衡计分卡在全球企业得到广泛的应用,给很多公司带来斐然的绩效。

(四) 目标与关键成果法[①]

目标与关键成果法(Objectives and Key Results,OKR)是企业进行目标管理的一个简单有效的系统,能够将目标管理自上而下贯穿到基层。这套系统由英特尔公司制定,在谷歌成立不到一年的时间,被投资者约翰·都尔(John-Doerr)引入谷歌,并一直沿用至今。

目标管理包括目标设定、关键成果制定和评估。即首先设定一个"目标"(Objective),这个目标不必是确切的、可衡量的;然后,设定若干可以量化的"关键结果"(Key Results),用来帮助自己实现目标。在整个管理流程中,经理人与员工进行积极的双向互动和沟通。制定目标与关键成果要遵循以下原则:

(1) 制定目标与关键成果的设定要遵循SMART(具体、可衡量、可实现、有关联、有时限)原则。

(2) 目标要具有一定的挑战难度,以促使被考核者为目标而奋斗,从而减少期限不到就完成目标的情况。每个季度末员工需要给自己的关键成果的完成情况和完成质量打分——这个打分过程只需几分钟,分数的范围在0—1分,而最理想的得分是0.6—0.7分。

(3) 每个人的OKR在全公司都是公开透明的。比如每个人的介绍页里面就放着他的OKR的记录,包括内容和评分。

目标与关键成果法的实施同样分为设定目标和关键成果管理两大环节:

(1) 目标设定。根据企业长期的战略愿景提取出企业的使命以及指向未来3—5年的企业目标;然后依据企业产品、条线商业计划制定企业发展战略,确定为了达成目标要首先完成的任务,明确企业达成主要成就的具体体现,这三点指向企业未来1—3年的发展;进而在企业战略、企业目标等的基础上,在年度计划中设立年度的利润奖金指标以及年度目标,将年度目标再根据优先级进行分解,最终得到多个有序的通向目标的关键成果,如图5-11所示。

在设定目标时需要注意:① OKR是实现年度目标的重要管理工具并可以分解至季度;② 目标设定需要自上而下进行,从组织到业务集团再到部门和个人,上下贯通;③ 该目标设定流程确保聚焦和优先级别的设定、工作量评估;④ 该流程有利于跨业务部门/条线进行协调和沟通;⑤ 该流程是领导者与团队成员沟通和辅导时的共同语言。

(2) 关键成果管理。对于关键成果的管理,包括关键成果的制定、管理与评估。关键成果通常跨度为一个至几个季度,每一关键成果应该包括数个具有时间节点的交付物,并最终完成目标。若关键成果不能有助于目标达成,则需要重新设定目标和关键成果。表5-6为关键成果管理模板。年度战略目标1、2、3……对应图5-11中的年度目标。

---

① 陈德金:《OKR:追求卓越的管理工具》,《清华管理评论》,2015年第12期,第78—83页。

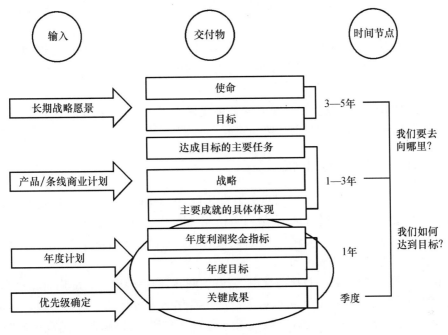

图 5-11 OKR 法目标设定流程

在表 5-6 中以年度战略目标 1 进行示例说明。

表 5-6 OKR 法与关键成果管理模板

愿景、使命、战略目标	
愿景	
使命	
战略目标(年度)	1. 2. 3.

关键成果/期望				
战略目标 1(目标是否足够挑战?)				
关键成果/期望	衡量 KR 达成的指标(对组织的影响这点尤为关键)	战术手段	时间安排	状态评估 0.0 0.5 1.0

在评估和管理关键成果时,需要注意以下事项:

(1) 这些关键成果是否足以完成战略目标? 是否需要增加或删减? 如果战略目标和关键成果总是 100% 完成,需要考虑制定更加有挑战的目标。

(2) 与外部客户相关的战略目标和关键成果需要 100% 完成。

（3）如果所有关键成果均达成，能否达成战略目标？如果不能，重新思考可能的遗漏或薄弱点。

（4）持续反问，为什么是这些关键成果，为什么是这些指标来衡量关键成果达成？这些关键成果和衡量指标对组织层面是否有影响力？如果有，影响力是什么？可否有更大的影响力？

（5）1.0表示已完成或会按时完成的关键成果，0.5表示50%的关键成果会按期完成，0.0表示少于50%的关键成果会按期完成。

（五）OKR与KPI的比较

OKR与KPI都强调有目标，同时也需要有执行力。OKR的思路是先制定目标，然后明确目标的结果，再对结果进行量化，最后考核完成情况。KPI的思路也是先确定组织目标，然后对组织目标进行分解直到个人目标，最后对个人目标进行量化。OKR考核"我要做的事"，而KPI考核"要我做的事"。

OKR与绩效考核分离，不直接与薪酬、晋升关联，强调关键成果的量化而非目标的量化，并且关键成果必须服从目标，可以将关键成果看作达成目标的一系列手段。员工、团队、公司可以在执行过程中积极对关键成果进行管理与评估，以确保关键成果始终服务于目标。这样就有效避免了执行过程与目标愿景的背离，也解决了KPI目标无法制定和测量的问题。

KPI类似流水线式的制造，需要制定者对于流程及产能完全了解。OKR类似自由团体的群起响应，需要流程的参与者与组织同心同德。

OKR主要强调的是对于项目的推进，而KPI主要强调的是对人事的高效组织。OKR相对于KPI而言，不是一个考核工具，而是一个更具有指导性的工具，它存在的主要目的不是考核某个团队或者员工，而是时刻提醒每一个人当前的任务是什么。

OKR和KPI两者谁都无法真正地替代对方，因此谁取代谁并不重要，找到适合的绩效评估方法才是重要的。

第三节 绩效评估的操作

绩效管理是一个过程，绩效评估是这一过程中非常重要的部分。如何实施绩效评估？正确的绩效评估应该遵从一定的程序，在这个程序中一些环节要特别注意，如果实施不当就会使得评估效度降低。低效度的评价结果使得绩效沟通和绩效改进等后续工作很难开展，绩效管理就达不到预期的效果。本节将讨论绩效评估的实施过程，应注意的问题和如何进行有效绩效反馈，以及怎样进行绩效改进。

一、绩效评估操作过程

绩效评估的操作过程一般有四个阶段：准备计划阶段、评估阶段、评估反馈阶段、绩效改进阶段。准备计划阶段主要进行动员沟通和计划制订工作,评估阶段要根据以往记录和信息确定评估方法和指标。然后,进行评估和审核,根据评估结果在反馈阶段进行绩效反馈和沟通,考评的结果作为绩效改进的依据,通常也被企业作为薪酬福利调整和确定的主要参考。图5-12是某公司年度考评的流程,该公司考评的方法是平衡计分卡和关键绩效指标。

在进行绩效评估操作时主要工作包括:确定绩效评价的目标、获得组织成员的支持、选定评估工具、选定评估人、确定培训时间、培训评估人、进行绩效评价、修正评价结果。后续的工作还包括进行绩效反馈和绩效改进工作。在绩效反馈和绩效改进过程中,对绩效评价的问题进行汇总分析,作为下一轮绩效评估的依据。在下一次评价时,可以有效地修改评价目标、工具等。图5-12的考评流程基本包括了上述工作,下面对主要工作进行介绍。

(一) 确定绩效评价的目标

绩效管理是一项管理活动,作为管理活动有它的目的。绩效管理和评估应该依据绩效评估的目标而进行。目的不同,评价系统的设计、工具的选择、对评价结果的利用也不同。评价的目标一般有公司层面和微观层面的。在公司层面,绩效管理是为了提高公司绩效,进行绩效评估和管理就要从公司的使命和战略出发,紧紧围绕公司目标,关注公司层级的KPI,使考评系统化与全面化。围绕和抓住公司的一级KPI,不能片面和因关注点过多而失去目标。在某一方面进行评价得到很好的结果,对被评价者进行了有效的激励,但是并不意味着对公司一级KPI有贡献,对公司长远发展有利。在微观层面,往往都是一些特定的或者某些方面的考评。评价者、被评价者、考评周期和方法也与公司层面的不同。例如,需要对某个岗位的人员进行选拔聘用或者对试用的人员进行考评,就不需要设计复杂全面的考评系统,选择的考评方法就不会是平衡计分卡等倾向于战略和团队的方法,进行绩效反馈的方法也与公司层面的大不相同。

(二) 获得组织成员的支持

很多企业在进行绩效考核时往往会忽略这一步骤,而恰恰这一步骤至关重要。无论什么目标的考核,特别是组织的绩效系统的运作,如果没有组织成员的支持,那么绩效考评的结果必然是以失败告终。绩效管理系统必须得到组织成员的认可、支持和参与。如果评价者认为绩效系统没有作用,那么他在评价的时候就会非常消极,甚至弄虚作假敷衍了事,绩效评价的效度就会降低。在这种情况下,不管绩效管理系统开发得多么好,绩效管理也会流于形式。如果被评价者认为绩效评价系统不合理、不公平,那么他也会非常抵触评价,这会造成两种结果,一是员工士气下降;二是员工会组织团体行为来对抗绩效评价,使得绩效评价无效。

要想最大限度地获得组织成员的支持,可从以下几个方面入手:

(1) 赢得高层管理人员的支持。只有高层管理人员全力支持,绩效管理才能有效实施。绩效系统自企业的使命和战略开始,绩效管理必须从高管开始,绩效系统关系企业

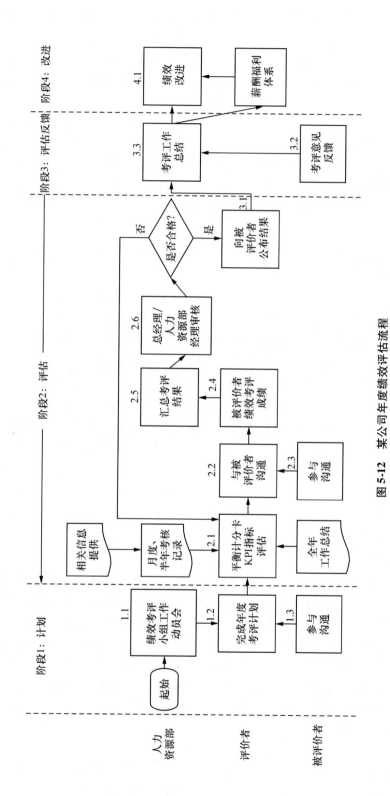

图 5-12 某公司年度绩效评估流程

全局,只有高管才能调动企业资源来支持绩效系统的实施。

(2) 充分的动员和培训。组织成员既是绩效评估的实施者,也是被评估人,他们与绩效评估息息相关,要让组织成员认识与了解绩效评估的作用和实施过程,考评才能顺利。绩效管理不仅仅是考核,考核只是绩效改进的一个手段,要认识到绩效管理对于企业和个人的作用,绩效管理主要是帮助个人和组织提高绩效。人力资源经理和直线经理都要掌握必要的绩效评价知识。这些都需要进行充分的绩效培训。

(3) 让员工参与。让员工参与指标的制定、系统的设计,了解考评方法。绩效管理系统很多环节都需要评价者与被评价者的沟通,员工参与得越多,绩效系统的实施可能就越顺利,绩效反馈和改进的结果就越好。

(三) 选定评估工具

前面介绍了绩效考评的很多方法,每种方法都有其优缺点,都有实施的具体情景,这个情景随着企业、考评目的和考评对象的不同而不同,每一种方法都有其适用性。那么具体在进行绩效考评的时候如何去选择考评工具呢? 这主要考虑工具的实用性、考评成本和工作分析三个方面。

评估工具首先要考虑实用性,理论再好,系统再复杂,如果难以实际应用,那么评估的结果也差强人意。很多公司在选择评估工具时总是认为,绩效系统开发得越复杂,方法理论越流行、越新颖就越好,结果费了两三年时间,开发的工具却不实用,无法进行有效的评估,只好束之高阁。

绩效系统的建立和使用是要花费成本的,选择不同的考评工具,成本也不一样。在评估的每一个阶段,进行评估的相关操作,都会花费成本,这些成本主要是开发成本、执行成本和使用成本。企业建立有效的绩效系统,可能需要选择很多工具,针对企业实际和不同岗位进行深入的开发,这个成本可能很大。但是评估成本与评估效果并不是绝对的正相关。花费多少成本,建立怎样的系统,企业的管理者需要权衡。

现行的评估工具有的对产出评价非常有效,但对行为无效。有的工具对行为有效但很难评价结果。例如,目标管理主要是评价结果和产出,但是有些工作绩效主要体现在行为和过程,那么采取目标管理的方法就很难评价。如服务性行业,产品就是服务,员工的行为决定了他的绩效,而不是结果。这种时候不能采用以结果为导向的评价办法。

行为锚定评价法和行为观察评价法是对员工行为评价非常有效的工具,但是如果难以观察到被评价者的行为,那么即使这些工具用于行为,也难以有效地评价。如安全部主任不能评价监控人员的工作行为,因为他很难观察到监控人员具体在干什么。客服经理很难评价话务人员的工作行为,因为他并不和他们在一起工作。当然可以采取改变观测条件或者间接考评,如在监控室加装对监控人员的监控。

除了行为和结果两种类型工具,还有尺度评价法等特性评价工具,在这些工具的具体选择上,根据一些学者的研究可以总结如下:

(1) 评价者如果关心的是被评价者的特性,特别是通过考评配置岗位,往往要使用基于特性的评价工具。

(2) 如果评价可以得到有效的产出测量,可以使用结果为导向的评价工具。

(3) 如果评价者知道工作需要的行为并且可以观察,可以选用基于行为的评价工具。

如果对被评价者的评价存在上述两种或者两种以上的情况,就是一种混合的形式,那么就需要采用多工具的评价方法。为了避免缺失和干扰,对工作进行归纳分析,一般包括八个方面,具体如图 5-13。在选择工具进行评价时,可以把它作为一个参考清单。

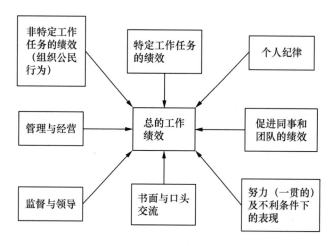

图 5-13　绩效领域的分类

(四) 选定评估人

评估人是绩效评价的主体,是绩效评价信息的来源。评估系统需要评估人来执行、打分、给出评价结果。评估人一般有主管、同事、自己、下属和顾客。对不同的岗位,用不同的评价方法,选定的评估人一般也不同。对结果的评价往往以主管为主导,对和顾客密切接触的服务性岗位,顾客的评价可能更为重要。不同的评估人侧重面和评价信息的有效性不同,每个评估人可能都存在缺陷和片面性。为了避免这些缺陷,通常采用主管、同事、自己、下属和顾客全方位的评价,这种评价被称为 360 度绩效评价。

1. 主管评价

这里的主管是指被评价者的直接上司。直接上司具有评价下属的很多优势,下属的工作表现和工作成果,主管一般具有直接发言权,他了解下属的信息也最多。主管的成功在很大程度上依赖于下属的成功,所以主管更希望通过绩效评估对下属进行绩效改进,来提高团队和自己的绩效。所以主管会较好地给予下属有效的评价。

但是,主管对下属的评价有时候也会存在一些问题。主管有时并不能直接观察到员工的行为,这样他的评价就缺乏信度。主管与下属长时间相处,可能在评价上更有主观的倾向,从而使评价不公平。主管对下属具有别的评价者没有的权威,下属在这种情况下可能不愿意与主管有平等开放的沟通,所提供的反馈信息可能也不够真实。如果评价的结果关系到主管的绩效和声誉,可能主管对下属的评价会比实际要好得多,从而使得评价失真。

2. 同事评价

有很多工作,员工与同事在一起的时间比较多,对于员工的表现,和他一起工作的人相比主管更能有效地评价。同事有更多的观察机会和相关的专业知识。如审计公司派出两个审计人员到企业进行短期审计,对其中一个审计员进行考评,他的绩效表现更多地要来自一起工作的同事。如果评价的是员工的团结协作,那么主要绩效信息应该来自同事。

同事评价的缺点是由于相互之间的友谊或者竞争,使得评价存在偏见。如果甲员工与乙员工关系较好,而与丙员工关系不好,假设乙丙的绩效相当,那么甲对乙的评价就会比丙要高。同事之间的友谊可能还会表现在碍于情面或者出于共同的利益而使得评价出现问题。当评价结果对双方有较大影响的时候,出于竞争同事的评价就会存在失真,而且失真与影响的结果呈正相关,当然这与评价者的自身素质的差异也有很大关系。

3. 自己评价

员工自己最了解自己的工作行为、特性和工作状态,所以员工自己可以提供关于绩效有价值的真实的信息。德鲁克提出目标管理,其中一个重要的内容,就是自我管理和激励。自我评价可以使得员工认真思考自己工作的不足,更好地改进工作绩效。

但是员工评价很少单独使用,特别是用于作为行政管理决定的评价很不适合。因为自我评价往往会夸大自己的成绩,使得评价失真。社会心理学研究发现,人们倾向于把失败归结为外界因素,而把成功归功于自己。当然每个员工这种夸大或者推卸责任的倾向有很大的不同,如果管理者对员工比较了解,可以有效地降低这种评价的失真。用于工作开发和信息的辅助提供,自我评价还是非常值得使用的。

4. 下属评价

下属对管理者的观察比较多,对管理者的行为特性也比较了解。所以下属对主管的评价非常有价值,特别是考评主管的某些指标就是对下属的管理和指导。从下属评价中,主管可以发现自己在工作执行、管理培训、员工差异性处理等方面的不足。

下属评价的问题是,由于主管权力的影响,下属可能不愿意去提及领导的不足,而偏向于更好的评价,特别是如果下属知道主管有可能知道是自己在评价的时候。所以,下属评价采用匿名和多名一起评定,真实性会更好。这里有一个博弈的问题,如果下属的评价结果决定行政管理决策,一些主管可能在评价员工的时候给予更高的评价,有时甚至牺牲工作业绩来换取下属的更高评价和员工满意度。

5. 顾客评价

顾客在现代企业管理中占有重要的角色,德鲁克认为正是顾客界定和决定了企业。平衡计分卡把顾客愿景作为四大愿景之一,在顾客方面的考评是企业业绩评估的重要组成部分。对于服务业更是如此,很多银行在前台都有顾客对前台银行员工的服务评价仪器,顾客观察和感受他们的工作行为,对他们的服务是最佳的评价人。饭店更是如此,收集顾客意见和评价是管理工作中一项主要的工作,根据顾客的评价对员工和管理人员进行考评。另外顾客的评价还可以给管理者提供顾客的需求信息、顾客对企业的认可度和需要改进的地方。

但是顾客的评价有时候受很多因素的影响,如旅客对房间网络不满意或者因为非饭店的问题引起不快,都可能转化为对服务人员的不满,或者被理解为对服务人员的不满。另外根据一些学者延伸赫茨伯格的双因素理论,认为顾客只有在很不满意和很满意的时候才会对员工进行评价,所以顾客评价的收集较为困难,对大部分员工的评价也不足。

6. 360度评价

360度评价,又被称为多评价者评估,即上述评价者中的部分或者全部对被评价者的多源评价反馈。它是一种新型的人力资源管理的评价方法,因为从不同层面的群体中获取评价信息,这样就保证了信息的全面性和准确性。据统计,在《财富》排名前100位的企业中,已有90%的企业在人力资源管理和开发中使用了不同形式的360度评价。360度评价的实施,给被评价者提供了一面"镜子",可以使其提高自我知觉、自我评价和自我管理的效能,促进被评价者的绩效改进。

360度评价也会存在一些问题。评价者之间相互交易来获得自己的高分。上级为了取得下级对自己的高分评价,可能牺牲生产率,或者姑息员工的错误。为了获得更多顾客的表扬和更高的顾客满意度,员工和经理们可能会牺牲企业的利益,给予客人更多的折扣。

(五) 评估周期

评估周期不宜过长,也不宜过短。如果评估周期过长,评价者很难记得被评价者的一些事情,特别是对行为的评价,靠回忆肯定会有所疏漏。如果没有详细和全面的记录,评价可能只是根据评价者近期的印象。就算记录详细,长时间的记录整理和分析也是一件困难的事情。另外,长时间不考评将使员工失去对绩效评价的关注。考核周期过短也会存在一些问题,一是评估频繁会加大评估者工作量,引起评估者反感,二是导致评估成本的加大,三是由于工作内容可能跨越考核周期使得评估者无法进行评估。

影响评估周期制定的关键因素有四个:行业特征、职务职能类型、评价方法、对考评的认知。行业特征主要包括企业的产品类别、生产周期和特点、销售方式等,企业不同的行业特征绩效评估的周期也不同。职务职能类型分为管理人员、营销或业务人员、生产员工、售后服务人员或技术服务人员、研发人员、行政与职能人员。不同的职务评价的周期也不同,表5-7是某公司考核周期的示例。职务越高,管理越复杂,评价绩效的周期就应该越长,一般以年度为周期,有些指标可能要更长时间。而一些员工的考核周期不宜太长,太长时间使得考评无效,从而失去激励的意义。不同的职能人员考核周期也大不相同。行政职能人员的考核不像业务人员那样有容易量化的指标,行政人员评价重点应该是工作过程行为而非工作的结果,评估周期应该适当缩短,并采用随时监控的方式,记录业绩状况,该类人员的考核以月度考核为主,有些评估可能每日、每周都要进行。

表 5-7　某公司考核周期表　　　　　　　　　　　　　　　单位:%

考核周期	月度			季度			半年度			年度											
考核分类	KPI	能力	态度	KPI	能力	态度	KPI	能力	态度	月KPI平均	月能力平均	月态度平均	季度KPI平均	季度能力平均	季度态度平均	半年KPI平均	半年能力平均	半年态度平均	年KPI平均	年能力平均	年态度平均
被考评者 高层							80		20							30		10	50		10
被考评者 中层	80		20							30		10							50		10
被考评者 基层	80		20							30		10							50		10
被考评者 销售	80		20	100								10	30						50		10
被考评者 技术	80		20							30		10							50		10
被考评者 操作	80		20							30		10								20	

二、绩效反馈和改进

绩效反馈的主要方式是绩效面谈,在管理者与下属员工之间进行,双方在绩效面谈过程中就下属员工的绩效表现给予回顾和反思,在此基础上协商改进方法和下一个绩效周期的目标与计划。绩效反馈是一种双向沟通,沟通在绩效管理中容易被忽视,却非常重要。绩效反馈又是绩效管理过程中最重要也最容易忽视的环节。我们花了大量的时间和精力来设计和实施绩效系统,对组织成员进行评估,就是为了改进和提高组织成员的绩效。如果沟通不良,被考核者根本不知道自己的问题在哪里,如何去提高。特别是一些指标的考核,考评结果并不会告诉被考评者问题在哪里,应该怎样做。绩效反馈的主要作用如下:

(1) 告知被考评者在考核周期内的绩效情况。绩效反馈就是要真实客观地向被考评者反馈考评的结果。这个结果可能是量化的指标,也可能是定性的评定或者是级别等级。当然绩效反馈不是简单的告知,而要根据被考评者的考评指标、考评内容和考评方法,认真分析考评结果,不但让被考评者知道考评结果,还要了解考核过程和导致绩效结果的原因。

(2) 帮助被考评者找出不足。绩效评估采用 360 度考评等多考评者的办法,可以获得来自多个方面和层次的绩效信息。通过多方面信息的反馈,有利于帮助被考评者找出不足。让被考评者认识到自己的不足,这是绩效反馈的关键。这种认识不是简单的数字反馈,而是考评者和被考评者之间的深度沟通。只有被考评者真正认识到不足,才可能认可绩效管理,继而改进和提高。

(3) 保持组织目标一致。绩效管理经常会出现的问题是组织与成员目标不一,这在前面也进行过一些讨论,目标差异越大,对组织绩效危害越大。通过绩效反馈可以较好地解决这一问题。一方面,考评者可以向被考评者传达组织的期望,通过定期的绩效反馈,被考评者对于组织的期望和目标就会逐渐了解和清晰;另一方面,通过反馈考评者和被考评者会对组织目标与个人目标的差异有一个清楚的认识,从而使个人的目标得以及时地修正。

(4) 制订绩效改进计划。通过绩效反馈,可以帮助员工发现问题,在此基础上就可以有效地制定绩效改进计划。从绩效计划开始到绩效改进,这是一个 PDCA 循环,即绩效计划(Plan)、实施绩效管理(Do)、进行评估检查(Check)、绩效反馈和改进(Action)。在绩效管理的 PDCA 循环中绩效反馈和改进非常重要,它是上一个循环的结束,也是下一个循环的开始,决定了绩效管理的质量。

(5) 修正绩效考评系统。绩效系统在实施过程中会被发现存在一些问题,所使用的绩效考评方法是否得当,绩效标准是否合适,评价的指标是否全面,个人绩效考评目标与组织目标的吻合度如何等。这些问题通过绩效反馈,考评者和被考评者通过沟通和分析,可以较好地修正绩效考评系统。

在传统绩效考核中,绩效面谈往往作为最后一个环节,只属于传统架构中的一个部分,并没有得到突出的应用,甚至在许多企业中绩效面谈只是流于形式,其效用难以完全发挥或是根本无法发挥。很多管理者认为向员工提供绩效反馈很不舒服,会引发一些矛盾,使得组织不和谐。这些矛盾的来源主要有:① 绩效评价结果决定员工的薪酬甚至前途,向低绩效员工反馈,无形中就会产生一种矛盾。如果是开放性的考评就不会存在这个问题。② 考评者和被考评者看问题的视角不同。人们总是倾向于把功劳归于自身,把问题归于外部。在分析组织绩效时,管理者与员工因为责任的问题会存在矛盾。③ 对评价的方法是否科学,评价的结果是否公正,管理人员和员工都会有一定的怀疑,从而产生矛盾。

实际上,开展绩效面谈是为了通过面谈双方间的沟通来实现管理目标,充分利用人的主观能动性,注重激励和反馈,能克服绩效考核缺乏灵活性和激励性不佳等缺陷。同时,绩效面谈不仅能在反馈中对现状给予评价,还能起到激励作用并为目标计划的制订提供参考,故传统绩效考核的计划、评估、反馈三阶段其实在绩效面谈中都有涉及。综合来看,将绩效面谈引入绩效考核,使其贯穿于绩效考核全过程,不仅具备可行性,还能弥补考核的不足。

绩效改进的有效实施必须注重以下几点:① 注重预见性和规划性。绩效改进的重点不再是员工过去的表现,而是对员工未来的表现进行规划和改进,要求给予员工更大的成长空间和更多的进步机会。② 注重员工与组织目标一致性。在绩效改进中传递组织对员工的期望,使所有员工明确组织目标以及组织期望他们达成的个人目标,从而促进员工个人目标与组织目标相一致。③ 注重双向反馈。绩效面谈的功能有时会被单一化为管理者向员工直接传达信息或考核结果,成为单向信息传递。要注重充分利用绩效面谈进行双向沟通。管理者和员工双方都要对员工当期绩效做出具体的反馈,在此基础上管理者和员工再共同确定下一个绩效周期的新目标。这种双向沟通能更好地保障反馈的准确性、绩效考核的公正性,也让员工更清楚地了解自身问题所在,利于员工在管理者的指导下改进绩效。

在进行绩效反馈的过程中还要注意一些方法和原则:① 要注意与员工保持和谐的反馈面谈氛围,不要把反馈面谈变成训斥会,让员工产生很强的心理戒备,甚至抵触情绪;

②对事不对人,要客观地反馈问题,避免产生隐含人格论的问题;③倾听为主,在充分倾听的基础上给出一些指导和建议;④围绕绩效的改进和提高来进行反馈,这样员工会更认可评价,乐于沟通;⑤反馈要形成制度和规范,经常性地进行,只有这样才能及时地指出员工绩效存在的问题,有效地提高绩效。

绩效改进是绩效管理的最后一步,根据绩效评价结果和绩效反馈情况,实施有效的措施,可以提高绩效水平。绩效改进一般来说由人力资源部人员、直线经理和员工自我组成。人力资源部人员和直线经理负责绩效系统的实施,帮助和指导员工进行绩效改进,并在组织的层面采取必要措施提高组织绩效。自我管理是一种新的绩效改进的方法,在目标管理中讨论过自我管理,自我管理在绩效改进阶段,员工要根据各种层面的反馈信息发现自己的不足,控制自己的行为,改进自己的绩效。

比较分析绩效差距,深入分析差距产生的原因是进行绩效改进的前提。比较分析绩效差距主要通过目标比较法、水平比较法和横向比较法。目标比较法是将考核期内员工的实际工作表现与绩效计划的目标进行对比,寻求工作绩效的差距和不足的方法;水平比较法是将考核期内员工的实际业绩与上一期的工作业绩进行比较,衡量和比较其进步或差距的方法;横向比较法是在各部门或组织间,各员工间进行横向比较。通过比较分析绩效差距再深入剖析产生这些差距的原因。绩效差距产生的原因一般来源于四个方面:①个人基本条件,如性别、年龄、智力、能力、经验、阅历等;②心理条件,如个性、态度、兴趣、动机、价值观、认识论等;③企业外部环境,如资源、市场、客户、对手、机遇、挑战等;④企业内部环境,如资源、组织、文化、人力资源制度等。

绩效改进的方法主要有对组织的变革、工作流程的调整和组织成员的管理。绩效改进主要是对人的改进,然而有时候造成绩效不佳是组织结果、内部管理流程和工作程序的问题,那就要对这些方面进行改革和调整。对组织成员的管理一般有正强化、惩罚、对员工进行培训帮助。正强化是通过奖励手段来激励员工表现出组织期望的行为。这是十分有效的方式,也是企业普遍采用的方式,当然具体奖励的手段和方法不同。惩罚与正强化相反是通过处分的手段减少组织不期望的行为发生的频率。惩罚对于绩效改进立竿见影,但是有很多负面的问题。培训是应该被推崇的,也是员工欢迎的一种长期有效的绩效改进方法。员工帮助计划在美国等国家开始实施,可以有效地改进员工绩效。这一计划已经扩展到与家庭、财务、法律等问题有关的各个领域。根据美国位于弗吉尼亚州阿林顿的雇员帮助职业协会(EAPA)的统计,每年员工帮助计划可以减少损失达39亿美元。

根据员工的能力和动力,分析判断应该进行的绩效改进的措施是非常直接而有效的方法。如图5-14所示,对能力高低和动力高低的四种人员,采取的提高绩效的措施也明显不同。

有一种情况需要特别注意,如果一个职务,更换多个在职者,仍然表现出低绩效,那么就有可能是工作本身的问题而不是任职者的问题,这个时候需要对工作重新设计,对职务进行再造。根据员工的能力和动力分析而采取的绩效改进措施,建立在正确分析的基础上,排除一些系统的非员工行为和意愿的问题。

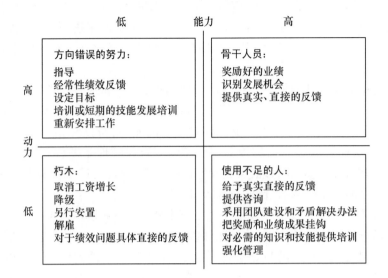

图 5-14　绩效改进分析

资料来源：London, M., *Job Feedback: Giving, Seeking, and Using Feedback for Performance Improvement*, Mahwah, NJ, US: Lawrence Erlbaum Associates Publishers, 1997, 96-97.

【本章案例分析】

A 公司南京软件中心的绩效管理改进[①]

南京软件中心是 A 公司在中国的六个研发中心之一，该软件中心沿用的是 A 公司的绩效管理系统，有专门的内部网站提供电子化记录和流程服务。公司的绩效管理强调持续的沟通，要求在沟通过程中软件研发工程师和业务经理以合作伙伴的形式就下列问题达成一致：① 软件研发工程师应该完成的工作；② 软件研发工程师所做的工作如何为软件中心的目标实现做贡献；③ 用具体的内容描述怎样才算把工作做好；④ 软件研发工程师和业务经理怎样才能共同努力帮助软件研发工程师改进绩效；⑤ 绩效如何衡量；⑥ 确定影响绩效的障碍并将其克服。

A 公司南京软件中心曾经历了两次大规模裁员和多次小规模裁员，两次大规模裁员使得多个研发部门从业务经理到软件研发工程师团队被整体地裁撤掉，而小规模裁员则接连不断，裁员人数 10—20 人。研发人员由原来的 700 多人削减到 400 多人，裁员的同时，A 公司进行了产品战略的调整，将公司内部种类繁多的手机整合，把公司中高端功能手机与多媒体手机整合为一个单独的部门，同时在手机业务重组中将任命的一批新的管理团队和裁撤掉的一些部门重组成符合公司新产品战略的部门。A 公司南京软件中心的部门调整持续了很长一段时间。软件中心管理部门需要不断地调整工作程序，任命新

[①] 刘宁、宾可、张正堂：《组织变革中软件开发企业绩效管理改进的案例研究——以某跨国 IT 公司南京软件中心为例》，《中国人力资源开发》，2012 年第 2 期，第 65—69 页。

的业务经理或分配软件研发工程师,设立新的研发部门,改革原有的规章与制度。

在组织变革的背景下,软件中心原有的绩效管理出现了问题。业务经理管理的软件研发团队一般有10—30人,绩效管理在实施中会出现两种情况:一方面,每个软件研发工程师绩效计划和目标的制定、持续不断的绩效沟通、绩效事实的收集和记录、绩效评估、绩效的诊断和提高都会占用业务经理大量的时间,而整个团队所耗费的业务经理的工作时间甚至会达到数个月之久。业务经理根本没有足够的精力一一对应和下属详细制定本年度的个人绩效计划、目标和考核标准。在这种情况下,绩效管理的实施不可避免地受到业务经理们的抵制,而使得绩效管理的过程被人为变通和简化。另一方面,由于所管理的团队分工不同及团队成员的工作能力差异,业务经理也无法在当前的绩效评估系统内制定统一的考核标准,只能依赖对工程师过去一年中的工作印象而对绩效做主观判断。这种绩效评估方式毫无疑问会导致大量需要考核内容的缺失,使得绩效管理系统的效度不高。

显然,原有的绩效管理不再适应目前的实际情况,已经流于形式化。需要根据新形势下南京软件中心的实际运营需求,制定软件研发工程师绩效管理的改进方案。为此,公司把绩效管理系统和软件研发工程师现有的工作任务管理信息系统结合在一起,使得绩效考核变成对所完成的工作任务的考核,真正地量化软件研发工程师的工作绩效,并减少组织变动带来的负面冲击。

软件研发工程师工作任务管理信息系统是A公司南京软件中心根据实际工作需求定制的,可以通过互联网和软件中心局域网登录的管理信息系统。它涉及三个重要的概念:工作项目、工作任务和工作流程。工作项目被认为是工作任务的集合,可以是一个软件研发项目、一项市场推广活动等。工作任务可以是一个电子通信产品软件缺陷、一个软件项目的具体研发任务,或者一个需要解决的技术难题,甚至可以是需要审批的报销单据等。每个工作任务必须属于一个工作项目,每个项目都有项目名称。工作流程是指软件研发工程师按照一定的规则和过程执行一个工作任务,体现为工作任务在生命周期内不同状态之间的变化。A公司南京软件中心基于工作任务管理信息系统,建立起以工作项目为中心的绩效考核。在系统中,每个工作任务都赋予其属性对应的绩效值,软件研发工程师完成该工作任务就在系统中获得该绩效值,每年每季度的绩效考核就由软件研发工程师参与的所有软件研发项目中获得的总绩效值来决定。系统根据软件研发工程师所在部门不同而赋予不同的值,赋值规则在绩效管理信息系统中公示。对于某一位软件研发工程师而言,根据上述公式计算获得的函数值即为某个软件研发项目中,该软件研发工程师相对于整个软件开发团队的绩效值,它是一个相对值,既可以是正数也可以是负数,当它是负数的时候,表示该软件研发工程师对于整个团队的贡献低于团队的平均水平。

新的绩效管理信息系统使得A公司南京软件中心频繁的组织变革对绩效管理的影响缩减到最小,有力地解决了组织变革背景软件研发工程师绩效管理中存在的问题,使得绩效评估更加科学和公平。主要体现在以下几个方面:

(1)在绩效计划和目标制定阶段,首先把各部门的年度目标和软件开发项目列出来,标记出软件研发工程师承担的工作任务所在的工作项目,通过对软件开发项目的权重系数加以设定,以反映软件开发项目是否以及多大程度上符合公司近期的发展战略。

(2) 绩效沟通变得更加简单。绩效管理信息系统使得绩效沟通的双方在绩效信息方面存在全面的共享,而不太容易出现认识的偏差。同时,绩效沟通的方式也变得多种多样,不仅可以面对面地交流,还可以借助绩效管理信息系统生成相关的邮件来交流。比如,软件研发工程师和业务经理自助登陆绩效管理信息系统。软件研发工程师在系统中制订绩效计划和目标,并与业务经理互动完成目标修改和确认。业务经理也通过信息系统跟踪软件研发工程师工作进度,最后还可以在线完成绩效结果反馈、制定软件研发工程师能力提升和绩效改善计划。上述绩效管理的沟通全过程都自动在系统内存档。这就在很大程度上弥补了软件研发工程师和业务经理之间沟通不充分的问题,也提高了沟通过程的流程化和制度化。

(3) 新的绩效管理信息系统忠实地跟踪和记录着整个软件开发过程,以及软件研发工程师的日常工作状况。系统可以记录软件研发工程师每月完成的工作任务个数、工作任务消耗的总工时、工作任务估计的总工时、开发总工时、测试总工时、测试总次数、缺陷总数、缺陷系数和周工作量系数等。业务经理可以通过工作任务总工时或者周工作量系数,来了解软件研发工程师工作是否饱和、哪个软件研发工程师程序开发的缺陷比较多、哪个软件研发工程师的工作效率比较高等信息。这些工作使得业务经理对绩效事实的收集、观察和记录变得轻松,还可以轻松地使用绩效管理信息系统来统计方方面面的数据信息,比如软件研发工程师的个人能力系数、缺陷系数等,真正实现绩效管理信息化。

(4) 大量详细的绩效报告可以随时生成,绩效评估会议将变得更加容易。对于绩效的诊断和提高可以基于大量的历史数据和相关的类比数据,而不再是依赖主观判断和个人经验。特别地,通过长期使用绩效管理信息系统,可以积累海量的绩效管理数据,通过对绩效管理信息系统进行升级和优化,使之可以系统化和智能化地分析绩效管理历史数据,并且根据软件研发工程师当前的绩效数据有针对性地给出绩效诊断报告。

思考题

1. 为何原有的绩效管理不再适合A公司南京软件中心,表现在哪几个方面?
2. A公司南京软件中心的绩效管理改进运用了什么方法?有什么好处?

【本章小结】

绩效管理是企业人力资源管理的核心,企业作为营利性组织,绩效至关重要,没有绩效的企业就无以为继,更谈不上发展。我国企业的绩效管理起步较晚,从方法、制度到思想和文化上相对来说都不是很完善,一些企业在进行绩效管理时,认识片面,方法不当,导致了不进行绩效管理反而有绩效,进行绩效管理反而一团糟的现象。本章从目前容易被混淆的绩效管理相关概念入手,明确了绩效评估、绩效考评、绩效管理的概念,阐述了绩效管理的重要性、实施误区、整个绩效管理系统的各个组成部分。

绩效考评的方法众多,每种方法都有实施的具体情境,进行绩效考评要选择合适的评价方法。方法没有优劣,也不是越复杂越好,关键在于要适合。本章对方法进行了归类介绍,主要有三大类,即排序类、行为类和结果类。排序类方法包括直接排序、比照排序和强制分布等简单常用的方法,但是有很大的局限性;行为类侧重于对员工的具体行为进行考评,建立行为标准,通过观察进行考评,可以很好地修正员工行为,但是较为费时费力;结果法因为比较直观和易于评价,应用较为广泛,很多企业年初签订目标责任状,制定考评指标,年终兑现考评采用的就是这种方法。以结果为导向的考评方法包括目标管理法、关键成功因素法、关键指标法、平衡计分卡法、目标与关键成果法等。

绩效评估的操作一般有四个阶段:准备计划阶段、评估阶段、评估反馈阶段、绩效改进阶段。评估前要做好充分的动员,特别是要取得企业高层的重视,才能顺利推进绩效考评。选择适当的评价方法和考评者也非常重要,360度测评就是从各个方面对被考评者进行考评,以提高考评的信度。绩效沟通和绩效改进是绩效管理容易被忽视但又是非常重要的步骤,绩效管理的目的是进行绩效改进,不断地提高绩效。

【关键概念】

绩效管理;排序法;行为锚定;目标管理;关键指标;平衡计分卡;绩效改进;目标与关键成果

【思考与练习】

1. 绩效考评与绩效管理有什么不同?
2. 实施目标管理应该注意哪些问题?
3. 对公司的管理人员、销售人员和行政接待人员采用的考评方法有什么不同?
4. 平衡计分卡是一种什么类型的考评方法,基本思想是什么,与其他考评方法相比有什么优势?
5. 如何进行有效的绩效改进?
6. 目标与关键成果法实施的流程是什么?

第六章　薪酬与激励

薪酬激励已经成为企业人力资源管理的重要组成部分。在企业运营实践中,通过设置、实施合理的薪酬制度和体系来满足员工的需求,从而激励、强化甚至改变员工行为的做法,已被广大的企业管理者所采用。激励是管理的核心,而薪酬激励又是企业激励机制中最重要的手段之一,也是目前企业普遍采用的一种有效的激励手段,相对于内在激励,它更容易被管理者所调控,而且也较容易衡量其使用效果,如果能够真正发挥薪酬的激励作用,就有利于达到企业与员工"双赢"的目的。

本章首先介绍了薪酬在企业管理中的重要作用及制定薪酬体系所应遵循的主要原则和影响因素,指出了薪酬管理的目标、内容、薪酬制度和体系,在此基础上明确了薪酬激励的相关内容,最后对经营管理者年薪制进行了讨论。

第一节 薪酬及其影响因素

在企业管理实践工作和理论研究中,经常出现将"薪酬"(Compensation)与"工资"(Wage)混淆使用的情况。实际上,"薪酬"所指的工作收入范围远大于"工资"这一概念。简单地讲,薪酬就是员工因付出劳动而获得的回报。可见,工资仅是薪酬的表现形式之一,除此之外,薪酬还包括奖金、红利、福利以及其他形式的回报收入。

一、薪酬在人力资源管理中的重要性

随着薪酬成分的多样化和丰富化,有关专家与企业管理者也逐渐意识到和接受薪酬在管理中的重要作用,并将其运用到企业经营实践中。具体来说,在企业管理过程中,希望通过薪酬满足员工的需求,从而激励、强化甚至改变员工的行为,以适应企业文化、助推组织目标的实现。具体而言,薪酬有以下五项主要功能:

(一)经济补偿和保障功能

员工在劳动过程中体力与脑力的劳动必须得到补偿。只有保证了劳动力的再生产,企业才能不断进步、发展。同时,员工为提高劳动力素质进行投资的费用和努力也需要得到回报,否则员工就不愿进行人力资本再投资,缺乏后继教育和培训,组织就难以得到可持续发展。所以,员工通过薪酬的取得,来满足其吃、穿、用、住、行等方面的基本需要,以及娱乐、教育、培训和开发的需要。

(二)心理激励功能

薪酬不仅影响企业可以招募到员工的数量,而且还直接影响员工的工作态度、工作行为及工作业绩,薪酬的激励状况决定了员工的劳动效率、流动率、缺勤率、工作满意度及对组织的归属感等。

薪酬体系的调整能够将企业的组织目标、发展战略及管理者的意图等及时、有效地传递给员工,并对正确的行为进行正强化,对发生偏差的行为进行负强化,从而引导员工的工作行为、工作态度以及目标绩效向企业期望的方向发展。比如,采用绩效工资制度,或提高绩效工资的比例意味着公司重视对员工业绩的肯定和鼓励;采用年功工资制意味着企业希望降低员工的流动率。所以,有效的薪酬战略及其实践能反映和评估员工的工作绩效,保护和激励员工的工作积极性,从而提高企业的生产效率。相反,不合理和不公正的薪酬制度则更会使员工采取不符合企业利益的行为。

(三) 自我实现功能

有效的薪酬战略及其实践,使薪酬不再仅仅是一定数目的金钱,更为重要的是还能够反映员工在企业中的能力、品行和发展前景等,从而充分挖掘和发挥员工的潜能,实现其自身价值和个人的自我发展。

(四) 支持变革功能

为了对市场和客户的需求做出快速反应,企业需要变得更加灵活。一方面,需要规划战略、重建结构、再造流程;另一方面,还需要变革文化、建设团队。然而,这一切都离不开薪酬,因为薪酬可以通过作用于员工个人,从而影响整个工作团队和企业以创造出与变革相适应的内外部氛围,来有效推动企业变革。

首先,企业的薪酬政策和薪酬制度与重大组织变革之间存在密切的内在联系。据调查,在企业流程再造的努力中,逾半的计划都未能达到预期目标,其中的一个重要原因就是再造后的流程和企业的薪酬体系之间缺乏匹配性。

其次,作为一种强有力的激励工具和沟通手段,薪酬如果能够得到有效的运用,将沟通和强化新的公司价值观和行为,强调对结果负责的精神,并直接促进新绩效目标的达成。

总之,薪酬有利于强化员工对变革的接受和认可程度,薪酬更多的是对企业目前以及将来的一种投资,而并不仅仅是一种企业成本。

(五) 强化文化功能

薪酬会对员工的工作态度和行为发生很强的引导作用。因此,合理和富有激励性的薪酬及薪酬管理会有助于企业塑造良好的企业文化,或者对已经存在的企业文化起到积极的强化作用。但是,如果企业的薪酬制度与企业文化之间存在冲突,那么将导致原有企业文化的破坏、瓦解,甚至崩溃。例如,如果组织推行的是以个人为单位的可变薪酬方案(如计件工资制),则会在组织内部起到强化个人主义的作用,使员工崇尚独立,注重彼此之间的相互竞争,结果导致倾向个人主义的文化;反之,如果薪酬的计算和发放主要以小组或团队为单位,则会强化员工们的合作精神和团队意识,使得整个组织更具有凝聚力,从而支持团队型的文化。事实上,许多公司的文化变革往往都伴随着薪酬制度和薪酬政策的变革,两者相辅相成,密不可分。

二、薪酬确定的原则

薪酬是组织成员按照一定原则分配的劳动所得。由于劳动投入与劳动产出之间存在时间延迟性及劳动的不可分性等原因,在企业管理工作中,薪酬被赋予了比劳动所得更为丰富的经济意义和管理意义,呈现出多种表现形式。

传统经济理论认为,薪酬是劳动力的价格,所以薪酬也就是劳动报酬;传统企业管理理论认为,薪酬属于企业的劳动成本,是一种生产费用,是激励员工的一种手段。① 现代经济理论认为,人作为企业的一种特殊生产要素,属于人力资本,薪酬就是人力资本投资企业所获得收益的回报;现代企业管理理论认为,人作为一种资本投资,其取得的报酬是企业利润分红的一种形式,是促进企业与员工共同发展的手段。现在,越来越多的人赞成这样的观点,知识才是组织发展的根本源泉,一个人薪酬的多寡应取决于其对组织知识的贡献程度。对于薪酬理解的不同,归根结底是对企业中人的地位与作用的理解不同,所以出现了不同的薪酬原则。

(一) 按劳分配原则

传统经济理论将劳动力视为商品,薪酬也就成为劳动力的价格,其高低根据劳动者从事劳动时间的长短、劳动强度和生产产品的数量确定,即实行"按劳分配"原则,具体表现为按照时间或工件计算的计时工资或计件工资。在按劳分配原则下,影响员工薪酬高低的主要因素是工作时间,而工作时间是相对固定的,所以报酬通常也是固定的。尽管按劳分配原则存在不合情理的地方,但按劳分配原则仍然是当前劳动者取得劳动报酬所遵循的主要原则之一。在实施按劳分配原则的过程中,难点在于区分脑力劳动和体力劳动、复杂劳动与简单劳动,但与员工的努力程度和对企业贡献大小的关系不大,往往缺乏激励性。

(二) 按生产要素分配原则

所有制形式决定分配形式,我国现阶段多种所有制经济共同发展,要求有与之相适应的分配结构,这就决定了社会主义初级阶段必然存在多种分配方式,按劳分配和按要素分配相结合。无论是劳动、资本、土地,还是知识、技术、管理、数据,都应该按各自贡献获得回报,国家在政策上鼓励和保护要素价值合理实现、要素投入和贡献获得应有回报。

按照生产要素进行分配的原则,是我国加快完善社会主义市场经济体制的内在要求,既体现了生产力决定生产关系及分配关系的客观规律,又是知识经济时代生产要素内涵大为拓展的外在体现。

---

① 贺爱忠:《21世纪的企业人力资源管理》,《中国软科学》,2000年第2期,第37—39页。

(三)按职责分配原则

随着所有权和经营权的分离,企业管理层级增加,员工在不同层级内从事不同的工作,他们的职责差别很大。在企业规模和盈利数量保持不变的情况下,根据"责权利"统一的管理原理,在不同岗位从事不同工作的员工按照所承担职责的大小取得不同数量的薪酬。员工所处的岗位重要、责任大,薪酬相对就高。企业作为一个复杂的系统,内部各部门、各岗位都是相互联系、相互促进的,职责划分越清楚,工作就越难协调。所以,按职责分配原则必然要强调多方面的平衡与协调,不同岗位采取不同的薪酬策略。

(四)激励报酬原则

根据激励公平理论,员工的工作积极性既取决于绝对报酬,又取决于相对报酬。因此,员工薪酬的确定不仅取决于其当前投入,还应该考虑到其过去的薪酬与投入和其他可比较对象的薪酬与投入。从激励企业其他员工角度讲,员工之间薪酬的差距不能太大。否则,确定的薪酬就失去了对员工的激励作用。

(五)市场化原则

对企业所有者来说,确定员工薪酬的最终目的是激发他们的工作积极性、主动性和创造性,确保企业资产的保值增值和企业的市场竞争力。员工凭借他们的人力资本价值获得的薪酬,只有在市场上才能得到客观的衡量,既能体现员工个人价值,又能保证企业吸引足够的人才,维持企业的可持续发展,实现人力资源的优化。所以,确定员工的薪酬要考虑通过市场机制的重要作用来实现。

(六)竞争性原则

当今市场竞争的焦点就是人才竞争,要想吸引、留住人才,薪酬标准就要具备足够的吸引力。不具备竞争能力的薪酬系统不仅不会吸引优秀人才的加盟,而且还会造成人才流失。除较高的薪酬水平和正确的薪酬价值取向,灵活多元化的薪酬结构也越来越引起人才的关注。当然,薪酬水平并不能无限制地拔高,研究显示,当员工的薪酬水平达到一个高度之后,薪酬提高对他们的激励作用很微弱。

(七)合法性原则

薪酬系统的合法性是企业薪酬设计所应达到的最低标准。企业作为一个人格化的主体,它的行为受到国家法律法规的制约,同时也是法律保障劳动者权益的体现。合法性原则要求企业遵守国家制定的有关薪酬的相关政策、法律法规及一系列管理制度。由于我国法制建设起步较晚,许多方面仍在充实完善之中,很多企业就钻法律的空子,一时间出现了很多企业违法违规的现象,如拖欠、扣留和拒付员工工资等现象。2008年1月《劳动合同法》(2012年12月修订)的实施,成为我国很多企业招聘员工、确定薪酬的重要依据,有效制约了企业拖欠员工工资的不法行为,保障了劳动者的合法权益。

(八) 战略导向原则[1]

企业薪酬的确定和薪酬系统的设计最终都是为了实现企业的战略,薪酬设计应该与企业战略相匹配。薪酬确定与战略匹配原则要求企业在进行薪酬设计过程中,不仅要时刻关注企业的战略需求,还需要把实现企业战略转化为对员工的期望和要求,然后把对员工的期望和要求转化为对员工的薪酬激励。

三、薪酬确定的主要影响因素

员工的薪酬通常指经济上的报酬,而这些报酬给付的方式多种多样。[2] 企业应该采用哪种方式、考虑哪些影响因素,从权变的观点看,没有唯一的答案,主要看是否合理、合法且有利于企业所有者预期目标的实现,即主要考虑以下几个方面:

(一) 员工的行为成本

员工的行为成本主要由长期投资形成的人力资本和从事该职业的现实行为成本两部分构成。员工从事一项工作,不仅需要良好的文化知识素质、思想素质,还要有出色的工作技能。这些能力和素质并非与生俱来,而要靠后天的学习、培养和积累,这些就是长期投资形成的人力资本。员工的现实行为成本指的是员工从事某种职业所需要付出的劳动、花费的时间、消耗的精力。

员工的长期投资成本虽然难以核算,但可以从他们的学历、文凭、技术职称和工作年限等方面进行衡量;员工的现实行为成本往往与他们在工作中所承担的责任紧密联系,责任越大,行为成本就越高。而员工的行为成本越高,其预期获得报酬就越高。

(二) 员工的贡献

如果说员工的行为成本是对他们所从事的职业进行投入的话,他们对企业的贡献就是投入的产出。员工贡献越大,获得的报酬就越多。但判别员工贡献大小的困难在于无法有效区分人力资本与其他生产要素对企业贡献的不同。

(三) 员工的机会成本

影响一个人职业选择的因素很多,其中一个重要的依据就是他的机会成本。当员工在多个职业之间进行选择的时候,如果从事其他职业所能获得报酬比该职业高,在其他条件相近的情况下,他们就会放弃该职业。

一个人可能从事的职业是多种多样的,他选择职业的机会成本的大小,别人是无法

---

[1] 华茂通咨询:《现代企业人力资源解决方案》,中国物资出版社 2003 年版,第 19—20 页。
[2] 赵曙明:《人力资源管理研究》,中国人民大学出版社 2001 年版,第 159 页。

衡量的,但可将与其素质能力相近的员工的平均收入作为衡量其机会成本大小的一个依据。

(四) 企业盈利状况和支付能力

根据企业发展的生命周期理论,企业处在不同发展阶段,盈利水平不同,财务状况也有所不同。所以,企业支付给员工的薪酬不能超出企业支付能力许可的范围。员工的薪酬是企业经营成本的一部分,因此,薪酬的数量必须考虑企业的盈利水平和支付能力。

(五) 企业所在行业的薪酬水平和薪酬策略

员工薪酬的确定,还受到企业所在行业整体薪酬水平和薪酬策略的影响。企业为了在本行业内吸引人才、留住人才,保持竞争优势,必须参考同行企业的薪资水平。行业中其他企业的薪酬水平和薪酬策略,是公司确定员工薪酬的重要参照。

第二节 薪酬管理与薪酬体系

科学、合理的薪酬管理能够帮助企业提高整体运营效率,成为企业发展的有效管理工具。然而,当需要考虑薪酬与企业的运营发展、战略管理、价值观念等多方面关联时,薪酬系统就变得非常复杂、难以操控,对经营管理者来说,在实践管理中让薪酬体系发挥有效作用也就更加困难了。

面对这样的现状,我们应该如何应对,如何解决问题呢?这一问题是薪酬体系与企业薪酬管理结构优化的问题,它不仅涉及薪酬管理的目标和内容,还涉及企业薪酬体系的设计问题。

一、薪酬管理的目标与内容[①]

企业薪酬战略的决定、薪酬制度和体系的设计和管理必须围绕企业的薪酬目标展开,薪酬管理的主要目标有吸引企业发展所需的高素质人才,提高员工工作的积极性和满意度,实现企业目标和员工目标的协调发展以及提升企业的竞争优势等。围绕薪酬管理的目标,企业薪酬管理的内容大致包括:

(一) 选择合适的薪酬政策

企业的薪酬政策,就是企业管理者对企业薪酬管理运行的目标、任务和手段的选择和组合,主要内容包括企业薪酬成本投入政策和企业根据自身情况选择的薪酬制度。确定薪酬制度首先需要确定薪酬管理时间策略,即薪酬系统的设计与实施领先于或落后于

---

① 刘洪:《薪酬管理》,北京师范大学出版社2007年版,第22—24页。

企业系统的其他方面(如经营战略、组织结构、组织文化)的设计与实施;还包括工资构成管理,即确定不同员工的薪酬构成项目及各薪酬项目所占的比例,以及薪酬整合的层次,即企业必须决定是以员工个体业绩为基础,还是以部门绩效为基础给予薪酬等;此外,还包括薪酬支付形式管理,即确定薪酬计算的基础是按劳动时间计算还是按照生产额、营运产值计算。总之,关键是要选择与企业发展战略、实际情况相适应的薪酬政策。

(二)制订科学的薪酬计划

所谓薪酬计划,就是企业预计要实施的员工薪酬支付水平、支付结构及薪酬管理重点等。企业在制订薪酬计划时,要通盘考虑,把握以下原则:一是与企业目标管理相协调。薪酬计划应该与企业的经营计划相结合,需综合考虑能否留住优秀人才,是否符合企业的支付能力、是否有助于企业的发展目标等三个要素。二是有利于增强企业竞争力。

(三)控制合理的薪酬总额

薪酬总额是企业掌握和控制人力成本的主要信息来源,对薪酬总额的核算及控制十分重要,需要考虑的因素包括市场薪酬水平、企业支付能力、员工生活费用及员工现有薪酬状况等。

企业内部各类员工的薪酬水平应以能够实现劳动力与企业之间公平的价值交换为原则。在决定员工的报酬时,企业要建立衡量员工劳动价值的标杆,在此基础上确定员工业绩评价方式。业绩评价两种典型的方式是行为测量和结果测量,行为测量是指员工如何完成任务,结果测量是指员工完成了什么。需要指出的是,职务分析与工作评价是上述过程中保证内在公平的关键步骤。

(四)设计和调整薪酬结构

所谓薪酬结构,是指企业中各项职位的相对价值及其实付薪酬之间的关系,也指员工之间的各种薪酬比例及其构成。薪酬结构的设计与调整主要包括:企业工资成本在不同员工之间的分配,职务和职位工资率的确定,基本、辅助和浮动工资以及基本工资、奖励工资的调整,等等。

工作完成难度越高,对企业的贡献越大,对企业的重要性越高,就意味着其相对价值越大。使企业内所有工作的薪酬都按同一贡献率原则确定,保证了薪酬制度的内在公平性,但还必须据此转换成实际的薪酬值,这就需要薪酬结构设计。

二、企业的薪酬制度与体系

在现代企业制度中,薪酬制度是企业人力资源管理系统不可缺少的组成部分,从企业的生存、发展到战略的实施、目标的实现,再到企业内部保持稳定和拥有一支优秀团队,无处不体现着薪酬制度的存在价值。薪酬制度是指依据国家法律、法规和政策的规定以及市场经济的客观规律,为规范薪酬分配行为所制定的系统性准则、标准、规章、实施措施和具体分配形式的总称。[①]

一般而言,有效的薪酬制度具备对内的公正性、对外的竞争性、对个人的激励性和易于管理性四个特征。企业根据对其薪酬制度的分析,诊断出企业的薪酬制度是继续维持原来的状态,还是进行部分的改进或者是整体的重新再造。不管企业的薪酬制度如何变化,都要确保其符合企业战略需要、兼具内外公平性、节省成本且富有效率,还要考虑到国家政策及相关的制度限制。一个健康有效的薪酬制度可以更好地适应企业的组织结构,为企业战略目标的实现提供更好的服务。

企业在不同的发展阶段具有不同特征,有着不同的需要,而且任何一种结构形式的适用性和高效性都是有条件的,因此任何一个组织都不能一成不变地采用一种形式,处于不同成长阶段的企业应选择不同的组织结构形式。因此,本节将选取目前常见的扁平组织、矩阵组织、学习型组织等三种组织结构,分别讨论与之适应的薪酬制度。

(一) 扁平组织结构下的薪酬制度

在传统组织架构的薪酬体系设计中,基于组织中岗位和职能的分工和差别,形成了诸如职务薪酬制、等级薪酬制等形式的薪酬体系。由于传统组织结构分工过细,管理层次过多,造成管理成本大大增加,阻碍了企业薪酬管理的整体优化。弊端主要表现在:一方面,员工的薪酬与职位或行政等级紧密联系,这就容易造成某些员工为了达到提高个人薪酬的目的,忽略业务素质提高和本职工作,而把主要精力放在讨好领导甚至不择手段压制他人以获得职务升迁等非正当竞争方式上,使得优秀员工失去工作积极性;另一方面,由于员工薪酬等级层次多,在薪酬管理过程中制定的职务薪酬层级就更多,这既缺乏科学性又不具有可操作性。

由于等级森严的职位级别往往导致传统组织架构的企业僵化及管理低效,现代企业倾向于采用扁平化的组织结构,其显著特点是管理层次少、局部配合及组织适应能力强。与此相应,扁平组织更多采用宽带薪酬这种新型的薪酬管理模式。

宽带中的"带"是指薪酬级别,宽带则指薪酬浮动范围比较大。通过宽带薪酬设计,在组织内用少数跨度较大的薪酬范围来代替原有数量较多的薪酬级别的跨度范围,将原来多达十几个甚至更多的薪酬等级压缩成几个级别,取消原来狭窄的薪酬级别带来的不同职位、不同岗位之间明显的等级差别。同时,将每一薪酬级别所对应的薪酬浮动范围拉大,从而形成一种新的薪酬管理系统及操作流程。宽带薪酬打破了传统薪酬结构所维护和强化的等级观念,减少了职务、岗位之间的等级差别,有利于职位轮换,培育员工在组织中跨职能成长的能力,还有助于企业保持自身组织结构的灵活性和有效适应外部环境的能力。

---

① 陈思明:《现代薪酬学》,立信会计出版社2004年版,第73页。

(二) 矩阵组织结构下的薪酬制度

早在 20 世纪 50 年代末,矩阵组织就被美国用于执行巨大的军事生产计划。在这样的组织结构中,按职能划分的部门和按产品(或项目)划分的小组结合起来组成一个矩阵,既同原职能部门保持组织与业务上的联系,又参加产品或项目小组的工作。为了保证完成既定的管理目标,参加项目的每个员工都在负责人直接领导下进行工作,这些员工受项目小组领导者和原职能部门领导者的双重领导。

随着矩阵组织结构的广泛应用,科学、合理地设计矩阵组织结构下的薪酬制度日显重要。一般情况下,员工薪酬根据其所任职位与责任大小及企业自身薪酬支付水平来确定,但在矩阵组织结构管理体制下,员工因为在项目中承担角色的不同,职位随着项目的变化而变化,他们所承担的责任以及对组织的贡献度也在不断变化。同时,企业价值创造能力决定着企业薪酬支付水平,而决定薪酬公平性的因素主要依靠内部公平性,所以在矩阵组织结构下,要根据员工职位的变化实行动态的薪酬管理,既要考虑到员工对项目的贡献度和在项目实施中的工作能力、工作水平,又要兼顾员工在所属组织中的职务和责任。

矩阵组织结构将企业的横向与纵向关系相结合,有利于协作生产,针对特定的任务进行人员配置有利于发挥个体优势和集体合作优势,提高项目完成的质量和劳动生产率,同时各个员工不定期的组合有利于信息交流,增加互相学习机会,提高专业管理水平。

(三) 学习型组织结构下的薪酬制度

自从美国麻省理工学院彼得·圣吉教授《第五项修炼》一书出版以来,"学习型组织"的理论和实践迅速风靡全球。学习型组织是指面临剧烈变化的外在环境,组织应力求精简、扁平化、终生学习、不断自我组织再造,以维持竞争力。学习型组织不仅具有持续学习、创新发展的能力,而且具有高于个人绩效总和的综合绩效和顽强的生命力。创建"学习型组织"不是简单的加强学习,而是组织思想观念、工作方式、组织结构和运作机制的一场根本性变革。

企业之间的竞争由原来的产品、技术、管理等方面的竞争转化为人才的竞争。因此,掌握知识的知识型员工也逐渐成为企业的核心资源。如何高效率地发挥知识员工的作用,关键就在于如何建立起科学有效的知识员工激励和约束机制,其中最核心的问题就是薪酬问题。针对知识员工的特点,企业采取的薪酬策略如下[①]:

1. 对知识员工的基本薪酬原则

(1) 战略导向原则:是指将企业薪酬体系的构建与企业发展战略有机地结合起来,使企业的薪酬成为实现企业发展战略的重要杠杆。

(2) 透明原则:从经济学角度来讲,信息的对称性与最大化是个体做出利益最优决

[①] 胡振华、朱娜:《对知识员工的薪酬管理体系研究》,《企业技术开发》,2004 年第 10 期,第 36 页。

策的前提;从管理心理学的角度来讲,员工了解目标的期望值和效价,才能产生更强的激励力量,对自我意识较强、文化素质较高的知识员工更是如此。

(3) 公平原则:包括外部公平性、内部公平性和自我公平性。外部公平性指的是同一行业、同一地区或同等规模的不同企业中类似工作和职务的报酬应当基本持平;内部公平性指的是同一企业中不同职务所获报酬有一个匀称的比例关系,只要比例一致,员工便认为企业的薪酬设计是公平的;自我公平性指的是在同一企业中处于相同岗位的员工获得的报酬应与其付出成正比,要体现多劳多得,干好干坏不一样。薪酬设计如果不公平,会导致员工敬业精神弱化,积极性不高。

(4) 注重能力导向与绩效导向原则:由于知识员工特别注重自身能力的提高与成长,能力导向型的薪酬能激发知识员工不断学习,而他们所具有的能力与知识又是企业得以发展的重要动力,所以这将取得双赢的结果。绩效导向型的薪酬,不仅要把事后的薪酬支付与事前的绩效考评结果挂起钩来,并且在制定薪酬体系时,要特别注意和强调薪酬对绩效的事前导向功能及决定作用,使员工产生较好的预期行为。

(5) 长短期激励相结合原则:知识员工队伍的稳定性对于企业非常重要。短期薪酬激励主要是由基本薪酬、年薪、年度或短期奖励计划、福利计划等构成;长期激励常用的方式有股票期权、员工持股计划、技术入股等。激励知识员工更需要长短期激励相结合,它能减少员工的短期行为,使员工利益与企业命运紧紧联系在一起,并鼓励员工从战略的高度考虑公司的发展前景。

2. 实施全面薪酬战略

较高的薪酬福利待遇对于吸引留住知识员工会起到保障的作用,但要真正激励他们发挥自己的潜能,不能仅有金钱激励,而应导入全面薪酬战略。全面薪酬,即企业薪酬项目可以分为内在薪酬与外在薪酬两大类,内在、外在薪酬又分别可分为直接薪酬与间接薪酬。

3. 知识员工的薪酬结构和薪酬水平

(1) 知识员工的薪酬结构。薪酬结构宽带化是指在组织内用少数跨度较大的工资范围来代替原有数量较多的工资级别的跨度范围。宽带薪酬打破了传统薪酬结构所维护的等级制度,有利于企业引导员工将注意力从职位晋升或薪酬等级的晋升转移到个人发展和能力的提高方面,给予了绩效优秀者更大的薪酬上升空间。可以说,宽带薪酬的出现适应了组织机构扁平化的需要,有利于企业提高效率以及创造学习型的企业文化,对知识员工能起到更大的激励作用。

(2) 知识员工的薪酬水平。决定和影响一个企业薪酬水平的因素很多,如企业自身实力、所处发展阶段、企业发展战略、劳动力市场供求状况、竞争对手的薪酬水平等,目前常用的确定企业薪酬水平的方法是市场薪资调查与分析。而在企业内部,知识员工的薪酬水平较非知识员工的要高,这是普遍存在且合理的现象,给予知识员工较高的薪酬水平体现了企业的薪酬政策向知识员工的倾斜,目的是提高知识员工的工作积极性和创新性。

4. 知识导向与可持续发展相结合

人类社会正在经历着由工业社会向信息社会过渡的变革时代,社会经济、政治、科技快速发展。进入知识经济时代后,企业出现了一个新的工作者群体,即知识工作者,也叫知识员工。这一概念是由美国学者彼得·德鲁克首先提出的,指的是"那些掌握和运用符号和概念,利用知识或信息工作的人"。随着时间的推移,知识员工的范围也得到扩展。一般来说,那些主要利用脑力劳动创造价值的人都可以称为知识员工。可以说,在学习型组织中的员工也都是知识员工,他们通过不断的学习,依靠学习获得的知识进行创新和工作。而学习型组织中的五项技能勾勒出的学习型组织的基本图景,其内在的本质就是在个体知识充分交流的基础上进行的共同知识的创新。

在全球化的激烈市场竞争之中,企业要实现可持续发展,培育核心能力是关键途径。因此,企业核心能力培育已经成为企业竞争的基本战略,而获得核心能力途径的关键在于提高企业组织学习能力,在不断学习修炼中培育和提高企业的核心能力。因此,通过周密筹划的薪酬设置和组织学习,企业不仅可以提高内部资源和知识的利用率,不断创造出新知识,而且可以形成并不断提高自身的核心能力,实现可持续发展的战略目标。

三、薪酬设计

薪酬设计首先要确定的是员工薪酬的各构成项目及各自所占的比例。一个合理的薪酬结构应该既有固定薪酬部分,如基本工资、职位工资、技能或能力工资、工龄工资等,又有浮动薪酬部分,如效益工资、业绩工资、奖金等。

薪酬体系中各部分所占的比例不同,企业所传达的薪酬导向也是不同的。传统的薪酬设计类型主要有以工作为导向的薪酬设计、以员工能力为导向的薪酬设计、以绩效为导向的薪酬设计、组合薪酬设计等。

(一) 以工作为导向的薪酬设计

以工作为导向的薪酬设计的特点是,员工的薪酬主要根据其所担任的职务(或岗位)的重要程度、职级的高低以及劳动环境对员工的影响等来决定。薪酬随着职务(或岗位)的变化而变化,职位工资制、职务工资制等都属于以工作为导向的薪酬结构。

以工作为导向的薪酬设计有利于激发员工的工作热情和责任心。缺点是无法反映在同一职务(或岗位)上工作的员工因技术、能力和责任心不同而引起的贡献差别。该类型比较适用于各工作之间的责、权、利明确的企业。

(二) 以员工能力为导向的薪酬设计

以能力为导向的薪酬设计特点明显,即确定员工薪酬的主要根据是员工所具备的工作能力及在工作中具备的职业发展潜力。职能工资和我国过去在工人中实行的技术等级工资都属于这种薪酬设计。

以能力为导向的薪酬设计的优点是有利于激励员工提高自身技术和能力,不足在于经常忽略员工工作绩效及能力的实际发挥程度等因素,企业薪酬管理成本较高且适用范围窄,只适用于技术复杂程度高、劳动熟练程度差别大的企业,或者是处在艰难期、急需提高核心能力的企业。

(三) 以绩效为导向的薪酬设计

以绩效为导向的薪酬设计,特点是员工的薪酬主要根据其近期劳动绩效来决定,员工的薪酬随劳动绩效量的不同而变化,并不是处于同一职务(或岗位)或者技能等级的员工都能保证拿到相同数额的劳动薪酬。计件工资、销售提成工资、效益工资等都属于这种薪酬设计。

以绩效为导向的薪酬设计,其显著优点是激励效果好。缺点在于往往导致员工只重视眼前效益,不重视长期发展,没有学习新知识和技能的动力;只重视自己的绩效,不重视与人合作及交流。以绩效为导向的薪酬设计比较适用于任务饱满甚至有超额工作任务,同时绩效受内部影响更大的企业。

(四) 组合薪酬设计

组合薪酬设计的特点是将薪酬分解成几个组成部分,分别依据绩效、技术和培训水平、职务(或岗位)、年龄和工龄等因素确定薪酬额。组合薪酬设计使员工在各个方面的劳动付出都有与之对应的薪酬,某员工只要在某一个因素上比别人出色,就能在薪酬上反映出来。岗位技能工资、薪点工资制、岗位效益工资等都属于这种薪酬设计。

组合薪酬设计的优点是全面考虑了员工对企业的投入。在企业实际薪酬管理中,单纯采用以绩效为导向的薪酬设计,或者以工作为导向的薪酬设计,或者以能力为导向的薪酬设计的情况并不多,总是把几种体系结合起来,扬长避短。因此,组合薪酬设计适用于各种类型的企业。

四、设计薪酬体系需要考虑的内容

科学、合理的薪酬体系可以充分体现员工的价值,还可以起到有效的激励、督促作用,有助于企业顺利实现战略目标。进行薪酬设计时,要考虑企业外部和内部各种环境因素的影响,主要包括薪酬的结构内容和薪酬的决策程序两个方面,简称内容维度和过程维度。

(一) 薪酬结构的内容维度

(1) 确定薪酬的基础。从企业类型出发,根据员工从事工作的性质或员工具备的技术和能力支付薪酬,既是以岗位为基础的薪酬制度,还是以技能为基础的薪酬制度。一般来说,以岗位为基础的薪酬制度强调岗位层次,晋升是鼓励员工的重要方式;以技能为基础的薪酬制度鼓励员工做好本职工作。

(2) 绩效薪酬。根据资历还是业绩确定员工薪酬是企业在设计薪酬制度时必须面对的问题。实施以绩效为基础的薪酬计划,绩效必须是可衡量的。

(3) 企业的市场地位。企业的市场地位和态势影响到内外部氛围,如果管理者考虑把公司变得出类拔萃并成为市场的领先者,那么其薪酬体系的设计也要优于市场中的同行。

(4) 内部公平性与外部竞争性。企业制定的薪酬制度要考虑到内部公平性,在不同部门或不同业务岗位要实现同工同酬。如果要树立企业的良好雇主形象,劳动力市场的一般支付水平就是支付员工薪酬的关键性影响因素,因此,企业还要考虑薪酬制度要具有一定的市场竞争优势。

(5) 集中—分散的薪酬战略。采用集中薪酬战略的企业有专门人力资源管理部门负责制定标准化的薪资标准,采用分散薪酬战略的企业则允许各个单位自行决定薪酬制度。

(6) 等级的层次。企业确定不同的薪酬等级,员工根据他们在企业所处的等级地位获得相应的薪酬;或以团队为基础平均获取薪酬,但团队与团队之间也要在薪酬等级上形成区别。

(二) 薪酬结构的过程维度

(1) 沟通政策。根据企业的经营理念,薪酬是采取开放的还是封闭的政策体系。

(2) 决策的实践。员工的参与能使员工对薪酬体系提出重要的意见和建议,有助于他们接受企业的改革方案,因而要鼓励员工参与薪酬体系的设计与实施。

第三节 薪酬激励

美国著名的心理学家威廉·詹姆斯(William James)的相关研究表明,在没有激励措施的情况下,员工一般仅能发挥工作能力的20%—30%,而当他受到激励后,其工作能力可以提升到80%—90%,所发挥的作用相当于激励前的3—4倍。可见,对员工进行有效的激励才能真正挖掘员工的潜力,发挥其在企业运营中的作用。而企业内部员工千差万别,需要针对不同的员工、团队采用不同的激励方式。

一、薪酬激励的分类[①]

一般来说,有效的薪酬激励一般建立在以下三个假设基础之上:首先,个人和工作团队对公司贡献的差别不仅在于他们工作的性质,而且在于他们工作的质量。其次,公司经营的最终结果在很大程度上取决于公司内部个人和团队的工作表现。最后,为了吸引、留住和鼓励优秀员工,并且公平对待所有员工,公司需要根据员工的工作表现给予奖励。

员工的工作绩效主要取决于他的工作能力和对他的激励程度。也就是说,科学有效的激励机制能让员工发挥出更大的潜能,为企业创造更大的价值。尽管薪酬不是激励员

[①] 彭剑锋:《人力资源管理概论》,复旦大学出版社2003年版。

工的唯一手段,但薪酬激励却是一个非常重要、最容易被管理者运用的激励方法。薪酬激励一般有以下三种划分方式:

(一) 按照激励的对象划分

薪酬激励计划按照激励对象的角度可以划分为个人激励计划、团队激励计划与组织激励计划,针对每个对象的层次都可以有长、短期激励的安排。

个人激励计划是指奖励独立工作的员工,有些公司采用计件制度。计件制度通常是针对生产人员。根据计件制,员工的薪酬取决于他在给定时间内生产的产品数量。

团队激励计划是指鼓励员工之间的互相支持和协作。团队奖励适用于制造业和提供服务的环境中相互协作的工作班组。在收益分享计划中,团队成员分享团队提高生产力、生产质量或节约成本的成果。

组织激励计划是指把员工的薪酬和公司长、短期内的业绩联系在一起。

(二) 按照激励的周期划分

按照支付的周期可将薪酬激励划分为短期激励计划和长期激励计划。短期激励计划可以针对广大员工也可以针对特定的群体(如销售人员),只要他们的绩效目标易于设定并且在短期内可以见效,就都适用短期激励计划。这种激励一般采用数量化的绩效标准,按月度、季度进行支付,比如某公司的短期激励计划的安排:每个季度如果资本回报率超过了8%的目标,员工就可以得到一天工资额的奖金。长期激励计划是指以年度为支付周期,往往与授予股票、股权等有关,它一般针对高层管理人员或专业技术人员,但目前对普通员工进行股权奖励也比较常见。

(三) 按照激励的形式划分

激励的形式可以分为外在激励和内在激励。外在激励的表现形式一般以经济性薪酬为主导,内在激励一般以非经济性薪酬为主导。经济性薪酬是指运用经济方面的手段使受激励者得到物质方面的满足,从而进一步调动其积极性、主动性和创造性。非经济薪酬是指个人对工作本身或对工作在心理与物质环境上的满足感。这种非经济薪酬涉及员工在工作中的心理与物质环境,例如工作中的成就感、挑战性、合适的工作环境等。对于一些员工,特别是对知识型员工来说,非经济性薪酬更重要。随着经济的发展和对人才管理的日益重视,非经济薪酬的激励会越来越被人们所重视。

二、薪酬激励的技巧和策略

薪酬既不是激励员工的唯一手段,也不是最好的办法,却是一个非常重要且易操作的方法。薪酬总额度相同,支付方式不同,最终效果就会不同。所以,要实现薪酬激励效能的最大化,需要掌握一定的技巧和策略。

（一）在薪酬构成上合理增强激励性因素

根据双因素激励理论，广义的薪酬分为两类：一类是保健性因素，如工资、固定津贴、企业内部统一的福利项目等；另一类是激励性因素，如奖金、物质奖励、企业股份、培训等。在企业运行过程中真正能调动员工工作热情的，是激励性因素。

如果员工工作热情不高、表现懒散，企业想加大激励力度，就可以采用高弹性的薪酬模式，即加大浮动工资、奖金、佣金的比例，缩小薪酬构成中不可变动的部分的比例。反之，招聘困难的新兴企业，可以采用稳定的薪酬模式，即增加薪酬中的固定部分，提高员工的安全感和归属感。

（二）设计适合企业员工需要的福利项目

完善的福利系统是一个企业人力资源系统健全的重要标志之一，对吸引和保留员工非常重要。福利项目设计得好，不但能免除员工的后顾之忧，增加他们对企业的忠诚度，而且可以通过节省个人所得税的支出降低员工劳动的成本，提高企业的社会声望。

根据政府的规定，企业员工的福利项目可以分成两类：一类是强制性福利，企业必须按政府规定的标准执行，如养老保险、失业保险、医疗保险、工伤保险、住房公积金等；另一类是企业自行设计的福利项目，如人身意外保险、补充医疗保险、家庭财产保险、午餐补助或免费工作餐、俱乐部会费、提供住房或购房支持计划、提供公车或报销一定的交通费、特殊津贴、带薪假期等。员工有时会把这些福利收入折算成个人收入，用以比较企业是否具有物质吸引力。

对企业而言，福利是一笔庞大的开支（在外企中能占到工资总额的30%以上），但对员工而言，其激励性不大。最好的办法是根据员工的特点和具体需求列出一些福利项目，并规定福利的总值，让员工自由选择，各取所需。这种方式区别于传统的整齐划一的福利计划，具有很强的灵活性。

（三）选用具有激励性的计酬方式

计酬方式通常包括按时计酬、按件计酬、按绩效计酬等，这几种计酬方式各有利弊，其中激励效果最小的是按时计酬，其激励作用仅仅体现在每年调薪前后的一段时间。但它的优点也很明显：收入稳定，员工安全感强；操作性强；劳动力成本易于预测；不会因为强调产出数量而忽视质量；等等。按件计酬对员工的激励作用十分明显，但它仅适用于产出数量容易计量、质量标准明晰的工作，对知识工作者的工作很难计酬。在IT行业，最通常采用的是按时计酬与按绩效计酬相结合。它需要事先设定具体的工作目标，考核期结束时或项目完成后根据实际工作业绩评估结果计算浮动薪酬或提取佣金，业绩薪酬由团队业绩和个人业绩两部分决定。对于高级职位，企业利润常作为重要业绩指标与其薪酬挂钩。由于薪酬与可量化的业绩挂钩，更具激励性和公平性。这种方法需要有合理的目标设定方法和良好的绩效考评系统做支持。

对于高科技企业中的研发人员，根据项目管理的相关法则，可以按研发项目中的若干关键阶段设置多个"节点",对按计划完成者实行奖励。另外,将研发人员的部分薪酬与产品的销售状况挂钩、增加加薪机会,可以使薪酬支付方式更灵敏地体现员工业绩。

(四)重视对团队的激励

从激励效果看,奖励团队比奖励个人的效果要弱,但为了促使团队成员加强彼此之间的合作,同时防止上下级之间薪酬差距过大而导致低层员工心态不平衡的现象,非常有必要建立团队激励计划。有些比较成功的企业,用于激励团队的资金往往占到员工收入的很大一部分比例。对优秀团队的考核标准和激励标准,要定义清楚并易于理解。具体的激励分配方式有:一是以节约成本为基础的激励,比如斯坎伦计划(Scanlon Plan),将员工节约的成本乘以一定的百分比,奖励给员工所在团队;二是以分享利润为基础的激励,也可以看作一种分红的方式;三是在工资总额中拿出一部分设定为奖励基金,根据团队目标的完成情况、企业文化的倡导方向设定考核和评选标准对员工进行奖励,以达到激励的预期效果。

(五)采用股票期权奖励方式

股票期权奖励是企业有效激励员工的重要方式。很多上市企业实行了股票期权奖励,即使非上市企业也在探索员工持股办法。对于非上市企业而言,由于国内现行法律对此缺少比较明确的规定,在权益兑现方面缺少成功案例可供借鉴。但随着国内创业板及科创板上市规则的日益明晰以及这些高科技企业吸引更多的职业经理人、核心技术人才的需要,股权激励逐渐成为一种普遍现象,不断成为创业板企业、科创板和高科技企业留住人才和提升业绩的有力工具。

(六)针对薪酬与员工沟通时,要采取良好的沟通策略

有的企业在员工薪酬、福利待遇等方面花费很高,但对员工的激励效果不大。在这种情况下,要把福利方面的开支对员工进行详细说明,让他们明白企业所付出的代价。如果确信企业薪酬具有竞争力,为了让员工信服,还可以将薪酬方面的调查结果公开,甚至让员工参与薪酬方案的设计与执行。即使企业遇到暂时困难而必须减薪,只要能够坦诚相见,公平对待,同时充分发挥薪酬以外的优势,员工也会理解并能与企业同舟共济。

企业在与员工的博弈中如何既能有效控制薪酬成本,又能使员工获得激励呢?一种方法是降低员工对薪酬的期望值,如对员工预期的薪酬调整幅度和范围低调处理。当员工发现实际的薪酬调整幅度超过自己的预期,就会产生满足感。

(七)优待高层员工和核心员工

在薪酬有限的情况下,企业为了发展必须有重点地保留住核心员工和业务骨干。某著名公司在遇到业绩下滑的情况下,年度薪酬调整采取这样的策略:对高层员工采用高于市场平均值的薪酬增长率,对中层员工和业务骨干采用平均市场增长率,而对一般员

工则保持薪酬不变。对于一些新兴的高科技企业,或者实力不是很强的企业,这种方法非常有效。

第四节 经营管理者薪酬

企业经营管理者①的激励约束机制问题,是现代企业理论研究的一个核心问题。它主要研究在所有权与经营权分离的现代企业制度下,对具有独立经济利益的经营管理层进行激励和约束的制度设计及其有效性的问题。薪酬激励设计问题也是现代企业治理结构的重要组成部分,通过把经营管理者从企业经营中获得的报酬与企业业绩相联系,使经营管理者在分享企业剩余收益的同时,分担部分经营风险,促使其努力提高企业的经营业绩,从而有效解决现代企业中存在的委托代理问题。但企业所处的经营环境对企业经营管理者的薪酬激励机制影响较大,因而不同企业由于所处的环境不同,对企业经营管理者的薪酬激励所使用的方法也不同。

一、中国企业经营管理者薪酬制度的现状分析

随着社会主义市场经济体制的逐步建立和完善,企业薪酬制度已由单一的按劳分配方式向与市场经济体制相适应的企业经营管理者薪酬制度过渡。事实上,在经济体制改革发展的过程中,企业经营管理者的薪酬问题一直处在探索阶段,但当前的薪酬数量、薪酬结构在对经营管理者激励方面仍存在诸多问题。

(一) 不同行业经营管理者的薪酬水平级差较大

虽然近年来企业经营管理者的薪酬收入不断增长,但是收入水平仍然参差不齐。例如,界面新闻联合亿安保险共同发布2019中国A股上市公司高管薪酬榜显示,方大炭素董事长党锡江2018年的年薪为4 077万元人民币,而有的企业的高级经营管理者年薪仅有几十万元人民币。很难想象企业经营管理者在人力资本、市场价值和所承担的风险责任等方面存在如此巨大的差距,实际上,企业经营管理者不仅要承担企业获得巨额利润的经济责任,而且要承担下岗职工再就业、保障职工生活、维护社会稳定的社会责任和政治担当。

(二) 薪酬激励方式单一,固定收入比例过大

在薪酬的计算方式和结构上,除了一些实行年薪制的企业,大部分企业仍然实行企业经营管理者薪酬收入按月付薪的方式。这种以基本工资为主的固定收入比例过大、激

---

① 企业经营管理者是指那些从事企业战略决策并对企业的生产经营活动和企业经济效益、股东投资回报负责的企业高层管理人员。主要包括董事长、副董事长、董事、总经理、副总经理、党委书记(国有企业)、总工程师、总会计师、总经济师、总监等高层管理人员。

励性效果不足的薪酬结构,与企业经营管理者心中所期望的薪酬结构存在较大的差距,因而激励效果达不到企业薪酬管理的预期目标。

(三) 与绩效挂钩的风险性收入比例不高

由于受传统计划经济体制的长期影响,企业经营管理者的薪酬激励标准一直是政企不分、远离市场和缺乏人力资本价值意识,没有形成与经营管理者对出资者(所有者)的贡献相联系的薪酬制度,从而导致企业经营管理者的薪酬与绩效相关性偏低,风险性收入比例不高,企业经营管理者干好干坏在薪酬收入上差别不大,效益好与不好的企业之间的薪酬差距也不大。

(四) 股票期权等长期激励措施比例偏低

股票期权对企业经营管理者的激励效果在众多激励方式中居于前列,同时在企业经营管理者所期望的收入形式中,期权股份也名列前茅。然而现实中,股票期权等长期激励福利占企业经营管理者薪酬的比例还很低,与经营管理者期望值相差甚远。

(五) 薪酬内容尚需进一步明晰,福利和内部薪酬制度不够完善

企业经营管理者对于一些社会福利以及诸如自我实现、社会声誉和地位等精神激励因素比较看重。但是,企业在利用福利和内部薪酬进行激励方面还做得很不够,一方面原因是企业重视程度欠缺,另一方面是相关福利和内部薪酬制度不够完善,无法充分发挥制度的约束作用,以及更好地实现薪酬和福利制度的激励作用。

(六) 对国有企业管理者薪酬调控力度不够

国有企业特别是中央管理企业,在关系国家安全和国民经济命脉的主要行业与关键领域占据支配地位,是国民经济的重要支柱。改革开放以来,中央管理企业负责人薪酬制度改革虽然取得了一定的成效,对促进企业改革发展发挥了重要作用,但在企业管理者薪酬结构、薪酬水平、薪酬考核和薪酬信息的透明度等方面仍存在一些不尽合理、监管调控不够等问题。

二、经营管理者薪酬的主要模式

企业经营管理者薪酬给付的方式多种多样,从国内外的情况看,一般采取年薪制并辅助以股票期权制。具体模式及其薪酬结构有:

(一) 准公务员型模式

在国有企业中,有一部分企业以承担执行国家政策任务为主,它们以社会福利最大

化或以稳定社会民生战略为经营目标,而不是以利润最大化为经营目标,与私有企业相比,这些国有企业更类似于机关或事业单位等服务机构。掌握核心资源的国有企业,许多效益被公众认为并非真正意义上的经营红利。因此,国有企业经营管理者像外企、民企的高管那样拿超高薪水一直备受争议。尤其是过去一段时间以来,一些国有企业、中央管理企业负责人既拥有比较高的行政级别,又领取高薪酬。在一些沿海发达地区,能到国有企业或者央企担任负责人被认为是一种重用或"福利待遇",这些做法偏离了国有企业薪酬制度改革的初衷。因此,对于国有企业来说,业绩评价、薪酬设计都较难以经济效益为指导,而较适宜实行类似于公务员的薪酬制度。

这种模式的薪酬数量取决于经营管理者所管理企业的性质、规模及高层管理人员的行政级别。因此,国家对国有企业,特别是中央管理企业经营管理者薪酬结构进行规范调整,从过往由基本年薪和绩效年薪两部分构成,调整为由基本年薪、绩效年薪、任期激励收入三部分构成。

这种薪酬制度模式的激励作用机理类似于公务员薪酬制度的激励作用机理,即以职位升迁机会、较高的社会地位和稳定体面的生活保证作为主要的激励力量来源,而退休后的高生活水准保证也能起到约束短期行为的作用。

(二) 目标实现模式

目前我国有一大批国有企业面临特殊的问题,急需得到解决,例如亏损国有企业亟待扭亏为盈等。对于这一类企业,从激励经营管理者尽可能快地解决问题的角度出发,可以把他们的收入与这些有待解决的问题联系起来,如果经营管理者能在规定的期限内解决问题,便可获得较高收入,反之就只能拿到一般水平的薪酬。

这种薪酬制度模式的结构可以采用"基本工资+固定数量的奖金"的组合,其中基本工资可以略高于普通员工,而能否拿到奖金,考核指标就是特定的目标能否实现。

这种薪酬模式具有招标承包式的激励作用,激励作用很大。但是,如果评价指标设计得不好,也易引发短期行为,因此其激励作用的有效发挥在很大程度上取决于考核指标的科学选择、准确真实。

(三) 普通企业模式

这种薪酬模式适用于追求企业效益最大化的非股份制企业,可以采用"基本工资+奖金(风险收入)+养老金计划等福利+内在精神激励"的组合。确定基本工资时可以依据市场薪酬水平、企业资产规模、销售收入、员工人数等指标,确定由绩效决定的风险收入时,除要特别注意考虑一些较长期的指标,还可以参考行业平均效益水平来考核评价经营管理者的业绩。如果风险收入的比例达到一定水平,考核指标选择科学准确,相对于上述准公务员型模式和目标实现模式而言,这种多元化结构的薪酬模式更加具有激励作用。但是,该模式相对缺少激励经营管理者长期行为的指标,有可能影响企业的长期发展,因此有必要特别注意考虑一些较长期的指标加以弥补。

（四）普通公司模式

普通公司模式与普通企业模式相似，只是这种模式较适用于追求企业效益最大化的股份制企业，尤其是一些上市公司。其薪酬结构可以采用"基本工资＋奖金＋股票或股票期权等形式的风险收入＋养老金计划等福利＋内在精神激励"的组合。这是一种有效的薪酬激励模式，多种形式的、具有不同的激励约束作用的薪酬组合保证了经营管理者行为的规范化、长期化。但是，该方案的具体操作相对复杂，对企业具备的条件相对苛刻。

这里需要特别指出的是奖金和股票或股票期权这两种风险性收入的比例分配问题，相对奖金来说，股票或股票期权属于一种更长期的激励，因此，在经营管理者的薪酬中，股票或股票期权占有一定的比例是非常必要的。考虑到我国目前证券等相关市场发育得不完全，股票或股票期权的比例还不能一下子太高，只能随着改革的发展逐渐提高，以逐渐发挥其长期激励功能。在目前股票或股票期权比例较小的情况下，可以通过一些辅助规定来增强长期激励效果，如规定经营管理者在任期内（甚至是任期满后若干年内）不得变卖股票或股票期权等。

除了以上模式，还有企业采用"谈判工资""金色降落伞制①""沉淀福利制度②""职务工资制度""职位工资制度""年功序列工资制"等薪酬制度。那么，企业应该采用哪一种薪酬模式，或者应该创新什么样的模式呢？从权变观点看，没有唯一的答案，主要看是否合理、合法和有利于所有者预期目标的实现。

三、经营管理者薪酬确定存在的困难③

尽管从原理上能够对经营管理者的薪酬提出合理的确定方案，然而，其实现还存在一些困难有待克服。

（一）经营管理者行为成本的估算

为了获得资产所有者期望的产出，不同类型的经营管理者付出的代价是不同的，这

---

① 金色降落伞（Golden Parachute），又译黄金降落伞，指的是雇佣合同中按照公司控制权变动条款，对失去工作的管理人员进行补偿的规定。"黄金"意指补偿丰厚，"降落伞"意指高管可规避公司控制权变动带来的冲击而实现平稳过渡。

西方国家的"金色降落伞"主要包括一次性的契约解除补偿金、津贴和股票期权等。在中国，大部分企业领导人领到的是一笔退休金；而按照中国现行的退休制度，通常是每月发放一定的退休金，其余的可以包括一次性的奖金或是股票期权。

② 沉淀福利制度：部分企业采用高薪酬福利制度和期权并用的方式实现对员工的激励，以起到留住人才、长期规划的目的。在年金设定的权益归属方案中，规定服务满一定年限后方可获得相应的年金权益，与即时兑现的奖金福利相比，这种方式既有效激励了员工，又达到了类似期权的良好效果。如某公司年薪沉淀制度中规定，管理人员年薪从15万元到50万元不等。但当年只能拿走其中30%，其余70%沉淀下来，五年之后兑付。若要离职，他的沉淀工资或福利不能全部拿走。

③ 刘洪、赵曙明：《企业家薪酬确定的原则、影响因素与方案》，《中国软科学》，2000年第6期，第8—13页。

不仅表现在内容上,也表现在数量上。例如,经营管理者自身的成本就可以划分为四个方面的内容:长期投资成本(如受教育、培训、遭受失败等付出的代价)、短期成本(经营企业的劳动付出)、机会成本和风险等。此外,还有经营费用等。对于给定比较对象的经营管理者,寻找合适的成本角度,采用科学的计算方法,找出他们中成本最高者并确定其报酬数额,是制定激励报酬方案的基础。

(二) 资产所有者期望企业的目标

对于私有企业而言,企业的目标主要是经济利益最大化;对于国有企业,企业的目标是多重的,除了资产的保值增值这一目标,还有诸如劳动就业、环境保护、协调经济发展、稳定社会等目标。不同的经营管理者,各自企业所处的环境条件不同,其企业目标也就存在差异。要设计出有效的激励报酬方案,就得找出他们的共同目标和不同目标,并进行综合化、计量化,使其与经营管理者成本具有可比较性。

(三) 经营管理者的成本与企业产出之间的关系,以及经营管理者贡献在企业产出中的比例

一般来说,经营管理者的成本除了包括经营者的年薪收入,还应该包括经营管理者的职位消费成本。经营管理者的成本高低与经营管理者的激励效果、企业产出之间存在的关系尚待确定,企业的产出增加到底是市场作用,还是技术或者管理的原因?如果是管理的原因,经营管理者的贡献在其中所占比例大小如何确定?这些问题的回答是设计激励报酬方案的依据。

(四) 经营管理者比较对象的选择

一般说来,经营管理者比较对象越多,激励作用就越小。比较对象的确定不能由委托方单方确定,应该取决于代理者——经营管理者自己的参照对象。那么,根据地区、行业、企业类型或者经营管理者素质测评分类来选定经营管理者的比较对象,也是有待进一步研究的重要问题。

四、经营管理者年薪制

(一) 年薪制的控制要素

在年薪制的设计中,有五个关键的控制要素:年薪水平、年薪结构、年薪对象、业绩评估指标和风险抵押金。

1. 年薪水平

目前实行的年薪制案例中,经营管理者年薪水平大多与本地区或企业员工平均工资相挂钩。原国家劳动部规定企业经营者年薪收入不得超过企业职工平均工资的 4 倍,但在实际操作中各省、直辖市、自治区大多超出了这一范围。根据国家的相关规定,各地方

在制定经营管理者年薪制实施细则时不同程度地与所在企业员工收入及当地经济增长、物价水平相联系。

2. 年薪结构

按照相关规定,年薪主要包括基本年薪和风险收入两部分。基本年薪根据本地区和本企业员工的平均收入水平确定,经营管理者在完成企业年度经营目标后获得;而风险收入以基本年薪为基础,参照企业绩效、生产经营责任和风险程度等因素确定。在管理实践中,我国经营管理者人员年薪结构可以分为一元结构、二元结构和三元结构三种模式。一元结构模式将其全部收入设计为风险收入,二元结构模式将年薪分为基本年薪和风险收入两部分,三元结构模式则进一步将风险收入分为效益年薪和奖励年薪两部分,效益年薪与企业绩效紧密联系,奖励年薪则视超额完成指标情况而定。

3. 年薪对象

目前我国实行年薪制的企业中,年薪制究竟应该推广到经营管理者的哪一个层次,目前尚未统一。例如,深圳市对国有企业的董事长和总经理(通过市场化选聘的总经理除外)以及董事会和经营班子其他成员采取年薪制;重庆和湖北等省份的年薪对象则是企业董事长、总经理和党委书记;浙江省、辽宁省沈阳市还将企业其他经营班子成员也纳入了年薪对象,浙江省规定国有独资企业中除董事长、总经理外的其他经营班子成员年薪按照经营管理者人员年薪的60%—90%的比例发放;沈阳市规定党委书记年薪按经营者年薪的80%发放,其他领导班子成员年薪水平由公司经营者或董事会决定。

4. 业绩评估指标

财政部、原国家经济贸易委员会、原人事部、原国家发展计划委员会1999年联合印发的《国有资本金效绩评价规则》和《国有资本金效绩评价操作细则》,根据各地区不同行业不同规模的国有企业建立了相对应的包括财务效益、资产营运状况、偿债能力状况、发展能力状况的定量分析体系,以及影响企业经营绩效各种非定量因素专家评议的定性分析体系,并将二者相结合进行经营绩效评价,以其综合得分高低评价对象,按综合得分分值通过一定计算公式来决定企业经营管理者应得年薪水平。

国务院国有资产监督管理委员会2006年印发的《中央企业综合绩效评价管理暂行办法》规定,企业综合绩效评价由财务绩效定量评价和管理绩效定性评价两部分组成。财务绩效定量评价是指对企业一定期间的盈利能力、资产质量、债务风险和经营增长四个方面进行定量对比分析和评判;相关评价指标依据各项指标的功能作用划分为基本指标和修正指标。管理绩效定性评价是指在企业财务绩效定量评价的基础上,通过采取专家评议的方式,对企业一定期间的经营管理水平进行定性分析与综合评判;相关评价指标包括企业发展战略的确立与执行、经营决策、发展创新、风险控制、基础管理、人力资源、行业影响、社会贡献等方面。企业财务绩效定量评价指标和管理绩效定性评价指标构成企业综合绩效评价指标体系。各指标的权重,依据评价指标的重要性和各指标的引导功能,通过参照咨询专家意见和组织必要测试进行确定。评估指标基本上分为定性和定量两类。但评估指标体系过于烦琐和模糊,在操作过程中存在较大难度。

5. 风险抵押金(保证金)

各地的风险抵押金(保证金)都由专门部门进行管理,专户储存,利息续存。其来源基本上包括企业缴纳和扣发个人两种方式,分为以现金或有价证券、房产等缴纳、抵押等形式呈现。归还方式主要有以下两种,一种是企业经营管理者离任时一次进行审计确认,如企业业绩未达到既定标准,按一定比例相应扣减(以湖南、江苏为例);另一种是每年均进行相关审计,未完成指标,要相应计算负效益收入,从风险基金中抵扣,不足的,就从次年的效益年薪中扣减(以重庆为例)。

在实际操作中如何更好地实现经营管理者的参与约束条件,还没有形成统一的较好的解决方案,其中确定风险抵押金的额度是一个操作中的难点问题。如果数额较小,难以对公司经营管理者形成有效的约束,从而可能导致激励效果的变形;而数额过大的话,则可能使其和委托方难以形成委托—代理合同。因此,在风险抵押金额度设计问题上,应该寻求符合双方利益最大化的解决方案。

(二) 有效增强年薪制实施效果

1. 政府层面

取消"企业经营者年薪收入不得超过企业职工平均工资的 n 倍"的规定,让其年薪收入真正与企业绩效挂钩;在成立国资委解决所有者缺位问题后,应引入外部薪酬委员会,利用专家根据各地区和企业的不同实际情况分类进行制度设计和相应的管理监督工作;积极推进企业家市场和职业化企业家队伍的建立健全;应确立根据各企业实际情况分类设计的指导原则,改变一个地区"一刀切"的传统。加强企业业绩考核管理,引入独立公正的社会中介机构进行专项审计;加速建立真正意义上的现代企业制度;政府还应进一步推动相关法律、法规和规章制度的建立。

2. 制度设计

年薪对象应主要针对公司总经理和董事长,公司其他领导班子成员也可以纳入年薪对象,年薪水平按总经理和董事长年薪的一定比例确定,国外公司一般是按照总经理报酬的60%—70%确定其他主要管理人员的年薪收入。党委书记和工会主席如果是副职,可纳入年薪对象,否则应该另外针对他们设计制度;年薪结构的设置应根据地区和企业实际情况而定,可分为二元结构模式和三元结构模式,在引入股票和股票期权等长期激励手段的企业,原则上其年薪结构应以二元结构模式为主,在不能或不适于引入股票和股票期权等长期激励手段的企业应以三元结构模式为主,并适当加大奖励年薪的比例,引入延期支付对企业经营管理者进行长期激励和约束;基本年薪主要根据公司规模、工作年限、岗位职责和生活费用等因素决定,并在目前阶段可暂时与本地区和企业职工平均收入水平相挂钩。效益年薪和奖励年薪须完全与公司经营短期业绩实现情况挂钩,发放标准要根据地区和企业自身实际分不同情况进行调整;进一步完善风险抵押金制度;规范经营者的各种职务消费、福利和补贴,清理出不合理部分,防止其隐性收入对年薪制实施效果的"挤出"效应。

3. 指标体系的建立

以全面考虑和简单化为总体原则建立健全包括财务类指标和非财务类指标的完整

的企业业绩评价指标体系,财务类指标应覆盖企业财务效益状况、资产营运状况、偿债能力状况和企业发展能力状况;非财务类指标应重点关注企业技术装备更新、行业或区域影响、企业长期发展能力预测和产品市场占有率等方面。具体指标根据企业自身特点选定,不可同质化,并且应根据企业规模、行业竞争力和所处生命周期确定设置指标的繁简程度。

【本章案例分析】

员工激励:薪酬扮演了什么样的角色?①

正当美国国家篮球协会(NBA)四处物色其中国机构的将才之时,多家跨国企业的中国公司高管成了他们的猎头对象。

其中有一位最终胜出,他就是陈永正(Tim Chen)先生,这位微软大中华区前任首席执行官,转而出任美国篮球协会的中国公司首席执行官。当微软公司为陈永正的继任人选一事左右斟酌之时,该公司也正为一个低调但却持久的人力资源问题而费尽心思:面对一心想招聘绩优人士的竞争对手,该如何保护公司免遭挖角厄运?

"我们确实面临挑战",微软亚洲工程院的人力资源经理康兆宁(Joe Hoskin)承认,"比如有一家名叫 Google 的公司"。

康兆宁和来自各行各业的五十多位人力资源高管云集上海,参加了为期一天的研讨会,主题是"不只是薪酬!开动'创造性思维'吸引员工,帮助企业在中国获得成功"(More Than Just Money!'Outside the Box'Thinking in Engaging Employees for Business Success in China)。该会由全球人力资源咨询公司翰威特咨询公司(Hewitt Associates)主办。研讨会凸显一个共同的信息:要留住员工,仅仅凭借丰厚的薪酬是不够的。

翰威特的组织和人才咨询分析亚洲业务总监尼什查·苏里(Nishchae Suri)对此评论说,"亚洲的员工流动率相当高,因此企业应当制订如何留住员工的战略计划"。

谷歌当然不是觊觎中国资深IT人才的唯一公司。Alibaba.com,这家全国最大的电子商务公司在香港证交所成功上市,该公司每年都吸引全国高校的优秀人才前来就业,以满足公司的快速发展要求。印度软件巨头 Infosys 制订了一份雄心勃勃的中国招聘计划:到 2010 年,要为设在上海和杭州的两家新研发中心招聘 6 000 名员工。摩根士丹利(Morgan Stanley)正在为公司位于上海的 IT 部招兵买马,计划从 30 人扩展至 200 多人,为公司的全球金融事业部门提供技术服务。

人才争夺战的战场并不局限于信息技术行业。据翰威特公司 2006 年亚太地区人才损耗与留存研究显示,依赖稳健的经济与日益增长的市场,银行业与金融服务业目前正在经历前所未有的发展,2005 年金融行业的员工流动率达到 25% 之多。

猎头行动也不仅仅局限于跨国公司。华信惠悦咨询公司(Watson Wyatt)北京分公司总经理林杰文(Jim Leininger)在一份报告中指出,"中国国内的一流公司正在加紧业务转

---

① 沃顿知识在线(www.knowledgeatwharton.com.cn),2007 年 11 月 21 日。

型,以便获得国际市场的竞争力,他们对人才的期望也逐渐与外国公司接轨"。

物色不到合格人员将成为行业发展的桎梏。美国猎头公司光辉国际(Korn Ferry)在公布的一份报告中指出,中国生命科学市场正是面临着如此挑战。报告称,"阻碍中国的生命科学行业发展的最大障碍在于,如何设法吸引甚至更为重要的是,留住那些掌握合适技能的管理团队",从而能够保持长久的发展。报告还指出,对于生命科学行业的销售与制造部门而言,30%—40%的员工流动率是很普通的。

员工流动率如此之高,数字的背后究竟是什么?薪酬条件当然是主导因素。针对中国劳动力市场日益增加的压力,除了提供更为丰厚的薪酬福利,公司该如何留住员工、保持他们的敬业度呢?研讨会期间,发言者与座谈小组成员就此问题相互交换了各自的观点与经验。

飞索(中国)的成功之鉴

飞索(中国)有限公司(Spansion China)作为飞索半导体的独资子公司,是全球最大的闪存产品和服务供应商。公司荣膺翰威特"2007年度亚洲最佳雇主"的称号,这是一项由翰威特对亚洲750家组织开展的调查研究。飞索(中国)拥有1 200名员工,总部设在江苏省苏州市。公司的人力资源总监陆解明(Benjamin Lu)与其他三位部门经理在小组讨论中互相交流了成功经验。

陆先生在回答听众提问时说,"本公司去年的人员流动率是12.3%,而整个电子行业的人员流动率是24%"。然而,陆先生补充说,他也经历了劳动力市场的剧烈动荡时期。2002年11月,他加盟飞索(中国)之后的第三个月,有53名员工集体跳槽去了马路对面那家竞争对手的公司。

当被问及公司如何激励员工时,陆先生回答道,"飞索(中国)的独特之处在于公司上下的联合协作。我们说员工是公司的核心资产,这是我们的肺腑之言,并非冠冕之辞。我们将其转化为实际行动。关键是要尊重员工。在公司副总裁兼总经理PC Loh的带领下,公司高层创建了许多与员工交流的渠道,方便管理层与员工进行对话。例如,我们召开双周例会、每周的圆桌讨论会以及季度碰头会,借此鼓励所有人直接提出他们的想法、在工作中碰到的问题及相应的解决方案"。

"许多其他公司也建立起某种体制,但是仅限于案头工作,然后就不闻不问了",他说道,"但在我们公司,我们真正地鼓励员工,让他们表现出主人翁的精神,他们可以对任何问题提出改进方案。我们称飞索(中国)公司是一个大家庭。所以,通过所有这些实际行动,员工们切实感受到高层对他们的关心与尊重。另外,我们当然也力图打造一个学习型组织……并且将所有必需的硬件设施,基础设施落实到位"。

飞索(中国)公司的测试部制造经理应少军认为,"在其他公司,有人说员工发展计划是人力资源部的问题。但是在飞索(中国)公司,所有员工与人力资源部的工作人员密切合作,我们对人力资源部的同事有充分的信任和非常坦诚的交流"。

万科集团的经验

万科集团是中国最大的上市房地产公司,1988年由富有传奇色彩的企业家王石先生创办,王石还是一位著名的登山者。

万科集团副总裁解冻先生表示,"万科集团的事业蒸蒸日上,其中很重要的一个原因,是因为集团总裁王石先生于1999年卸任总经理一职之前,他在人才发展和培训方面投入了大量的时间与心血"。

"他求贤若渴、对人才的执着追求和严格要求是他获得成功的动力。同时,一旦把人才放在合适的岗位上,他就会充分授权。他为什么要去登山?用他的话来说,'是为了控制我想去干预的冲动'。"

万科集团的总部设在中国南部的深圳,拥有员工13 000名。万科集团荣膺翰威特颁发的2007年大中华"最具领导力公司"的美誉。解先生介绍说,"万科拥有网上培训学校和若干员工培养项目供各级员工学习,即岗位发展项目、经理发展项目及领袖发展项目(point promotion project, manager promotion project and leader promotion project),借以来建设公司的全面人才培训体系。此外,我们的岗位轮换制也能让员工得到培养"。

"我们发自内心地尊重员工,但我们也对他们进行严格的要求",他补充道,"在万科的15年职业生涯中,让我最引以为傲的就是,我的团队和我本人都做了我们爱做的事情,而公司也为我们提供了发展的平台与资源。万科的文化是倡导对人的尊重,对此我深感荣耀"。

谈及中国日益增长的劳动力成本的压力问题时,解冻表示,在房地产行业中,万科提供的薪酬待遇并不是最高的,只在近两年有所提高。"作为人力资源总监,我并不认为薪酬越高越好,合理的薪酬才是重要的。当有人说想辞职去薪酬更高的公司,我会对他说,'除非他们付你双倍的工资,否则你还是别去了。因为我相信,在三年到五年之后,万科能为你提供更好的职业发展道路。其他公司或许会给你更多的薪酬,但是未来发展的机会又在哪里呢?'"

在研讨会间歇,翰威特公司华南区总经理许峰(Belcome Xu)就为什么有的公司比其他公司在人力资源方面表现出色的问题提出了他的真知灼见:"首先,公司高层管理团队必须团结一致,并且重视人力资源工作;其次,人力资源总监必须精明强干,并且有能力与公司首席执行官开展有效的互动与沟通。"

学 习 总 结

翰威特公司全球咨询业务总监安德鲁·贝尔(Andrew Bell)对最佳雇主评选进行了总结,根据最佳雇主研究的数据显示,最佳公司的员工对组织的目标具有清楚的认识。最佳公司在组织的各个层级设立了积极目标,近乎实现积极目标的员工与超过不太积极的目标要求的员工相比,前者获得的奖励更多。最佳公司的经理与员工充分开展关于业绩的谈话,帮助他们实施改进。此外,这类公司能够充分肯定优秀员工,对表现不佳的员工做出处理,同时由人力资源部门提供有效的工具和培训,确保绩效管理的成功实施。

据翰威特的2006年亚太地区人才损耗与留存研究显示,接受调查的公司采用最多的三种人才留存措施为高于市场水平的薪酬、提供学习新技能的机会、鼓励生活与工作之间的良性平衡。

正如IBM亚太区人力资源副总裁汤姆·韦恩斯(Tom Vines)所指出的,"员工的敬业度非常重要,否则员工就不会为顾客提供优良的服务。但问题在于如何改进"。

或者,如飞索(中国)公司的总经理 PC Loh 在前次接受翰威特采访时所说,"作为一个经验丰富的观察者,当你走进办公场所,你一眼就能看出员工是高兴的还是一副茫然呆板的样子……如果你的下属心情愉快,他们就会更加敬业、更加愿意在工作中做出贡献"。

思考题

1. 在中国这样快速发展的市场中,如何留住人才?
2. 在企业薪酬设计中,考虑的主要因素有哪些?

【本章小结】

薪酬的确定需要遵循一系列的原则,如按劳分配原则、按生产要素分配原则、按职责分配原则、激励报酬原则、市场化原则、竞争性原则、合法性原则、战略导向原则等。同时,薪酬的确定还受到员工的行为成本、员工的贡献、员工的机会成本、企业支付能力和盈利状况、企业整体性激励和国家在不同时期采取的不同政策等众多微观和宏观因素的影响。

在企业薪酬管理目标的指引下,薪酬管理的内容主要包括选择合适的薪酬政策、制定科学的薪酬计划、控制合理的薪酬总额、设计和调整薪酬结构等。

薪酬激励按照不同的标准具有不同的划分形式。在制定和实施薪酬激励时,还要对存在的问题进行识别、诊断,从而提高激励的效果。

企业经营管理者的激励约束机制问题,是现代企业理论研究的一个核心问题。通过把经营管理者从企业经营中获得的报酬与企业业绩相联系,使经营管理者在分享企业剩余收益的同时,分担部分经营风险,从而促使其努力提高企业的经营业绩。我国企业经营管理者薪酬制度存在很多问题,如国有企业经营管理者薪酬水平偏低、激励方式比较单一、固定收入比例过大、与绩效挂钩的风险性收入比例不高、股票期权等长期激励措施比例偏低、薪酬内容不明晰、忽视福利和内部薪酬、隐性收入现象严重等。经营管理者薪酬模式多种多样,现实中需要继续探索满足不同行业、不同层级的薪酬设计模式。

【关键概念】

薪酬;薪酬管理;薪酬激励;战略导向;年薪制

【思考与练习】

1. 薪酬确定的影响因素有哪些?
2. 企业的薪酬制度是如何划分的?
3. 薪酬体系设计需要考虑的问题是什么?
4. 如何增强经营管理者年薪制的实施效果?

第七章 劳动关系管理

"劳动创造价值",这是马克思政治经济学提出的经典论断,它其实与人力资源管理的核心理念在本质上是一致的,即都承认人是企业最宝贵的资源并肯定了劳动者(企业员工)对于企业的贡献。企业的竞争力源于企业有效的人力资源管理,而有效的人力资源管理离不开企业劳动关系的和谐。如何维护员工权益、理顺劳动关系,这些应是企业人力资源管理的重点工作。

本章介绍了劳动关系的概念、主体、特征、运行等基本内容;劳动合同制度的内涵,包括劳动合同的订立、履行和变更、解除和终止等具体步骤;劳动争议的处理,包括劳动争议的概念、种类、调解、仲裁、诉讼等几个方面;三方协商机制,包括三方协商的概念和实质以及特点,着重考察了适合我国国情的三方协商机制;转型期中国劳动关系的特点,强调建立和谐劳动关系的必要性;新时代"互联网+"背景下非典型用工关系的特点,并讨论了现行劳动关系认定标准存在的问题,以及如何建立更好的权益保障机制等内容。

第一节 劳动关系概述

一、劳动关系的概念

劳动关系是一个有两种含义的概念。一是指广义的社会劳动关系,即人们在社会劳动过程中发生的一切关系,包括劳动力的使用关系、劳动管理关系、劳动服务关系等;二是指狭义的企业劳动关系,即企业的所有者或其委托代理人、企业的经营者与普通员工及其组织(主要是工会组织)之间的关系。

在中文的语言环境中,我们对于在生产过程中形成的关系统称为"劳动关系",但在西方英语世界国家里,对于此种关系却有着几种不同的称谓,劳动关系(Labor Relations)仅是其中的一种,而且使用率并不算高。另外两种更为常用的称谓是产业关系(Industrial Relations)和雇佣关系(Employment Relations),前者强调的是由工会代表工人与资方进行集体谈判而形成的关系,后者泛指雇主和雇员在雇佣过程中形成的一切关系。尽管三种称谓各异,内涵也略有不同,但其本质都指的是劳资关系(Labor-management Relations),即劳动者和资本拥有者在生产过程中形成的权利和义务关系。

二、劳动关系主体

劳动关系主体是指劳动关系中的相关各方。从狭义上讲,劳动关系的主体包括两方:劳动力的所有者和劳动力的使用者,即一方是拥有劳动力的劳动者(雇员)和以工会为主要形式的雇员组织;另一方是使用劳动力的用人单位(雇主)和雇主组织。其中劳动者又称劳动主体,用人单位又称用人主体。劳动关系主体具有两个特征:① 主体范围的广泛性。在现代社会中,各种社会经济组织和各个劳动者都可依法成为参与劳动关系的主体。② 主体资格的法定性。劳动者和用人单位缔结劳动关系必须符合法定的条件,具备法定的资格。从广义上讲,除此之外,政府通过立法介入和影响劳动关系,政府也是广义劳动关系的主体之一。

(一) 劳动者(雇员)

劳动者泛指具有劳动能力,并实际参加社会劳动来获取自己劳动收入的人,包括工人、农民、脑力劳动者,以及从事流通和服务的人员、个体劳动者等。在世界各国,劳动者有职工、员工、雇工、雇员、劳工、受雇人等不同称谓。在我国,一般称职工或员工。从许多国家劳动关系的定义和范围来看,劳动者的概念包括四层含义:① 劳动者是被用人单位依法雇用(录用)的公民;② 劳动者是在用人单位(雇主)管理下从事劳动的公民;③ 劳动者是以工资收入为主要生活来源的公民;④ 劳动者是依法享受社会保险待遇的公民。

(二) 雇员团体

在劳动关系中,雇员和雇主之间的地位差距是造成劳资冲突的根本原因。为了能够与雇主相抗衡,员工需要组织成立能够代表全体员工共同利益的团体,雇员团体包括工会和类似于工会的雇员协会和职业协会。

在许多国家,工会是雇员团体的主要组织形式。工会是由员工自愿组织起来的,代表员工共同利益的团体。工会的组织原则是对员工招募不加任何限制,即不考虑职业因素,也不考虑行业因素。工会的主要职责是维护和改善员工的劳动条件、提高员工的经济地位、保障员工利益。随着对工会角色职能认识的不断深入,雇主不再把工会的存在当作对管理权的挑战,而是理性地看待工会,期望通过与工会的合作来改善劳资关系,提高企业的竞争力。同时政府也不断出台法律、法规来协调劳动关系,工会日趋完善。

(三) 用人单位(雇主)

用人单位,又称用工单位,在许多国家被称为雇主或雇用人,是指具有用人资格(即用人权利能力和用人行为能力),使用劳动力组织生产劳动并向劳动者支付工资报酬的单位。各国对用人单位范围的界定不尽相同,在我国,法律界定的用人单位包括:① 企业,包括各种所有制经济、各种组织形式的企业;② 个体经济组织,即个体工商户;③ 国家机关,包括国家权力机关、行政机关、审判机关和检察机关、执政党机关、政治协商机关、参政党机关、参政团体机关;④ 事业组织,包括文化、教育、卫生、科研等各种非营利单位;⑤ 社会团体,包括各行各业的协会、学会、联合会、研究会、基金、联谊会、商会等民间组织。

(四) 雇主组织

雇主组织是由雇主依法组成的组织,代表和维护雇主的利益,同工会组织进行协商和集体谈判,协调解决员工和雇主之间紧张的劳动关系。雇主组织通常有行业协会、地区协会和国家级雇主联合会三种类型，比如中国企业联合会、中国企业家协会、全国工商联合会等都是雇主组织。

（五）政府

政府在劳动关系中扮演着重要的角色，发挥着越来越重要的作用。政府在劳动关系中主要扮演四种角色：① 劳动关系立法的制定者，通过出台法律、法规来调整劳动关系，保护雇员的利益；② 公共利益的维护者，通过监督、干预等手段促进劳动关系的协调发展，切实保障有关劳动关系的法律法规的执行；③ 国家公共部门的雇主，以雇主身份直接参与和影响劳动关系；④ 有效服务的提供者，为劳资双方提供信息服务和指导。

（六）国际劳工组织、国际雇主组织和国际经贸组织

全球化是当代劳动关系不得不面对的现实，任何国家的劳工问题都不得不考虑其国际背景和国际影响。因此，任何一个国家的劳动法律、政策和实践，在某种程度上都要受到来自有关国际组织和国际标准的约束。

三、劳动关系的特征

在现代市场经济条件下，劳动关系呈现以下特征：

（一）劳动关系具有平等的性质

劳动关系的平等性主要表现为双方权利义务的对等。在市场经济条件下，这种平等主要体现在以下两个方面：① 管理方与劳动者双方都是劳动力市场的主体，双方都要遵循平等自愿的原则签订劳动合同，缔结劳动关系。同样双方也可以解除劳动关系，在遵循相关法律规定的前提下，员工可以辞职，企业可以辞退员工。② 双方在履行劳动合同的过程中，劳动者按照管理方的要求提供劳动，管理方则支付给劳动者工资和福利等形式的劳动报酬，这也体现了双方权利义务的对等。

（二）劳动关系也具有不平等的性质

劳动关系具有人身让渡的特征，劳动者同管理方签订劳动合同，缔结劳动关系之后，就有义务在工作场所接受管理方的管理和监督，按照管理方规定的纪律和要求付出劳动，这实际上也是人身自由权利的一种让渡。在市场经济国家，经常存在失业现象，即使在经济发展较好的年份，也会存在一定比例的失业人口（这一比例被称为自然失业率）。失业人口作为劳动力的"后备军"，不但造成劳动力市场供大于求的状况，而且也对就业劳动力形成一定压力。

（三）劳动关系是一种劳动力与生产资料的结合关系

从劳动关系的主体上说，当事人一方为劳动力所有者和支出者，称为雇员（劳动者）；

另一方为生产资料所有者和劳动力使用者,称为雇主(或用人单位)。劳动关系的本质是强调用人单位需要将劳动者提供的劳动力作为一种生产要素纳入其生产过程,与生产资料相结合。

(四)劳动关系是一种具有显著从属性的人身关系

虽然双方的劳动关系是建立在平等自愿、协商一致的基础上,但劳动关系建立后,双方在职责管理上则有了从属关系。用人单位要安排劳动者在组织内和生产资料结合;而劳动者则要通过运用劳动能力,完成用人单位交给的各项生产任务,并遵守单位内部的规章制度,接受用人单位的管理和监督。

(五)劳动关系具有经济关系的性质

劳动关系最基本的内容是经济关系。一方面,劳动者在工作场所提供劳动、生产产品或服务,从管理方和全社会的角度而言,都实现了财富的增值;另一方面,管理方向劳动者支付劳动报酬,形成劳动者的工作收入。经济利益成为管理方与劳动者合作或冲突的最主要的原因。

(六)劳动关系具有社会关系的性质

人人都是社会关系网络中的一员。在劳动关系双方的互动过程中,劳动者除了追求经济利益,也寻求其他方面的满足,如荣誉、尊敬、归属感、成就感等。劳动者往往在工作场所投入相当多的时间和精力,因而自然希望从工作场所及管理方那里获得社会情感上的满足。

四、劳动关系管理的作用

劳动关系管理是指通过规范化、制度化的管理,使劳动关系双方(企业与员工)的行为得到规范,权益得到保障,维护稳定和谐的劳动关系,促使企业经营稳定运行。劳动关系之所以重要,除了因为它具有明确的法律内涵、受国家法律调控,还因为其在企业管理中具有关键的作用,是人力资源管理的一项重要职能。做好劳动关系管理工作具有以下深刻的意义:

(一)可以避免矛盾激化的案件发生

劳动关系是否和谐稳定间接影响着社会关系的稳定程度。劳动争议的存在不仅是劳动管理工作不和谐的体现,同时如果处理得不合理,还可能会引发一系列的社会治安问题,劳动争议必须正确、公正、及时处理,这样才可能避免矛盾激化,减少恶性事件的发生率。因此,应注重劳动争议的处理,避免矛盾极端化。

(二) 保证劳资双方的合法权益

劳动争议的案件大部分是因为劳动权利与义务产生的纠纷,大大降低了企业和劳动者之间的信任程度。劳资双方无论任何一方侵犯对方权益、不全面履行相关义务与责任、违反国家规定都会使劳动关系的运行发生障碍。这不但影响了用人单位正常的生产经营秩序,损害企业的效益,同时也会影响劳动者的工作与生活,从而影响社会的进步与稳定。合理及时地处理劳动争议,可以提高当事人的法制观念,保证劳资双方的合法权益。

(三) 构建和谐社会的要求

增强劳动关系管理工作是构建和谐社会的要求。伴随市场化进程的不断发展,构建和谐社会就需要有稳定和谐的劳动关系。社会是政治、经济、文化等诸多方面的统一体,是以物质生产为基础的人类生活共同体,是人与人在劳动过程中结成的各种关系的综合。在各种社会关系中,劳动关系是各种社会关系中最重要、最基本的关系,是一切社会关系的核心,因此,增强劳动关系管理工作是构建和谐社会的必然要求。

五、劳动关系的类型

(一) 按照主体力量的均衡性分类

按照主体力量的均衡性分类,劳动关系可分为:
(1) 均衡型劳动关系:劳动关系双方主体力量相对均衡、具有相互制衡性。主要表现为:能够基本保证员工与雇主的权利和义务的使用与执行;组织的基本生产经营决策由雇主、员工和工会协商做出;在相关法律、法规和制度下,员工及工会有权了解组织内部信息。
(2) 倾斜型劳动关系:劳动关系双方主体力量严重失衡,一方在组织中居于主导地位,另一方居从属地位。
(3) 政府主导型劳动关系:政府成为控制劳动关系的主要力量,并决定劳动关系的事务。

(二) 按照员工与雇主双方利益的平衡性分类

按照员工与雇主双方利益的平衡性分类,劳动关系可分为:
(1) 利益冲突型劳动关系:员工与雇主之间存在严重的利益冲突。
(2) 利益协调型劳动关系:员工和雇主之间的权利对等和地位平等,强调民主性,双方遵循平等协商的原则来处理利益冲突。
(3) 利益一致型劳动关系:以企业管理者或雇主为中心,强调雇主的权威性,主张通过企业内部的管理制度和激励机制来协调员工与雇主之间的利益冲突。

六、劳动关系的运行

劳动关系的运行,是指劳动关系形成和存续的动态过程。它表现为劳动关系的发生、延续、变更、中止、终止等一系列环节以及在这些环节之间劳动主体和用人主体相关权利和义务的实现。劳动关系运行过程中的各个环节分别由不同的事实引起和构成,并分别对劳动者和用人单位实现相互权利和义务起着决定及制约作用。

(一)劳动关系的发生

劳动关系的发生,是指劳动者和用人单位按照一定的方式确定劳动关系,从而产生相互间权利和义务的活动。劳动关系的发生,表明劳动者实现了就业,用人单位实现了录用职工,是劳动关系运行的起点。当前,市场经济国家确定劳动关系的基本方式是合同方式,它是指劳动者和用人单位通过订立劳动合同确定劳动关系。按照这种方式,用人单位通过发布招聘书或刊登广告,由劳动者到用人单位应聘或由用人单位通过劳动力市场与劳动者相互选择,在平等自愿、协商一致的基础上签订劳动合同,明确双方的权利与义务。一般劳动合同签订之日就表示双方劳动关系正式发生。

(二)劳动关系的延续

劳动关系的延续,是指劳动关系存在的有效期延长,即既存劳动关系在原有效期限届满后仍然存续一定期限。在该期限内,劳动者和用人单位继续享有和承担原劳动关系存在时完全相同或基本相同的权利和义务。我国劳动关系延续的情形主要有:① 劳动合同期限届满后,劳动者与用人单位经协商续订劳动合同;② 职工在规定的医疗期、孕期或哺乳期内,若劳动合同期限届满,则应顺延至医疗期、孕期或哺乳期结束。

(三)劳动关系的变更

劳动关系的变更,是指劳动关系主体双方在劳动关系中确定的内容及客体的变动,即劳动关系主体双方已有的相互权利义务及其指向的对象在劳动关系存续期间所发生的某些变化。劳动关系的变更可以由劳动者与用人单位在建立劳动关系时事先约定,当约定条件出现时进行变更,也可以因劳动关系运行中某些因素导致劳动关系的变更,还可以因行政决定、仲裁裁决或法院判决变更。实践中,变更比较多的是劳动者岗位、职务、工种、工资等的变动。

(四)劳动关系的中止

劳动关系中止,是指劳动关系存续期间,由于某种因素导致劳动关系主体双方主要权利义务在一定期限内暂时停止行使和履行,待中止期限届满后又恢复以前的正常状态。实践中,劳动关系中止的现象有停薪留职、协议借用、停产息工、放长假、厂内待岗、服役、涉嫌违法犯罪被暂时羁押等。劳动关系的中止不同于劳动关系的变更,它不是对权利义务的部分变动,而是对权利义务的一种有期限的停止状态。劳动关系的中止不是劳动关系的消灭,而是劳动关系的一种特殊运行状态,中止期限届满后即恢复原来状态,并且劳动关系中止时,劳动主体双方一般还保持一定的权利义务关系。

(五)劳动关系的终止

劳动关系的终止,是指劳动关系双方权利义务的消灭,是劳动关系运行的终结。实践中,劳动关系终止主要有以下情形:① 劳动合同期限届满或双方约定的终止条件出现;② 劳动关系主体消灭或丧失一定的资格;③ 劳动合同依法或协商解除;④ 行政决定、仲裁裁决或法院判决。

七、调整劳动关系的法律基础

我国目前调整劳动关系的基础法律主要有以下法规,如图7-1所示。

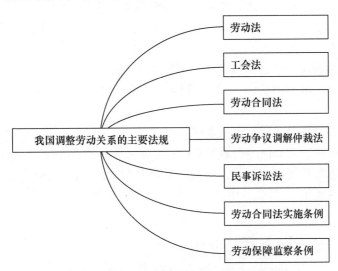

图7-1 我国调整劳动关系的主要法规

《中华人民共和国劳动法》(以下简称《劳动法》)是为了保护劳动者的合法权益,调整劳动关系,建立和维护适应社会主义市场经济的劳动制度,促进经济发展和社会进步,根据宪法制定的法律。1994年7月5日第八届全国人民代表大会常务委员会第八次会议通过。根据2009年8月27日第十一届全国人民代表大会常务委员会第十次会议《关于修改部分法律的决定》第一次修正。根据2018年12月29日第十三届全国人民代表大会常务委员会第七次会议《关于修改〈中华人民共和国劳动法〉等七部法律的决定》第二次修正。

《中华人民共和国工会法》(以下简称《工会法》)是为保障工会在国家政治、经济和社会生活中的地位,确定工会的权利与义务,发挥工会在社会主义现代化建设事业中的作用,根据宪法制定的法律。目前版本是根据2009年8月27日第十一届全国人民代表大会常务委员会第十次会议《关于修改部分法律的决定》第二次修正。

《中华人民共和国劳动合同法》(以下简称《劳动合同法》)是为完善劳动合同制度、明确劳动合同双方当事人的权利和义务、保护劳动者的合法权益、构建和发展和谐稳定的劳动关系制定的法律。由第十届全国人民代表大会常务委员会第二十八次会议于2007年6月29日修订通过,自2008年1月1日起施行。2012年12月28日第十一届全国人民代表大会常务委员会第三十次会议《关于修改〈中华人民共和国劳动合同法〉的决定》修正。

《中华人民共和国劳动争议调解仲裁法》(以下简称《劳动争议调解仲裁法》)是为了公正及时解决劳动争议、保护当事人合法权益、促进劳动关系和谐稳定制定的法律。该法于2007年12月29日第十届全国人民代表大会常务委员会第三十一次会议通过,自2008年5月1日开始施行。

《中华人民共和国民事诉讼法》(以下简称《民事诉讼法》)是以宪法为根据、结合我国民事审判工作的经验和实际情况制定。该法于1991年4月9日第七届全国人民代表大会第四次会议通过,自公布之日起施行。目前版本为根据2017年6月27日第十二届全国人民代表大会常务委员会第二十八次会议《关于修改〈中华人民共和国民事诉讼法〉和〈中华人民共和国行政诉讼法〉的决定》第三次修正。

《中华人民共和国劳动合同法实施条例》(以下简称《劳动合同法实施条例》)是为了贯彻实施《中华人民共和国劳动合同法》制定。该条例于2008年9月18日由国务院公布并开始施行。

《中华人民共和国劳动保障监察条例》(以下简称《劳动保障监察条例》)规范了劳动保障监察程序,明确了劳动保障行政部门、用人单位和劳动者在劳动保障监察工作中的权利与义务,标志着我国以《劳动法》为主体的调整劳动关系的法律法规体系的进一步完善。该条例于2004年11月1日由国务院公布,自2004年12月1日开始施行。

第二节 劳动合同制度

一、劳动合同的概念

根据《中华人民共和国劳动法》第十六条第一款规定,劳动合同是劳动者与用人单位之间确立劳动关系、明确双方权利和义务的协议。

劳动合同制度是市场经济条件下确认和形成劳动关系的基本制度,也是企业人力资源管理的重要手段和工具,凝聚着企业发展目标和发展战略。现代企业人力资源管理要实现人与岗位的匹配,最大限度地发挥人的潜力,而劳动合同正是规定劳动者工作内容、岗位、职责、工资福利待遇的最好的法律形式。企业通过劳动合同来实现"想留的人能留得住,想走的人能走得了",为实现企业的发展目标服务。

劳动合同还是处理劳动争议的法律依据,是维护双方合法权益的基本手段。劳动法律、法规只能对劳动关系双方的权利义务做出原则性、纲领性的规范,不可能对每个具体合同条款都做出详细规定,而劳动合同作为双方都比较合意的契约,可以对法律未尽的事项做出详细、具体的约定,明确彼此的权利和义务,促进双方全面履行合同。在发生劳动争议时,劳动合同也是解决纠纷的重要依据和证据,为解决纠纷提供了便利,降低了争议解决的成本。

二、劳动合同的内容

(一) 必备法定条款

根据《劳动合同法》规定,劳动合同的必备法定条款主要包括以下几个方面:

(1) 主体资格。为了明确劳动合同中双方的主体资格,《劳动合同法》规定,劳动合同中必须具备以下内容:① 用人单位的名称、地址和法定代表人或者主要负责人;② 劳动者的姓名、住址和居民身份证或者其他有效证件号码。

(2) 合同期限。劳动合同期限是指当事人双方所订立的劳动合同起始至终止的时间。没有具体合同期限的劳动合同是无效合同,一般来说,合同生效时间为当事人双方的签字时间,合同终止时间为合同期届满或法律规定的终止条件出现的时间。

(3) 工作内容。工作内容主要是劳动者为用人单位提供的劳动,具体包括工作岗位(工种)、工作任务和工作要求,还包括劳动者履行劳动合同时的具体工作地点。

(4) 工作时间和休息休假。工作时间应按《劳动法》和国家规定执行,低于国家要求的,由合同当事人双方另行约定。工作时间及方式的确定也由双方协商确定。关于休息休假,《劳动法》的第三十八条、第四十条、第四十五条有明确规定。

(5) 劳动报酬。劳动合同中约定的劳动报酬必须符合国家法律、法规和政策的规定。支付劳动报酬是用人单位的义务。获取劳动报酬是劳动者履行劳动义务后应当享有的经济权利。劳动合同中的劳动报酬条款一般包括:① 工资标准;② 奖金获得方式;③ 津贴与补贴(如交通补贴、住房补贴、医疗补贴、通信补贴等)标准;④ 加班工资标准;⑤ 病假工资计算方法;⑥ 工资支付办法;⑦ 其他约定条款。

(6) 劳动保险待遇。劳动保险待遇是指劳动者养老、患病、工伤、失业、生育等待遇,国家有规定的,按规定执行,国家没有规定的,由双方协商约定。

(7) 劳动保护与劳动条件。在劳动合同中订立劳动保护与劳动条件条款是用人单位的义务,其目的在于保障劳动者的生命安全和健康。用人单位必须按国家有关规定向劳动者提供劳动安全和劳动卫生方面的设施、设备和防护措施等。

(二) 协商约定条款

劳动合同的双方当事人可以在必备法定条款之外,通过协商订立约定条款,在必备法定条款基础上,以不违反国家法律法规为前提进一步扩大双方权利、义务和责任的范围。协商约定条款一般包括试用期、教育培训、保守商业秘密、竞业禁止、违约赔偿等内容。

(1) 试用期。一般情况下,用人单位都在劳动合同中与新录用劳动者约定试用期,以考察新劳动者是否胜任工作岗位。《劳动法》对于试用期的期限有具体规定,试用期包括在劳动期限内。

(2) 教育培训。由用人单位提供教育培训费用,对劳动者进行岗位(专业)技术培训时,双方可以订立协议,协议内容包括服务期限、违约金的支付标准或计算办法等。

(3) 保守商业秘密。在劳动合同中订立保密条款主要是针对劳动者而言的,其目的是防止劳动者泄露用人单位的商业秘密(如专利技术、专有技术、市场情报、客户信息、营销策略等),保护用人单位的经济利益。

(4) 竞业禁止。竞业禁止是指在劳动合同中,用人单位与劳动者约定,在终止或解除劳动合同一定期限内,劳动者不能到与本单位生产经营同类产品或从事同类业务且有竞争关系的其他用人单位任职,自己也不能生产经营同类产品或从事同类业务。竞业禁止期内,用人单位应当给予劳动者补偿。

(5) 违约赔偿。在劳动合同中,一般订立违约赔偿条款,主要包括违约金的支付标准或条件等。

三、劳动合同的订立

根据《劳动合同法》第七条规定:"用人单位自用工之日起即与劳动者建立劳动关系。"第十条规定:"建立劳动关系,应当订立书面劳动合同。"

劳动合同的订立是指劳动者与用人单位之间为建立劳动关系,依法就双方的权利义务协商一致,设立劳动合同关系的法律行为。

(一) 劳动合同订立的原则

《劳动法》第十七条规定:"订立和变更劳动合同,应当遵循平等自愿、协商一致的原则,不得违反法律、行政法规的规定。"因此,订立劳动合同必须遵守下列原则:

1. 平等自愿的原则

平等是指订立劳动合同的双方当事人具有同等的法律地位,即双方当事人是以劳动关系平等主体资格出现的,有着平等的权利,不存在命令与服从的关系,任何以强迫、胁迫、欺骗等非法手段订立的劳动合同,均属无效。这一原则赋予了双方当事人公平表达各自意愿的机会,有利于维护双方的合法权益。自愿是指订立劳动合同必须出自双方当事人自己的真实意愿,是在充分表达各自意见的基础上,经过平等协商而达成的协议。这一原则保证了劳动合同是双方当事人根据自己的意愿独立自主决定的,当事人一方不得强制或者欺骗对方,也不能采取其他诱导方式使对方违背自己的真实意思而接受对方的条件;劳动合同的期限、内容的确定,必须完全与双方当事人的真实意思相符合。

2. 协商一致的原则

协商一致是指当事人双方依法就劳动合同订立的有关事项,采用协商的办法达成一致协议。协商一致是平等自愿的最好表现,只有通过协商达到统一,才能真正体现平等自愿的原则。这条原则的重点在一致,如果在订立劳动合同时,双方当事人虽然经过充分协商,但仍然存在分歧,那么劳动合同就不能成立。这条原则表明,劳动合同的全部内容都必须符合当事人的意愿,能为双方当事人所接受。协商一致的原则是维护劳动关系当事人合法权益的基础。

3. 不得违反法律、行政法规的原则

劳动合同的订立不得与法律、法规相抵触,这是劳动合同有效并受国家法律保护的前提条件。它的基本内涵有以下四点:

(1) 订立劳动合同的主体合法。所谓主体合法是指双方当事人必须具备订立劳动合同的主体资格。对于用人单位而言,主体资格是指必须具备法人资格,必须有被批准的经营范围和履行能力以及承担经济责任能力;对于劳动者而言,必须具备法定的劳动年龄,具备劳动权利和劳动行为能力。任何一方如果不具备订立劳动合同的主体资格,所订立的劳动合同就属于违法合同。

(2) 订立劳动合同的目的合法。所谓目的合法是指当事人双方订立劳动合同的宗旨和实现法律后果的意图不得违反法律、法规的规定。对于劳动者而言,是为了实现劳动就业,获得劳动报酬,以维持生活和生存;对于用人单位而言,是为了使用劳动力来组织社会生产劳动,发展经济。当事人不得以订立劳动合同的合法形式掩盖其不法意图。目的合法往往是双方当事人内心的行为动机,一般不易从外表上体现出来,这就要求当事人必须自觉遵守订立劳动合同的法律规定,不得违反法律、法规规定。

(3) 订立劳动合同的内容合法。所谓内容合法是指双方当事人在劳动合同中订立的具体的劳动权利与义务条款必须符合法律、法规和政策的规定。劳动合同的内容涉及国家的用工、工资分配、社会保险、职业培训、工作时间和休息休假以及劳动安全卫生等多方面的内容,劳动合同在约定这些内容时,必须在法律、行政法规的范围内确定,不得违背法律、行政法规和政策的规定。

(4) 订立劳动合同的程序与形式合法。程序合法是指劳动合同的订立,必须按照法律、行政法规所规定的步骤和方式进行,一般要经过要约和承诺两个步骤,具体方式是先起草劳动合同书草案,然后由双方当事人平等协商一致后签约。形式合法是指劳动合同必须以法律、法规规定的形式签订。比如,劳动合同的合法形式是书面形式,以口头方式订立的劳动合同,一般属于不合法的劳动合同,也无法得到法律的保护。程序和形式是劳动合同建立的表现形式,劳动合同订立的程序和形式合法,是劳动合同主体资格和内容合法的保证。

(二) 订立劳动合同的程序

劳动者和用人单位在签订劳动合同时,应遵循一定的手续和步骤。根据《劳动法》的有关规定以及订立劳动合同的实践,签订劳动合同的程序一般为:

1. 提议

在签订劳动合同前,劳动者或用人方提出签订劳动合同的建议,称为要约,如用人方通过招工简章、广告、电台等渠道提出招聘要求;另一方接受建议并表示完全同意,称为承诺。一般由用人方提出和起草合同草案,提供协商的文本。

2. 协商

双方对签订劳动合同的内容进行认真磋商,包括工作任务、劳动报酬、劳动条件、内部规章、合同期限、保险福利待遇等。协商的内容必须做到明示、清楚、具体、可行,充分表达双方的意愿和要求,经过讨论、研究,相互让步,最后达成一致意见。要约方的要约经过双方反复提出不同意见,最后在新要约的基础上表示新的承诺。在双方协商一致后,协商即告结束。

3. 签约

在认真审阅合同文书、确认没有分歧后,用人单位的法定代表人(负责人)或者其书面委托的代理人代表用人单位与劳动者签订劳动合同。劳动合同由双方分别签字或者盖章,并加盖用人单位印章。订立劳动合同可以约定生效时间。没有约定的,以当事人签字或者盖章的时间为生效时间。当事人签字或者盖章时间不一致的,以最后一方签字或者盖章的时间为准。

(三) 无效劳动合同的确认及处理

无效劳动合同是指劳动者与用人方订立的违反劳动法律、法规的协议。无效劳动合同从订立时起就不具有法律效力,不受法律保护。根据《劳动合同法》的规定,下列劳动合同无效或者部分无效:① 以欺诈、胁迫的手段或者乘人之危,使对方在违背真实意思的情况下订立或者变更劳动合同的;② 用人单位免除自己的法定责任、排除劳动者权利的;③ 违反法律、行政法规强制性规定的。

对劳动合同的无效或者部分无效有争议的,由劳动争议仲裁机构或者人民法院确认。劳动合同部分无效,不影响其他部分效力的,其他部分仍然有效。劳动合同被确认无效,劳动者已付出劳动的,用人单位应当向劳动者支付劳动报酬。劳动报酬的数额,参照本单位相同或者相近岗位劳动者的劳动报酬确定。

(四) 劳动合同的内容和条款

劳动合同的内容是指劳动关系双方的权利和义务,由于权利、义务是相互对应的,一方的权利即为对方的义务,因此劳动合同往往从义务方面表述双方的权利、义务关系。劳动合同的内容是通过具体条款体现的。劳动合同的条款,分为法定条款和约定条款,约定条款只要不违反法律和行政法规,具有与法定条款同样的约束力。

1. 法定条款

法定条款是指《劳动合同法》第十七条所规定的,双方当事人签订劳动合同必须具备的条款,包括:① 用人单位的名称、住所和法定代表人或者主要负责人;② 劳动者的姓名、住址和居民身份证或者其他有效身份证件号码;③ 劳动合同期限;④ 工作内容和工作地点;⑤ 工作时间和休息休假;⑥ 劳动报酬;⑦ 社会保险;⑧ 劳动保护、劳动条件和职业危害防护;⑨ 法律、法规规定应当纳入劳动合同的其他事项。

2. 约定条款

劳动合同除了上述必备条款,用人单位与劳动者经协商可以约定的条款主要有:① 试用期;② 培训;③ 保守秘密;④ 补充保险和福利待遇等其他事项。

四、劳动合同的履行和变更

《劳动合同法》第二十九条规定:"用人单位与劳动者应当按照劳动合同的约定,全面履行各自的义务。"

1. 履行关于劳动报酬的规定

用人单位应当按照劳动合同约定和国家规定,向劳动者及时足额支付劳动报酬。用人单位拖欠或者未足额支付劳动报酬的,劳动者可以依法向当地人民法院申请支付令,人民法院应当依法发出支付令。

2. 履行关于加班的规定

用人单位应当严格执行劳动定额标准,不得强迫或者变相强迫劳动者加班。用人单位安排加班的,应当按照国家有关规定向劳动者支付加班费。

3. 劳动者维护自身的权益

劳动者拒绝用人单位管理人员违章指挥、强令冒险作业的,不视为违反劳动合同。劳动者对危害生命安全和身体健康的劳动条件,有权对用人单位提出批评、检举和控告。

4. 用人单位的变更

用人单位变更名称、法定代表人、主要负责人或者投资人等事项,不影响劳动合同的履行。用人单位发生合并或者分立等情况,原劳动合同继续有效,劳动合同由承继其权利和义务的用人单位继续履行。

5. 劳动合同的变更

用人单位与劳动者协商一致,可以变更劳动合同约定的内容。变更劳动合同,应当采用书面形式。变更后的劳动合同文本由用人单位和劳动者各执一份。

五、劳动合同的解除和终止

劳动合同的解除是指劳动合同在期限届满之前,双方或单方提前终止合同效力的法律行为。《劳动合同法》第三十六条规定:"用人单位与劳动者协商一致,可以解除劳动合同。"

(一)劳动者单方解除劳动合同

(1)劳动者提前30日以书面形式通知用人单位,可以解除劳动合同。劳动者在试用期内提前3日通知用人单位,可以解除劳动合同。

(2)用人单位有下列情形之一的,劳动者可以解除劳动合同:① 未按照劳动合同约定提供劳动保护或者劳动条件的;② 未及时足额支付劳动报酬的;③ 未依法为劳动者缴纳社会保险费的;④ 用人单位的规章制度违反法律、法规的规定,损害劳动者权益的;⑤ 以欺诈、胁迫的手段或者乘人之危,使对方在违背真实意思的情况下订立或者变更劳动合同的;⑥ 法律、行政法规规定劳动者可以解除劳动合同的其他情形。

用人单位以暴力、威胁或者非法限制人身自由的手段强迫劳动者劳动的,或者用人单位违章指挥、强令冒险作业危及劳动者人身安全的,劳动者可以立即解除劳动合同,不需事先告知用人单位。

(二) 用人单位单方解除劳动合同

(1) 劳动者有下列情形之一的,用人单位可以解除劳动合同:① 在试用期间被证明不符合录用条件的;② 严重违反用人单位的规章制度的;③ 严重失职,营私舞弊,给用人单位造成重大损害的;④ 劳动者同时与其他用人单位建立劳动关系,对完成本单位的工作任务造成严重影响,或者经用人单位提出,拒不改正的;⑤ 以欺诈、胁迫的手段或者乘人之危,使对方在违背真实意思的情况下订立或者变更劳动合同的;⑥ 被依法追究刑事责任的。

(2) 有下列情形之一的,用人单位提前 30 日以书面形式通知劳动者本人或者额外支付劳动者一个月工资后,可以解除劳动合同:① 劳动者患病或者非因工负伤,在规定的医疗期满后不能从事原工作,也不能从事由用人单位另行安排的工作的;② 劳动者不能胜任工作,经过培训或者调整工作岗位,仍不能胜任工作的;③ 劳动合同订立时所依据的客观情况发生重大变化,致使劳动合同无法履行,经用人单位与劳动者协商,未能就变更劳动合同内容达成协议的。

(3) 有下列情形之一,需要裁减人员 20 人以上或者裁减不足 20 人但占企业职工总数 10% 以上的,用人单位提前 30 日向工会或者全体职工说明情况,听取工会或者职工的意见后,裁减人员方案经向劳动行政部门报告,可以裁减人员:① 依照企业破产法规定进行重整的;② 生产经营发生严重困难的;③ 企业转产、重大技术革新或者经营方式调整,经变更劳动合同后,仍需裁减人员的;④ 其他因劳动合同订立时所依据的客观经济情况发生重大变化,致使劳动合同无法履行的。

(4) 为了保护劳动者的合法权益,防止不公正解雇,《劳动合同法》除了规定用人单位可以解除劳动合同的情形,还规定了用人单位不得解除劳动合同的情形。劳动者有下列情形之一的,用人单位不得解除劳动合同:① 从事接触职业病危害作业的劳动者未进行离岗前职业健康检查,或者疑似职业病病人在诊断或者医学观察期间的;② 在本单位患职业病或者因工负伤并被确认丧失或者部分丧失劳动能力的;③ 患病或者非因工负伤,在规定的医疗期内的;④ 女职工在孕期、产期、哺乳期的;⑤ 在本单位连续工作满十五年,且距法定退休年龄不足五年的;⑥ 法律、行政法规规定的其他情形。

劳动合同终止是指劳动合同期限届满或双方当事人约定的终止条件出现,合同规定的权利义务即行消灭的制度。《劳动合同法》第四十四条规定:有下列情形之一的,劳动合同终止:① 劳动合同期满的;② 劳动者开始依法享受基本养老保险待遇的;③ 劳动者死亡,或者被人民法院宣告死亡或者宣告失踪的;④ 用人单位被依法宣告破产的;⑤ 用人单位被吊销营业执照、责令关闭、撤销或者用人单位决定提前解散的;⑥ 法律、行政法规规定的其他情形。

第三节　劳动争议的处理

在劳动关系的发展过程中,当事人之间难免会发生一些争议和纠纷,及时有效地处理劳动争议,是维护和谐劳动关系的重要内容。

一、劳动争议的概念

劳动争议又称劳动纠纷或劳资纠纷,是指劳动者和用人单位因劳动权利和劳动义务发生分歧而引起的纠纷。在我国,处理和解决劳动争议的主要法律和法规是《劳动法》《企业劳动争议处理条例》《〈企业劳动争议处理条例〉若干问题解释》《企业劳动争议调解委员会组织及工作规则》《劳动争议仲裁委员会组织规则》《劳动争议仲裁委员会办案规则》等。

二、劳动争议的种类

《中华人民共和国企业劳动争议处理条例》明确规定了下列几种类型的劳动争议:
(1) 终止劳动关系的劳动争议是指企业开除、除名、辞退员工或员工辞职、离职而发生的劳动争议。
(2) 执行劳动法规的劳动争议是指企业和员工之间因执行国家有关工资、保险、福利、培训、劳动保护等规定而发生的争议。
(3) 履行劳动合同的劳动争议是指企业和员工之间因执行、变更、解除劳动合同而发生的争议。
(4) 其他劳动争议。

三、劳动争议的特征

(1) 劳动争议是劳动关系当事人之间的争议。劳动关系当事人,一方为劳动者,另一方为用人单位。在不具有劳动法律关系主体身份者之间或是不在劳动关系双方当事人之间所发生的争议,不属于劳动争议。
(2) 劳动争议的内容涉及劳动权利和劳动义务,是为实现劳动关系而产生的争议。劳动关系是劳动权利义务关系,内容非常广泛,包括就业、工资、工时、劳动保护、劳动保险、劳动福利、职业培训、民主管理、奖励惩罚等。
(3) 劳动争议既可以表现为非对抗性矛盾,也可以表现为对抗性矛盾,而且两者在一定条件下可以相互转化。在一般情况下,劳动争议表现为非对抗性矛盾,但也会给社会和经济带来不利影响。

四、劳动争议处理的基本原则

（一）着重调解、及时处理

（1）调解是处理劳动争议的基本手段,贯穿于劳动争议处理全过程。企业劳动争议调解委员会处理劳动争议的工作程序全部是进行调解。仲裁委员会和人民法院处理劳动争议,应当先行调解,在裁决和判决前还要为当事人提供一次调解解决争议的机会。

（2）调解应在当事人自愿的基础上进行,不得有丝毫的勉强或强制。

（3）调解应当依法进行,包括依照实体法和程序法,因此调解不是无原则的"和稀泥"。

（4）对劳动争议的处理要及时。企业劳动争议调解委员会对案件调解不成,应在规定的期限内及时结案,避免当事人丧失申请仲裁的权利;劳动争议仲裁委员会对案件先行调解不成,应及时裁决;人民法院在调解不成时,应及时判决。

（二）在查清事实的基础上依法处理

（1）正确处理调查取证与举证责任的关系。调查取证是劳动争议处理机构的权利和责任,举证是当事人应尽的义务和责任,两者有机结合,才能达到查清事实的目的。

（2）处理劳动争议既要依据实体法也要依据程序法,而且要掌握好依法的顺序,按照"大法优于小法、后法优于先法"的顺序处理。

（3）处理劳动争议既要有原则性也要有灵活性,坚持原则性与灵活性相结合。

（三）当事人在适用法律上一律平等

这一原则包含两层含义:一是劳动争议双方当事人在处理劳动争议过程中法律地位平等,平等享有权利和履行义务,任何一方都不得把自己的意志强加于另一方;二是劳动争议处理机构应当公正执法,保障和便利双方当事人行使权利,对当事人在适用法律上一律平等,不得偏袒或歧视任何一方。

五、劳动争议处理的程序

（一）劳动争议调解

劳动争议调解是指调解委员会对企业与劳动者之间发生的劳动争议,在查明事实、分清是非、明确责任的基础上,依照国家劳动法律、法规,以及依法制定的企业规章和劳动合同,通过民主协商的方式,推动双方互谅互让,达成协议,消除纷争的一种活动。

劳动争议调解是在企业调解委员会的主持下,把争议解决在企业内部的一种活动。调解工作者身在企业,对争议发生的经过比较清楚,能够对争议双方进行正确引导,有利于及时化解纠纷,阻止双方矛盾激化,理顺劳动关系。调解虽然不是劳动争议处理的必经程序,但却是劳动争议处理制定中的"第一道防线",对解决劳动争议起着很大的作用,尤其是对于希望仍在原单位工作的职工,通过调解来解决劳动争议当属首选步骤。它具有及时、易于查明情况、方便争议当事人参与调解活动等优点,是我国劳动争议处理制度的重要组成部分。

1. 劳动争议调解的机构

调解委员会是进行调解工作的机构。根据《劳动法》第八十条以及《企业劳动争议处理条例》第七条的规定,企业可以设立劳动争议调解委员会,负责调解本企业发生的劳动争议。调解委员会由职工代表、企业代表、企业工会代表组成。

2. 劳动争议调解的原则

(1) 自愿原则。劳动争议调解委员会应当依照法律法规,遵循双方当事人自愿原则进行调解。经调解达成协议的,制作调解协议书,双方当事人应当自觉履行;调解不成的,当事人在规定的期限内,可以向劳动争议仲裁委员会申请仲裁。

(2) 民主说服原则。这是由劳动争议调解委员会的性质决定的。企业劳动争议调解委员会是专门处理企业内部劳动争议的群众性组织,不像司法、仲裁机构和行政机关那样拥有国家授予的权力,调解活动的参加人不享有诉讼活动中的权利和义务。企业劳动争议调解委员会对劳动争议没有强制处理权,对调解达成的协议也没有法律强制力的保障。因此,在调解劳动纠纷时,主要依据法律法规,运用民主讨论、说服教育的方法,摆事实、讲道理,做深入细致的思想工作,在双方认识一致的前提下,动员其自愿协商后达成协议。

3. 调解案件的受理范围

由劳动争议调解委员会调解的劳动争议,必须符合以下条件:① 必须是劳动争议;② 必须是本企业范围内的劳动争议;③ 必须是我国法律规定受案范围内的劳动争议;④ 必须是争议双方自愿调解的劳动争议。

4. 调解的程序和期限

调解委员会调解劳动争议,无严格程序要求,一般包括调解准备、调解开始、调解进行、调解终止等几个阶段。当事人申请调解,应当从知道或应当知道其权利被侵害之日起30日内,以口头或书面形式向调解委员会提出申请,并填写《劳动争议调解申请书》。调解委员会接到调解申请后,应征询对方当事人的意见,对方当事人不愿调解的,应做好记录,在3日内以书面形式通知申请人。调解委员会应在4日内做出受理或不受理申请的决定,对不受理的,应向申请人说明理由。调解的步骤包括调查核实、召开调解会议、听取陈诉、公开调解。调解达成协议的,制作调解协议书;调解不成的,应做好记录。调解委员会调解劳动争议,应当自当事人申请调解之日起30日内结束;到期未结束的,视为调解不成。企业调解委员会调解劳动争议未达成协议的,当事人可以自劳动争议发生之日起60日内,向劳动争议仲裁委员会申请仲裁。

(二) 劳动争议仲裁

仲裁也称公断,其基本含义是由一个公正的第三方对当事人之间的争议做出评断。劳动争议仲裁是指劳动争议仲裁委员会对用人单位与劳动者之间发生的劳动争议,在查明事实、明确是非、分清责任的基础上,依法做出裁决的活动。劳动争议仲裁具有较强的专业性,其程序与司法程序相比,较为简便、及时。在我国,仲裁是处理劳动争议的中间环节,也是劳动争议诉讼的前置程序。

1. 劳动争议仲裁的机构

《劳动法》第八十一条、《企业劳动争议处理条例》第十二条规定:县、市、市辖区应当设立劳动争议仲裁委员会。省、自治区、直辖市是否设立劳动争议仲裁委员会,由省、自治区、直辖市人民政府根据实际情况自行决定。

劳动争议仲裁机构主要包括劳动争议仲裁委员会、仲裁委员会办事机构及仲裁庭。仲裁委员会是国家授权依法独立处理劳动争议的专门机构,负责处理本仲裁委员会管辖范围内的劳动争议案件,聘任专职和兼职仲裁员,并对仲裁员进行管理。仲裁委员会由劳动行政主管部门的代表、同级工会的代表、用人单位方面的代表组成。

2. 仲裁案件的受理范围

可以申请仲裁的劳动争议有三种情况:① 发生争议后,直接向仲裁委员会申请仲裁的;② 发生争议后,本企业没有调解委员会的;③ 发生争议后,经企业调解委员会调解不成的。凡属上述三种情况,又符合法律规定受案范围的劳动争议,双方当事人都有权向仲裁委员会申请仲裁。

3. 仲裁时效

时效是指在规定的期限内,劳动争议当事人不行使申诉权,申诉权因期满而归于消灭的制度。法律为行使申诉权规定了时间界限。当事人应当从知道或者应当知道其权利被侵害之日起60天内,以书面形式向仲裁委员会申请仲裁。如期限届满,即丧失请求保护其权利的申诉权,仲裁委员会对其仲裁申请不予受理。

4. 仲裁裁决的效力

仲裁裁决是仲裁庭做出的、对当事人具有约束力的、具体解决争议的决定。仲裁庭处理劳动争议案件应当先行调解,调解达成协议的,制作调解书,调解书自送达之日起具有法律效力。调解未达成协议或者调解书送达前当事人反悔的,仲裁庭应当及时裁决。当事人对仲裁裁决不服的,自收到裁决书之日起15日内,可以向人民法院起诉;期满不起诉的,裁决书即发生法律效力,当事人对发生法律效力的调解书和裁决书,应当依照规定的期限履行。一方当事人逾期不履行的,另一方当事人可以申请人民法院强制执行。

劳动争议仲裁委员会做出仲裁裁决后,当事人对裁决中的部分事项不服,依法向人民法院起诉的,劳动争议仲裁裁决不发生法律效力。

(三) 劳动争议诉讼

劳动争议诉讼是指劳动争议当事人不服劳动争议仲裁委员会的裁决,在规定的期限内向人民法院起诉,人民法院依照民事诉讼程序,依法对劳动争议案件进行审理的活动。此外,劳动争议的诉讼,还包括当事人一方不履行仲裁委员会已发生法律效力的裁决书或调解书,另一方当事人申请人民法院强制执行的活动。劳动争议诉讼是处理劳动争议的最终程序,它通过司法程序保证了劳动争议的最终彻底解决。由人民法院参与处理劳动争议，从根本上将劳动争议处理工作纳入了法制轨道，有利于保障当事人的诉讼权，有助于监督仲裁委员会的裁决，有利于生效的调解协议、仲裁裁决和法院判决的执行。

最高人民法院于2001年4月30日公布了《关于审理劳动争议案件适用法律若干问题的解释》（以下简称《解释》），对劳动争议案件的受理、举证责任、仲裁效力等方面做出明确规定。

1. 劳动争议案件的受理

关于劳动争议案件的受理范围，《解释》适当地扩大了人民法院受理劳动争议案件的范围。劳动者与用人单位之间发生的下列纠纷，属于《劳动法》规定的劳动争议，当事人不服劳动争议仲裁委员会做出的裁决，依法向人民法院起诉的，人民法院应当受理：① 劳动者与用人单位在履行劳动合同过程中发生的纠纷；② 劳动者与用人单位之间没有订立书面合同，但已形成实质性劳动关系后发生的纠纷；③ 劳动者退休后，与尚未参加社会保险统筹的原用人单位因追索养老金、医疗费、工伤保险待遇和其他社会保险费而发生的纠纷。

在严格执行《劳动法》规定的劳动仲裁是在诉讼的前置程序的基础上，《解释》规定，对劳动争议仲裁委员会以当事人申请仲裁的事项不属于劳动争议为由，或以当事人的仲裁申请超过60日期限为由，做出不予受理的书面裁决、决定或者通知，当事人不服，依法向人民法院起诉的，人民法院应当分情况予以处理：属于劳动争议案件的，应当受理；虽不属于劳动争议案件，但属于人民法院主管的其他案件，应当依法受理；对确已超出仲裁申请期限又无不可抗力或者其他正当理由的，依法驳回其诉讼请求。

2. 劳动争议案件的审理

人民法院受理劳动争议案件后，当事人增加诉讼请求的，如该诉讼请求与原劳动争议具有不可分性，应当合并审理；如属独立的劳动争议，应当告知当事人向劳动争议仲裁委员会申请仲裁。

用人单位对劳动者做出的开除、除名、辞退等处理，或者因其他原因而解除劳动合同确有错误的，人民法院可以依法判决予以撤销。对于追索劳动报酬、养老金、医疗费以及工伤保险待遇、经济补偿金、培训费及其他相关费用等案件，给付数额不当的，人民法院可以予以变更。

3. 劳动争议诉讼时效

根据《劳动法》和《中华人民共和国企业劳动争议处理条例》的规定，劳动争议当事人对仲裁裁决不服的，自收到裁决书之日起15日内，可以向人民法院起诉。当事人在法定期限内既不起诉又不履行仲裁裁决的，另一方当事人可以申请人民法院强制执行。

4. 劳动争议案件的执行

当事人对发生法律效力的调解书和裁决书，应当依照规定的期限履行。一方当事人逾期不履行的，另一方当事人可以申请人民法院强制执行。当事人申请人民法院执行劳动争议仲裁委员会做出的发生法律效力的裁决书、调解书，被申请人提出证据证明劳动争议裁决裁决书、调解书有下列情形之一，并经审查核实的，人民法院可以根据《民事诉讼法》第二百一十七条的规定，裁定不予执行：① 裁决的事项不属于劳动争议仲裁范围，或者劳动争议仲裁机构无权仲裁的；② 适用法律有错误的；③ 仲裁员仲裁该案件，有徇私舞弊、枉法裁决行为的;④人民法院认定执行该劳动争议仲裁裁决违背社会公共利益的。

人民法院在不予执行的裁定书中,应当告知当事人在收到裁定书之次日起30日内,可以就该劳动争议事项向人民法院起诉。

【案例分析】[①]

试用期不是单位随意解除劳动合同的"免死金牌"

基本案情：

2019年11月,东城区总工会劳动争议调解中心(以下简称"调解中心")收到赵某的调解申请,称自己于2019年5月入职某科技公司,签订了为期3年的劳动合同并约定6个月的试用期。在自己快过试用期时,公司以"试用期不符合录用条件"为由对他发出了解除劳动合同通知,但自己在入职时公司并未对试用期有任何考核的规定。调解过程中,调解员了解到公司在员工入职时只规定了试用期的时间以及工资标准,并没有任何规章制度明确试用期考核的内容及标准。现在公司却以此为由解除劳动合同,此举显然是不符合法律规定的。调解员告知公司,试用期解除劳动合同是有严格的条件和程序限制的,试用期并不是公司解除员工劳动合同的"免死金牌",劝说公司妥善处理此次事件,给予员工合理的经济补偿。

处理结果：

经调解,公司愿意支付员工相应的经济补偿金,员工也接受了调解方案。

案件评析：

本案涉及试用期解除劳动合同的问题。在实际生活中,许多公司都以"试用期不符合录用条件"为由解除未满试用期员工的劳动合同,认为这样的行为完全符合法律规定。但在《劳动合同法》及相关法规的规定下,试用期期间解除劳动合同的程序往往不像大多数公司认为的那样简单,需要符合法律的相关规定:首先,用人单位在录用劳动者时应当向劳动者明确告知录用条件,在解除劳动合同时应当向劳动者说明理由及法律依据。其次,用人单位证明已向劳动者明确告知录用条件,并且提供证据证明劳动者在试用期间不符合录用条件,这样才能依照《劳动合同法》第三十九条第一项的规定解除劳动合同。

工伤赔付协议显失公平可以撤销

基本案情：

王某是北京某机械科技股份有限公司员工,但公司一直未给王某缴纳社会保险。2019年3月4日,其在上班的途中发生交通事故,受伤住院,共支付医药费4万余元。经交通管理部门认定,对方全责。2019年4月16日,王某与公司签订赔付协议,约定公司

[①] 由北京市总工会权益工作部、法律服务中心与《劳动午报》共同评选出"2019年北京工会劳动维权十大案例"。

支付5万元,双方就此事再无任何争议。2019年5月王某被认定为工伤,2019年6月劳动能力鉴定为九级伤残,无护理依赖。2019年6月21日王某申请劳动争议仲裁,要求公司支付工伤保险待遇8万余元。2019年8月26日王某诉至法院,请求撤销与公司达成的赔付协议,并要求公司支付工伤保险待遇8万余元等。

处理结果: 法院判决撤销双方签订的工伤赔付协议。

案件评析:

《民法总则》规定,一方利用对方处于危困状态、缺乏判断能力等情形,致使民事法律行为成立时显失公平的,受损害方有权请求人民法院或者仲裁机构予以撤销。根据《合同法》第五十四条规定,订立合同显失公平的,当事人一方有权请求人民法院或者仲裁机构变更或者撤销。用人单位对于劳动者的优势是显而易见的,如果没有确切的证据证明用人单位已采取积极的行动消除其优势地位,如告知劳动者可以申请工伤认定和伤残等级鉴定,并根据工伤认定和伤残等级鉴定的结果再向用人单位主张工伤保险待遇赔付等,则可以认定其利用优势地位。本案中,单位在工伤认定和伤残等级鉴定尚未做出前,就与劳动者达成工伤赔付协议,若该协议的赔付款项显著低于劳动者应当享有的工伤保险待遇,一般应认定为显失公平。劳动者可以要求撤销显失公平的工伤赔付协议。

第四节 三方协商机制

一、三方协商的概念和实质

三方协商是指由政府、雇主、劳动者三方代表,根据一定的议事规则或程序,通过特定的形式开展协商谈判而形成的共同参与决定、相互影响、相互促进、相互制衡的一种制度。

理解上述概念应把握以下几点含义:① 三方协商的主体是政府、雇主和劳动者。在三方格局中,政府一方一般是管理劳动事务的劳动行政部门或有关主管部门的代表;雇主一方可以是雇主代表,也可以是雇主协会(联合会)代表;劳动者一方代表一般由工会或工会联合会代表。② 三方协商的内容是劳动关系领域的重大事务,诸如劳动法律法规和政策的制定与实施,劳动关系运行中的某些变更、劳动纠纷的处理等。③ 三方协商的宗旨是促进政府、雇主、劳动者三方合作,维护劳动秩序,稳定劳动关系,发展国家经济,提高生活水平。

从更广泛的意义上说,三方协商机制还包含着这样的意思,即三方协商机制形成后,工会、雇主和政府各方在不同时期力量对比的变化以及各自地位、作用的态势等构成了一种客观格局,表明各个不同的社会利益集团在经济利益和其他权利等方面寻找某种平衡的客观需要和共同合作而做出的努力。

三方协商的实质是在社会活动中有差异的三方之间实行三方权利分享，共同协商、消除误解、增进了解、弱化争议，取得共识。在市场经济条件下，不同利益主体有着不同的利益追求，形成不同的利益倾向，不同集团内的人基于不同的经济利益所关注的问题有所不同。雇主最关心的是尽量降低产品成本，保证有序的生产，增强竞争力，以获取更大的利润，实现更大的发展；劳动者及其代表组织工会关心的则是自身的权益和利益，让劳动者更多地分享劳动成果，提高生活水平；政府则注重经济的增长、社会的安定、政局的稳定。在这种情况下，对劳动关系的一系列重大问题就难免出现分歧、产生争议，任何一方都不能单独做出决定。现代市场经济社会主张社会生活民主化，尤其推崇决策民主，认为任何一项宏观经济政策和社会政策的制定，必须广泛发扬民主，吸收与之有关的团体、组织的意见和建议，以制约相互关系，达到不同社会群体之间的协调与平衡。劳动关系是社会利益关系的实现方式，更应保持不同利益集团之间的协调与平衡。因此，三方协商原则体现了劳动关系领域的民主化，是平衡各方实力、保持和谐统一的重要机制。

二、三方协商的特点

三方协商是由三方组织机构的日常活动具体体现的。在市场经济国家中，均设立了不同形式的三方组织机构，称为三方委员会或三方协调委员会。许多发展中国家也相继实行了三方协商原则。目前，三方协商机制已成为世界各国普遍采用的协调劳动关系的重要原则和基本格局。从三方协商机制的各方构成和运行实践来看，具有以下四个显著特点：

（一）主体的独立性

主体的独立性是指协商的政府、雇主、劳动者三方，在身份上和地位上都是独立的。这种独立性是基于市场经济条件下，由政企分离、利益明晰、责权分明决定的。三方主体的独立性为协商谈判奠定了前提条件。

（二）主体权利的对等性

三方主体在协商中权利对等是三方主体独立的必然结果。权利对等表明三方互为权利义务主体，在协商机制中任何一方都不能凌驾于他方之上，无权单方发号施令，指使、命令另一方。这种权利对等性对于在劳动关系中总是处于劣势和弱者地位的劳动者来说是一种保障。如果权利不对等，劳动者听命于企业，企业遵从于政府，那么协商谈判也不能正常进行。

（三）协商过程的民主性

三方协商机制的关键在于协商，而协商又体现在三方友好的对话和商讨中，互相理解、互相支持，对于讨论的事项，反复商量后取得共识。

（四）协商目的的合作性

在三方协商中，各方虽然都是从自己的立场出发，但都是以协调劳动关系为基础和条件的。因此，协商时各方要充分考虑对方的意见和共同的利益，雇主一方既不能只强调生产经营而损害劳动者利益，劳动者一方也不能只强调己方的劳动权益而影响或阻碍企业的运行和发展。在劳动关系中，各方存在一定的利益取向，会发生利益冲突，但利益冲突只有在双方合作的基础上才能得到解决，各方利益也只有经过合作才能实现。因此，三方协商始终以促进共同发展为目标。

三、三方协商的功能

（一）缓解劳资矛盾，稳定劳动关系

在资本主义发展早期，由于没有正常的渠道和途径进行劳资矛盾的疏导，工人往往通过采取罢工等一系列激烈的对抗形式来反抗资本家的剥削，表达对社会的不满。这种活动会对雇主和社会产生严重的冲击，也会造成劳动关系的动荡。为了缓和这种矛盾，就出现了政府协调雇主和工会组织进行对话和谈判的局面，特别是在劳动者的工资标准、劳动时间、福利待遇和劳动条件等方面，通过集体谈判、三方协商达成一致。这种方式相比激烈的对抗方式更易于被接受，同时在不断的完善中逐渐形成了比较规范的体系。

（二）维护企业和职工合法权益，促进经济社会发展

随着三方协商机制的建立，工会组织与资方有了比较平等的对话平台。在这一机制中，工会作为一方独立的主体，代表工人提出意见，工人权益得到了较好的保护。

（三）推进政策制定的民主化、科学化

三方协商机制既是社会生产力发展和社会经济矛盾发展的必然结果，又是工业民主和经济民主的产物，是社会民主制度的主要内容。利益的多元化，要求在制定政策时能充分听取各方意见，充分发扬民主。通过加强三方之间的沟通与合作，能够使政策法规和决策民主化、科学化、规范化，更加符合各方的要求，符合实际，并更好地得到贯彻实施。

四、政府在三方协商中的作用

各国政府普遍认为，在三方协商处理劳动关系的格局中，必须解决好政府、雇主和工会三者的相互关系、责任及作用问题。就劳动关系的双方主体而言，都希望以自己的力量影响政府，因此，政府在三方协商中的地位和作用十分关键。从市场经济国家三方协

商机制的实践看,政府的作用主要体现在以下几个方面:

(一) 组织作用

政府是国家权力的执行机关,三方协商主要是在事关国家重大的宏观经济政策和对社会发展有重大影响的劳动关系的内容上共同讨论,政府的职责决定了其在三方协商中的主导地位和组织者身份。政府的组织作用具体包括:

(1) 政府在制定法律和重大经济政策、调整劳动关系及相关劳动问题时,如制定工时制度、确定最低工资标准、劳动条件标准、劳动保护措施和社会保险福利制度等,吸收并听取劳资双方的意见,组织劳资双方共同讨论。

(2) 对劳动力市场的宏观干预。主要是根据法律创造条件,采取措施,促进失业人员就业,制定消除就业歧视的政策和措施,对雇主的大量裁员进行干预等。

(3) 对劳资双方的协商谈判,采取直接介入和间接介入、主动介入和被动介入、争议前介入和争议后介入等方式进行协商,促使劳资双方合作,达成协议。

(4) 实施劳动行政管理,全面规范劳资双方的行为。

(二) 平衡作用

三方协商机制的确立和正常运行,不仅有利于各方发挥积极有效的作用,更重要的是保持劳资双方力量的平衡。在三方协商格局中,真正形成利益冲突和对立的是劳资双方,而劳资双方的力量对比,一开始是劳方处于绝对劣势,但随着工会力量的不断壮大,特别是法律确认集体协商和集体合同制度之后,工会的地位进一步加强,资方面对的不再是单个的劳动者,而是一群劳动者,即以工会为代表的劳动者团体,因而劳资双方的力量对比发生了重大变化。当劳资双方在某一时期或某一问题上出现分歧,一方力量明显大于另一方时,劳资关系的协商会困难重重,协商结果也不利于共同合作,这对于经济发展和社会安定都会产生消极影响。政府的作用就是采取强硬的调整措施,使双方力量保持平衡。

(三) 监督作用

现代社会中,政府对于劳动关系的直接干预程度越来越小,而监督的作用越来越强。当劳动关系的调整进入劳资双方依法进行协商谈判、签订集体合同的时期以后,劳资双方的行为纳入法制轨道,劳动关系的稳定具有一定程度的法律保障。在许多国家,劳资双方协商签订集体合同后,要经政府有关部门依法予以确认,方能生效。其目的是通过政府确认来监督和指导集体合同的订立,确保劳资双方协商内容的公平、合理、合法、完备和可行。政府确认的方式为登记、备案、审查或批准。对于劳资双方协议或集体合同的履行,政府监督更是必要的。

(四) 服务作用

从产业革命至今历经一个多世纪的发展演变,市场经济国家的劳资关系运行机制和三方协商的格局,逐渐形成了比较完善的制度和比较规范的体系,劳资双方的协商方式也发展成一种有序的组织行为,解决劳动纠纷的途径基本制度化、法律化。因此,政府在三方协商机制中的主要作用将成为一种服务关系,即政府要为劳动关系的协调创造条件和提供服务。政府服务的内容一般包括:① 政府通过立法,建立完整的劳动关系法律体系,为劳动关系的法律调整提供依据,制定标准;② 按照国际劳工组织1981年163号建议书的要求,政府部门对参加集体协商、集体谈判的劳资双方组织予以承认,并在谈判过程中提供必要的资料;③ 政府对劳资双方在建立劳动关系、进行合作方面给予指导帮助,提供中介、咨询等服务,发布各种信息;④ 为劳动关系双方进行人员和业务培训,组织国际合作与交流。

五、我国劳动关系三方协商机制存在的问题

(一)劳资双方主体的代表作用未能充分发挥

工会和雇主组织的代表性不足且工会工作缺乏独立性。根据我国劳动关系三方协商机制探析的章程,本应作为企业组织代表参加三方协商的中国企业联合会主要代表的是公有制企业,所以集体合同并没有得到非公有制企业的认可,很多企业拒不执行。近年来工会在组织上仍然沿用传统的模式,无论是公有制企业还是非公有制企业,工会都成为企业的附属组织,在结构、物质支持上受企业影响和约束,缺乏独立性,工会更多的是站在用人单位的角度来看问题,不能真正代表员工的利益,不了解员工真正的诉求,不能真实地反映员工的要求和意见,这样的结果必然是三方协商机制形同虚设;而工会的独立性也同时缺乏法律保障,我国的《工会法》虽然规定了任何第三方力量都不能干涉工会的活动,要保证工会的独立性,但当劳资主体双方签订的集体合同不能履行,双方的独立性受到干涉时,并没有相关的法律予以保障。

(二)政府执法和监督力度不足,用人单位违法现象广泛存在

我国虽然制定了大量的劳动法律法规,但由于政府在劳动关系中执法和监督力度不足,执行情况不尽如人意,劳动法律法规不能全面贯彻实施,用人单位劳动违法、违法用工现象广泛存在,影响了劳动关系的发展。

(三)三方协商机制相关法律不完善

现行的《劳动法》《工会法》《企业劳动争议处理条例》《集体合同规定》和《工资集体协商办法》等构成了我国三方协商机制立法的基本框架,但是能够用于具体运行和实际操作的规则还是不足。比如《工会法》《劳动合同法》都规定了要推进三方协商机制,但对于三方协商机制的具体运行和协商规则,对于不执行协商结果的企业、个人如何惩处,法律上还是空白,更多的是依靠政府的行政命令来执行。

(四）集体合同流于形式

集体合同是工会代表员工与企业或雇主签订的关于劳动条件、劳动标准及劳动关系问题的书面集体协议。在我国，集体合同制度是自上而下逐步推进建立的。在政府劳动行政部门的积极引导和直接推动下，在较短的时间内，我国的集体合同就覆盖了众多的企业和地区。但是与此同时也存在大量的问题，集体合同在我国是较新鲜的概念，无论是政府、企业还是工会都对其认识不足，导致在执行的过程中出现一哄而上、形式主义严重的问题。各级工会和企业指定的集体合同大都存在内容空洞宽泛、缺少可操作性的问题，忽视了职工真实的需求，使得集体合同并没有发挥实际作用，而是流于形式。

六、建立适合我国国情的三方协商机制

三方协商机制的形成和确立，是受一个国家经济体制和政治制度制约的。我国是社会主义国家，实行社会主义市场经济，因此，在调整劳动关系方面，必须从我国国情出发，建立适合我国国情、具有中国特色的三方协商机制。

适合我国国情的三方协商机制包括以下基本含义：

（1）我国社会主义制度下的劳动关系与资本主义劳资关系相比，政权性质不同、经济基础不同、反映意志不同、追求目标不同。虽然劳动关系领域的矛盾和问题大量存在，但它是在根本利益一致的基础上的局部矛盾，是非对抗性的。这是建立三方协商制度的社会基础。

（2）我国还处在社会主义初级阶段，生产力发展水平比较低，城乡之间、地区之间经济发展不平衡。因此，以经济建设为中心，最大限度地解放和发展生产力，是三方协商机制全部活动的根本宗旨。

（3）我国人口众多但整体素质不高，劳动力供大于求的状况短期内不会改变。在劳动关系中，劳动者的弱者地位明显。三方协商机制必须致力于保护劳动者的合法权益，提高劳动者的积极性。

（4）我国三方协商机制既要具备市场经济国家三方协商的共同特征，与国际接轨；又必须符合我国劳动关系的现实，具有中国调整劳动关系的特色，从实际出发，实事求是。

建立在适合我国国情基础上的三方协商机制，应具有以下特征：

（1）三方协商机制的层次性。我国三方协商应形成国家级、地方或产业级、企业级三个层次。在国家级三方协商机制中，应由政府劳动行政部门的代表、全国总工会的代表、企业组织的代表共同组成三方协商机构，商讨宏观经济政策和劳动领域的大事，制定法律法规，调整全国范围内的劳动关系。地方或产业级三方协商机制，可分为省、市、县三级层次，也分别由政府、工会和企业组织代表组成三方协商机构，协商调整本行政区域内的重大经济政策和劳动问题。企业级三方协商机制由政府劳动行政部门、企业工会、企业组织各为一方代表，就企业劳动关系进行协商。

（2）三方协商机制的多样性。我国三方协商机制应具有多种多样的形式，不能是单

一体制；三方协商应从劳动关系的实际出发，因地制宜。依据三方协商机制的组成性质，可分为公有制劳动关系的协调方式和非公有制劳动关系的协调方式；依据三方协商机制协调劳动关系的内容，可分为综合性协调机构和专门性协调机构，如工资协调委员会、劳动争议处理委员会等；依据三方协商机制活动方式，可分为固定组织机构和临时性组织机构，采取常设机构协调和非常设机构协调并举。

（3）三方协商机制的过渡性。我国劳动关系领域的改革不断深化，三方协商劳动关系机制的机构、方式、内容、运行等方面必然伴随着经济体制改革而不断完善。三方协商机制体现出经济发展的阶段性和体制转换的过渡性。

七、我国三方协商机制中三方身份的定位

（一）政府的身份定位

在我国三方协商机制中，政府的身份定位是：

（1）政府是国家利益的代表者和维护者。我国的社会主义市场经济体制是以公有制为主体的，国有资产始终占主导地位，国家是国有资产的所有者，或者说是以国有资产为主的投资者，在劳动关系中，它最关心的是国家的利益。政府是国家权力的执行机关，政府必须通过对劳动关系的协调来维护国家利益，促进经济发展。在市场经济条件下，政府不再直接介入企业的经营管理，而是政企分开。政府的职责是对企业实施宏观管理，进行有效监督，防止国有资产流失，保证国有资产保值增值。三方协商中，政府一方的代表在维护国家利益和社会进步等方面平衡劳动者与企业的关系，指导双方合作，保持劳动关系的协调和稳定。

（2）政府是劳动关系的政策制定者和宏观调控者。在市场经济条件下，经济运行和劳动关系主要依靠市场规律来调节，但市场的盲目性往往会对经济发展形成一定的破坏性，进而导致劳动关系的不稳定。因此，必须由国家进行宏观调控。在三方协商机制中，政府通过组织工会和企业方的代表采取民主协商的方式，研究解决经济发展和劳动关系领域的重大问题，促进劳动关系双方共同合作，可以避免市场经济的弊端对劳动关系的伤害，这对于劳动关系的和谐稳定和社会经济的健康运行具有重要作用。

（3）政府是企业和职工两个群体利益矛盾的调节者。在市场经济条件下，国家、企业和劳动者是不同的利益主体，在经济活动中各自有着不同的利益追求，因而难免产生矛盾和冲突。在三方协商机制中，政府通过一定的措施，把劳动关系双方各自的利益追求统一到国家利益这个大目标上来，使劳动关系双方形成共识，消除分歧，化解矛盾。

（二）企业组织身份定位

在我国，作为劳动关系一方的企业（资方）还没有真正意义上的雇主组织，现有的企业家协会还是一种官方机构，其主要功能是交流企业管理经验，组织开展企业家的联谊活动，而不能体现劳动关系中与劳方相对应的企业家利益集团的作用，不能作为企业一

方的代表。因此,建立三方协商机制,应当建立一个具有广泛代表性的企业团体联合组织。这种能够代表企业利益的团体组织应当既符合现代国际通行规则,又具有中国特色,符合中国国情。其主要特征是:① 企业组织应具有广泛的代表性,是各类企业利益的代表者;② 企业组织应是独立的社会团体,具有独立的社团法人资格,依法独立开展活动;③ 企业组织应能代表企业利益,与政府和工会共同协商劳动关系领域的问题;④ 企业组织能为企业分析劳动关系发展趋势,帮助企业搜集劳动关系方面的信息,为企业提供劳动关系方面的咨询服务;⑤ 企业组织能代表企业在地方(行业)级和国家级与工会进行谈判,签订集体合同;⑥ 企业组织能代表企业参加国际会议,开展国际合作与交流。

(三) 工会的身份定位

工会是代表职工利益的组织。我国的《工会法》《劳动法》《企业法》等法律对工会组织作为职工代表的身份和地位都给予了确认。在三方协商机制中,工会的身份和职能主要是:

(1) 维护职工的合法权益,包括职工的经济利益、劳动权利、民主权利等。其中维护职工的劳动权利是工会维护职工权利的核心部分,因为它是职工其他权益的基础。同时,工会还要维护职工的政治、社会、文化等方面的权利。

(2) 协调劳动关系。工会协调劳动关系是工会维护职工合法权益的主要方式和途径。在协调劳动关系活动中,工会不是第三方,而是职工一方的代表。工会要考虑国家和企业的利益,但其活动的出发点应当是职工的利益。工会协调劳动关系应以法律法规为依据。

(3) 工会代表职工进行集体谈判和签订集体合同。这是工会协调劳动关系的基本内容和方式,主要是围绕劳动条件和劳动标准进行。在签订集体合同或是代表职工协商谈判时,工会应充分反映职工的意见和要求。上级工会对下级工会或企业工会集体协商谈判和签订集体合同负有指导的责任和监督其履行的责任。

(4) 工会代表职工参与民主管理。表现为参与企业的民主管理、参与行业与地方的民主管理、参与国家的民主管理等不同层次。工会参与企业的民主管理方式主要是通过职工代表大会制度、企业管理委员会制度、职工代表民主协商制度等实现;工会参与地方和国家的民主管理主要是与政府协商对话和各种参政议政活动来体现。

在三方协商机制中,我国工会要以职工代表的身份独立自主地发挥有效作用,就必须从组织体制、运行机制、工作格局、活动方式等方面进行调整和改革,使工会组织真正实现群众化、民主化和法制化。

八、我国三方协商机制在企业的运用

目前企业一级的集体协商越来越被人们重视。企业集体协商的直接主体是雇主和工会,政府部门一般不直接参与,但在协商过程中产生争议时,政府部门也会出面调解。企业一级协商主要有两种形式:一种是集体谈判;另一种是集体谈判之外的双方就企业的有关涉及劳动关系的问题进行灵活接触和协商,包括企业经营和发展的有关问题。我国《劳动法》第三十三条规定"企业职工一方与企业可以就劳动报酬、工作时间、休息休假、劳动安全卫生、保险福利等事项,签订集体合同"。目前,企业一级集体协商已经普遍开展起来,特别是在大中型国有企业,工会可以随时就职工关心的问题与企业管理方进行对话与协商;一些开发区或科技园区还开展区域性企业协商,较好地维护了职工合法权益和争取应有的权利;但是在一些中小企业或私营企业,集体协商的进展还比较慢,职工权益得不到很好的维护,劳动关系矛盾比较突出,在这些企业应大力推行集体协商机制。

三方协商机制在企业的运用需把握三个要点:

(1) 三方协商机制在企业的运用应着眼于持久调动职工的积极性。企业活力的真正源泉是职工的积极性和创造性。劳动者是现代生产力中最重要、最活跃、最具能动性的因素。只有千方百计地维护职工的合法权益,调动和发挥劳动者的积极性和创造性,才能促进生产力的发展。人的主观能动性的发挥是一个复杂的心理调节过程,极容易受外界各种因素的影响。运用三方协商机制调整企业劳动关系,可以使职工与企业的利益实现有机统一,解决职工最关心的问题,使企业劳动关系和谐稳定。

(2) 平等协商和签订集体合同是三方协商机制在企业运用的基本方式。平等协商和签订集体合同制度是在市场经济条件下劳动关系的矛盾协调过程中产生的,它们使企业劳资间的力量对比相对处于比较平衡的状态,从而也使劳动关系相对比较稳定,所以它们已成为市场经济国家普遍实行的劳动法律制度。平等协商和签订集体合同对于调整企业劳动关系而言,实质上是劳资双方合作的一种方式,而不是对抗手段。

(3) 政府在企业平等协商和签订集体合同过程中应发挥重要作用。我国和发达的市场经济国家不同,在企业平等协商和签订集体合同中,政府的干预和介入不但不能少,而且应适度加强。政府的作用主要表现在:指导和调控。政府通过制定法律法规,对平等协商和签订集体合同的内容、原则、程序、形式等予以规范,并监督企业和工会认真执行;直接介入、予以干预,政府运用法律和行政手段,推进平等协商和签订集体合同制度的实施,对集体合同进行登记、备案和审查,处理集体合同争议等。

第五节　转型期中国劳动关系的特点

一、从计划经济向社会主义市场经济转型的劳动关系特点

总的说来,在中国传统的计划经济体制下,劳动关系最明显的特点是带有浓厚的"行政化"色彩。企业是政府的附属物,没有独立法人地位。企业没有独立的经营自主权,也就无从成为用人主体与分配主体,雇用工人或调整工资,都受制于具有天然约束力的国家指令性计划。于是,企业的劳动用人行为成了政府用人的执行中介。职工一旦进入企业,就成为"国家职工"而非"企业职工",并且与企业始终保持终身不变的劳动关系,直到退休。在职业的选择上,职工一切以服从组织分配为准则。在劳动条件的确定上,总是按照国家的有关规定,双方没有协商谈判的余地。因此,那时企业与职工的劳动关系,

不过是国家与职工之间实质上的行政关系的外壳而已。实行改革开放以来,中国传统的劳动关系正逐渐发生变化,出现一些新的特点,主要表现在以下几个方面:

(一)劳动关系类型上呈现多样化趋势

改革开放以来,所有制结构得到调整,而劳动关系也相应出现新的情况。随着多种经济所有制形式的出现,中国相应出台了有关中国劳动关系类型的新的划分,主要有八种,即国有经济的劳动关系、集体经济的劳动关系、私营经济的劳动关系、个体经济的劳动关系、联营经济的劳动关系、港澳台地区投资经济的劳动关系、民营企业的劳动关系以及三资企业的劳动关系。劳动关系类型多样化还表现在,同一企业中存在多种形式的劳动关系,如在联营企业中,同一劳动者同时与两个以上的用人单位建立劳动关系。

(二)不同类型的劳动关系从长远发展看有一定的趋同性

国有企业与外资企业、私营企业的劳动关系相比,劳动关系当事人的主体地位是主要区别,如国有企业的所有制性质决定了职工享有充分的民主管理权;另外,在劳动关系的建立、变更和终结方面,也存在不少差异,如建立方式上,国有企业通常是劳动合同制与固定工制度并存,而非国有企业(尤其是外资企业)里,一般都要求统一采取劳动合同的形式确定劳动关系。

但是,随着现代企业制度的推行和公司制的改造,所有制对劳动关系的性质影响会越来越弱。同时,一方面随着政府职能的转变,客观上要求对各类企业的管理在某种程度上要统一化,以便使各类企业在同一起跑线上参与市场竞争;另一方面,随着国有企业经营机制的转换和自主权的扩大,国有企业在管理权限、经营方式上都会与非国有企业趋于接近。

(三)劳动关系双方当事人之间利益冲突明显加剧

引发劳资冲突的直接原因,是劳动关系主体之间的不平衡,劳动者的权益受到侵害又不能适时合理解决。这种侵害主要涉及劳动者的劳动工资和劳动条件。2019 年劳动争议案件量排名前两位的是追索劳动报酬纠纷和劳动合同纠纷,前十名中还包括关于各种保险待遇的纠纷。[①] 如果这种侵害涉及人员众多,又没有体制内的正常解决途径,往往会引发集体性的劳资冲突。在国有企业出现的劳资冲突,主要是由于企业改制、关闭破产和裁员过程中劳动者权益受损所致。例如,经济补偿标准过低、社会保险关系难以接续和职工得不到合理安置,或改制方案不按法律程序运作、不提交职工代表大会审议通过、无视职工的知情权和民主参与权、搞暗箱操作等。在非国有企业出现的劳资冲突,主要是劳动条件和就业条件恶劣,特别是企业拖欠职工工资问题已经成为劳资冲突的主要原因(见图 7-2)。

---

① 《国双 2019 劳动争议案件大数据分析报告》,数据检测时间为 2018 年 1 月 1 日至 2019 年 4 月 23 日。

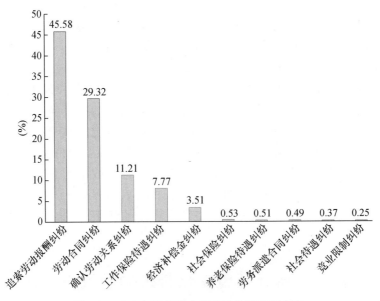

图 7-2 2019 年排名前十的劳动争议案例内容

劳资力量对比极端不平衡,是劳资冲突发生的深层次的社会原因。劳资力量对比不平衡的基础原因,是因为资方控制着社会经济资源,而劳动者在劳动关系中处于一种被雇用的地位。另外一个重要原因,是因为目前我国劳动者在资本面前,尚未形成一个有组织的社会力量。一般而言,资本的力量在于控制着生产资料,而劳动者的力量则在于劳动者的联合和组织。在规范的市场经济下,劳动关系的协调应该是集体劳动关系的协调,即劳动者作为一个集体的力量与雇主交涉劳动条件和劳动标准等有关劳资关系事务。但目前我国的劳动关系还没有形成集体劳动关系的调整。这其中最主要的因素是目前工会还没有成为真正代表劳动者的组织。尽管工会组织已经比较普遍地建立,但公有制企业的工会尚未改变作为行政附属的地位,而私营企业的工会则在相当程度上被雇主控制和介入。这种状况的直接结果是,劳动者的合法利益得不到有效的表达和维护。劳动关系正常运作所需要的互相沟通和互相制约的作用被阻滞,劳资矛盾无法通过正常的渠道得到解决,冲突由是发生。

(四) 劳动立法越来越受到重视

第一,应尽快建立起完备的劳动法律体系,尽快出台专门的调整劳动关系的法律,比如《促进就业法》《集体合同法》《工资法》《社会保障法》《劳动争议处理法》等,并及时修改《劳动法》和相关法律法规,吸收目前地方立法中的成功经验,使我国劳动关系的法律调整趋于统一,构成一个完善的立法体系,从而使劳动者的权益得到全方位的保护。

第二,扩大劳动法的适用范围并加大对劳动者的保护力度。今后,劳动立法应朝着统一立法的方向发展,不仅应将各种不同所有制经济类型的企业及劳动者纳入劳动法范围,使其在同等条件下平等竞争,而且随着我国人事制度改革的加快和逐步完善,应将事业单位和社会团体的劳动者也纳入劳动法的调整范围,形成除国家公务员和地方公务员系列的所有劳动者均适用的劳动法,使劳动者都无差别地得到法律的同等保护。此外,劳动立法应区别于民事法律,在立法中要向劳动关系中的弱者倾斜,以实现劳动法的立法目的和劳动关系的实质平等,进而促进社会公平和正义的实现。

第三,强化平等协商和集体合同制度。平等协商和集体合同制度,是维护劳动者集体劳动权益的重要手段。《工会法》将这项制度作为工会履行维护职工合法权益的最重要的方式。我国目前已有关于集体合同的法律和规章,但力度不强,缺乏刚性。今后的劳动立法一方面应制定统一的集体合同法,减少法律规定之间的矛盾;另一方面应在制度上有所强化,使集体合同制度真正发挥维护劳动者整体权益的目的。这包括对企业工会提出的协商签订集体合同的要求企业方不得拒绝;拖延或拒绝平等协商、签订集体合同的企业应承担法律责任,并规定承担法律责任的方式和程序;促进区域性集体合同和行业集体合同的建制和发展;具体规定因签订集体合同和因履行集体合同发生争议的处理机构和程序等。

二、当前劳动关系所处环境变化带来的挑战与机遇

随着供给侧结构性改革以及城镇化、信息化、农业现代化、新型工业化等方面的深入推进,劳动关系领域也受到了很大影响。

(一) 面临的挑战

新常态下国民经济转入中高速增长时期。从外部看,出口驱动的动力减弱;从内部看,经济下行压力加大,经济结构转型升级压力增加。

(1) 产能依赖型企业经营困难,劳动力需求下降,其中能源、矿产、采掘、冶炼等行业就业前景较差。这同时也伴随着劳工权益保障、下岗职工社会保障、职工再就业等一系列社会问题。

(2) 劳动力结构发生变化,人口老龄化问题愈发突显,劳动人口新增速度放缓,体力劳动者比例下降,产业、商业和专业技术人员的比例上升,这说明人口红利趋于消失,经济潜在增长率降低(见图7-3和图7-4)。

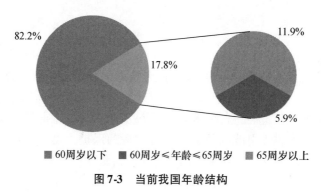

图7-3 当前我国年龄结构

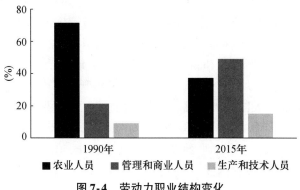

图 7-4 劳动力职业结构变化

（3）新的行业形态和生产方式使得劳动关系呈现新特征。大量新兴技术如大数据、区块链技术、"互联网+"等的快速发展和广泛应用使得劳动关系走向多元化、复杂化。

（二）面临的机遇

劳动关系治理方面的相关法律法规不断完善，政策出台更加科学规范以及集体协商模式日趋成熟，这些都有利于促进劳动关系和谐。

（1）一系列法律法规和有关政策性文件的实施，为劳动者维护合法权益提供了保障。2015年3月，党中央、国务院印发《关于构建和谐劳动关系的意见》，这是做好新时代劳动关系工作的纲领性文件。政府部门加强对重点领域的日常监察和执法，强化劳动保障监察执法工作，以确保相关法律法规的全面实施。

（2）劳动力供求状况新变化有利于体面劳动的形成。人口红利的消失意味着劳动力供求状况改变，适龄劳动者将有更多的工作机会。工会组织开展劳动者素质和技能提升培训，有助于适龄劳动者更好地就业和实现其诉求的多元化。

（3）集体协商和集体合同制有利于促进劳动关系主体多元化。劳动关系治理主要是政府、工会和企业通过三方协调来平衡劳资双方的利益，促进劳动关系和谐。政府将更为公平地对待劳资双方的诉求。

（4）劳动争议调解仲裁水平提升有利于缓解劳资矛盾。人社部在全国范围内推进基层调解组织建设和仲裁机构实体化建设，推进调解仲裁信息化建设，努力提升现代化劳动争议处理效能。

三、建立和发展和谐劳动关系

随着我国社会主义市场经济体制的建立和完善，多种所有制经济蓬勃发展，劳动关系日益成为一种重要的经济关系，劳动关系和谐也就成为关系企业和国民经济发展特别是社会和谐的一个重要因素。因此，党的十六届六中全会通过的《中共中央关于构建社会主义和谐社会若干重大问题的决定》明确提出要"发展和谐劳动关系"。党的十九大报告做出"中国特色社会主义进入新时代"的重大政治判断，明确提出"完善政府、工会、企业共同参与的协商协调机制,构建和谐劳动关系"的目标要求。中国经济由高速增长阶段转向高质量发展阶段。和谐的劳动关系,是社会和谐稳定的基石,新形势下构建和谐劳动关系工作比以往任何时候都显得更为重要、更为迫切。

基于新时代国家治理新理念和新要求,构建和谐劳动关系的价值理念应主要锁定在劳动关系高质量发展与劳动关系分类调整方面。劳动既是谋生的基本手段,也是人的价值的重要体现;劳动既是人的发展依据,也是社会进步的发展保障;劳动创造价值的形式和途径日益多元;劳动价值的评估日趋多样。新时代我国劳动关系本质的塑造应从传统的冲突、对抗向尊重产权、重视规则、维护诚信、突出合作、追求共赢根本转型,这也是新时代和谐劳动关系应有的概念内涵。

(一) 劳动关系不和谐损害各方利益

劳动关系不和谐,会损害员工的合法权益。在任何时候,员工都是企业发展的决定性因素之一。因此,企业应善待员工,让员工分享企业发展的成果。在我国经济社会结构仍然存在不平衡和劳动力供给存在结构失衡的背景下,劳动者往往在劳动力市场上处于不利的地位,劳动关系是否和谐很大程度上取决于用工企业对待员工的态度和行为。有些企业片面追求利润最大化,压低甚至拖欠员工工资,不与员工签订劳动合同,随意让员工加班,少缴或不缴社会保险费,在基本福利、劳动保护、民主权利等方面侵犯员工的权益。这些做法不仅损害了员工的合法权益,也损害了企业的社会形象。

劳动关系不和谐,会损害企业和国民经济的发展。劳动者收入偏低、劳动强度过大、劳动环境恶劣,会直接影响劳动者的人力资本积累。职业病导致劳动能力过早丧失,疲劳、超长时间劳动和低收入导致劳动者没有多余的时间、资金和精力参加技能培训和进行技术钻研。低成本的劳动力不可能是高素质的劳动力,而没有高素质的员工,就不可能有高素质的企业。同时,这种简单劳动不仅不能提升企业的核心竞争力,而且将会使我国制造业长期停留在低水平上,难以从中国制造转变为中国创造。此外,劳动者收入偏低,直接抑制了内需的增长,加剧了对出口的依赖,制约了国民经济持续健康发展;低附加值产品出口的过度竞争,反过来又进一步压低劳动力价格,使我国在国际分工中长期处在价值链的低端。

(二) 企业和政府是协调劳动关系的主要责任者

形成和谐的劳动关系,需要企业主动作为。当今时代,企业应自觉遵守法律法纪和社会道德规范,特别是要善待员工,把员工作为企业发展的重要资源,在建设和谐企业的基础上形成长久的竞争能力,实现持续健康发展。国内外那些长盛不衰的优秀企业,大都将企业经营与社会责任作为关系企业长远发展的两个重要而不可分割的方面,非常重视提高员工的忠诚度和素质。企业与员工的关系必须建立在符合国家法律法规的基础之上。企业必须向社会提供合乎法律法规要求的就业机会和劳动条件,不能有害于就业者的健康和安全。企业管理者在做决策时,必须考虑企业对员工的义务,重视通过促进员工的全面发展实现企业的可持续发展。

形成和谐的劳动关系,政府需要切实履行职责。各级政府应认真贯彻落实科学发展观,坚持以人为本,在制定经济社会政策、完善体制机制的过程中,高度重视和努力促进劳动关系的正常发展。应建立健全相关的法律法规并严格执法,切实维护劳动者的权益;转变片面追求经济增长速度的观念,改变不惜代价招商引资的做法,着眼于维护社会公平与正义,充分发挥管理和调节的职能作用,成为劳动关系的"和谐之手"。

(三) 和谐的劳动关系是推进我国高质量发展的基石

全国各类企业和工业园区广泛深入开展和谐劳动关系创建活动。实践中,按照以习近平同志为核心的党中央做出的一系列重大决策部署,有关各方坚持以人为本,努力把解决广大职工最关心、最直接、最现实的利益问题和切实维护其根本权益,作为构建和谐劳动关系的根本出发点和落脚点。坚持依法构建,推动健全劳动保障法律法规,增强企业依法用工意识,提高职工依法维权能力,加强劳动保障执法监督和劳动纠纷调处,依法处理劳动关系矛盾,努力把劳动关系的建立、运行、监督、调处的全过程纳入法治化轨道。坚持共建共享,统筹推动处理好促进企业发展和维护职工权益的关系,调动劳动关系主体双方的积极性、主动性,积极推动企业和职工协商共事、机制共建、效益共创、利益共享。坚持改革创新,从我国基本经济制度出发,统筹考虑公有制经济、非公有制经济和混合所有制经济的特点,不断探究和把握社会主义市场经济条件下劳动关系的规律性,积极稳妥推进具有中国特色的劳动关系工作理论、体制、制度、机制和方法的创新。

第六节 新时代非典型用工关系

随着市场经济的深化发展,在我国的劳动用工领域,开始出现了多种新的用工形式,其用工关系在主体和内容上都发生了较大变化,并由此产生了大量介于标准劳动关系和民事劳务关系中间状态的非典型用工,如劳动派遣、非全日制用工、自雇用工、外包用工、平台用工等。

目前,我国以互联网为中介的平台经济等新经济形态方兴未艾并以指数级速度爆发式增长。在新经济总量不断增加的时代背景下,我国劳动关系发生了改变,"平台就业""创业型就业""网络就业"等更加灵活多样丰富的新经济形态如雨后春笋般不断涌现,旧的传统经济模式在一定程度上受到冲击,新经济形态正在引发劳动就业领域的重大创新型变革与发展式转型。近年来,以网络信息技术产业为重要内容的互联网、大数据、人工智能、云计算和算法技术,促进了技术与产业的历史性契合,带来了共享经济、数据经济、平台经济等新经济发展模式,促使我国由网络大国变为网络强国。

非典型用工关系的出现和发展,是时代发展的必然。因为这种用工方式既能降低用人单位的用工成本、管理成本,又能解决劳动者的就业问题,最终促进市场经济的发展。

一、"互联网+"背景下用工关系的认定

(一)平台经济与网络用工的兴起

互联网经济即以互联网为工具、媒介或平台的经济活动。当前,互联网经济发展迅速,已覆盖社会经济多个行业领域,并且正在不断影响和改变着人们的生产生活方式。在工作和雇佣关系领域,伴随互联网经济,特别是平台经济的出现和发展,企业用工关系呈现出区别于传统雇佣关系的某些新现象和新变化,如互联网企业不对劳动者实施直接的管理控制,劳动者对自己的工作具有某种程度的自主决定权,企业与劳动者的关系显得更加松散等。

作为"互联网+"运作载体的互联网平台带动了就业的发展,新型就业形式越来越得到人们的认可,就业人数增长迅速。新型业态也不断出现,以就业形态为分类标准,"互联网+"背景下的新形态主要包括如下几种:① 以天猫、京东、苏宁易购等为代表的商业销售平台;② 以在行网、知乎等为代表的科技服务提供平台;③ 以滴滴、Uber等为代表的出行服务提供平台;④ 以美团、口碑等为代表的生活服务提供平台。

(二)平台经济下就业模式的特点

平台经济因"互联网+"的加持而使其所提供的就业模式有诸多不同于传统就业模式的特别之处,集中表现于如下几个方面:

(1) 传统就业仅有雇主与劳动者的双方参与,而在互联网经济背景之下,组织架构由双方转换为三方主体,因此时互联网平台是信息的搜集与双向提供者,劳务的提供方与接受方均需借助平台信息的提供而建立合作关系。

(2) 传统行业的雇佣方式是具有稳定性的,通常具备固定的工作场所,约定固定的工作时间,划定工作内容范围。但是在平台经济之下,用工关系不再具有稳定性,平台和劳动者之间通过网络形成联系。劳动者具有较高的自主权,工作地点和工作时间都是比较自由的,而平台也不存在提供生产资料的必然要求,也摆脱了雇佣可能带来的诸多成本。平台降低了原本的交易双方之间存在的交易成本,从其产生大量就业机会的结果来看,平台实际上也为劳动者提供了个人发展的空间,可以发现实际上平台和劳动者之间存在类似共生的关系。

(3) 用工关系的灵活性使得对照现行的劳动法律认定劳动关系和劳务关系的办法进行认定时容易出现混乱,因为平台用工关系往往介于两者之间。劳动时间和地点的自由化,劳动纪律和雇主的指令也大大弱化,发生的劳动行为也多是临时而非连续的,使得用工关系接近劳务关系;但是现实中往往又会存在一些属于劳动关系认定的要素。比如,一些外卖公司会对送餐员的着装有统一要求,而又不给送餐员配备工作所需的资料如自行车或电动车,这就同时具备了劳动关系的因素和劳务关系的因素。

(4) "互联网+"的出现使得就业模式迈向多元化、灵活化的方向,不仅有多种新型就业方式,而且工作类型也涵盖了诸多层次。正如分享经济所展现的从所有到占有的特

点,网络用工也呈现如是的特点——变全职为兼职,不少有正式工作的群体已经像滴滴司机一样利用闲暇时间兼职获取收入,何为职业,何为工作,二者的界限越发模糊。

二、现行劳动关系认定标准存在的问题

(一) 认定标准覆盖范围过窄

我国的劳动法律法规主要是围绕正规就业即具有全日制、固定场所和时间、从属性特征的就业制定的。而那些在其他部门就业的人员,或者是就业不完全符合认定标准的正规雇员,就被排除在保护制度之外了。这种"一刀切"的认定机制在传统的工业生产模式下就已经出现一些漏洞,毕竟正规部门就业的人口在总就业人口中仅占较少的部分,后来的劳动合同法对非全日制用工和劳务派遣增添了法律保护。但在互联网经济高速发展的今天,有大量的人口以非正规就业的形式聚集在新兴行业内,这种非传统的用工关系有着扩散发展的趋势,仍旧使用以前的标准来界定恐怕不能满足现实需要。

(二) 从属性过于严格

实践中在进行劳动关系认定时,从属性是非常关键的因素。其中,人格从属性常常被着重考虑。在平台经济中的就业者与过去的灵活就业者有比较明显的差别,就是与用工方的人格从属越来越放开。仍然按照过去的认定方式,只会导致越来越多的劳动者被认定为非劳动关系。从属性标准过于严格,无法考虑更多因素来进行综合研判,长期下来会损害到越来越多劳动者的利益,不利于整个新兴产业的良性发展。

(三) 主体性缺乏延伸界定

已有的法律法规分别从用工方和劳动者两个主体出发规定其权利和义务,不过没有进一步延伸双方的概念,使得在新的就业形式中,主体并不完全适用用人单位的含义。国际劳工组织在就业有关文件中多次提到提高就业质量,促进体面劳动。长期人为地把劳动者分成正规就业群体和非正规就业群体,把相当一部分人口置于较大风险的环境中,容易产生不稳定的社会因素,也不利于形成统一的劳动力市场。对于法治建设而言,法律没有形成有力的引导规范作用,用工方的行为发生偏差,无法有效实现对劳动人口的保护。因此,有必要及早建立能实现广泛覆盖的劳动关系认定标准,把非正式就业方式逐渐转化成正式就业,使更多的劳动者能够获得应有的基本劳动权益保障。

三、平台经济用工关系的规范途径和劳动权益保障机制

平台经济是信息和数据技术发展的产物,对我国的经济发展有着突出的贡献,创造了大量的就业机会,推动了诸多传统行业的升级转型。我们有必要在其发展过程中开始着手劳动关系规范,边发展边调整,避免社会问题积累。

(一) 实行差异化协调机制

当下,各大平台的网约工类型众多,他们对互联网平台的经济依赖性各不相同。相比专职网约工,一些 C2C 模式下的司机可以自由接单,工作时间能够自由调整,其中大部分人有固定的工作,排斥与平台建立劳动关系。因此,在对网约工进行规制时,不能被表面的合作协议所迷惑,应实行差异化协调机制,以当事人双方合意为基础,区别对待不同情形:对符合劳动关系的将其纳入劳动法进行保护,对符合劳务关系的纳入民法领域进行保护;同时针对实践中存在的既非传统雇佣关系也与民法所保护的劳务关系不相同的劳务提供人员,可以设立一个中间类型的劳动法保护主体对其权益提供应有的保障。

(二) 优化社会保障制度

因为网约工大多面临较大的就业风险,因此,实现社会保险对网约工的覆盖具有重大意义。根据党的十九大报告,需要建成全民覆盖和全面覆盖的社会保障体系。在现有的五项社会保险中,网约工仅可凭借灵活就业者身份购买医疗保险与养老保险。要保障网约工劳有所得、病有所医、老有所养,还需要加强对这一群体在工伤、下岗待就业方面的支持与保护力度。在保护措施中,应当明确规定社会保险对网约工的全覆盖,减小劳务提供者的风险损失。

(三) 强化平台企业责任

企业的社会责任是一种道义责任。在劳动力成本快速提升的今天,虽然多数互联网平台倾向于和网约工建立民事合作关系,但二者之间并非完全平等的合作关系,网约工对互联网平台具有很强的经济依赖性。需要政府提供一定的政策支持,强制互联网平台履行相应的企业责任,来保障网约工的劳动权益。

(四) 创新工会工作形式

以"互联网+"为依托,平台经济不仅起步快且发展迅猛,长此以往必然会出现互联网平台与劳务提供者地位差距悬殊的情形。为避免此种情况的出现我们应及时采取措施,改变工会以往的工作形式,从大局出发让全国总工会发挥统筹作用,各个地方的总工会在其领导下执行相应的规定,为众包类劳动群体提供集体谈判等必要的保护。故而,若想通过工会途径对网约工权益进行保障,创新其工作形式和内部制度势在必行。

(1) 应扩大工会的覆盖面积,把网约工纳入工会服务体系中。目前,我国工会致力于服务劳动关系下的劳动者,并未将非劳动关系下的其他人员纳入保护范围,这对网约工来说是极不公平的。对此,工会应简化入会手续,使有意愿入会的网约工成为其服务体系中的一员。

(2) 针对"互联网+"背景下工会组织难度增大的情况,工会必须创新工作形式,加强与各行业网约工的联系。工会可运用互联网手段强化服务能力,通过微博、微信公众号、线下法律援助会等多种形式向网约工群体普及法律知识,将分散的网约工群体集聚起来,完善对网约工的法律援助。

【本章案例分析】

中国本田汽车零部件制造有限公司员工罢工事件

2010年5月17日,位于广东省佛山市的本田汽车零部件制造有限公司数百名员工因对工资和福利不满,停工一天。导火索是佛山市上调最低工作标准。佛山市从2010年5月1日起,将最低工资标准从770元/月调整为920元/月。但本田公司佛山工厂并没有打算同步提高基本工资,而是打算从原有的340元/月职能工资中划出一部分纳入底薪,从而使工人的基本月工资达到920元/月的法定要求。此举迅速激起了工人们的强烈反应。工人提出,要求厂方将薪水提高至2 000—2 500元/月。目前,他们每月工资平均为900—1 500元/月,在当前物价普涨的状况下,其微薄的收入几乎刚刚够维持生活成本。

5月17日晚,一位本田零部件公司员工晒出了工资清单:基本工资(675元)+职能工资(340元)+全勤补贴(100元)+生活补贴(65元)+住房补贴(250元)+交通(80元)=1 510元,扣除养老保险(132元)、医疗保险(41元)、住房公积金(126元),到手的工资为1 211元。若每月除去房租250元、吃饭300元、电话费100元、日用品100元、工会费5元,每月仅剩456元。一位本田零部件公司员工在网上这么描述工资增长速度:"我在本田零部件公司干了两年半,第一年工资涨了28元(理由是公司刚起步很多项目还没投产);第二年涨了29元(理由是公司部分项目尚未完全投产);到了第三年在项目全部投产后也仅涨了40多元。"

罢工者感觉到,打工者的收入并没有伴随着珠三角区域的经济腾飞而出现同比例增长,这一背离是"不正常的",也与时任中共中央总书记胡锦涛4月24日在2010年全国劳动模范和先进工作者表彰大会上"体面劳动"的提法不相协调。

5月21日,因传言公司已赴湛江等地大量招聘新工,公司不会给员工加薪,员工们开始第二轮停工。

5月22日下午1点多,公司通过广播宣布与"参与集体息工、停工、集会,无正当理由不服从公司命令"的两名停工者解除劳动合同,当天下午2点多,停工员工复工。

5月24日,公司公布了对停工事宜的解决方案:本田零部件公司员工的补贴提高到120—155元,相比之前提升了55元。但劳资双方还是没有达成一致。5月25日,厂方要求实习生签署确认书,如参与停工或被学校开除学籍。但是无人签署确认书。因为该厂是变速器等零部件的重要供应厂,所以罢工导致广州本田整车组装生产线停产。

5月26日,厂方要求所有员工签署承诺书保证不再停工。工人无人签署厂方要求的承诺书,并提出6点要求,与厂方仍未达成一致,罢工继续。

5月27日,厂方公布工资调整方案,员工工资每月增加340—477元。工人未接受厂方公布的工资调整方案,停工继续,东风本田生产线停产。

有媒体报道称,由于南海本田工厂持续罢工,本田公司在中国的所有4家组装工厂已被迫全部暂停生产。本田公司中国相关负责人承认,本田零部件公司工人停工已经对合资企业生产造成影响。中国是本田公司最赚钱的市场,停工影响了本田公司正常的市场销售周期。

"其实我们并不是恶意去停工,只是希望我们的工资可以和公司的盈利挂钩,可以实现本田哲学'三个喜悦'中制造的喜悦。"员工代表李晓娟说。

经过各方协调,在厂方承诺将加薪24%后,南海本田汽车零部件制造有限公司的员工6月2日上午恢复正常工作。

有专家指出,在此次"罢工"中,作为工人利益代表的工会作用如何发挥,劳动者的诉求如何实现沟通,三方协商机制和突发事件应急机制的完善等都值得反思。人力资源和社会保障部调解仲裁管理司司长宋娟介绍,目前中国的集体劳动争议呈多发态势。2001—2008年,申请仲裁的集体劳动争议案件以年均11%的幅度增长,而导致群体劳动争议的首要原因是劳动者薪酬过低,合法权益得不到有效保障。

资料来源:赵继新、郑强国,《人力资源——基本理论、操作实务、精选案例》,清华大学出版社、北京交通大学出版社2011年版。

讨论

(1) 在本案例中,劳动关系的主体有哪些?

(2) 哪些因素影响了中国本田汽车零部件制造有限公司员工罢工?

(3) 中国本田汽车零部件制造有限公司员工罢工事件对于处理好劳动关系有何启示?

【本章小结】

劳动关系,或称劳资关系、雇佣关系,在西方国家是一个存在已久的现象,并且得到了广泛深入的研究,但在当前中国市场经济环境下,真正意义上的劳动关系还是一个刚刚兴起的课题。一方面,良好的劳动关系是企业发展的必要条件;另一方面,企业和员工双方在互动过程中又不可避免地会发生一些摩擦和争议。因此有必要了解劳动关系双方主体的权利和义务,劳动争议产生的原因以及如何有效地避免劳动争议和如何有效地处理劳动争议。对于劳动关系的管理既表现为国家层面颁布的法律,比如《工资法》《劳动合同法》等,也表现为企业内部制定的规范,比如员工申诉制度等。在借鉴西方国家在管理劳动关系方面成熟经验的同时,我们还必须结合中国的国情和文化以及经济发展阶段来建立和保持和谐的劳动关系,这也是维护社会安定的必然要求。此外,在我国当前以互联网为中介的平台经济等新经济形态迅速增长之时,劳动就业领域也迎来了重大创新型变革与发展式转型。非典型用工关系既能降低用人单位的用工成本、管理成本,又能解决劳动者的就业问题,它的出现和发展,是时代发展的必然。我们需要在其发展的过程中着力于规范用工关系,进一步完善劳动权益保障机制,使其优势在安定的社会环境中得到充分发挥。

【关键概念】

劳动关系;劳动合同;劳动争议;三方协商机制;非典型用工关系

【思考与练习】

1. 劳动关系涉及哪些主体之间的关系?
2. 劳动合同的制定和执行要注意哪些问题?
3. 在处理劳动争议时,应采取哪些步骤?
4. 三方协商的主体和特点是什么?
5. 转型期我国劳动关系的特点是什么?
6. 平台经济下的就业模式相较于传统经济下的就业模式有哪些特别之处?

第八章　国际人力资源管理

"一带一路"倡议的实施加速了我国企业的国际化进程,在"国内市场国际化、国际竞争国内化"的竞争格局基础上,越来越多有条件和有能力的国内企业走出国门,在海外投资建立企业,成为真正的中国跨国公司,参与全球市场的竞争。跨国企业在全球市场的竞争离不开人力资源作为保障,而国际人力资源管理有其独特性和复杂性。本土的人力资源管理经验和知识在海外企业必然会面临一些特殊的问题,需要管理者加以全面地了解和保持清醒认识。其中包括,跨国背景下的人力资源管理实践受到哪些社会制度、文化习俗和法律法规的影响,国际人力资源管理的具体管理职能与国内人力资源管理存在哪些差异。

本章首先说明了国际人力资源管理的概念和特点,然后分别介绍国际人力资源管理的职能,包括国际员工的配置、培训发展、国际薪酬和绩效管理,最后提示读者国际人力资源管理中的若干敏感问题。

第一节 国际人力资源管理概述

一、国际人力资源管理的定义

国际人力资源管理是指国际化的组织为发展需要而对人力资源进行有效的获取、配置和利用的活动,包括国际人力资源规划、员工配置、绩效管理、培训与发展、薪酬计划与福利、产业关系等。国际人力资源管理包括的上述活动会随人力资源管理实践所进行的国家以及面对不同国家的员工而发生相应的变化。与国际人力资源管理活动相关的国家类型包括三种:一是所在国,指子公司或分公司所在的国家;二是母国,指公司总部所在的国家;三是其他国,指劳动力、资金和其他投入品的来源国。跨国公司的员工类型也包括三种:一是所在国员工;二是母国员工;三是其他国员工。国际人力资源管理就是处于人力资源管理活动、员工类型和企业经营所在国类型三个维度之中的互动组合(见图8-1)。

从广义上讲,国际人力资源管理所从事的是与国内人力资源管理相同的活动,只是国内人力资源管理只考虑一国范围内员工的问题,而国际人力资源管理活动的复杂性就在于它要在不同的国家经营并招募和管理不同国籍的员工。随着经济全球化的发展,国内人力资源管理活动也开始越来越多地面临不同国籍员工共处于同一工作场所的情况,所以也正在逐渐采取一些国际人力资源管理的措施。然而,在本国背景下管理多样化员工和在跨国背景下管理多样化员工,存在方法上的巨大差异,即在母国管理多样化员工的方法无法移植应用在所在国管理多样化的员工。这是因为跨国企业海外机构所处国家在政治环境、法律、商业习俗和劳动力状况等背景因素影响人力资源管理实践。具体而言,跨国公司在母国实施人力资源管理政策时,应该在尊重母国法律、文化和价值标准的基础上,适当考虑外籍员工的特殊要求;而在所在国实施人力资源政策时,则要在充分尊重所在国的法律、文化和价值标准基础上,实施跨国公司人力资源管理政策。

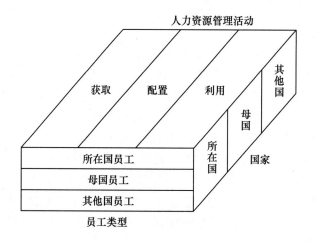

图 8-1 国际人力资源管理模型

资料来源:Morgan, P. V., "International Human Resource Management: Fact of Fiction", *Personal Administrator*, 1986, 31(9):44.

二、国际人力资源管理的影响因素

国际人力资源管理由于受到不同因素的影响,因而表现出与国内人力资源管理在职能和活动上的差异。影响国际人力资源管理的因素主要有五个方面:一是文化环境;二是产业类型;三是市场依赖特征;四是高层管理者的态度;五是跨国管理的复杂性。这五个因素构成了解释国内人力资源管理和国际人力资源管理之间差异的模型,如图 8-2 所示。

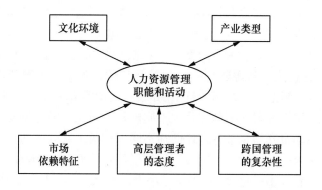

图 8-2 国际人力资源管理的影响因素

资料来源:赵曙明、〔澳〕彼得·J.道林等,《跨国公司人力资源管理》,中国人民大学出版社 2001 年版,第 9 页。

(一) 文化环境的影响

文化具有微妙而又综合的特征,当人们面对不同的文化时,能清晰地感受到它的影响。比如进入一个新的国家或者与一个不同文化国家的人或商业打交道时,很容易体会到语言、食物、服饰、卫生及对待时间的态度等方面的文化差异,并往往导致心理迷惑,甚至受到一定的冲击,因为人们误解或者不能识别重要的文化符号。对于被母国派遣到海外公司的外派员工来说,所在国新的环境要求外派人员在较短的时间内做出许多心理和行为上的调整,这给外派人员带来巨大挑战,被称为跨文化适应问题。跨文化适应问题会导致外派人员对所在国和当地人产生负面印象,产生返回母国的愿望。如何识别和应对文化差异,以及这些差异与自己的关系,是外派人员面临的长期挑战。一些跨国公司意识到了文化环境对于员工的工作绩效和生活状态的影响,因此,帮助外派人员及其家人在新的文化环境中工作和生活做好准备已成为一项至关重要的人力资源管理活动。

由于跨国企业经营涉及跨国界的人际交往和交流,所以了解母国与所在国的文化差异并理解这种差异带来的影响非常重要。目前跨国经营管理中普遍存在对文化特征的漠视或者错误理解,很多管理者都抱有"在国内怎么干,到国外也照样怎么干"的思想,因而导致跨国经营管理的失败。因此,无论是在跨国企业的总部还是所在国的当地机构,人力资源经理重视文化差异的影响都是十分必要的。对于聘用、提拔、奖励、解聘等活动将根据所在国的实际情况来决定,并且应该以该国文化的特定价值评判体系作为基础。一家公司在决定某个新设国际子公司的管理者时,也许会派一位驻外总经理,同时任命一位当地人力资源部经理。当地人力资源经理人熟悉所在国的人力资源实际运作情况,有助于解决由文化差异引起的管理问题。

(二) 产业类型的影响

因为不同产业的国际竞争模式差别很大,跨国公司从事何种产业对公司管理活动造成一定的影响。比如处于国际竞争模式一端的是多国型产业,从事这种产业的公司其国际战略被拆分为一个个国内策略,在每一个国家独立展开竞争,与它在其他国家展开的竞争并不发生关联。这些产业包括零售业、分销业和保险业等。而处于国际竞争模式的另一端是全球型产业,从事这种产业的公司在一个国家的竞争地位明显受制于它在其他国家的竞争地位,这些产业包括商用飞机制造业、半导体业和复印机工业。从事这种产业的公司必须在全球范围内以某种方式整合其活动,以便形成全球的一体化网络。

人力资源管理作为围绕企业基本活动的支持活动之一,包含在每一项基本活动和支持活动中。换句话说,贯穿企业的整个价值链活动都不可避免地涉及人力资源管理,因而产业的不同使人力资源管理职能也不尽相同。如果一家公司属于多国产业,人力资源部门的角色极有可能在结构和导向上更倾向国内的特征。虽然有时也对来自人力资源管理的国际性服务有着很大的需求(如在国外某地建立一家新工厂或办事处,对外派人员的需求增加等),但这些活动都不是人力资源部门的主要职责,其中许多活动是借助外部顾问或临时人员来完成的。人力资源管理的主要功能是为企业在每一个国家内部市场的基本活动提供支持,通过成本/效率或者产品/服务差别化来赢得竞争优势。如果企业属于全球型产业,那么公司全球一体化目标中的"协同规则"则要求人力资源管理职能是为了输送跨国公司基本活动所需要的国际性支持而构建。为了建立、维护和发展公司形象,跨国组织需要在世界范围内竭力保持对人员管理方式的一致性。而同样为了当地工作的有效进行,也需要在方式上适应不同国家的特定文化要求。尽管企业经营的全球整合要求鼓励增强一致性,但文化环境的多样性却可能提倡差别化的当地响应。

(三) 市场依赖特征的影响

大公司给人的感觉总是全球市场观念占据着支配地位,事实上公司的规模并不是决策国际竞争模式的唯一关键因素,公司对其母国国内市场的依赖程度同样非常重要。对于许多进行跨国经营的企业来说,较小的母国市场是其"走向世界"的主要动机之一。联合国贸易与发展会议(The United Nations Conference on Trade and Development, UNCTAD)在一年一度的对外直接投资调查中需要计算"跨国化指数"一项,即海外资产占总资产的平均比率、海外销售额占总销售额的平均比率以及海外员工数占员工总数的平均比率。2016年的调查结果表明[1],基于跨国化指数,最能体现跨国导向的公司是英国的力拓公司,其海外资产占总资产的平均比率、海外销售额占总销售额的平均比率以及海外员工数占员工总数的平均比率这三者的平均值位居第一。2019年,前100家跨国公司的跨国化指数保持稳定。重工业跨国公司的增长被技术型和电信类跨国公司赶超。制药公司也扩大了海外业务,英国的葛兰素史克公司由于2018年的大幅收购活动在跨国化指数的27项项目中榜上有名。其他在海外业务上有显著增长的公司,例如美国亚马逊公司继续开拓新市场,美国可口可乐公司扩大了其在非洲的生产网络并进入了欧洲咖啡市场,中国华为公司继续扩大其全球业务。进入前100强的新跨国公司包括建筑业法国凡客公司、黄金矿业加拿大巴里克黄金公司、中国联想控股通过其融资活动和成功的技术初创公司建立的合资企业。[2]

就像美国或中国一样,一个规模巨大的国内市场对跨国公司组织及其各方面活动有巨大的影响。比如,一家跨国公司很可能以设立国际分部的方式来组织其国际业务活动,巨大的国内市场也需要一支庞大的经理人队伍,那么培养全球性的经理人任重而道远。

(四) 高层管理者的态度的影响

高层管理者对于国际经营的态度决定了人力资源管理实践中所重点关注的问题。如果高层管理者缺乏强有力的国际导向,很可能在制定企业的长期和具体目标时就不会

---

[1] 联合国贸易与发展会议:《2017年世界投资报告》。
[2] 联合国贸易与发展会议:《2020年世界投资报告》。

强调国际经营管理的重要性。在这种情况下，经理们只倾向于关注国内的问题，对国内人力资源管理和国际人力资源管理之间的差异等闲视之。缺乏国际市场经验的高层管理人员会假设在国内人力资源管理实践和国际人力资源管理实践之间存在很大的可移植性。他们不能识别在国外环境中管理人力资源的差异性，也不考虑这一问题是否出于民族优越感、信息不充足或者缺乏国际性的视野，因此常常在国际经营管理中造成失败和损失。对希望为企业国际化做出贡献的企业人力资源经理来说，他们希望与高层管理者一起培育"全球思维方式"。这一目标要求每一位人力资源经理都能够以全球性的视角思考、制定和运用人力资源政策，促进全球导向的企业员工发展。同时，他们也会着力培养一支拥有丰富国际市场经验的全球经理人队伍，以应对海外经营管理的任务。

（五）跨国管理的复杂性的影响

在若干不同的国家运营并招募不同国家的员工是影响国际人力资源管理复杂性的根本因素。第一，人力资源管理部门要考虑在国内环境中不必要考虑的因素。比如外派人员必须遵从国际税收政策，承担国际、国内双重纳税义务，必须制定平等纳税政策以保证对于任何一项具体的国际任职不存在纳税方面的损失。为此，许多跨国公司聘请资深会计师事务所提供国际纳税方面的咨询服务。国际人力资源管理部门还必须提供其他复杂的行政性服务，包括协调与处理政策、程序和当地环境的冲突，解决由于不同国家法律和文化所造成的伦理问题；建立和维系与所在国政府的关系从而得到工作许可或其他关键条件；提供培训和辅助性的语言翻译服务等。第二，在国际环境中工作的人力资源经理要为来自若干国家的不同员工群体制订计划，并予以管理，因此他们需要一种更宽广的视野来看待问题。例如，在对待外派人员福利时，应该使所有外派人员都公平享受到国外的服务和驻外奖金，而不论其国籍如何。第三，许多跨国公司建立了"国际人力资源服务"部门，负责确保外派人员了解住房安排、医疗以及为出国任职所提供待遇的各个方面（生活费用津贴、奖金、纳税等）的管理，为任职中的母国员工和其他国员工提供相应服务，比如任职期间的银行服务、投资、租房、子女的教育问题，以及协调回国访问及任职期满遣返回国等事务。在更为偏远或者缺少良好娱乐条件的任职地，人力资源部门还会开发甚至自己经营娱乐性项目。第四，随着海外经营的日益成熟，人力资源活动的重点会发生变化。例如，随着对母国员工和其他国员工需求的下降，训练有素的当地员工队伍不断壮大，原先投入在诸如外派人员纳税、国际重新安排和入职引导等方面的资源，就要转向对当地员工进行甄选、培训和管理发展等活动上来。随后的发展活动可能会要求建立一个项目，将富于潜质的当地员工送到企业总部，承担发展性的任务。第五，国际人力资源管理需要应对相应的风险，比如外派失败（跨国任职的外派人员未能完成使命就回国）或者在外派任职期间的低绩效。考虑汇率和任职地的因素，每一项驻外失败给母公司造成的直接成本（薪水、培训成本、旅行与重新安排的费用），可能要比国内的薪水与重新安置的费用之和高出三倍。国际市场份额缩减、国际客户关系的损害等间接成本也相当高。另外，恐怖主义造成的国际人力资源管理风险的防范也很重要，人力资源部门有必要在高度动荡的任职地设计紧急撤退程序，使员工免遭政治暴力或恐怖主义的威胁以及流行性病疫的侵害。第六，国际人力资源管理需要考虑外部因素的影响，包括外国政府的类型、经济状况及该国被普遍接受的商业运作模式。例如,所在国政府可以规定企业的招聘程序、薪酬标准等。政府要求企业遵守劳资关系、税收、健康与安全等方面的指导方针在很大程度上都影响了外国子公司的人力资源管理实践。

三、中国企业国际化进程中的人力资源管理挑战

中国企业的国际化包括两个方面:一方面,中国本土市场竞争的态势表明,中国企业国际化已经发展到成熟阶段,因为世界500强企业中,绝大部分都已进入中国这个高速发展的深具吸引力的市场;另一方面,从中国企业输出产品和服务及在国际上争夺市场、赢得客户的层面来看,目前中国领先的大多数企业都确定了国际化战略,并进行了国际化的有益探索,如华为、海尔、联想、徐工等。"一带一路"倡议的实施为中国企业走出去提供了更为广阔的市场空间、良好的外部环境、有力的政策支持与安全保障,已成为中国企业积累国际化经验、增强国际竞争新优势的重要机会。

中国企业国际化需要人才支撑,无论是"对内国际化"还是"对外国际化",国际化的人才和有效的人力资源管理实践都与企业国际化经营的成败息息相关。2020年,新冠肺炎疫情发生后,中央在深入研判新的国内外发展环境变化后,提出了推动形成以国内大循环为主体、国内国际双循环相互促进的新发展格局,中国企业国际化进程面临新的机遇,双循环战略下的人力资源管理更面临新的挑战。

中国企业在国际化进程中的突出问题:一是国际化人才的短缺。虽然我国在积极探索企业国际化进程中的人力资源管理方法的同时,正在努力培养具有全球领导力和跨国经营管理能力的国际化人才,也采取了一系列的人才措施,比如面向国内发掘人才、广招人才;在国际市场招贤纳士,广罗人才;注重充分发挥高校的作用,通过举办EMBA、MBA、IMBA等多种教育和培训形式培养跨国人才;充分发挥留学生的作用,寻求具有双重文化背景经验的人才;大胆选拔和使用本单位具有国际化视野和具有一定培养前景的人才等。然而随着中国全球化进程的加快,具体到中国企业跨国经营的迅速发展,人才供求矛盾还是日益突出。为解决这一问题,跨国企业应该积极采取相应的培训对策,如选派骨干到高校学习,培养跨国企业经营急需的"短线"人才;选派人员到国外考察学习,增长跨国经营知识;招聘在海外受过教育并有实战经验的华裔高管担任海外甚至是国内总部的高管。这些海外加盟的华裔高管拥有海外的经验和技能,业已成为中国企业国际化的核心力量。二是语言交流与沟通的挑战。中国企业不乏懂外语的人才,但语言障碍依然是最大的瓶颈。语言是文化的一个重要组成部分,如果语言不通,会极大地影响跨国员工的工作和日常生活的交流,从而影响这些员工的工作绩效。因此,中国企业的国际化一定要从国内员工的招聘上就要强调外语的重要性,并在配置和选拔人才时优先考虑。三是吸引并保留人才的挑战。吸引和保留人才除了要在薪酬和待遇上确保具有市场的竞争性,还应该加强跨国公司在软环境上的竞争力。例如,海尔公司尊重员工价值,倡导双赢文化,"授予每一名员工权利。将组织目标与个人目标相结合,让每一名员工都成为自己的'首席执行官'";华为在经历过遥控和中央集权的痛苦之后提出了响亮的"让听得见炮声的人来决策"的口号,这完全符合任正非反复强调的华为应该给最贴近客

户的当地团队最大话语权的管理原则。对海外本土团队的授权,既是提高管理效率也是吸引和留住优秀人才的重要战略措施。四是管理境外员工队伍的挑战。到了罗马按照罗马人的方式去做事(Do as the Romans do),管理境外员工必须理解对方的价值观和风俗习惯。中国人对待工作和家庭的态度与很多国家存在本质的差异。在中国为了工作加班加点是常见现象,但在国外很少国家的法律和习俗能接受这样的现象。另外,外国员工法律意识强,非常关心他们的权利(Right),而中国的企业管理者更喜欢强调对与错中的"对"(英语也是 Right)。权利和对错的碰撞常常是员工管理的矛盾爆发点。

第二节　员工配置与培训发展

　　员工配置是将所招聘到的合适人选安排在合适的岗位上,目的是使其在企业跨国经营中充分发挥作用。跨国公司的员工配置主要关系到两个方面的内容:一是跨国公司的整体配置方法,二是外派人员的使用。在合理配置的基础上,培训与发展是为了提升员工当前和未来的工作能力和技术,以更好地完成组织配置时的任务目的。跨国公司的员工培训与发展主要关注的是外派人员的培训和开发国际团队。

一、跨国公司人员配备方法

　　跨国公司人员配备有四种决策方法:民族中心法、多中心法、全球中心法和地区中心法,每一种方法都反映出总部高层管理者对于国际经营的管理理念。

(一)民族中心法

　　民族中心法(Ethnocentric Approach)是指跨国公司所有关键岗位都由母国人员担任。这种政策对国际化早期阶段的公司来说很普遍,采取这样的人力资源政策有以下原因:一是缺乏能够胜任的当地人员,二是可以和公司总部保持良好的沟通、合作并有利于公司总部的控制。对于经验丰富的跨国公司来说,民族中心法对特定的海外市场是非常有效的,有助于缓解涉外活动的高风险性。但是,民族中心法人力资源策略也有以下四个缺点:一是限制了本土人员的发展机会,可能导致较低的企业生产率和较高的人才流失率;二是驻外经理适应东道国环境需要很长时间,在此期间母国人员会做出不当或错误的决策;三是母国人员和所在国人员的待遇差距过大时,所在国人员可能认为不公平。

(二)多中心法

　　多中心法(Polycentric Approach)是指跨国公司将每一个分公司都看作一个有决策自主权的独立实体。分公司通常由本土员工管理,他们几乎不会在总部任职,母公司人员也很少到国外分公司任职。采用多中心法雇用本土员工可以消除语言障碍,避免驻外经理及其家庭的适应问题,还可以避免敏感的政治风险;同时减少大量的文化适应等培训开支;采用多中心法使雇用本土员工的费用减少,即使使用额外的一些费用吸引高层次的人才,也不会使费用增加太高;采用多中心法可以避免重要经理人的流失,使子公司的管理保持连续性。但是,多中心人力资源策略也有如下缺点:一是产生母公司和子公司管理人员之间的沟通障碍、语言障碍、国家忠诚度冲突以及一系列的文化差异。二是母公司和东道国管理人员的职业生涯问题。东道国企业的经理很少有机会到国外进行锻炼,也不会获得比所在子公司职位更高的职位。同样,母公司的经理们获得的海外锻炼机会也是有限的。由于总部的职位仅由母公司员工担任,所以核心管理团队和国际子公司接触有限。时间一长,这种情况必定会阻碍战略决策的制定和资源的分配。当然,在一些情况下东道国政府也要求企业的重要管理职位由本国人担任。相应地,跨国公司也希望东道国子公司成为所在国战略的一部分。当东道国企业很重要时,母公司会设立一些重要职位来帮助其运行。

(三) 全球中心法

全球中心法(Geocentric Approach)是指在整个跨国公司中选择最佳人选来担任关键职位而不考虑国别。这种方法可以让总部和子公司都可以获得高素质的员工;那些开始不具备开放和适应能力的人到国外工作后还可以积累国际经验,而国际经验是高层管理者成功的必要条件;高素质和流动性的人具有开放的思维和很强的适应能力,那些有着很强潜在能力和晋升愿望的经理可以随时从一个国家调到另一个国家,从而形成内部人才流动机制。和其他策略比较,全球中心法也有它的缺点:一是受到东道国政府政策的影响,二是要花费更多的时间和金钱。当企业想要雇用外籍员工而不雇用本地人时,很多西方国家就要求企业提供大量的文件,而提供这些文件有时会是徒劳无功的。为员工的配偶提供工作许可证也面临着同样的困难。三是逐渐增长的培训费和重置费用,使实现全球中心法耗资巨大。四是为了建立和维持能够实现全球中心法的国际管理团队,大量的母公司、东道国公司以及海外分公司成员都需要派到国外公司进行锻炼。因此,为了成功地实现全球性人员配备策略,企业需要更长的时间和更为集中化的人事控制,这必然降低了海外子公司管理过程的独立性。

(四) 地区中心法

地区中心法(Regiocentric Approach)是指跨国公司由民族中心法逐步向全球中心法过渡的策略,它用一种限制的方式管理经理,员工可以轮换到其他国家,但是必须是在特定的区域范围内。区域经理可能不会晋升到总部,但是有一定的区域自治权。地区中心法策略可以促进管理人员的沟通交流,无论这些管理人员来自该区域的子公司还是由母公司派遣而来;由于当地子公司由东道国企业自己配备人员,所以能够对当地条件做出敏感性反应。地区中心法策略也存在自己的缺点:一是容易产生以区域为基础的联合体,而不是以国家为基础。同时,区域性人事政策还会阻碍公司从全球性的视角看问题。二是虽然从企业整体层面看地区中心法策略可以提高员工的晋升机会,但是它只不过将很多障碍转移到了区域层面。员工可能会晋升到区域总部,但是很少在母公司总部任职。

二、跨国公司员工来源

发达工业国家跨国企业配备人员的经验表明,他们从三个方面来挑选配备跨国企业的人员:一是挑选那些经过本国母公司教育和培训,并且取得经验的本国公民;二是经过东道国子公司的教育和培训,并取得经验的东道国人才;三是从其他国(第三国)选拔跨国人才。因此,跨国公司海外子公司的人员来源有三个渠道:母国人员、其他国人员和东道国人员。如图8-3所示,一般国际企业或跨国企业的高层主管是由母国派出,中层管理者是从东道国或其他国中选拔;其他低层管理人员等,尤其是普通职工,则从东道国中配备。当然,没有哪一个国家或哪一个跨国企业有一个统一规定或具体的人员配备比例,一般都根据具体情况来决定。使用三类不同国别人员存在的优缺点如表8-1所示。

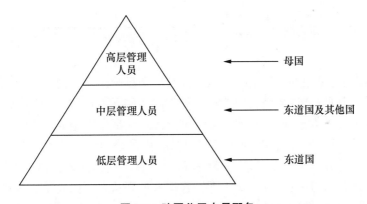

图 8-3　跨国公司人员配备

表 8-1　甄选管理人员——母国人员、其他国人员和东道国人员的优缺点

使用母国人员
优点: • 方便组织控制和协调   • 确保子公司将遵守公司的目标、政策等   • 由于需要特殊的技巧和经验,母国人员是最适合该工作的人选   • 为有前途的经理人员提供获取国际管理经验的锻炼机会   缺点: • 东道国人员的提升机会有限   • 母国人员适应东道国的时间较长   • 母国人员可能对子公司运用来自母公司的错误决策   • 母国人员和东道国人员容易产生薪酬差异

(续表)

使用其他国人员
优点： • 工资和福利要求比母国人员低 • 其他国人员比母国人员更了解东道国环境 缺点： • 必须考虑可能的民族仇恨 • 东道国政府可能反对雇用其他国人员 • 其他国人员可能在任职结束后不想返回自己的国家
使用东道国人员
优点： • 消除了语言和其他方面的障碍 • 减少了招聘成本，也不需要工作许可证 • 由于东道国人员在岗时间长，从而增加了管理的连续性 • 政府政策可能强行聘用东道国人员 • 东道国人员看到职业生涯发展潜力，他们的士气会提高 缺点： • 公司总部的控制和协调可能受阻 • 东道国人员在子公司以外职业生涯发展机会有限 • 招聘东道国人员限制了母国人员获得国外经验的机会 • 雇佣东道国人员可能会限制全球化发展

资料来源：赵曙明、〔澳〕彼得·J.道林等，《跨国公司人力资源管理》，中国人民大学出版社2001年版，第62页。

总之，跨国公司采用的人员配备政策一般倾向于反映组织的需要。根据高层管理者的态度，跨国公司可以从许多模式中选择一种来配备国际人员，在环境不确定的情况下，也可以选择临时配备方法，而不拘泥于某一个。为了保证中国企业走出国门的战略意图能够在跨国经营中得到贯彻，在跨国经营的初期，由母公司派出熟悉母公司战略与目标的管理人员到海外开展工作是可取的；随着跨国经营活动的深入，可以保持海外经营单位的高层管理人员由母公司派出，而中下层管理人员则从东道国或第三国进行选拔与配备；待跨国经营活动成熟后，可以逐步实现人员配备的本地化或全球化。因此，对刚刚走出国门的中国企业来说，外派经理人是其国际化生存的一个至关重要的环节。

三、国际外派

（一）国际外派的概念及类型

国际人力资源管理和国内人力资源管理之间一个明显的不同，就是员工跨越国界移动到跨国公司国外营运机构的各个不同岗位上，这些员工通常被称为"外派人员"，外派人员就是工作并且暂时居住在国外的员工。一些公司更倾向于称呼这类员工为"国际代理人"。从理论上来说，国外机构的母国员工就是外派人员，但是其他国员工和那些离开本国被调到母公司的本国员工也是外派人员。

外派类型可以根据其持续的时间分为短期外派、较长期外派和长期外派。短期外派是指外派时间在三个月以内,通常是为了解决纠纷、监督项目,或发现一个更稳定的外派人之前的权宜之计;较长期外派是指外派时间在一年以内的外派,涉及与短期外派相类似的活动;长期外派是指外派时间为一年到五年,在公司运作中有一个被清晰定义的角色(如某子公司的常务董事),长期外派也被视为传统移民外派。

除以上标准类型的外派,还存在非标准外派的类型。第一种是往返外派,指被选派者在母国和位于另一个国家的工作场所之间往返工作,每周或每两周一次。不包括跨边界工作者或每日往返者。通常被外派者的家庭还留在母国。第二种是轮转外派,指外派人员在母国休息一段时间后,再从母国到另一个国家的工作所在地工作一小段时间,他们的家庭通常还是在母国。在非标准选派中,跨国公司最不希望增加该外派的人数。第三种是契约外派,指适用于拥有完成一项国际工程所需特定技能的员工被指派到该国,并持续时间为6—12个月的情况。研究与开发是使用这种国际项目的一个领域,它适合于与长期合同和重要团队相关的短期合同。契约外派比轮转外派所起的作用略大一些。第四种是虚拟选派,指雇员无须搬迁到指派地点,只是以家庭所在地为基地进行管理,对位于别国的分部负国际责任。在这种情况下,管理者非常依赖电话、电子邮件和可视会议等信息交流技术。

(二) 国际外派的原因和作用

跨国公司应用各种国际选派形式的组织因素有以下三点:一是职位填充,组织需要为特定的职位类型选择合适的人,可以选择在本地雇用一个人或者调派一个合适的候选人;二是管理发展,员工可以被派到公司的其他部分去培训和提升,比如我们会看到总部的员工被输送到分公司,或是分公司的员工被输送到母公司或其他分公司,目的在于发展共同的企业价值观;三是组织管理,出于战略控制的需要进行国际选派,能够促进知识转移,其中包括能力、程序和实践的转移,并且可以开发全球市场机会。

国际外派的作用有以下四点:一是作为一种官僚控制机制,外派者是控制机制的代理人。这种机制的主要作用是通过控制来让海外子公司与跨国公司保持一致性。某种程度上讲,将外派用于控制反映了民族中心倾向,但是这对于确保子公司战略目标的实现非常重要。二是外派者是社会化的代理人。外派者作为社会化代理人的这个角色与企业文化的效用有关,而企业文化是一种非正式的控制系统,外派人员有助于使本国人员与母国公司共享价值观和转移信仰。三是国际外派有助于知识分享和能力转移。各种组织单位中的工作人员从事共同的工作实践,从而可以接触到不同的观点和看法,其中还包含了企业文化的元素,这有助于塑造他们的行为和增强他们的归属感。四是外派者是关系网的创建者。国际外派被视为发展社会资本的一种方式,培养用于非正式控制和交流目的的人际关系。

(三) 外派人员的甄选标准与影响因素

甄选对个人和组织是双向选择的过程。一个有发展前景的候选人可能由于个人原因(如家庭)或环境因素(如感觉到难以适应某一特定文化环境)而拒绝外派任务。对那些负责甄选外派人员的人来说,面临最大的挑战就是确定合适的甄选标准。毫无疑问,专业能力是一个人完成既定目标的重要决定因素,因此技术和管理技能是一个基本标准。二是跨文化的适应能力。外派人员能适应所在的文化环境是决定能否成功的重要因素。外派人员需要文化交流能力使其融入新环境中,其中包括文化移情、适应能力、外交能力、语言能力、乐观态度、感情的稳定和成熟度。同时,外派者的个性、对外国人的态度、与来自不同文化组织的人的交往能力等都是要考虑的因素。三是家庭因素。外派者的家庭,尤其是配偶,已经被证实对外派的成功有非常重要的作用。随着任务国的到达,也许配偶会失去工作,同时失去朋友和社会关系网,从而对配偶双方造成一定的压力。另外,家庭因素也可能会导致潜在外派者拒绝国际任务,例如孩子的教育、高龄和生病父母的照顾等因素。四是国家和文化因素。各个国家对于雇佣和移民的法律程序都有不同规定,因此对于所在国保持随时更新的相关法律咨询是至关重要的。越来越多的跨国企业发现随同配偶在异国的工作能力的欠缺或许会导致外派人员拒绝国际任务。如果一旦接受离境任务,随同配偶工作许可的丧失也许直接导致离境任务的失败。一些地区或国家被认为是困难地区,比如离主要城市或工厂较远的地区,或者让人有生命危险的战争多发地区,这样,随同家庭成员就成为跨国企业不愿意承担的增加的责任。五是来自跨国企业本身的因素。包括跨国公司的运行模式、跨国任务的种类和持续性、离境工作中转移的隐性知识的数量等。六是语言因素。会说地方语言可以进行有效的文化交流,有时,在非英语国家以英语作为工作语言的能力也是对具有潜力的候选人的选择标准。

(四) 外派人员的培训

为了在国际竞争中取得成功,作为核心竞争力和竞争优势来源的一个关键部分是人力资源培训与开发。跨国公司的人力资源开发主要关注的是外派人员的培训与管理团队全球领导力的开发。对外派人员的培训有以下几个方面:一是文化意识培训。当员工被选择外派,临行前的培训被认为是保证效率和成功的重要的一步,尤其是在任职国文化与本国文化差异较大的情况下。文化交流培训的主要目标就是去帮助人们处理在新文化中不可预期的事件。一个设计很好的文化意识培训有利于外派人员在异国文化背景下从容应对所发生的事。而没有对异国文化的理解,外派人员将面临国际交流的困难。文化培训项目的组成部分因任职国、任职期限、调动目的以及培训项目提供者的不同而不同,一般包括环境和文化介绍、文化吸收、语言培训、敏感性训练、实地实验等。二是初期访问计划。指导外派人员的一个有效的方法是将他们派往所在国进行初步的访问。计划周全的海外旅行可以给候选人和配偶一个亲身体验的机会,便于他们判断对驻外任职是否适合和感兴趣。初期访问的目的通常是双重的,既是临行前培训项目的一部分,也是选择过程的一部分。作为临行前培训项目的一部分,对所在国的访问可以帮助外派人员实现初期的适应;作为选择过程的一部分,候选人会根据到达国家的情况,期望决定合适的住处和学校,这种情况就等于说,"接受初期访问就等于接受任务",因此削减了决定的过程。三是语言培训计划。语言培训是出发前培训项目的重要组成部分。所在国的语言训练主要是加强口语和听力的训练。说外语的能力能够改进外派人员的效率和谈判能力,对于工作绩效和文化适应也很重要。聘用具有语言优势的职员可以产生潜在的外派人员,这是一种解决问题的办法。但是成功与否取决于所有员工是否了解了最新的信息,并能够通过经常性的旁听保持自己的语言技能。跨国公司在需要跨文化沟通的情况下还会考虑到员工对公司语言掌握的程度。跨国公司在世界各地扩张后会采用一种共同的公司语言来促进报告的标准化和其他控制机制的标准化,以加强规范控制。四是实际的帮助。出发前培训还有一个组成部分是向外派人员提供更多的有关子公司所在国的信息。这种实际的帮助可以使外派人员及其家属更好地适应新环境。目前,许多跨国公司利用专家来提供实际帮助,向外派人员及其家庭提供进一步的语言培训。虽然以熟悉当地环境和语言为目的的培训项目通常都由所在国人力资源部门组织,但非常重要的是,公司人力资源管理人员、派遣部门的经理与国外人力资源部门人员之间应保持联络,以确保向外派人员提供实际的帮助。

(五) 个人发展与开发国际团队

国外任职是经理管理技能开发和组织发展的重要方法,同时建立真正的全球企业需要有一支由母国人员、所在国人员和其他国人员组成的遍布世界各地的跨国经理团队。通过跨国任职开发具有更多国际经验的经理队伍,并培养跨国公司的跨边界和文化的工作团队,是跨国公司人力资源管理的重要任务:① 个人的发展。通过在工作、任务和挑战的境遇中,国际任务可以比作工作的轮岗和管理开发的工具,这样的工具就是提供机会给员工以加强他们的经验和能力,同时有利于建立个人网络,使得个人在他的职业生涯发展中获得外部社会资本的支持。而接受外派任务者的动机往往也是因为从中预见到自己职业生涯的发展,因此,外派对于有潜力的国际化人才来说是一个很好的个人能力发展的机会。② 开发国际团队。国际团队来自那些有国际经验的人,尽管国际任务本身也许就是一个国际团队的任务,或者其目的就是形成一个国际团队。国际团队可以培养变革的精神、促进组织学习和知识的改变;国际团队也是一种打破功能和国家边界的方式,可以加强平行的信息交流;国际团队还是发展全球观念的方式,团队成员可以通过社会化而在正式、正常的控制之中发展共享价值。跨国公司需要在国际团队中工作的经验的人力资源经理,那些有过国际任务和团队合作经验的人工作会更加有效。

第三节 国际薪酬与绩效管理

薪酬是跨国公司的一种主要控制方式,也是一种发展和强化国际化企业文化的机制。薪酬与绩效存在不可分割的联系,跨国公司的薪酬最终取决于对成本进行衡量的绩效结果,因此科学的绩效管理体系对于跨国公司制定公平合理的薪酬具有积极的指导作用,对于制定其他相关的人力资源管理政策也尤为重要。

一、国际薪酬的目标

要成功地管理薪酬和福利,首先需要了解跨国经营在一定的政治、经济和社会条件下的雇佣和税收法律;了解人力资源环境和雇佣实践;熟悉金融波动和通货膨胀对薪酬的影响;理解为何和何时必须提供特殊的津贴以及在什么国家应该提供何种津贴。对这些当地知识的需求要听取专家的建议。许多跨国公司使用咨询公司的服务,这些咨询公司可以给跨国公司提供范围广泛的服务,或者对在国际背景下如何进行人力资源管理提供高度专业化的服务。

企业制定国际薪酬政策要达到以下目标:第一,该政策要与跨国公司的总体战略、机构以及企业的需求一致。第二,该政策必须能将人才吸引到跨国公司最需要的地方并能留住他们。因此,该政策必须有竞争性,而且要认识到如出国服务的激励、税收平等以及合理费用的报销等因素的作用。第三,该政策要有利于公司以最经济的方式调动外派人员。第四,该政策必须适当考虑行政管理的公平和方便。与此同时,外派人员的一些个人目标也需要通过公司薪酬的实施得以实现,这些个人期望包括:外派人员期望从该政策中得到在国外的福利、社会保险和生活费等财政保护;外派人员期望出国能够增加收入和存款;外派人员期望对如住房、子女的教育及娱乐等问题做出政策规定。

二、国际薪酬的主要构成

国际薪酬非常复杂,因为跨国公司必须满足三类不同人员的要求:母国人员、其他国人员和所在国人员。国际薪酬包括如下主要组成部分。

(一) 基本工资

基本工资在不同情境下有不同的含义。在国内背景下,基本工资代表一定数量的现金薪酬部分,是确定奖金和福利等其他薪酬因素的基准。对于外派人员来说,基本工资是整个薪酬计划、各种报酬和津贴的基本组成部分,许多津贴直接与基本工资挂钩,如出国服务津贴、生活津贴、住房补贴等,还有在职期间的福利和退休养老金。基本工资可以用母国货币或所在国货币支付。无论是母国人员还是其他国人员,基本工资都是其国际薪酬的基础。外派人员的薪酬计划是否有差异要看母国人员或其他国人员的基本工资是以母国标准还是国际标准来支付。

(二) 出国服务奖励/艰苦补贴

母国人员通常会收到一份奖金作为接受出国派遣的奖励,或作为在派遣过程中所遇到的艰苦条件的补偿。在这些情况下,艰苦的定义、领取奖金的资格、支付的金额和时间等都必须予以规定。如果采用出国服务奖励的话,一般以工资的百分比形式支付,通常为基本工资的5%—40%,并且随着任职、实际艰苦情况、税收情况及派遣时间的长短而变动。此外,还要考虑到一些差异情形,如果在所在国工作的时间可能比在母国工作的时间长,就要采用差别支付的办法来代替加班费,而这种差别支付通常不会支付给母国人员或其他国人员。

(三) 津贴

公司在制定整体薪酬政策时,津贴问题非常具有挑战性。"生活费津贴"通常最受关注,它涉及对母国和所在国之间支付差额的补偿费用,如用于解决通货膨胀造成的差别。这种津贴通常很难确定,公司可利用一些服务机构来获得全球性的最新生活费津贴的信息。生活费津贴也可以包括对住房和水电气等设施、个人所得税或自己选定项目的支付款项,如探亲津贴、子女教育津贴、搬家费、配偶补助等。总而言之,跨国公司通常以支付津贴的方式鼓励外派人员接受国际工作的派遣,使外派人员在"总体水平"上达到国内标准。

(四) 福利

与薪酬相比,国际福利的复杂性经常会造成更大的困难。由于各国的福利管理实务之间存在很大的差异,所以很难应对从一国到另一国的养老金计划。养老金计划、医疗费和社会保险费的可转移性也使实际操作十分困难。因此,跨国公司在考虑福利时需要确定很多问题,是否让外派人员享受母国的福利计划,尤其在公司不能从中获得税收减免的情况下;公司是否应该有选择地让外派人员在工作所在国享受福利计划并补足差额部分;外派人员是在母国还是在工作所在国获得社会保险福利等。

此外,跨国公司还提供休假和特殊假期。作为外派人员定期休假的一部分,每年的探亲福利中通常包括家庭成员回国的机票费。根据工作所在国的条件,疗养福利也包括为外派人员的家属提供免费的机票去工作所在国附近的疗养地疗养。除了疗养福利,公司还要制定应急条款以处理家庭成员的死亡或生病等突发事件。在艰苦地区工作的外派人员经常能获得额外的休假费用和疗养费用。

三、计算国际薪酬的方法

计算国际薪酬的方法主要有两种:现行费率法(又称为市场费率法)和资金平衡法(又称为累积法),另外还要考虑到税收的问题。

(一) 现行费率法

在此方法下,国际任职的基本工资与工作所在国的工资结构挂钩。跨国公司通常首先从当地的薪酬调查机构获得信息,然后决定是以所在国人员、相同国籍的外派人员,还是所有国家的外派人员为基准作为参考。如果在低工资国家使用现行费率法,跨国公司通常在基本工资之外还提供额外福利和支付。

(二）资金平衡法

资金平衡法的基本目标是使外派人员维持本国的生活标准,并通过经济激励使薪酬计划具有吸引力。此方法将母国人员和其他国人员的基本工资与相对的本国工资结构挂钩。出国者主要会遇到四种开销,它们需要体现在资金平衡法中:商品和服务、住房、收入税、支出。若因派遣到工作所在国造成的开销超过在母国的开销,企业和外派人员要共同支付这些费用以确保达到与母国相同的购买力。

（三）税收

税收可能是人力资源管理者和外派人员(母国人员和其他国人员)最为关注的问题,因为它通常会引起排斥心理。没有人喜欢纳税,解决这个问题会花费企业和外派人员很多的时间。跨国公司一般会选择税务平衡来处理国际税务事务。企业暂时代扣数额等于母国人员在母国应纳税额的工资,然后支付所在国的全部税务。员工的纳税额不应超过其在母国薪酬应纳税额的总额。在这种情形下,如果在外国的纳税额低于母国,超出的部分就成为雇员的额外收入。

四、外派人员绩效评估的影响因素

制定了薪酬制度必然面临如何进行绩效考核的问题。在评估外派人员的绩效时,绩效管理系统的设计者和运用者需要考虑下列多种因素的影响。这些因素之间不是互相孤立的,它们在国际经理绩效评估方面互相作用。

（一）薪酬计划

首先要认识到工资和报酬在绩效管理中的重要性。因为经济利益以及伴随国际任职而来的事业生涯的升迁机遇,是接受国际任职的重要动机,如果这些期望在任职期间没有实现的话,外派人员的动机和承诺就可能下降,从而影响绩效。

（二）任务角色

外派人员在国外子公司能否完成公司交给的特定任务是公司所关心和期望的。这些任务角色包括首席执行官或子公司经理、子公司机构搭建者、解决问题者、经营管理者等。

（三）公司总部的支持

个人接受国外任务的主要动机也许是从职业生涯或经济方面来考虑,但也含有对派出组织的忠诚感和义务感。在所在国不熟悉的环境之下的调整过程会在不同程度上产生一种情感和心理反应。总部向外派人员个人及其家庭提供支持的程度是影响外派人员绩效的重要因素。

（四）所在国环境

环境对任何工作都有影响，对外派人员管理来说更为重要。外派人员的绩效应该置于组织环境和国际环境之下加以考虑。外派人员所到的国外公司的所有制类型是重要的因素，企业的发展阶段也同样会影响外派人员的成功率。外派人员监督国外新公司的建立，特别是处于正在发展或新兴的市场中时，遇到的挑战和约束与被派到一个成熟公司环境下会有所不同。

（五）文化适应

文化适应的过程可能是外派人员绩效的决定因素。那些外派人员失败的原因与适应的过程密切相关。外派人员和他们的家庭在适应新环境方面有困难的话，必然会影响外派人员的工作绩效。

五、外派人员的绩效评估

外派人员的绩效管理是一个包括目标设定、绩效评估和反馈的过程。这一过程所获得的数据常常被用来作为决定薪酬、晋升以及培训开发需要的依据。公司的目标影响个体的任务设定，工作的目标和标准是依此建立和衡量的，因此，不同的公司处理这一过程的方式也是不同的。

（一）绩效标准

在绩效评估中，工作目标常常被转化成绩效评估标准，因此目标的具体性和可测量性非常重要，而且硬目标、软目标和情境目标常常共同被用作绩效标准的基础。硬目标是客观的，可用数量直接测量，比如投资回报率、市场份额等；软目标倾向于以关系或技能为基础，比如领导风格或人际技巧；情境目标则关注绩效发生时的情境因素。

另外，需要考虑几个复杂情况：一是由于所在国政府可能限制利润返回母国和不同种类货币的转换；二是国际货币体系和当地会计方法的差异可能妨碍结果的准确测量；三是如果跨国公司不能允许子公司在财务管理方面自主，而对子公司经理加以控制，那么任何子公司所记录的财务结果并不能总是正确反映对公司整体所取得成绩的贡献。因为这些原因，绩效评估的结果并不总能用作相关的依据。为了明确区分目标和绩效的期望与前面提及的实际目标，不能使用传统的绩效评估方法，而应该采用新的绩效评估方法。

（二）评估人

绩效评估由谁来进行？有代表性的解决办法是由雇员的直接上级进行评估，这对子公司经理来讲会有问题。他们在距离很远的国家工作，却受总部的主管评估，而这些主管并不能每天看到外派人员在特定情况下的行为表现。因此,对子公司经理而言最好是用子公司的绩效来评估,当然,存在这样一个危险,即子公司经理会做出并采用有利于短期绩效却对更长期的公司目标有害的当地战略。对其他外派人员的评估可以由子公司总经理进行,也可能是由直接的所在国主管进行,具体要根据岗位性质和层次而定。关于驻外绩效评估,所在国经理可能有更清晰的描述并可能考虑情境标准,但是他们可能有文化偏见,也可能缺少在跨国情境下对外派人员绩效的衡量方法。

六、所在国员工的绩效评估

由于文化的不同,对所在国员工进行评估需要十分慎重。在有些国家,绩效评估可能被看作不信任,甚至是侮辱的信号。例如,在日本,为了"不丢面子"而避免直接对抗是很重要的,这一惯例也影响绩效评估的方式。日本经理不能直接指出下属在工作中出现的问题或所犯的错误。要避免因文化适应性而产生的尴尬,可以请驻外公司所在国人员帮助设计一套合适的系统来评价当地子公司的工作人员,并听取他们关于如何进行评价的建议。当前,跨国公司越来越广泛地使用绩效管理系统,比如使用在线系统进行评估,一般一年一次或两年一次;建立在绩效管理结果上的培训活动也正在增长。

第四节 国际人力资源管理的敏感问题

国际人力资源管理因为跨国家和地区而牵涉一些敏感问题,如果人力资源部门经理懂得规避或处理得当,就可以避免不必要的风险和损失,比如国际工业关系、商业道德规范以及风险防范和安全问题等。这些因素都存在复杂的背景,并与各个国家不同的历史来源和政治现状有关,人力资源部门应该给予足够的重视以加强认知和适应。

一、国际工业关系

工业关系主要体现于工会的作用与影响。由于国家在经济、政治和法律体系上的差异,产生了各国不同的工业关系体系。西方国家的工会结构差异很大,有工业工会、同业工会、联合会和总工会,工会结构的这些差异对西方国家的集体谈判过程产生重要影响。中国现有的工会结构与西方国家大相径庭,与其他国家也存在差异。影响跨国公司工业关系的因素有多种,跨国公司通常将工业关系的管理转交给它们的外国子公司,公司总部会参与或监察外国子公司制定的劳资协议,因为这些协议将影响公司的国际规划,或给其他国家的谈判创造先例。但是跨国公司总部对工业关系的参与受到下列因素的影响:一是内部子公司生产的一体化程度;二是子公司所有权的国籍;三是国际人力资源管理办法;四是跨国公司以前的工业关系经验;五是子公司特征;六是本国产品市场特征;七是对工会管理的态度。

工会与跨国公司是双向的影响关系。一方面,工会在三个方面可能限制跨国公司的战略选择：一是通过影响工资水平使得公司的成本结构不再具有竞争力；二是随意改变雇佣标准从而限制了跨国公司的能力；三是妨碍或阻止跨国公司的全球一体化。工会领导者认为大型跨国公司具有强大的权力和影响力，会对工会的谈判权力有威胁，因此他们试图通过国际组织限制跨国公司的增长。另一方面，从跨国公司角度来看，工会领导者潜在的跨国界的游说潜力和灵活性也给致力于发展均等势力的员工和工会带来了难题，他们不希望工会形成过于强大的力量和权力从而给跨国公司的经营管理带来一定的障碍。跨国公司对工会和员工利益产生的影响表现在几个方面：一是强大的财务资源；二是能够供给替代性资源；三是有将生产设备搬至其他国家的能力；四是权力远距离集中于跨国公司总部等。

二、国际商业道德规范

全球组织都面临这样的挑战，即外派经理到所在国从事经营管理，是母公司的标准还是所在国的标准起主要作用？对这个问题有三种主要回应：一是伦理相对主义，二是伦理绝对主义，三是伦理全球主义。对于伦理相对主义者来说，没有全球或国际统一的对错标准，它取决于价值观和信念。伦理绝对主义者则认为，应该做在本国所做的，而不考虑别国人是怎么做的。这种观点注重本国的文化价值。这个观点的反对者们认为伦理绝对主义者是不宽容的人，他们拒绝尊重地方传统。伦理全球主义者则认为有跨文化疆域的对与错的基本准则，跨国公司必须遵守这些基本准则或全球价值观。涉及国际商务活动的经理们与国内业务经理面临很多相同的道德伦理问题，但这些问题因为跨国经营所在地的社会、经济、政治、文化和法律环境的不同而复杂。选择自觉地或默认地把道德考虑置于个体雇员之上的公司不仅造成在外国环境中运作的压力，而且会使内部的矛盾影响整个全球的绩效。基于以上的不同的标准，当跨国公司选择外派人员时，应该将诚实和正直作为评价的首要标准，并且对外派人员的行前培训必须包括外派人员可能遇到的道德两难问题的讨论。在设计培训计划以迎接跨国业务挑战的时候，人力资源部门不仅应该注意到文化相对性的问题，而且要关注道德原则超越民族和文化界限的问题。

贿赂和腐败是从事国际企业经营的经理最常碰到的伦理道德问题。贿赂包括支付代理人一些与他们的职位和业务不符的活动费用，以期获得不公平的优势。贿赂可以分为所谓的礼物和"加速器""润滑剂"等。尽管绝大部分人公开谴责贿赂行为，但仍有很多人认为贿赂是从事企业和商业活动所需。不过，现在大家普遍同意的观点是，贿赂在公共服务中破坏了公平、效率和诚实，削弱了公众对市场的信心，增加了产品的成本，还可能影响到公众的安全保险和经济福利水平。

三、非政府组织的冲击

贸易和商业的全球化在民主国家中已经引起了一场激烈的辩论，而且常常在反全球化集会和抗议活动中被表现出来。环保团体如绿色和平组织的活动突出了这些组织国际化的过程，它们趋向于在不同的国家、不同的协调和问责机制中有自己的"管理者"。

援助机构如红十字会、红新月会、世界宣明会和无国界医生都是突出的非政府组织的例子。由于组织的任务和活动的性质,它们可以利用不同的组织结构和能够共享价值观与信仰的成员。虽然如此,在全球控制和运作方面,可能对有些问题与跨国公司一样有相似的管理关注,如人身风险——职员被当作人质及财产受损害的危险,这些与公司在敌对背景下的运作都是相同的。非营利组织忽视国际人力资源管理研究,因为它们认为国际人力资源管理与非营利机构的价值驱动、慈善事业和博爱的理想相比,更多地反映了效率与效益的传统管理精神。我们有必要扩展国际人力资源管理的重点领域到非政府组织中去,因为21世纪非政府组织的冲击和影响仍将要继续。

四、风险防范与安全

传统上,很多国内、国际的人力资源经理已经关注并负责与工厂的安全有关的问题,然而更多的风险和安全问题需要纳入国际人力资源经理的现行责任中。在人力资源管理职能中发展综合的、协调的和专门化的风险管理实践,并对之进行重大投资是非常必要的。已经有很多跨国公司发展了自己的系统和程序,来回应一些重要事件,如总经理的绑架事件、自然灾害对关键设备或者定期航线影响,或私人飞机失事使跨国公司失去了主要领导者等。最近又出现了更多的风险类别,如网络恐怖行动、以具体公司和行业为目标的政治恐怖组织和流行病风险,如SARS、禽流感、新型冠状病毒肺炎等。

企业风险评估一般有以下五类:一是设施应急和灾难预备,包括遵从地方安全法律和标准,建立指挥中心和分流区,计划雇员的交通疏散和系统位置,确定联络公共部门的应急人以及媒体关系;二是设备安全,包括周边安全、流入与流出设施的检查、内部检查、解除炸弹威胁程序、控制设施暴力和管理威胁、保护停车区和照明以及禁止工作地区使用相机等;三是防止工业间谍、盗窃和破坏,包括保证内部交流安全的活动(电子邮件、电话等)、保护公开记录、保护雇员隐私权,明确规定身体检查和搜索过程;四是防范网络恐怖主义,包括黑客、信息偷窃、内部破坏、软件系统的破坏防范、后备系统的发展和保持,以及信息系统的多重独立运作等;五是防范火灾和旅行风险,包括提供旅行经理便携式空气包、不允许高层经理乘坐同一航班或私人飞机外出旅行,如果公司雇员旅行团队住在同一宾馆要进行撤退训练等。

【本章案例分析】

美 国 工 厂
——福耀玻璃在美国的故事

蜜月:图纸里的制造业美梦

2008年12月23日,圣诞夜前一天,在凄冷阴郁的冬日里,陪伴俄亥俄州代顿市莫瑞恩地区近90年的通用汽车工厂宣布关门。当地政府一下损失了50%的税收来源,6 000多人的郊区有4 000多人瞬间失业。居民们悲伤而凝重地面对空旷、破败的厂房,回忆着这里昔日有关汽车工业的荣光。

作为莱特兄弟的故乡,莫瑞恩地区拥有着辉煌的制造业历史。20世纪10年代末20年代初,莫瑞恩以制造飞机闻名全国,此后通用汽车入驻该地,这里生产的雪佛兰S-10型汽车家喻户晓,也养活了当地一代又一代的人。

面对当前的困境,俄亥俄州政府和莫瑞恩地区决定花大力气招商引资。它们的救世主,是来自中国的"玻璃大王"曹德旺。

早在2007年,福耀玻璃在中国市场的占有率已达60%,稳坐国内汽车玻璃生产的头把交椅,但全球市场占有率才3%,扩大海外市场成为一种必然选择。2012年大客户通用汽车提出要求,在2017年之前福耀玻璃必须在美国建一个工厂,这成为曹德旺出海寻找投资工厂的契机。

2013年,在同时考察了阿拉巴马、田纳西、肯塔基和密歇根等地后,曹德旺最终看上了俄亥俄州代顿市莫瑞恩区一座通用汽车废弃的巨大厂房,占地上百英亩。他一走进这间废弃工厂就非常喜欢,觉得风水非常好,于是很快就敲定下来,不会英语的曹德旺通过翻译向当地人"示爱"。

当然,吸引曹德旺来投资的不仅是风水,美国的地方政府也是下了血本。莫瑞恩政府承诺,只要曹德旺雇用的美国员工超过1 500人,政府就从第三年(2017)开始每年给福耀发20万美元补贴,五年至少100万—180万美元。俄亥俄州政府更大方,只要福耀解决1 500人以上的就业,就五年给他发1 300万—1 500万美元,雇得越多发得越多。

此外,莫瑞恩还免去了福耀办公楼15年的产权税,这又让福耀少花近800万美元,几项优惠加起来总价值超过3 000万美元,而厂房购买与改造也差不多这个价,相当于曹德旺来美国开厂基本没花钱。当地甚至将工厂前方的道路都改名为"福耀大道"(Fuyao Ave),对新工厂寄予的厚望可见一斑。

2014年曹德旺的投资开始逐步落地后,改变几乎是立竿见影的。大量的工作机会让当地人重新振奋起来,工龄达28年的娴熟技工、资深人力资源师、机械工程硕士……这些被通用汽车抛弃的员工们纷纷向新工厂投递简历。悬挂着福耀玻璃旗帜的工厂焕然一新,一千多名新员工斗志昂扬。

重新获得工作的当地人欣喜若狂,纪录片中一位名叫鲍比的黑人工人就直言"感谢上帝,我有事做了"。

而工资带来的生活改变,更让人对未来充满向往。叉车操作员吉尔是一名中年妇女,在通用关闭后,失去了自己的房子,后来长期寄居在闺蜜家的地下室。在福耀工厂重新上岗后,她又能够住在每月480美元租金的公寓了,这个单身的中年妇女为有个自己的家感到幸福。

工厂内中美两国的员工也在工作中日渐熟悉起来,窑炉主管罗伯深深地感谢中国员工"王"对自己的无私传授,他将"王"视作自己的中国兄弟,并邀请"王"去自己家过感恩节吃火鸡。

此刻莫瑞恩上上下下都视曹德旺为救世主,福耀集团老板每次视察都能够赢得员工们雷鸣般的掌声。一位黑人老大哥为了感谢老板带来的工作机会,盛情邀请曹德旺参加他的家庭烧烤聚会。

但有中国"首善"之称的曹德旺首先是个商人,对美国的投资并非慈善行为,他给美国市场设定了2017年盈利2亿美元的目标。面对内地媒体发出的"曹德旺是不是要跑了"的诘问,这位精明的福建人扒着手指给记者算"中国天然气2.2元/米^3,美国只要0.7元/米^3;美国的电价也只有中国的一半,才0.3元/度。"

曹德旺认为中国廉价劳动力的优势已经不那么突出,在他看来,美国除了人工其他成本都比中国便宜,投资美国完全是一项有得赚的生意。曹德旺关于中国制造业税负等综合成本过高的言论,还引发了内地舆论界的大辩论,但福耀集团的老板此刻更关心的是他美国的投资什么时候可以开始正式运行。

曹德旺为企业聘请了两位美国高管:总裁约翰·高蒂尔(John Gauthier)和副总裁戴维·伯罗斯(David Burrows),他相信一家完全融入美国本土的企业更容易实现盈利。

2016年10月7日,福耀美国莫瑞恩工厂举行了盛大的竣工庆典,曹德旺亲自指挥安排了现场的布置。现场名流云集,人们相信这座工厂将带来美好的未来。然而祥和的气氛被俄亥俄州议员谢罗德·布朗(Sherrod Brown)彻底破坏了,他在演讲的最后不识时务地提道"这里的很多工人正在努力组成工会,俄亥俄州有着悠久的工会历史"。

这不在计划内的演讲词显得格外刺耳,听到"工会"这个词,台下的曹德旺面色一沉,副总裁戴维更是怒不可遏地表示,要用剪刀把参议员布朗的头剪掉。

工会这个词像击中了福耀集团莫瑞恩工厂的命门,气氛瞬间紧张了起来。

困境:山雨欲来的工会战争

随后的庆典媒体会议上,曹德旺"直言我们不愿意看到工会在这里发展,因为工会影响劳动效率,直接造成损失"。他斩钉截铁地告诉参会者:"工会进来,我就关门不做了。"

工会的威胁只是一方面,更让曹德旺心烦的是,工厂的车间里充斥着不合格的产品。

在"生产速度"与"产品质量"的矛盾难以调和之际,美国工人开始抱怨福耀那并不符合OSHA(美国职业安全与健康管理局)要求的狭小生产线,对繁重的劳务、闷热的环境和亟待改善的保障愈发难以忍受。

从这时起,开始有人举着"支持工会"的牌子穿越厂房,他们在被保安请出去前,经过的地方总能听到支持的呼声。

有工会支持者提供线索,电视媒体也很快披露出了11起针对福耀的安全投诉,俄亥俄州这家工厂的形象一下子跌入谷底。

每天都有福耀员工涌上街头,他们背后的组织——全美汽车工人联合会(UAW)开始积极地谋划在福耀的莫瑞恩工厂成立工会。

专注于为汽车工会带来高福利的UAW是美国工会的扛把子,曾在20世纪30年代与通用、克莱斯勒、福特等所有数得着的车企干过架,撒手锏就八个字:死缠烂打、软磨硬泡。他们声称为企业找到了经营盈利和员工福利之间的平衡点。

像80年前那样,他们把争取工人权益的过程称为"战斗"。相当一部分美国人无须动员就加入了抗议队伍,一位女工说出了他们共同的想法:"他们称我们为老外。我们希望觉得自己是在美国工作,而不是走进大门,就离开美国到了中国。"

在美国员工眼里,中国人态度强硬、行为粗暴;而在中国员工看来,美国人态度懒散、业绩低下。所有的人都得不到休息与加班费,显而易见的是,美国工人还没有习惯,也不打算习惯。曹德旺不得不频繁地往返与中美之间,美国工人的问题显然比他最初想的要棘手。

曹德旺最终决定让美国工厂的中层干部们,一起到福耀集团的总部福州福清去学习一下中国工人是怎样工作的,这就有了本文开头的那一幕。

那位中文说得很溜,声称要用胶带封上工人嘴巴的美国车间主任,回国后干的第一件事就是让美国工人排队报数,想在美国来一场社会主义工人的试验。但结果无情打脸:美国工人根本没有中国工人身上的那种军事般的"组织性",而是懒懒散散,敷衍应付,根本不理他。

但有了 UAW 的撑腰,美国蓝领开始底气十足地拒绝主管的"无理要求",认为有些涉及安全隐患,有些则是不合理的操作。

这一阶段,越来越多的工人相信,工会进不来的地方,就会进来隐患与工伤。一位叫作鲍比的黑人员工表示,自己在通用 15 年,没出过事;在福耀 1 年,就拄了拐。

在矛盾日益激化的关头,福耀启动了"换帅"程序。

在曹老板看来,拿了高薪却任由事态发展的正副总经理高蒂尔和伯罗斯有"敌视中国人"和"拿钱不办事"的嫌疑,2017 年 1—10 月工厂亏损了 4 000 万美元,他决定将负责人换成在中国待了 26 年、在美国待了 27 年的刘道川。

这场高层团队的重大改组,能够扭转局面吗?

反击:资本家怎么对付工人

刚上任的刘道川对西方的那一套很熟悉,他开宗明义地告诉中国员工:美国人都是顺毛驴,搞定他们得有方法,因为咱比他强,所以要耐心引导。

随后刘道川祭出了胡萝卜加大棒的反击三步:① 用利益分化工人群体;② 聘用反工会咨询组织;③ 针对性开除刺头员工。

与此同时,另一边的例会上,中国主管们却在热火朝天地讨论"让美国人加班"的常规路径,一名"鹰派"班头总结道:"我不在乎美国人怎么想,谁要上哪儿告我随便他,但是周六全都得来上班……"

而与美国人交朋友的"王"是典型的"鸽派"。在"王"看来,越是出现矛盾,大家就越要互相体谅。当地人并不懒,且和中国人一样"没有选择",美国人会去再打份工,缓解生活的重压。

那部分"服从命令听指挥"的美国人,很快就得到了刘道川许诺的"一小时加薪 2 美元"的物质奖励。

很快,认为"工会不能当饭吃"的工人越来越多,有人明确表示:工会是"烂"员工的避难所,它只会让好员工在"大锅饭"中随波逐流。

刘道川发放"糖衣炮弹"的同时,福耀的另一只手也没闲着,有着"工会克星"之称的反工会咨询组织(LRI)被请来用于对顽固分子直接缴械。

LRI 的代表告诉美国工人:"工会设计的合同看起来确实很美好,但结果可能是福耀就对你没有用工需求了。加油,我觉得大家应该可以承担这个后果!"

"攻坚战"胶着阶段,态度强硬的中国班头不无得意地炫耀道:"我在下面有很多耳目,我对付工会的办法五花八门。"接着他掏出手机,指着上面一名实锤的"工会地下党"说:"两周后这里就没有这个人了。"

耽误了工厂赚钱的"工会运动"倡议者们被福耀接二连三地开除。一位始终想在工厂里成立工会的黑人女性抱怨被指派了两个人的工作量,她明白这是人事在挖坑,好以绩效不行的理由炒掉自己。

另一边福耀玻璃为了彻底肃清工会,向 LRI 合法支付了 100 万美元。

2017 年 11 月,美国劳资委决定组织一场官方投票,毕其功于一役地解决"福耀是否需要成立工会"的核心争议。

投票前一晚,曹德旺在阳台上一根接一根地抽起香烟,这场至关重要的投票,结果到底会如何,他心里也没有底。

终局:无法追回的产业荣光

代表了 1 500 余名美国工人"自由意志"的投票结果,历时两天出炉:444 票赞成、868 票反对。这场一山不容二虎的长期抗战,终于以"福耀完胜 UAW"的结果画上了句号。

按照一部分美国员工的说法,如此压倒性的结果,是因为年轻人怕了,他们以为这样可以保住饭碗。

为了抚平"战争"后的心理创伤,加强企业凝聚力,刘道川决定让 10 位最优秀的美国员工到中国旅游一趟。

来自中国的刘道川十分自豪地向美国员工介绍:在中国最现代化的城市——上海,有家豪华酒店的天际游泳池在 55 层,这对你们来说是不是很棒!

2018 年,福耀的美国工厂开始扭亏为盈,并增长迅速。做报告的集团领导唯一遗漏的是工厂盈利与员工获益间最直接的转化关系。

了却了心事,信佛的曹德旺去庙里烧香拜佛,他坦言自己更怀念那个虫鸣鸟叫的年代,虽然物质生活贫瘠,但人们在生活中却充满了对于未来的希望。

就在工厂盈利之后,福耀那些仅仅满足于"活着"的美国员工,却悄无声息地步入"死地"——曾把"王"带到家里过感恩节的罗伯,因"操作电脑时多花了两分钟"而遭到解职,在驱逐工会势力的前两年时间里,原来工厂一直都在忍耐他的"左手右手一个慢动作"。

罗伯的中国兄弟"王"则把自己的老婆和两个孩子接来了美国,"王"对现在的生活感到满意。

而先前受了工伤的鲍比则伤感地感慨道:"通用给了我很好的生活,他们关门时,这一切就断了。我们再也赚不到那种钱了,那些日子结束了。"

鲍比在怀念前任,现任却在给自己"找下家"。当曹德旺再次去厂房视察的时候,一位负责"自动化"的高管正在详细描述每块区域的人工被机器彻底取代的时间,"因为他们太慢了"。

就在美国工厂业绩蒸蒸日上的同年,一位 57 岁叫里基-帕特森的福耀工人,在车间操作叉车时,被倾泻下来的至少一吨重的玻璃倾轧致死,厂房的摄像头完整地把这一幕记录了下来。

针对这家"无工会"工厂安全隐患的吐槽,铺天盖地一般涌到网上,大多数莫雷恩市的留言者,对意外事件并不感到十分惊奇。

帕特森是五个孩子的父亲,已在福耀工作了一年,没人知道五个月前那次本可间接改写他人生剧本的事件里,他投的是"赞成票"还是"反对票"。

资料来源:鲁大师,《美国工厂:一个非典型的制造业故事》,《资源再生》,2019年第8期。

思考题

1. 本案例表明跨国公司人力资源管理会遇到哪些问题?这些问题是由哪些原因造成的?
2. 你认为高管人员的配备要考虑哪些影响因素?如何配置能提高管理效率?
3. 你认为如何能培养一支能够适应国际化运作的管理团队?

【本章小结】

本章关注的是国际人力资源管理问题。国际人力资源管理是包括了人力资源管理活动、员工类型与企业经营所在国类型之间的互动组合。国际人力资源管理的影响因素有五个方面:文化环境、产业类型、市场依赖特征、高层管理者的态度、跨国管理的复杂性。

国际员工配置与培训发展是密切相关和互相促进的。员工配置是将所招聘到的合适人选安排在合适的岗位上,目标是使其在企业跨国经营中充分发挥作用。跨国公司的员工配置主要关系到两个方面的内容:一是跨国公司的整体配置方法,二是外派人员的使用。在合理配置的基础上,培训与发展是为了提升员工当前与未来的工作能力和技术,以更好地完成组织配置时的任务目的。跨国公司的员工培训与发展主要关注的是外派人员的培训和开发国际团队。

薪酬是一种发展和强化国际化企业文化的工具(或手段),也是跨国公司的一种主要控制方式,反映了在国际环境中进行公司治理的复杂关系。同时薪酬与绩效存在不可分割的联系,跨国公司的薪酬最终取决于对成本进行衡量的绩效结果,因此科学的绩效管理体系对于跨国公司制定公平合理的薪酬具有积极的指导作用,对于制定其他相关的人力资源管理政策也尤为重要。

国际人力资源管理还涉及一些敏感问题,需要加强风险认知和风险规避。国际产业关系需要考虑一些通用的知识点,比如不同国家的工会结构、跨国公司的产业关系影响因素、工会和国际产业关系的管理,及工会对跨国公司的反应等。国际商业道德规范强调了跨国公司必须遵守的基本准则或全球价值观,最后提出应对安全和风险防范的一些基本方法。

【关键概念】

国际人力资源管理;国际人力资源配置方法;国际外派;国际薪酬;国际绩效管理

【思考与练习】

1. 国际人力资源管理的定义是什么？它包含哪些关键的维度？
2. 国内与国际人力资源管理的主要差异在哪里？造成差异的影响因素是什么？
3. 国际员工配置有哪些主要方式？
4. 员工不同来源各有哪些优缺点？
5. 对外派人员进行绩效管理要考虑哪些影响因素？
6. 国际薪酬计划有哪些主要组成部分？如何进行计算？

第九章　全球化背景下的领导胜任力

没有一家企业不渴望自己的员工队伍整体能力与素质都相对较好,为此,不惜动用各种资源,不断尝试各种管理方法与手段,力图将自外部引进或从内部培养的优秀员工凝结成极具战斗力的员工队伍。这是个目标,也是个过程,要顺利地完成这个过程,成功地达成这个目标,领导的作用无疑非常重要。

然而,具备哪些特质的人才能成为好的领导?什么样的人能够胜任领导者的工作?领导胜任力具体由哪些构成?怎样的领导才能在当今中国快速全球化的商业环境中,带领自己所在的商业战舰成功征战全球商海?这些就是本章所涉及的主要内容。

第一节 胜任力及领导胜任力概述

一、胜任力概述

在企业中有这样一种常见现象,有一些人表现得特别优秀,另一些人却表现得平平,或者说毫不突出。这种现象背后的原因与规律是什么呢?这正是人们的普遍存疑,许多学者因此展开了研究和探索,掀开了胜任力的神秘面纱。

(一) 胜任力研究的起源

20 世纪中叶,在组织行为学和心理学等相关研究中发现,传统的智力测验、职业取向测验、学校的学术测验及等级分数评定等手段,不能预测员工从事复杂工作和管理职位工作的绩效,同时对某些特定人群还存在不公平。正是在这种背景下,麦克利兰(McClelland)研究小组受美国国务院事务局之托,寻找新的研究方法甄选驻外情报外交官(Foreign Information Service Officers,FISO),作为宣扬美国政府政治、人文、社会等的代言人,以便通过这些人的工作,能使得更多国家的人支持美国的政策。而约翰·C. 弗拉纳根(John. C. Flanagan)于 1954 年开创了一种叫作关键事件技术(Critical Incident Technique,CIT)的方法用于分析人们所做的事情。于是,麦克利兰研究小组就在弗拉纳根的关键事件技术基础上开发并采用了行为事件访谈法(Behavioral Event Interview,BEI),试图研究影响情报外交官工作绩效的各种因素。麦克利兰通过一系列分析和总结,发现杰出的外交官和一般胜任者在行为和思维方式方面的差异,从而找出了这类外交官的胜任特征。在整个项目研究过程中,麦克利兰应用了奠定胜任力方法基础的一些关键性的理论和技术。

1973 年,麦克利兰在继承并发展前人研究成果的基础上发表了一篇题为《测验胜任力而不是智力》(Testing for Competence rather than for Intelligence)的文章,他在文中表明,那些杰出者在工作中取得优秀业绩,不是因为学习能力强,而是因为具有自我约束、主动性、人际沟通、团队协作等特征。他认为,仅凭学业成绩、智力和能力倾向不足以预测职业成就,进而倡导采用胜任力模型设计取代智力测验作为预测未来工作绩效的方法,并认为高绩效者运用了某些特定的知识、技能和行为等胜任力以取得出色业绩。这篇文章的发表可谓是胜任力理论研究和应用的真正开端。

(二) 胜任力的定义

正如前述,"胜任力"这个概念最早由哈佛大学教授麦克利兰于 1973 年正式提出,是指能将某一工作中有卓越成就者与普通者区分开来的个人深层次特征,它可以是动机、特质、自我形象、态度或价值观、某领域知识、认知或行为技能等任何可以被可靠测量或计数的,并且能显著区分优秀与一般绩效的个体特征。有的学者从更广泛的角度定义胜任力,认为胜任力包括职业、行为和战略综合三个维度。职业维度是指处理具体的、日常任务的技能,行为维度是指处理非具体的、任意任务的技能,战略综合维度是指结合组织情境的管理技能。

本着系统性、相关性和可操作性的原则,胜任力可以看作在特定工作岗位、组织环境和文化氛围中,业绩优秀者所具备的、可以客观衡量的个体特征,及由此产生的可预测的、指向绩效的行为特征。这些特征包括知识、技能、自我形象、社会性动机、特质、思维模式、心理定式,以及思考、感知和行动的方式。

(三) 胜任力的性质

1. 胜任力可以采用量化数据进行衡量

通过特定的胜任力模型与相应的测评体系,可以对胜任力的各个指标进行数量化衡量,组织可以利用胜任力的可衡量性来评价领导者和普通员工在岗位胜任力方面与当前存在的差距,并将此作为依据,确定需要改进的方向和程度,制订企业培训计划和挑选合适的培训内容,还可以对领导者和普通员工进行绩效考评。

2. 胜任力并非一成不变

随着管理水平的提高,胜任力模型中的每个胜任力因素和指标都会随之发生改变。胜任力的变化程度范围,也将随着人们的年龄、阶段、职业层级以及工作生活环境等的差异而有所不同。

3. 胜任力能够通过学习获取并得到发展

胜任力及胜任力因素一旦被确定下来,组织就可以通过培训开发等方式或手段促使领导者和普通员工进行学习,以达到相应岗位胜任力的要求。

4. 胜任力使每个企业与众不同

也许两个企业可能在生产技术、财务报表、营销模式及人力资源管理方面具有很高的相似度,但是,由于每个企业的胜任力及模型不同,这足以导致各个企业在发展方向、发展道路、发展模式和企业的未来前景方面呈现不同的状况。

5. 胜任力为企业选才育才指明方向

一个企业可以利用胜任力来鉴别领导者及普通员工的行为和素质是否符合相应岗位要求,能否支撑企业预期战略目标的实现。

(四)胜任力的通用模型——冰山模型

胜任力的冰山模型主张员工的胜任力体现在五个方面:动机(Motives)、特质(Traits)、自我概念特征(Self-concept Characteristics)、知识(Knowledge)和技能(Skills)。该模型将人的胜任力分为两大部分,就像冰山一样,部分在水面以上,部分在水面以下。水面以上是外显的、可见的,水面以下是内隐的、深藏的,如图9-1所示。水面以上的是知识和技能,水面以下的是动机、特质等情感智力部分。知识是指对某一职业领域有用信息的组织和利用;技能是指将事情做好的能力;社会角色是指一个人在他人面前表现出的形象;自我概念是指对自己身份的认识或知觉;人格特质是指一个人的身体特征及典型的行为方式;动机/需要是指决定一个人外显行为的自然而稳定的思想。

相对而言,知识与技能就像处于水面以上看得见的冰山,最容易被改变,而且水面以上的部分特征明显、突出,易于衡量,但真正决定一个人成功的是隐藏在水面以下的因素——动机与特质,它们深藏于水面以下,难以触及,也最难以改变或发展,同时它们也容易被忽略并且相对比较难以测量。社会角色、自我概念则介于二者之间。

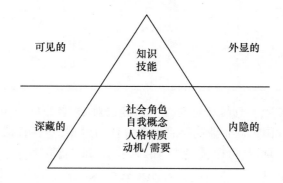

图9-1 麦克利兰的冰山模型

资料来源:McClelland, D. C., "Testing for competence rather than for intelligence", *American Psychologist*, 1973, 28: 1-14.

冰山模型已被看作胜任力的一个基本模型。不难看出,冰山模型较好地体现了辩证思想,蕴含了内因和外因的关系,针对个人的评价确实有一定的积极意义。

二、领导胜任力概述

(一)领导胜任力的定义

领导胜任力是指基于领导任务工作的能力。国内外学者对领导胜任力有不同的定义,但是研究者一般从知识(Knowledge)、态度(Attitudes)、管理技能(Skills)和价值观(Values)等方面来探讨领导胜任力的内涵。

领导胜任力具有层次性、结构性和动态性的特点。层次性主要包括动机特质水平、自我形象和社会角色水平和技能水平等,这些不同水平的要素加上特定知识形成一个整合的胜任力模型。从结构方面来看,领导胜任力一般划分为三类技能:技术技能、人际技能和概念技能。技术技能(Technical Skilsl)包括的知识和技能具体是方法、程序、使用工具和操作设备的能力;人际技能(Interpersonal Skills)则包括人类行为和人际过程、同情和社会敏感性、交流能力以及合作能力;概念技能(Conceptual Skills)包括创造能力、分析能力、解决问题的有效性、认识机遇与潜在问题的能力。动态性反映在,领导者在工作过程中产生、形成并整合他们的知识、技能,并由此胜任他们所从事的工作。

(二) 领导胜任力要素及模型研究

对于领导胜任力要素的研究,不同研究者从不同的角度出发,会得到完全不同的结果。回顾以往国内外的研究,研究者通过不同的方式,从理论或者实证角度提出了许多不同的领导胜任力要素模型。例如,Mintzberg(1973)提出了十大领导角色的模型(见表9-1)。

表9-1 领导角色模型

人际角色	资讯角色	决策角色
代表者	监测者	创业者
领导者	传播者	变革者
联络者	发言人	集资者
		谈判者

从国内相关研究看,仲理峰和时勘(2004)经过对18名家族企业高层管理者的行为时间访谈[①],构建了我国家族企业高层管理者胜任力模型,包括权威导向、主动性、机遇捕捉、信息寻求、组织意识、指挥、仁慈关怀、自我控制、自信、自主学习、影响他人等11项胜任力特征。其中,权威导向、仁慈关怀是我国家族企业高层管理者独有的胜任力特征。

王重鸣等提出了企业经营者领导胜任力的六维结构[②]:① 机遇能力:通过各种手段捕捉和孕育市场机会的能力;② 关系能力:人与人之间或者人与组织之间互动的能力,包括凭借契约或社会关系、说服能力、沟通能力和人际技巧建立合作与信任的周边环境;③ 概念能力:反映企业家行为把问题抽象化提炼化的能力,涵盖决策技能、借鉴和掌握复杂信息、风险承担和创新性;④ 组织能力:组织企业内外资源(人、财、物以及技术资源),还包括团队建设、领导下属、培训以及监控技能;⑤ 战略能力:设计、评估与实施公司战略的能力;⑥ 承诺能力:驱使企业家永续经营的能力。

(三) 领导胜任力研究的意义

从理论角度,对于领导胜任力的研究有利于促进人们对领导和领导者概念的认识;

---

① 仲理峰、时勘:《家族企业高层管理者胜任特征模型》,《心理学报》,2004年第1期,第110—115页。
② 苗青、王重鸣:《基于企业竞争力的企业家胜任力模型》,《中国地质大学学报(社会科学版)》,2003年第3期,第18—20页。

有助于推进人们对于领导胜任力内涵的探索;有助于整合不同的领导理论流派。所有国内外研究者对于领导胜任力的研究都进一步丰富了人们对领导能力的理解,但这其中的不足主要表现在,不同的研究者运用不同的研究范式,定位在不同的研究领域,选择了不同的研究对象,导致相关结果难于比较、整合,理论之间存在不同程度的交叉与重叠。

从实践角度,对于领导胜任力的各种研究对于培养领导者提高战略思维能力无疑很有助益。企业发展战略是通过协调和配置市场上的活动与资源创造价值的过程。在一定程度上,企业的未来取决于企业家的抱负和个人判断。对于领导胜任力的研究和开发,有助于提高企业高层管理者的战略意识和战略把控能力,帮助企业从长期规划、资源配置,培育企业核心竞争能力的角度去管理与发展企业;有助于领导者提升资源整合能力。随着国内外竞争者的快速增加、竞争激烈程度的快速提升,如何积极拓宽融资渠道、改善融资方式是企业持续发展必须关注的课题。除了资金,还包括战略分解、市场定位,甚至是产品市场营销、客户服务等各种具体意义上的工作,都需要整合社会优质资源。通过开发领导胜任力,能够促进领导者推动持续的变革,进行组织架构调整,进一步强化人力资本的投入,最终帮助企业实现跨越式发展。在此情况下,领导胜任力开发能够帮助企业高层领导者突破既有心智模式的局限,重新进行个人与组织的定位,通过提升基于变革的领导胜任力,真正激发企业活力。

第二节　人力资源管理领导胜任力

人力资源管理在企业中的职能决定了企业人力资源主管人员在企业中应有的角色,随着人力资源在企业整体运营中地位的提高,企业人力资源主管在企业整体管理中的角色也上升到了关键地位。人力资源管理专业人员要想在未来有效地承担起这些角色,从而真正实现对人力资源的有效管理,就必须施以必要的培训以使其具备一些新的能力。人力资源管理岗位,尤其是承担人力资源战略和整体管理的企业人力资源主管岗位,必须具备相应的素质和能力,只有在具备并能系统地运用这样一整套素质和能力的基础上,才能在企业的人力资源管理中真正发挥其应有的作用。

一、人力资源管理领导胜任力模型

(一) 模型的构建

根据胜任力和领导胜任力相关理论,人力资源管理领导岗位胜任力的内涵界定为,可以将企业人力资源主管中的高绩效者与一般绩效者区分开来的、可获得的个体特征。根据麦克利兰冰山模型,将人力资源主管所必需的知识、技能、社会角色、自我概念、特质和动机等作为领导胜任力,既包括表象的知识、技能等方面的素质,又涵盖特质、动机等潜在的心理品质。将这些领导胜任力与人力资源管理工作的职能与特征联系起来，对其未来工作绩效进行预测，并且能够区分优秀人力资源部门领导绩效者和一般绩效者，从而形成人力资源管理领导胜任力模型（见图9-2）。

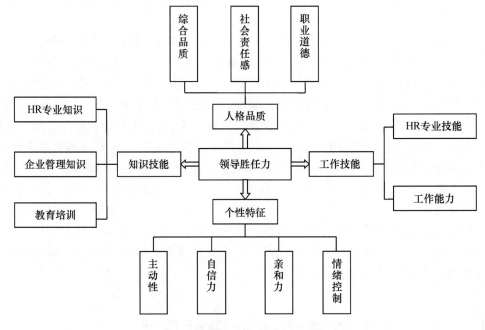

图 9-2　人力资源管理领导胜任力模型

（二）模型的分析

企业人力资源管理领导岗位胜任力测量指标如表9-2所示。

表 9-2　领导胜任力具体指标

领导胜任力因子 （一级指标）	领导胜任力 （二级指标）	三级因子（典型行为） （三级指标）
人格品质	综合品质	个人形象口碑 员工满意度 工作业绩
	社会责任感	回馈社会
	职业道德	从业规范 忠诚度
个性特征	主动性	计划执行力
	自信力	充满信心
	亲和力	热情谦和，仁慈关怀
	情绪控制	能够控制自己的情绪

(续表)

领导胜任力因子 (一级指标)	领导胜任力 (二级指标)	三级因子(典型行为) (三级指标)
知识技能	HR专业知识	招聘培训 绩效考评 薪酬福利 劳动人事
	企业管理知识	生产、业务流程 市场营销 财务管理 企业文化
	教育培训	教育背景 培训经历
工作技能	HR专业技能	培训管理技能 薪酬体系设计技能 考评体系设计技能 制定相关制度技能
	工作能力	行政管理能力 组织协调能力 人际沟通能力 知人善任能力 领导能力/权威导向 创新能力

二、人力资源管理领导胜任力测评体系

(一) 测评指标体系

对人力资源管理领导胜任力的测评是一个将领导胜任力模型量化的过程。此处所指的测评对象是人力资源管理系统中的领导即主管。测评的整体结构涵盖：① 测评主体/决策者指的是具备胜任力测评相关知识，在测评过程中从事具体的胜任力测评活动的单个个体或个体的集合；② 测评客体是指具体的领导胜任力因素；③ 测评指标体系反映被测对象的岗位胜任力的特征状态，包括测评指标、测评标准和测评指标权重；④ 测评方法，根据各个胜任力指标的特点，选择相对而言更具适应性的测评方法，比如档案履历法、面试法、笔试法和心理测验等；⑤ 结果处理，即在测评实施之后，对结果进行统计分析；⑥ 将测评结果运用于人力资源管理的各个相关环节，如领导的甄选与考评等。

领导胜任力的测评要体现必需的客观性，坚持公平公正原则，从而最终实现领导胜任力测评目标。

1. 测评指标

测评指标(即测评维度)由企业人力资源管理领导胜任力的模型直接转化而来，即领

导胜任力的三个等级因子。

2. 测评标准

测评标准是对测评指标的具体衡量,包括测评标志和测评标度。测评标志是每一个测评要素(因子)的关键考核标准。测评标志的形式多种多样,有评语短句式、问题提示式、方向指示式三种。测评标度是对测评标志程度差异的描述。测评标度的形式有等级式、数量式、符号式、图表式等。等级式标度是用一些等级顺序明确、具有程度差异的字词、字母或数字来揭示测评标志的刻度形式,如A、B、C,精通、一般、很差等。表9-3是采取评语短句式标志和等级式标度的例子。

表9-3 人力资源管理领导胜任力测评指标与标志示例

企业人力资源管理主管领导胜任力测评指标	测评标志	测评标度
人际沟通能力	人际关系好,与上级领导及下属关系融洽,沟通表达能力强	优秀
	人际关系一般,与上级领导及下属没有矛盾,沟通表达能力一般	一般
	人际关系差,不能与上级领导和下属和睦相处,沟通表达能力不高	差

3. 测评指标权重

测评不仅涉及测评对象的质,还涉及测评对象的量,因此,在测评指标和测评标准设计完成后,还要认真权衡每个指标在整个测评指标体系中所处的地位和作用,这就涉及需要对测评指标设置权重。这里所谓的权重,是指测评指标在测评体系中所具有的重要性或测评指标在总测评中应占的比例,其数量表示为权数。确定权重的方法很多,代表性的主要有德尔菲法、层次分析法、多元分析法等。各企业可以根据自身在行业领域所处的地位以及自身所处的发展阶段,采用适当的方法确定适合本企业的领导胜任力测评指标的标准和指标权重。

(二) 测评方法体系

1. 主要测评方法

(1) 履历档案法。即根据履历或档案中记载的事实,了解某个人的成长历程和作为领导者的工作业绩,这种方法可用来确定被测评人的资格。这种方法的优点是成本低,缺点是不够全面。

(2) 笔试法。即在同一时间对所有被测评人进行统一的测评,这种方法较为简便易行,但无法实现对创新能力的测评。

(3) 面试法。这种方法直接直观,但容易掺入测评决策者的主观因素。

(4) 心理测验。此法是能够对人的智力、潜能、气质、性格、态度、兴趣等心理素质进行有效测度的标准化的测量工具,正因为此法简便易行、程序规范、结果客观而在现代人员测评中广泛采用。

(5) 工作情景模拟法。这种方法是用于测量被测评人在一个可控环境中,对给定主题工作内容的实际执行工作中的基本的表现。

（6）360度反馈评价法。这种方法通过企业中不同层级、了解和熟悉被测评者的人员（如其直接上级、同级、下属等），以及与其经常有来往的外部相关合作者及被测评人自身对其工作绩效、工作能力和特定的工作行为与技巧提供客观真实的反馈信息，从而实现对他的评定与提出改进意见与建议。

2. 测评方法的选择

各种测评方法都有各自不同的特点和缺点，企业应根据自身实际条件和测评的具体目的，选择不同方法组合。前述各种测评方法的比较如表9-4所示。

表9-4　各种测评方法比较

测评方法	效果	客观性	公平性	可操作性	成本
履历档案法	低	中	高	高	低
笔试法	中	中	高	中	中
面试法	高	低	中	高	中
心理测验法	中	高	高	中	低
工作情景模拟法	高	中	高	低	高
360度反馈评价法	高	中	高	高	低

（三）测评实施

我们将前面介绍过的企业人力资源管理领导胜任力测评指标体系与方法体系结合，对所在企业的人力资源管理领导者实施测评。测评方法的具体内容则要由企业根据自身实际情况和测评具体目的进行适当设定，如表9-5所示。

表9-5　人力资源管理领导胜任力测评指标与测评方法

领导胜任力测评指标	测评方法
人格品质	面试法 心理测验法 履历档案法 360度反馈评价法
个性特征	面试法 心理测验法 360度反馈评价法
知识技能	笔试法 面试法 履历档案法
工作技能	笔试法 面试法 工作情景模拟法 360度反馈评价法

（四）测评结果的处理

企业在进行领导胜任力测评时，会得到许多具体量化的数据，所以在测评结束之后，需要对测评得到的数据进行处理，以便将统计误差降到最小，得到各个测评决策者或专家对每个参加测评人员的胜任力的有效评价。

三、人力资源管理领导胜任力测评的功能

企业人力资源管理领导胜任力测评具有如下三个方面的功能：

（一）鉴定功能

对领导素质优劣水平的高低做出鉴别和评定，是人才测评直接的基础功能。由于隐性素质是最终决定被测评人胜任领导岗位的核心因素，所以我们要通过企业人力资源管理领导胜任力测评，去考察被测评人的隐性素质，将企业人力资源管理领导所具备的素质与岗位胜任力的要求进行对比，从而确定是否符合所需的要求，为人员考评提供相对科学的依据，最终实现调整、优化人员配置的目的。

（二）激励功能

在某些企业中，人力资源管理领导者的工资依然主要由学历工资、技能工资和绩效工资等组成，而企业人力资源管理领导胜任力测评却能够对领导者的综合知识、素质和能力进行比较全面的评价。相比而言，以此为基础的工资体系将更加合理与科学，更有利于企业绩效与薪酬管理的进一步完善。

（三）导向功能

对企业来说，通过采用领导胜任力测评的方法与手段，能够发现现任人力资源主管的能力素质同预期的岗位胜任力水平之间的差距，从而确定是否需要对领导者进行相应岗位培训，并依据测评结果，制订具体培训计划；对人力资源领导者个人而言，通过参加测评，能够深入了解自身的优点和不足，从而不断完善自己，制定出符合自身特质的职业生涯规划。

四、我国企业领导胜任力模型及测评应注意的问题

从胜任力研究的起源我们知道，胜任力及胜任力模型的研究起源于西方国家，胜任力模型也是首先在西方国家的政府部门开始推行，后逐步延伸至学校、医疗机构、研究机构、企业等各类组织，并最终得到广泛应用的。我国目前也有部分大型企业已经或正在构建自己的领导胜任力模型。但是，不管是在国外还是在国内，都存在胜任力模型应用的效果发挥不尽如人意的地方，尤其是对我国的大型企业而言，在构建与应用胜任力模

型,试图提升本企业领导能力和整体人力资源素质方面存在一些误区,所有这些值得我们引起足够的注意。

(1) 领导胜任力模型及测评不仅要关注行为,也要注重结果。大多数企业的领导胜任力模型及测评指标都使用精炼准确的语言描述优秀领导者区别于一般领导者和普通员工的行为特征,但是对优秀领导者具备的这些行为特征与企业良好运行的关系,即具备这些领导胜任力与达到最终结果之间的关系,却未能给出相应的解释。

一个完整的领导胜任力模型应该是通过行为事件访谈法(BEI)或其他合适的方法,比较每一类岗位优秀表现者和普通表现者之间的行为特征,进行编码(Coding)分析,找出造成两组对象产生差距的最有影响力的行为特征,并将之确定为该类岗位的胜任力,这一工作需要耗费大量人力、物力、财力和时间,周期很长,成本较高。因此,有一些企业为了尽可能快地建立起领导胜任力模型,往往采取替代方式,例如通过专家小组与员工座谈确定领导胜任力模型、由专家对预先设定的领导胜任力进行排序并从中选取最适合本企业的若干领导胜任力,更有甚者,直接将其他企业的领导胜任力模型进行简单修正之后就用作本企业的领导胜任力模型,这些替代方式往往会影响领导胜任力模型的效果。

(2) 领导胜任力模型的确定不仅要以过去的表现为基础,而且要充分考虑到未来的发展。有许多领导胜任力模型的构建程序往往是根据当前企业领导者的表现区分优秀者和普通者,分别对两组人员进行行为事件访谈,统计分析访谈结果,从中确定将两组人员区分开来的行为特征,即胜任力。这种做法存在一定的问题,因为这样得到的用来区分优秀者和普通者的标准是他们已经具备的知识素质和已经取得的工作成果,而不是他们为推动企业发展所应该具备的知识素质和应该实现的工作成果。实际上,只有与企业未来发展战略紧密相关的领导胜任力模型才是高效的。

(3) 领导胜任力模型要具有本企业的特色。一个企业领导者所具备的知识及其管理思路和风格直接决定了这个企业领导胜任力模型的结构。当众多企业的领导者都千篇一律地接受了当下流行的同一类管理理论或观念时,这些企业的领导胜任力模型必将趋于相同,企业也就不可能实现通过领导胜任力模型来选择能够带领本企业实现发展战略的优秀领导者。所以,各个企业要根据自身的目标与特色,构建符合本企业现实情况的领导胜任力模型并加以运用。

第三节　全球化背景下的领导胜任力

通过前面的介绍和研究,我们对领导胜任力的内涵、模型和测评体系已经有了一定的认识。然而中国经济是世界经济不可分割的一部分,随着全球经济一体化进程不断加快,中国企业要想实现健康长远发展,就不能不考虑到国际环境的变化和影响,也就必须要融入世界经济体系,实施企业经营国际化战略。为此,我们认为有必要探讨全球化背景下的领导胜任力,了解全球胜任力领导者所应具备的素质特征、对我国国际化企业的贡献和影响,以及如何开发全球领导胜任力。

一、全球领导胜任力要素特征

(一) 全球胜任力领导者的定义

全球胜任力是指对地区、全球和跨文化议题的分析能力,对他人的看法和世界观的理解和欣赏能力,与不同文化背景的人进行开放、得体和有效互动的能力,以及为集体福祉和可持续发展采取行动的能力。全球胜任力的领导者就是在商业组织的国际化或全球化过程中,能决定组织未来的领导者,能够使用国际语言交流、了解全球市场运行规则、具有全球视野和运作能力并取得较好业绩的人才,可称为全球胜任力的领导者。拥有全球胜任力的领导者是跨国企业能否取得成功的最重要的因素。

(二) 全球领导胜任力的要素特征

国外学者[①]的研究指出,全球领导胜任力特征可以分为一般胜任特征和特殊胜任特征,一般胜任特征是指不依赖于具体情境的特征,如表现悟性、展示性格和信奉二元性;特殊胜任特征包括公司归属、管理定位、国家归属和功能性责任。3M公司开发了一套全球领导胜任力特征模型,该模型由3类12个胜任特征组成,第一类为根本的胜任特征,包括道德伦理和真诚、智力技能、成熟和判断;第二类是必需的胜任特征,包括消费者定向、培养和激励他人、商业健康和效率;第三类是远景性胜任特征,包括全球化战略、远景和战略、培育创新、建立联盟、组织灵活性。我国学者赵曙明指出,全球领导胜任力应该具备以下五个层次:第一层次也是基本的或核心的全球胜任力,主要体现在没有偏见、开放、对含糊的宽容、世界大同主义、人际互动的开启、情感灵敏性、行为灵活性、善于调查、乐观主义、自信、自我认同、情绪达观、从容的禀性、压力管理兴趣的灵活性、自我意识、关系兴趣;第二层次是人际技能,在全球化的背景下,领导者所应具备的人际技能需要能够在国际的活动空间内具有很强的深层交流、交往、对话、沟通和抗衡的能力,同时必须对不同的文化、民族习俗、价值标准、思维方式能够予以充分认知和准确把握,从而创造与构建互相信任的团队;第三层次跨越边界、构建社区,具有全球胜任力的领导者不仅要在企业内部建立信任的团队,更需要突破企业的边界,与企业的利益相关者构建和谐的关系;第四层次是制定符合伦理道德的决策,企业领导者的决策需要符合社会伦理道德,企业在考虑到自身利润最大化的同时也应该以不违反社会道德及企业的社会责任为前提;第五层次是领导者的系统技能,在企业制定长期战略时应该从系统的角度出发,不仅企业本身是个复杂系统,而且企业与顾客、供应商、政府、竞争者等都是在一个更大的系统内。

---

① Black, J. S. and Gregersen, H B,"High Impact Training Forging Leaders for the Global Frontier", Human resource management,(summer/fall),2000,39: 173-184.

二、全球胜任力领导者是我国企业成功的关键

中国企业的"走出去"和国际化,已经成为国际经济舞台上最为重要的力量之一,且正在从初级阶段到中高级阶段过渡。比如从产业链的低附加值向高附加值转型,从劳动密集型向智力密集型转型,从能源、矿产传统产业向科技、金融、体育等多元产业市场转型,从以国有企业为主向多元市场主体转型等。2019 年 9 月 12 日,商务部、国家统计局和国家外汇管理局联合发布的《2018 年度中国对外直接投资统计公报》显示,2018 年中国对外直接投资流量和存量稳居全球前三。投资覆盖全球 188 个国家和地区,投资行业分布广泛,门类齐全,地方企业对外直接投资逆势上扬,非公经济控股主体对外投资占比提升。报告尤其提出,境外企业对东道国税收和就业贡献明显,对外投资双赢效果显著。2018 年境外企业雇用外方员工 187.7 万人,占境外企业员工总数的一半以上,较上年年末增加 16.7 万人。从统计数据可以看出,经过了近 40 年的发展,中国企业的国际化经营达到了一定的规模和水平,对此值得深入研究。以雇用人数为例,2018 年境外本土雇员占境外企业员工总数的一半以上,达到 187.7 万人。这就意味着近 188 万人从中国外派至境外东道国工作,如果再加上境外不同国家之间的外派员工,整体外派员工的规模将更为庞大,复杂性也更高。如何高效管理如此庞大的跨境流动人才群体是一个巨大的挑战。

中国企业的国际化,因其所处行业、战略目标、国际化路径、国际化发展阶段等差异,决定了企业国际化人才管理呈现不同的形态和模式。概括起来有以下三种主要的形态:

一是大型国有企业,经过若干年的发展,它们在国内已经形成较为完备的人力资源和人才管理体系,这类企业在国际化的过程中通常采用母国向东道国输出的人才管理模式。总部需要保持对海外部门的管控,同时不必过于担心员工的文化不适应和冲突。传统能源、工程、基建的国有企业较多采用此种模式,它们的挑战是国内成型的体系如何很好地适应场景可能完全不同的东道国。

二是刚出海的民营企业,包括一些快速成长的互联网公司和科技公司等,这些企业的特点通常是业务开拓远远走在人力资源管理体系之前,即人力资源管理能力落后于业务开拓发展的需求,尤其在国际化的过程中这一矛盾将更为突出。

三是有着 10—20 年海外经营实践的中国企业,已经逐渐建立起全球化的人才体系,这类企业需要着眼于如何在全球范围内管理人才以高效驱动企业的全球价值链优化和布局。

随着中国国际化跨境流动人才规模上不断扩大,属性上日渐复杂,无疑对领导者的全球胜任力提出了新的挑战和要求。国际化企业的领导者需要探索国际化人才管理体系,构建人才跨境流动的高效运营能力,驱动组织使命、业务目标和人才战略目标的达成,必须具备多层次的全球胜任力。

能否在全球化背景下,实现全球领导能力的突破是跨国企业要想取得成功所必须解决的最关键的问题之一。中国企业必须突破自我,以达到一种能够适应全球环境的领导力。

三、我国全球胜任领导力的开发

全球领导胜任力的开发不是简单的培训活动,而是持续的和不间断的过程。全球胜任力的开发要对人们的思维进行根本的改变,而只有将人们置身于全球化的情境中,这种改变才能发生。

(一) 全球胜任力领导者开发的方法

在全球性领导者的开发方法上,全球性团队和短期海外管理培训或商务旅行是有效的培训方法。全球性团队是为了共同的任务由来自不同国家的管理者组成的团体,开发过程主要包括三个阶段:一是理解团队成员之间的差异并认识到这对理解团队中不同观点和建立相互关系的意义;二是团体成员之间相互沟通以取得相互的理解;三是整合不同的观点和偏好,从而适当解决差异,并在此基础上产生富有创造性的好的工作方法。海外短期培训或商务旅行可以培养领导者接受用不同方法做事情的观念,也可以创造机会让领导者仔细观察外国人或东道国人们的言语和非言语行为,同时也有助于领导者在新环境中开放而谦虚地与人们迅速建立信任。因此,通过异地商务和非商务的学习可以让全球性领导者扩展知识和提高能力。

对于中国企业来说,另外一种有效的培训方法是让企业领导者"走出去"。一定的国外工作经验的积累能使全球化领导者对于现代化的国际经营有一定了解,这样在开拓国际市场时有助于寻找企业与国际市场的接入点和磨合点,了解本企业与国际竞争对手在管理、技术等方面的差距,以及文化差异对企业的影响,有利于企业制定正确的国际化经营战略。企业领导者"走出去"的过程,也是他们了解和学习国外先进技术以及管理模式的过程。对于条件成熟的国际企业,可以选派部分境外公司经理、项目经理到国内外高校接受EMBA(高级工商管理硕士)、IMBA(国际工商管理硕士)和MBA(工商管理硕士)教育或专项的高级经理开发项目(EDP)。企业还可以派高层管理者通过参加国际的经济或管理高层论坛,这样可以使领导者不断开阔视野,增强把握全局、驾驭国际市场能力,培养出具有国际战略思维,有效整合国际资源的战略型人才。此外,作为培养后备人才的一种途径,国际化企业可以安排具有发展潜力的管理者到境外公司挂职见习,参与项目谈判和运作,增强跨文化沟通和解决争端的能力,通过岗位轮换,培养更多精通专业、精通外语、熟悉国际规则的一专多能的复合型人才和专业型人才。

(二) 全球胜任力领导者开发的主要内容

作为一名有效的全球胜任力领导者,具备国际化的视野、国际化的知识结构、国际交往能力,以及熟悉国际惯例,是其领导实现组织高绩效的必备条件,因此,全球胜任力领导者的开发需要从语言、专业、文化及视野等多方面进行。

1. 语言能力培训

语言能力是全球胜任力领导者的必备条件之一,能与外籍人士进行顺畅的沟通是较好地完成工作必需的要求。语言能力的培养可以通过外语口语能力短训(请外教)、读国际MBA(全英文教学)等方式实现。

2. 专业能力培训

全球胜任力领导者必须具有战略思维能力、先进的管理理念和丰富的经验、系统的思维方式和科学的行动方法。全球胜任力的领导者还必须学会如何广泛地与同事合作,从人际交往中获得尽可能多的知识,并快而有效地将这些知识通过自己的活动网络发散出去,因此,全球胜任力的领导者必须具有强烈的学习愿望,具备快速、持续地进行学习的技能。

3. 跨文化培训

全球胜任力领导者不但要了解中国本土的文化,更要了解各国的文化、风土人情及礼仪,这样才能在全球经营管理活动中显得游刃有余。文化意识项目的培训能促进全球胜任力的领导者对不同国家文化的正确评价,从而使他们能够合适地行为或至少能够恰当地与全球管理团队相处。因此,社会文化敏感性的培训是全球胜任力领导者培训的一个重点。如学习东西方文化的差异、涉外商务礼仪等。

4. 全球化视野培训

全球胜任力领导者还要有全球化的视野,真正的全球胜任的领导意味着需要具备全球视野并能去世界任何地方工作。企业闭门造车是行不通的,只有深入了解海外优秀企业的运作模式和最佳实践,并在此基础上模仿、学习与创新,才是中国企业快速走向全球化的一条捷径。如到海外企业实习、海外企业参观交流、海外短期外派学习等均是有效的培养全球化视野的途径。

【本章案例分析】

华为的胜任力模型

一、华为胜任力模型的基本理念

华为人力资源管理体系的搭建应该始于《华为公司基本法》(以下简称《基本法》),在基本法里,华为确立了人力资源管理的"铁三角",那就是价值创造体系、价值评价体系和价值分配体系。这三个体系构成了华为人力资源管理价值链,成为华为人力资源管理的核心。而胜任力模型就是价值评价体系中的一个组成环节,完全融入人力资源管理体系,而不是单独存在。

二、华为胜任力模型在人力资源管理体系中的定位

价值评价体系包括三个模块:以企业目标与使命为导向形成的绩效管理体系;以职位、流程以及组织为基础的评价体系;以任职资格、胜任力模型为核心的评价体系。这三个模块又构成了华为价值评价体系的"铁三角",分别面向绩效、职位以及人和能力,绩效用"事"来表示,职位用"岗"来表示,能力与胜任力用"人"来表示。

这三大价值评价体系之间有着明确的分工并有机地融合。首先对职位进行评价,确

定职位价值,确定该职位所需的任职资格和胜任力等。其次对人进行评价,把职位要求与胜任力等结合,即"人岗匹配"。最后评价态度、绩效等。

在实践中,职位价值与基本工资挂钩,任职资格及胜任力与晋升挂钩,绩效与奖金挂钩。这就形成了价值评价和价值分配的有机结合。胜任力模型只有与其他人力资源管理元素有机地结合才会起作用。

三、华为胜任力模型的基本构架

华为的胜任力模型是由国外咨询公司协助搭建的,经过"先僵化,后优化,再固化"的管理过程,已成功地融入华为的人力资源管理实践。

1. 胜任力模型的分类

华为的胜任力模型分为两大类:通用胜任力模型与基于职位族的胜任力模型。在通用胜任力模型中,包括成就意识、演绎思维、归纳思维、信息收集、关系建立、团队精神等18个通用胜任力要项。基于职位族的胜任力模型包括领导者、管理者、研发族、营销族、专业族、操作族的胜任力模型。另外,各个职位族还细分为更小的族,比如专业族还细分为计划、流程管理、人力资源、财经、采购、秘书等族,每个细分都有专门的胜任力模型。不管是通用胜任力模型还是基于职位族的胜任力模型,都做得非常细,绝对不是简单的能力词汇的拼凑。

2. 胜任力模型的构成

在华为的胜任力模型中,包括胜任力词典、胜任力定义、分级标准、标准描述、反映各胜任力要项的关键事件以及评价结果的运用。胜任力词典是对模型中所有胜任力要项的总括。在胜任力词典中,各胜任力要项都有明确的定义,比如研发人员的"团队合作"这个要项的定义为:"团队合作是指个人愿意作为群体中的一个成员,与群体中的其他人一起协作完成任务,而不是单独地或采取竞争的方式从事工作。这里所指的团队就是为了实现某个或某些目标而共同工作的群体,它可以是一个部门内部产品开发小组或行销小组,也可以是为满足顾客需要而结合成的跨部门的工作群体。"各胜任力要项具有独特的分级标准,比如研发人员的"团队合作"分为四个等级,每个等级都有对应的描述以及有针对性的案例分析,也就是说这个胜任力要项是通过什么事件来反映的,这些事件都是在华为营销人员、研发人员身上真实发生的。之后根据这些关键事件回归到现实,在人力资源管理实践中加以运用。在华为的胜任力模型中,对分级标准的制定是非常细致的,可以根据胜任力模型准确评价员工某个胜任力要项的等级。

四、华为胜任力模型的运用

第一,职位描述。运用到职位说明书的任职资格一栏,比如一个职位需要什么胜任力要项,需要达到几级等。

第二,招聘选拔。提高招聘选拔的针对性与有效性,并可以降低企业后续的培训成本。

第三,任职资格管理。华为的胜任力模型以能力为基础,任职资格则以职位为基础,两者有交叉,可以相互作为参照标准。

第四,后备干部管理。根据职位的胜任力模型评价后备干部的胜任力,并作为后备干部选拔的重要的参考条件。

第五,薪酬。消除年龄、学历等对薪酬的影响,加大对提升员工胜任力的激励。

第六,培训。根据胜任力模型确定培训需求,提高培训的目标性与效果性,降低培训成本。

思考题

1. 你如何评价华为公司的胜任力模型?
2. 你认为任职资格管理应如何与胜任力模型相结合?
3. 为什么华为公司强调胜任力模型要融入人力资源管理体系?

【本章小结】

本章首先回顾了国内外关于胜任力研究的起源与发展,阐述了通常意义上的胜任力定义、性质、通用模型,在此基础上提出领导胜任力的定义,接着进行了要素分析与模型介绍,阐述了对领导胜任力进行研究的意义。

接下来,本章详细介绍了领导胜任力在人力资源管理实践中的应用。构建了人力资源管理领导胜任力模型,从测评指标、指标体系、测评方法,以及测评实施和结果处理等方面详细介绍了人力资源管理领导胜任力测评体系,阐明了领导胜任力测评具有鉴定、激励和导向三大作用。强调了我国国际化进程中全球胜任领导力的重要性,在此基础上对全球胜任领导力的开发方法和内容进行了详尽介绍。

【关键概念】

胜任力;领导胜任力;全球胜任力领导;冰山模型

【思考与练习】

1. 经过本章的学习,尝试归纳出你所理解的领导胜任力的概念。
2. 如果要在自己所在企业中建立领导胜任力测评体系,你准备如何建立?会遇到的问题、障碍将会有哪些,如何应对?
3. 全球化背景下的领导胜任力与一般意义上的领导胜任力有何不同?为什么说在我国,全球胜任力领导者的培养相当紧迫?

第十章 我国人力资源管理发展历程和面临挑战

本章首先回顾了我国人力资源管理的发展历程,然后结合中国企业生存环境在社会文化、技术发展和国际化进程上的变化特点,探讨了我国当前人力资源管理面临的挑战和对策。未来我国人力资源发展面临的挑战包括新生代员工的管理、大数据背景下的人力资源管理、共享经济下的人力资源管理和跨国企业的人力资源管理四个部分。具体而言,当具有鲜明个性特征及价值观的"80后、90后"群体步入职场,如何为他们"量身定做"合适的人力资源管理模式;当大数据的发展逐渐渗透到企业的日常工作时,如何利用新型技术的优势,选择、培养和管理复合型人才,促进企业的可持续发展;当共享经济的影响迅速波及大众的生活和工作时,传统的人力资源管理方式是否适用于新型非雇佣关系的平台企业与劳动者;当经济全球化加强了各国之间的联系,企业家们也更多地选择走出国门进行投资时,这些跨国企业应如何进行有效的人力资源管理。

第一节　我国人力资源管理发展历程

一、"艰苦奋斗"之劳动人事管理

1949年中华人民共和国成立,为了尽快恢复和发展国民经济、提高人民生活水平,国家实施的总方针为"公私兼顾、劳资两利、城乡互助、内外交流",同时,出台了一系列有效的经济政策,统一了货币和财政收支,消除了长期以来的恶性通货膨胀。全国各省份也积极响应中央的号召,开展各项改革活动,经过一系列的改革和经济举措的实施,有效地提高了生产力,且为人民增加了就业机会,较大程度上提高了人们的生活水平,维护了社会稳定。尽管如此,处在计划经济体制下,我国对企业的管理也采取了与经济体制相一致的高度集中统一的控制,采取行政手段进行直接的管理,形成了具有时代特色的"铁饭碗"用工制度。工商业的发展面临一个重大的问题,即人才供不应求,尤其是对专业技术人员的需求难以得到满足。鉴于此,我国针对企业实行了"统包统配"的人力资源计划和调配体制,也就是说,根据各地区的分配计划和用人计划,国家统一安排和分配毕业生的工作。自1953年起,根据中央"统筹兼顾,适当安排"的方针,逐步建立起职工"能进不能出"的用工制度。然而,随着经济的快速发展,这种用工制度能否跟得上经济发展的速度值得考量,因而出现了两次重大改革。这两次改革主要针对中华人民共和国成立初期出现的工资制度不合理问题,不再盲目地采取计时工资,而是采取计件工资。1957年,国务院又出台了一项新的规定,职工升级与工资调整均由国家统一安排和管理,工资管理体制显得更为集中和统一,这种人力资源配置方式与当时的计划经济体制是相适应的,因此,在一定时期内,有利于生产效率的提高,促进了经济的发展。然而,在"大跃进"时期,我国取消了计件工资和奖励制度,一方面严重打击了职工的生产积极性,另一方面也使得企业人力资源管理体制遭受到冲击。随后从1961—1966年,我国经济进入调整期,《国营工业企业工作条例(草案)》即"工业七十条"的出台,使得企业人力资源管理制度得到短暂的恢复与发展。总体而言,该阶段企业人力资源管理制度受到严重破坏。① 综上来看,在 20 世纪 80 年代之前,我国企业基本处于劳动人事阶段,在该阶段高度集中的计划经济体制下,我国人力资源管理制度的发展受重要历史事件的影响,经历了一波三折。且由于工业、经济等条件的落后和限制,仅有部分学者对纺织行业进行了实地调查,并在 20 世纪 60 年代对飞行员的选拔进行过研究,其他研究成果仅限于对国外工业心理学文章、著作等的翻译和介绍。②

二、"对外开放"之人力资源管理

(一) 人力资源管理的起步阶段

改革开放后,中国经济、社会、文化等各方面均得到了空前的发展,与之相对应,我国现代人力资源管理出现和发展,取代了传统的劳动人事管理。③ 这个转变是一个从计划经济向市场经济变革、充满困惑与希望的进程。④ 然而,在 20 世纪 80 年代,由于"人力资源管理"的理念刚刚被学者们介绍到国内,人们对该理念的内涵还比较陌生,而且也没有相对应的理论,因此,学者和管理者们均把人力资源管理当成"人事管理",且在该阶段,人力资源管理的实践并未得到大规模的应用。由于 80 年代初期,我国还处于计划经济体制内,对人员的管理属于大行政命令式管理,人们对人力资源管理的认识局限于对员工知识的管理和控制的工具成本观念,即传统控制模式或传统的降低成本模式⑤,且该阶段实施的人事制度改革("国家直接管理、统包统配""国家宏观调控、企业自主用人")仍是与计划经济体制相适应的,并不是真正意义上的企业人事制度改革⑥。1978 年党的十一届三中全会召开后,我国开始推行"家庭联产承包责任制"和"增量改革"战略(即对非国有部分的改革,通过鼓励以市场为导向的乡镇企业的发展,来促进国家经济的发展),加上后来《中华人民共和国企业法》的颁布,扩大了我国企业的自主权。总的来说,这一时期的改革仍是计划经济体制下的"放权让利"的改革,通过对企业下放部分权力,调动企业生产的积极性,从而提高企业的产出,增加国家的财政收入。⑦ 1984 年国务院发布了《关于进一步扩大国营工业企业自主权的暂行规定》,该规定中的扩权范围包括生产经营计划、资金使用、资产管理、机构设置、人事劳动管理等十个方面。其中,在企业人事管理方面,基于"管少、管活、管好"的原则,将部分干部管理权下放给企业,让企业拥有部分人事任命、聘用等自主权。⑧ 尽管国家出台了相关的政策来保障企业拥有的权力,但长期

---

① 鲍立刚、卢易菊、林新奇:《跌宕起伏、风雨兼程——改革开放前 27 年中国企业人力资源管理改革制度辨析》,《武汉商业服务学院学报》,2014 年第 1 期,第 48—51 页。
② 张杉杉、罗震雷、徐晓峰:《人力资源管理心理学》,首都经济贸易大学出版社 2009 年版。
③ 赵曙明:《中国人力资源管理三十年的转变历程与展望》,《南京社会科学》,2009 年第 1 期,第 7—11 页。
④ 林新奇:《人力资源管理三十年:路径与走向》,《中国人才》,2008 年第 21 期,第 12—14 页。
⑤ Arthur,J. B. ,"The link between business strategy and industrial Relations systems in american steel minimills",*ILR Review*,1992,45(3):488-506.
⑥ 吴敬琏:《中国经济六十年》,《财经》,2009 年第 20 期,第 4—8 页。
⑦ 林新奇:《新中国人力资源管理变革的路径和走向:制度变迁与政策选择》,东北财经大学出版社 2012 年版。
⑧ 同上。

处在计划经济体制下形成的"铁饭碗"用工制度仍占据主导地位,该制度也产生了一些问题,如企业出现冗员现象、员工缺乏纪律意识、工作效率低下,这些问题仅依靠部分现有的政策很难解决,为对劳动制度进行改革,国务院于1986年陆续发布了几项规定,包括《国营企业单位实行劳动合同暂行规定》《国营企业招用工人暂行规定》等,主要针对企业在招工方面的自主权做出了明确的规定,通过推行劳动合同制,使得企业可以自行招聘所需要的员工,在一定程度上有效地打破了长期以来形成的固定劳动制度的局面,赋予企业更多的自主权和选择权,企业人力资源管理部门可以发挥更大的作用。然而,这些规定并不包括企业原有的职工,也就是说,原有职工不在改革范围之内,他们仍然属于固定工的制度范围,改革只针对就业增量部分。尽管在该阶段国家出台了相关的政策,但实践者们仍缺乏人力资源管理的系统认识,将当时的人事部门作为管理和控制的工具,人事管理工作主要表现为日常文书记录、人事档案管理等,且对相应的岗位缺乏考核激励机制,劳动合同也流于形式,并未发挥其所具备的作用、价值和意义。因此,在1992年,国家又发布了《全民所有制工业企业转换经营机制条例》,该条例规定"企业可以实行合同化管理或者全员劳动合同制",也就是说,劳动合同制的实施范围从原先后聘的员工转变为所有的员工。1992年,我国开始确立社会主义市场经济目标,我国企业劳动人事管理也逐步随着市场化的影响发生了变革[1],我国企业拥有越来越多的自主权,不论是在经营上还是在人力资源管理上,都有很大的选择权。《关于深化企业劳动人事、工资分配、社会保险制度改革的意见》的出台,使得很多企业开始推行"干部能上能下、职工能进能出、工资能升能降"的机制,有利于打破原先的"三铁"局面。这一阶段的人力资源管理除了受到时代特色以及政治、经济发展的影响,还受到西方人力资源管理理论的影响。早期学者们对人力资源管理研究的焦点主要是劳动人事管理和人才管理,学者王通讯从1978年开始,发表了三百多篇论文,大多与人力资源管理或人才开发相关,他在早年的学术研究中曾指出,人力资源管理与开发必将在中国兴起,并对中国传统的人事制度改革产生深远的影响,企业发挥人力资源功能,就是通过培训等手段激发员工所具备的与工作相关的现实能力与潜能,从而提高生产效率、实现组织目标[2]。此外,赵履宽也是较早意识到人力资源管理的重要性并进行人力资源管理研究的学者之一,他曾提出中国的振兴取决于人力资源的开发,认为我国可以通过发展教育事业培养具有较高智力素质和非智力素质的人才,有效地开发和利用人力资源,吸收和使用已有的知识和技能,不断健全劳动力市场,来促进我国整体经济状况的改善与发展。此阶段学者们的研究成果为中国人力资源管理的发展奠定了理论基础。赵曙明自1991年学成回国后,积极地引入西方人力资源管理理念及相关的理论,编写和出版了《国际企业:人力资源管理》(1992)等书籍,系统地介绍了西方已有的人力资源管理理论,强调通过人力资源开发和利用,发挥人力资源独有的价值优势。对人力资源管理者而言,不仅要关注企业员工智力的开发,还要关注道德意识的开发,通过智力投资,不断挖掘员工的潜力,让员工得到充分的发展,将培养人才作为企业"最有价值的投资"。此外,不仅要制订企业人力资源管理发展的规

---

[1] 林新奇:《人力资源管理三十年:路径与走向》,《中国人才》,2008年第21期,第12—14页。
[2] 王通讯:《人力资源管理与开发必将在中国兴起》,《人事与人才》,1994年第10期,第5页。

划和计划,还需落实到具体的组织培训和发展中,关注员工的职业发展。因此,为推动企业的有效经营,培养适合企业发展的经营人才至关重要,如对跨国企业而言,需要培养从事跨国经营的人才,尤其需要具备德、智、识、能、体等各方面素质和能力的人才。[①] 除了将西方的人力资源管理理论介绍到中国,有些学者还在研究人力资源管理问题时结合了其他学科的理论,如王重鸣(1988)出版了书籍《劳动人事心理学》、张德(1989)发表了论文《企业文化建设的心理机制》、时勘(1990)出版了书籍《现代技术培训心理学》等,这些学者都较早在研究人力资源管理问题时结合了心理学理论,使得对人力资源管理的研究更加丰富。王重鸣(1988)通过对比国内外"大五人格"与工作绩效关系的研究结果,指出当时更多的研究侧重于个性与个体绩效,而忽略了其对团队绩效的影响,所以他建议学者们在后续研究中,不能只注重研究个体层面的变量,还要考虑团队、组织层面的影响。此外,他通过现场研究,提出基于不同类型员工的不同需求,实行不同的激励方案。时勘(1990)在早期的研究中发现员工培训存在很多问题,比如,由于缺乏动态的研究,员工培训的效果大打折扣。因而他提出,通过心理学的实验研究,将一些心理学的研究方法与理论和具体的培训内容相结合,以增强培训的最优化效果。俞文钊(1991)提出"激励与去激励连续带模型",区别了激励因素与去激励因素,并强调了如何将去激励因素转换成激励因素。因此,从20世纪80年代开始到90年代初期,我国人力资源管理的发展处于导入期,此阶段学者们尝试运用西方已有的管理理论和观念来处理管理实践中遇到的问题。一开始,学者们更多地将研究集中在领导和激励领域,较少涉及招聘、选拔、薪酬等人力资源管理课题,但随着人力资源管理的不断发展,人力资源管理的几大领域均成为学者们关注、研究和应用的重点,学者们的研究成果对国内外学术界以及实践界均有较大的影响,为后续的研究奠定了一定的理论基础。

(二) 人力资源管理的成长阶段

在与社会主义市场经济体制相适应的现代企业制度下,我国的人事制度开始发生重要的变革,以企业高管为对象,对他们的行为进行激励和约束;直到20世纪末,人们才开始意识到需要对人力资源管理进行变革、发展和创新,由此人力资源管理开始被广泛应用,但由于当时的企业管理体制和市场经济体制不完善,并不能对人力资源管理的发展提供有效的制度支持,因此,当时的人力资源管理取得了部分发展,却并未发生质的飞跃。中央曾提出,要用三年左右的时间解决国有企业脱困的问题,于企业而言,要建立现代人力资源开发与管理体系,在企业内部建立现代企业制度,使企业内部的各种资源实现优化配置。[②] 但即使中央提出了相关政策,当时的劳动力市场和经济体制的变革也并没有为建立和完善人力资源管理体系提供强有力的保障。从另一方面来讲,该阶段人力资源管理的发展虽然并未取得重大突破,但开始逐步进入探索期,无论是学者还是企业

---

① 赵曙明、张宏远、〔美〕罗伯特·马希斯、约翰·杰克逊等:《人力资源管理》(第15版)(中国版),电子工业出版社2018版。
② 鲍立刚、卢易菊、林新奇:《跌宕起伏、风雨兼程——改革开放前27年中国企业人力资源管理改革制度辨析》,《武汉商业服务学院学报》,2014年第1期,第48—51页。

家,都开始积极探索如何在实践中运用人力资源管理理论,通过理论去解决实际问题。从1995年开始,国有企业改革不再以单个企业为单位进行,而是涉及所有的国有企业,"整体搞活"逐步取代了"单个搞活"的思路。① 党的十四届五中全会和十五届四中全会均提出了一些国家层面的战略来增强国有企业的活力和素质。1995年,我国首部《劳动法》正式生效,结束了多年来的固定用工制度等,一方面,从法律上保障了劳动者的合法权益不受侵害;另一方面,从制度上保证了企业的用工自主权。经济布局的调整影响了企业的战略性重组,随即导致越来越多的职工下岗,为解决这一问题,1998年劳动部推出的《"三年千万"再就业培训计划》和中共中央、国务院推出的《关于切实做好国有企业下岗职工基本生活保障和再就业工作的通知》为需要再就业的职工提供了制度保障。

在各项政策的支持和保障下,越来越多的企业家和管理者将人力资源管理理论应用到企业的管理实践当中,用理论去指导实践的发展。为了探究西方的人力资源管理理论是否适用于当时的中国管理实践,赵曙明曾在1999年针对各大企业的人力资源管理实践,在全国范围内进行了大规模的调研,结果发现,相比之前的几年,更多的企业选择从招聘、培训、绩效考核、薪酬等多个方面来规范企业的人力资源管理职能,采用增加薪资(如年薪制)的措施激励管理层和员工的效果甚好。尽管如此,由于该阶段的企业人力资源管理仍处于基础水平,仍出现了诸多问题,如人事管理部门以员工的工作表现为考核标准,更多地关注任务绩效和短期绩效,忽视了组织绩效和战略决策问题②,缺乏完善的岗位分析、绩效考核体系、薪酬体系等,因而人事管理作为一个部门,只是被动地完成组织安排的任务,并未考虑如何使得人力资源管理部门在组织的长期发展中相对于其他部门发挥独特的价值和作用。究其根本,主要是因为该阶段人力资源管理系统还未完善,真正的薪酬体系还未完全建立,薪酬管理的依据和基础还未明确,存在诸多问题,比如企业内部权利和责任的模糊性。这些问题的暴露,不仅与外部的大环境有关,更多的是与企业自身相关,如产权制度不明确、缺乏专业的人力资源管理等。针对已经出现的问题,学者们除了致力于将西方的人力资源管理理论引入中国,还通过一些实证研究来进行探索,尝试运用西方的人力资源管理理论来解决中国本土企业在发展过程中产生的这些问题。于衍平(1997)强调了中国企业人力资源管理中科学管理的重要性,通过介绍国外的管理理论,提出人力资源管理的核心问题是激励,并详细阐述了如何进行有效的激励。

(三) 人力资源管理的成熟阶段

20世纪90年代末到21世纪初,由于外部环境的动态化,企业面临的竞争越发激烈,人力资源管理的变革也迫在眉睫,如何在这种国际化、市场化、专业化的变革中得到发展,成为企业家和学者们思考的问题。在这一阶段,企业越发重视人力资源管理部门职能的发挥,企业人力资源管理和开发的水平有了显著提升,人力资源管理从事务性向战

---

① 鲍立刚、卢易菊、林新奇:《跌宕起伏、风雨兼程——改革开放前27年中国企业人力资源管理改革制度辨析》,《武汉商业服务学院学报》,2014年第1期,第48—51页。
② 吴秀莲:《人力资源管理范式演进的资本逻辑》,《科学学与科学技术管理》,2006年第12期,第161—162页。

略性转变,为企业赢得市场竞争提供独特优势。随着企业的发展,人力资源作为核心资源越发受到企业的重视,企业越发重视人才培养,建立了较为成熟的招聘制度、人才测评制度、薪酬考核制度以及激励制度。与此同时,学术界对人力资源管理的研究也有了稳步提升,研究人员开始从不同的视角去探索解决企业实践所面临的各种问题的方法,以及如何更好地发挥人力资源管理在企业中的作用。在这一阶段,无论是企业家还是学者,都更多地关注人力资源管理与企业绩效之间的关系,探讨人力资源管理对企业绩效发生作用的机制。为了找到适合中国情境的人力资源管理模式①,基于企业实践进行了大量的研究,他提出了适合中国情境的"3P模式",认为可以从岗位职责、工作绩效考核以及工资分配三个方面来规范企业的人力资源管理,做好量化员工绩效的工作,合理化考核标准,从而有效地激活和管理人才,提高企业的经济效益;此外,孙建安和李志铭(2000)提出了"6P模式"。从薪酬设计的角度,杨东涛和朱武生(2001)指出了激励性薪酬体系设计的目标,以及如何进行薪酬体系设计。从绩效管理的角度,李洪涛(2000)基于案例分析,全面阐述了360度绩效评价的优缺点,并提出企业在实践中如何进行改进才能取得更高的绩效。从人才管理的角度,张弘和赵曙明(2000)通过对人才流动的分析,提出了人才流动决策模型,指出了人才流动中可能出现的问题,以及相对应的解决策略。综观人力资源管理发展的范式维度,不难发现,中外人力资源管理的发展均经历了从人事管理到人力资源管理,再到战略人力资源管理的阶段,各个阶段的时代背景也有所差异。在工业经济时代背景下,受"经济人"假设的影响,人事管理开始出现并得到一定的发展,意味着在管理过程中,人力资源管理承担着被动的反应者和执行者角色。② 同样,在国内,此阶段正是计划经济实施的时代,我国的人事管理也刚刚出现和发展,采用的研究理论范式为科层化范式,该范式下的人力资源运作架构呈"金字塔式",也就是说,严格规定员工的工作职责,并由上级监督员工完成工作任务,对员工实行严格的奖惩制度,因此,企业更关注员工的任务绩效,绩效工资以计件工资为主。在后工业经济时代和中国的市场经济体制下,人力资源管理开始盛行,扁平化范式下的人力资源管理者基于"社会人"假设和"自我实现人"假设,以及行为科学理论和现代管理理论,开始自下而上地思考战略的可能性,更多地关注员工的社会需求、归属需求、自我实现需求等,试图通过增加员工的主观能动性来提高部门任务绩效和组织绩效。最后,知识经济、网络经济、体验经济的共同发展,让人力资源管理者不得不学习和借鉴复杂的人性假设,将员工分解为细小的"素质流"(Competency Flow)和"知识流"(Knowledge Flow)。利用自身拥有的不同素质和知识,员工们工作内容的边界越来越模糊,主观能动性得到增强。在这种背景下,企业的管理者更关注企业的战略,注重通过选聘适合一定岗位或某个(些)项目的员工来提升企业的竞争力,从而提高组织绩效③。

---

① 林泽炎:《3P模式:规范中小企业人力资源管理》,《中国人力资源开发》,1999年第12期,第15—17页。
② 吴秀莲:《人力资源管理范式演进的资本逻辑》,《科学学与科学技术管理》,2006年第12期,第161—162页。
③ 同上。

第二节　当代人力资源管理的挑战和对策

2001年,中国加入世界贸易组织(WTO),中国企业面临的外部市场环境变得更为复杂,同时国际化、市场化、职业化、知识化时代扑面而来,尤其是近10年来,新技术不断发展,企业对于人才的需求变得格外强烈,在创新驱动的背景下,人才是企业创新的根基,企业能否顺应时代潮流转型成功,取决于人的变革与转型①,因而,在这个瞬息万变的时代,企业需要适合自身发展的人力资源管理模式来应对外部竞争与挑战。以下将从目前几个热点问题入手,探讨新时代背景下人力资源管理面临的挑战以及解决措施。

一、新生代员工的管理

"80后、90后"群体,因其不同于传统观念的个性和理念,被称作"新生代"。社会大众给予这个群体的评价,更多的是张扬、不安现状、特立独行等,他们在成长的过程中一直备受争议,而当他们作为新生代员工步入职场,且数量逐年增加,即将发展成职场主力军时,老一辈员工仍处在生产、管理第一线,而传统的控制和命令式的管理似乎对新生代员工并不奏效,因此,如何对不同环境下成长起来的员工进行有效管理,使不同时代的员工共生共处②,成为管理者们面临的难题。

新生代员工有其鲜明的个性特点,他们自我意识强、成就动机高。③ 在计划生育政策的倡导下,新生代大多为独生子女,他们受到了前所未有的家庭优待,在父母和长辈的保护下长大,这导致他们更倾向于从自身利益出发思考问题。他们在学习和生活中,不畏权威、敢想敢做、维护自身权益的意识观念浓厚④,与"60后、70后"相比,他们更多地表现出利己主义,但不能说他们是自私的一代,有研究显示,新生代也更愿意去参加志愿服务类活动来帮助他人,实现自身的价值⑤。此外,移动互联网的发展,使得新生代得以在多元文化价值观的熏陶下成长,崇尚民主、向往自由⑥,因而表现出对新事物较快的接受能力及较强的包容能力;在学习和生活中也具有较强的创新能力⑦。由于大学本科的扩招,他们大多接受过良好的教育,因而更注重价值的实现,有较高的成就动机。但同时,他们也表现出了与其性格特点相对应的职业特征,团队意识淡薄、组织忠诚度低⑧。新生代员

---

① 彭剑锋:《华为人力资源管理四大法宝对国企人力资源管理改革的启示——国企人力资源机制创新应如何向华为学习》,《中国人力资源开发》,2014年第8期,第74—79页。
② 田书芹、王东强:《"新常态"下中小企业新生代员工人力资源生态管理模式研究》,《中国劳动》,2015年第24期,第109—113页。
③ 廖晓明、陈珊:《"90后"新生代员工的特点与管理策略》,《领导科学》,2017年第19期,第10—11页。
④ 丰岩:《"90后"新生代员工的管理方略》,《经济导刊》,2011年第11期,第93—94页。
⑤ 孙美佳:《"80后""90后"新生代员工的价值观透视及有效激励》,《领导科学》,2017年第19期,第5—7页。
⑥ 陈文君、马田田、周凤莹:《新生代员工的心理管理艺术》,《领导科学》,2017年第7期,第34—35页。
⑦ 徐长江、陶小红:《90后知识型员工高离职率的成因及对策分析》,《企业改革与管理》,2017年第11期,第69—71页。
⑧ 同上。

工具有独特的个性特征,追求自由,相对于一成不变的工作,他们更喜欢有挑战性的工作,当另一份工作给予他们更多的诱惑时,他们会选择跳槽,因而他们组织忠诚度低、离职率高、工作流动性强。但新生代员工可塑性强,初出茅庐的新生代员工在之前的学生生涯中一心学习,缺乏对职场生活的关注,因此,在入职初期,他们善于通过观察和模仿老员工的行为方式来塑造自己的行为,对于正处于成长期的他们来说,适当的培训活动有利于他们在之后的工作中执行更多的角色内和角色外行为。此外,他们对组织中不公平、不公正的现象容忍度较低[1],而他们对组织是否公平的感知结果会直接影响他们对工作和组织的态度。针对这样一群有着独特个性特征的员工,企业的人力资源管理模式必然应不同于传统的管理模式,为找到适合的管理方式,管理者们和研究人员都在关注这个群体的发展。在学术界,学者们从新生代员工的离职问题[2]、主观幸福感[3]、激励机制[4]、工作压力[5]、工作绩效和行为[6]等方面,探讨了新生代员工的个性化、柔性化管理问题。岑慧澜等(2016)研究发现,针对"90后"这一群体离职率高、工作参与度低的现象,企业可以采取心理授权的方法对其进行激励,增强其对企业的认知。当员工对组织有较强的认同感和归属感时,他们倾向于花更多的时间去工作,也会积极提高工作效率、提升企业效益。侯海青和张敏(2015)通过对207名新入职员工的调查,发现合作型劳动关系对新生代员工工作绩效(包括任务绩效、学习绩效、创新绩效、关系绩效)有正向影响。这项研究结果对管理者来说有一定的借鉴意义,与传统的管理方法相比,管理者们对新生代员工的管理需要因人制宜,通过学习和培训提高其业务素质,改善工作环境,帮助其制定合理的职业生涯规划,树立正确的职业方向和目标[7],提高其参与度和对企业的认同感与归属感。张丽娟(2017)通过分析新生代员工的工作特征,并针对他们在工作中表现出来的问题,提出了相应的激励措施。此外,使员工期望与组织期望、员工目标与组织目标保持一致也具有积极的作用,能促进员工与企业的共同成长。吕翠等(2010)基于富士康员工"12跳"事件研究发现,这些事件的发生对象均为新生代员工,且入职时间均在半年之内,他们的自杀方式也都相同。针对该事件,研究者认为,不同于其他年龄层的员工,企业除了需制订与新生代员工工作内容相关的指导计划,还要采取适当的心理干预,尤其是在员工新入职产生诸多不适应的情况下,更应关注员工的心理健康,采取一定的心理调节措施,缓解或消除员工的心理失衡状态,促使员工尽快以良好的状态参与到工作当中。陈文君等(2017)结合心理学和管理学理论,提出根据四种不同的效应实施不同的

---

[1] 廖晓明、陈珊:《"90后"新生代员工的特点与管理策略》,《领导科学》,2017年第19期,第10—11页。
[2] 钱士茹、徐自强、王灵巧:《新生代员工心理契约破裂和离职倾向的关系研究》,《现代财经(天津财经大学学报)》,2015年第2期,第102—113页。
[3] 颜爱民、胡仁泽、徐婷:《新生代员工感知的高绩效工作系统与工作幸福感关系研究》,《管理学报》,2016年第4期,第542—550页。
[4] 杜文含、刘平:《基于心理契约视角的90后新生代员工激励机制的研究》,《石河子科技》,2016年第6期,第34—36页。
[5] 傅红、周贺、段万春等:《企业文化变革对新生代员工工作压力影响的实证研究》,《昆明理工大学学报(自然科学版)》,2015年第6期,第126—132页。
[6] 侯烜方、李燕萍、涂乙冬:《新生代工作价值观结构、测量及对绩效影响》,《心理学报》,2014年第6期,第823—840页。
[7] 张丽娟:《基于心理契约理论的"90后"新生代员工激励措施》,《经营与管理》,2017年第7期,第44—47页。

管理方法:根据"皮格马利翁效应",领导者应善于发现员工的优势,在员工工作中给予其正向的期望与反馈,增强员工的信心,激发其潜能;根据"南风效应",领导者应改变僵化、强硬的管理手段,尊重员工的意见和想法,信任员工,安排适合且具有一定挑战性的工作;根据"瓦拉赫效应",领导者需了解员工的长处与弱势,合理安排工作,同时满足不同员工之间差异化的需求,引导其个性化发展,实现人尽其才;根据"森林效应",领导者应积极创造和谐的工作环境,营造一定的竞争性,同时又使员工之间能相互帮助,引导员工积极融入集体,增强员工的归属感和集体荣誉感。在全球知识经济的时代背景下,人才资源依旧是企业保持活力和可持续发展的重要因素,而新生代员工作为企业竞争中新一代的员工主力军,发挥着至关重要的作用。与众不同的个性特点和职业特征,使得新生代员工成为管理的难点。因此,对于管理者和学者们来说,应了解新生代员工的个性特征及需求,制定符合企业战略和组织文化的计划,对新生代员工进行有效的管理,发挥新生代员工最大的价值。

二、大数据背景下的人力资源管理

2011年,在德国汉诺威工业博览会上,"工业4.0"一词首次被提出,2013年4月,《保障德国制造业的未来:关于实施工业4.0战略的建议》出台,"工业4.0"正式为人们所熟知。在生产和管理信息化、数据化、透明化的时代背景下,"工业4.0"的核心是构建信息物理系统,强调软件信息化和硬件自动化的深度融合[1],企业主要采用智能工厂和智能生产的模式,通过智能器件的动态配置进行大数据分析,从而提高生产效率,并为生产管理者提供反馈。于中国而言,"工业4.0"的出现将会对低成本劳动力的优势提出挑战,因而,传统的制造业等产业需不断学习现代生产技术,使用现代生产设备,改革原先的生产流程,提高生产效率,才能在国际竞争中建立新的优势。与此同时,在后工业化时代,互联网的高速发展颠覆了传统的信息交流方式,人们更多地依赖互联网的传输,大数据的用户画像也改变了商业发展模式以及传统的人力资源管理模式。对企业人力资源管理来说,人工智能的发展意味着组织治理、人本激励的战略性和多维度的变革[2]。运用人工智能等新型技术,人力资源管理者可以从日常的琐碎事务中解放出来,有更多的时间和精力去关注人力资源发展战略和企业的发展。比如,大数据算法可以根据岗位需求自动筛选和匹配合适的求职者,再加之场景面试等多方面、多维度的甄选方式,招聘的效率和准确性将大大提高。同时,根据不同的员工发展需求,提供个性化的培训方案,将大大提高培训效率,为企业输送高质量的人才。此外,在人才评估方面,相比于传统的绩效考核方式,采用大数据的方法将更加客观和全面。采用人工智能的方法,除了参考绩效,还可以设置各种线上场景,考核员工、管理人员的处理能力,使得考核的方法更为准确和客观。当然,运用人工智能、大数据等新技术的方式并不能完全替代传统的人力资源管理

---

[1] 丁秀秀:《"工业4.0"时代人力资源管理新思维》,《经营管理者》,2017年第6期,第108—181页。
[2] 龙彦君:《人工智能(AI)技术在人力资源管理信息系统的应用》,《自动化与仪器仪表》,2016年第10期,第187—188页。

工作,在涉及需要运用情感、高级思维等来处理的问题时,人类仍更具优势。[1] 随着"工业4.0"时代的到来,中国的企业和组织发生了前所未有的变化。随着信息技术的发展,出现了越来越多的智能化生产方式与产品以满足人们生产和生活中的各种需求。在这种人工智能的新形势下,传统的人力资源管理模式在现有的企业模式下是否仍然适用,值得企业实践者与学者们思考。为了探索该问题,学者们对不同类型的企业进行了调研和访谈,总结归纳了"工业4.0"背景下人力资源管理面临的挑战。随着大数据和新技术的推进和发展,企业对复合型人才的需求越来越高,对于传统制造业而言,不仅需要会操作机器的员工,更需要对机器、生产流程等熟悉的员工。在传统的生产线中,工人们作为一颗颗"螺丝钉",坚守在每一个生产环节,简单机械地重复操作程序,无须更多的思考和学习。而现在,由于大数据的出现,更多简单的操作程序将会被自动化取代,而更多高科技、极具复杂性的工作将会出现,这对于企业来说,意味着需要招聘更多受教育水平更高、更具灵活应变能力的员工。从组织变革的角度来说,人工智能即意味着企业中的部分岗位会被替代,在这种情况下,企业需要考虑哪些岗位需要被调整或最终被淘汰[2],并制定新的战略性人力资源管理方法来管理相关员工。因此,对于人力资源管理者而言,如何运用互联网等新兴技术对现有的人力资源管理工作进行创新变得极为迫切。从招聘上来说,人力资源管理者可以将招聘人才的眼光投向全球,增强人才选拔国际化的意识,同时,根据企业的具体需求,运用区块链等大数据的形式对应聘人员进行筛选,选择适合企业发展的复合型人才;从员工培训上来说,大数据可以提供各式各样的课程和培训,但应从个性化的角度,针对不同类型的员工,提供"量身定做"的课程和培训,这样更有利于激励员工,从而提高其绩效;从绩效薪酬上来说,企业基于对"工业4.0"环境的考虑,尤其要加强对内部核心人才的培养,在对员工的绩效评价中,要注意评价制度的柔性化,且应提供相对应的激励政策,并运用大数据,根据员工的不同特点,智能化地制定绩效评价方式。除了处于管理一线的管理者对"工业4.0"下的管理方式进行了思考,学者们也对该问题进行了研究。樊志娟和王金根(2015)提出,在"工业4.0"背景下,企业需要创新管理思想、企业组织、管理制度、管理方式和技术等几个方面,通过不断的管理创新,切实提高自身的经济利益。也就是说,人力资源管理也应随着企业的变革而不断创新,通过新的战略调整和结构转型,有效构建人才链[3],为企业的发展不断输送人才,提供新鲜血液。此外,在不断适应企业发展新变化的过程中,企业员工的素质和能力变得尤为重要,因此,打造学习型组织也应成为管理者们应对"工业4.0"的措施之一。毋庸置疑,学习型组织的建立是对组织创新发展的重要贡献之一,有利于企业不断创新和进步,保持竞争力和活力。在学习型组织中,员工和领导都积极主动地学习,将主动学习融入日常工作,无论是领导还是员工,都能很好地适应组织变革,为组织的不断革新提供动力而非阻力。与此同时,"工业4.0"会使得企业的边界越来越模糊化,因此,人力资源管理

---

[1] 王丽娟、武晓光、辛巍巍:《人类命运共同体构建背景下的中俄关系研究》,《现代交际》,2018年第9期,第56—58页。
[2] 龙彦君:《人工智能(AI)技术在人力资源管理信息系统的应用》,《自动化与仪器仪表》,2016年第10期,第187—188页。
[3] 丁秀秀:《"工业4.0"时代人力资源管理新思维》,《经营管理者》,2017年第6期,第108—181页。

的对象不仅包括企业内部的员工,可能还包括与之相关的客户、合作者等。因此,企业应致力于构建较为灵活的组织架构,不同于传统的"管理者—被管理者"结构,企业应从资源管理出发,将员工与资源、任务进行匹配,形成更为简单、高效的扁平化组织架构。

三、共享经济下的人力资源管理

1978 年,美国的两位学者 Joe L. Spaeth & Marcus Felson 首次提出"合作性消费"(Collaborative Consumption)概念,这可看作共享经济或分享经济的前身。在应用经济学中,共享经济被认为是一种新的经济模式,在这种经济模式下,人们的物品使用权会发生暂时性转移,目的是获得一定的经济利益。[①] 哈佛大学的 Nancy F. Koehn 对共享经济的定义则突出强调了它作为一个系统,用于商品和服务的交换。尽管不同的学者从不同的角度对共享经济的概念所作的定义有所差异,但总的来说,都具备五个重要因素:共同享有的理念、闲置产能、爱批判的社会群体、陌生人之间的信任[②]及共享网络平台。因此,传统的"公司+雇员"的模式也正转变成"供给者+共享平台+消费者"的共享模式。[③] 共享经济作为一种新兴的业态,有其独有的内在属性,区别于传统经济,共享经济的发展模糊了组织的边界,相应地,顾客和员工的边界也将逐渐消融,更具自主性、灵活性和主动性的人力资源管理[④]也将应运而生。因此,现有的符合传统经济模式的人力资源管理面临着诸多挑战。学者们对共享经济下人力资源管理的研究,更多的是通过案例分析的方法,来总结和提炼新的人力资源管理模式。基于不同的研究角度,这种区别于传统意义上的劳资关系且符合平台企业与供给者之间非雇佣关系的人力资源管理模式可以分为半契约型人力资源管理模式、松散型人力资源管理模式、半挂靠人力资源管理模式、人力资源众包模式和人力资源共享服务中心服务模式这五类模式。高超民(2015)采用多案例研究方法,通过对 Airbnb、Uber、滴滴等六个共享经济的代表性商业模式的分析,提炼出半契约型人力资源管理模式;程熙镕等(2016)以 Airbnb 为研究对象,对纳入共享平台的闲置资源提供者的管理方式和管理理论进行了剖析,提炼出了松散型人力资源管理模式;于晓东等(2016)以滴滴出行为研究对象,探讨共享经济背景下的人力资源管理新模式,认为平台商与供给者(司机)之间通常通过"三方协议"或"四方协议"与企业形成"半挂靠"关系,由此提炼出半挂靠人力资源管理模式;李景峰和梁明蕙(2016)基于分享经济学中的长尾理论、博弈论、委托代理理论,构建了共享经济时代基于互联网的人力资源众包模式;刘追和陈利芳(2017)归纳了互联网背景下人力资源共享服务中心服务模式的内涵与特点,从共建、共享角度出发,构建了基于互联网的人力资源共享服务中心服务模式,强化了共享服务中心的战略角色,并提出了借助云平台充分利用社会资源,强化数据挖掘,

---

[①] 〔美〕罗宾·蔡斯:《共享经济:重构未来商业新模式》,王芮译,浙江人民出版社2015年版。
[②] Botsman, R., Rogers, R., *What's mine is yours: The rise of Collaborative Consumption*, Doylestown: Harper Business, 2010.
[③] 郑志来:《共享经济的成因、内涵与商业模式研究》,《现代经济探讨》,2016年第3期,第32—36页。
[④] 程熙镕、李朋波、梁晗:《共享经济与新兴人力资源管理模式——以 Airbnb 为例》,《中国人力资源开发》,2016年第6期,第20—25页。

发展循证人力资源管理,建立开放式共享创新平台的模式创新建议。虽然不同的学者对共享经济下新型人力资源管理模式的定义有些许差别,但都强调以移动互联网、大数据、云计算等技术为依托,对社会闲置资源进行整合、配置、利用的共享经济模式下的人力资源管理模式的变革。对于企业家及人力资源管理者来说,更重要的是如何把握共享经济所带来的有关员工管理的新机遇。同时,面对员工管理的新挑战,如何通过人力资源管理系统,有效实施人力资源管理职能,实现企业人力资源管理的最优化和现代化。对于企业来说,共享平台上人力资源较为丰富,且打破了地域和空间上的限制,成本较低,使得平台管理者与供给者之间的关系更为自由,上下级观念越发淡薄,且发达的网络平台使得供给者与消费者能够进行有效的实时沟通。但平台经济在让组织和消费者获得更多便利的同时,也对组织提出了更多的要求。如在组织中,企业和员工的关系更为复杂,如当供给者通过平台向消费者提供闲置资源或服务时,该供给者与组织存在实际上的劳动关系,但在企业真正的运营中,供给者与组织并未签订正式的书面劳动合同。此外,由于平台提供的便利服务,供给者进入平台的门槛较低,只需简单地注册认证,即可向平台上的消费者提供服务,平台上人数(包括供给者和消费者)众多、社会征信体系不完善等因素,使得企业很难对供给者的身份和服务质量进行考核与认证,企业信誉和企业形象也会因此受到影响。也就是说,对于企业而言,为了适应外部市场的变化,需要及时对员工管理做出调整,采用人力资源管理的新思维来进行管理。首先,从组织运行的角度,加快"传统层级型"向"平台共治型"的转型。传统层级型的组织运行模式表现为高度集权的金字塔型结构,采取命令式管理。由于移动互联网的发展,组织成员之间的沟通呈现低成本、零距离、无障碍的趋势,传统的组织运行模式也将受到挑战,逐步转变为"去中心、去结构、去层级"的运行模式,以此满足共享经济对组织提出的新要求。其次,从劳动契约的角度,加快"纯粹雇佣型"向"合作共生型"的转型。共享模式下的契约关系相对于传统的雇佣关系更为松散和自由,组织与员工之间更多的是合作者的关系,为强化双方之间的互动、互利和互惠,建立"合作共生型"劳动契约关系,需要打破原先"纯粹雇佣型"的框架,使员工更多地通过平台为组织创造价值,从而全面释放员工的创新活力。再次,从人力资本的角度,加快"成本控制型"向"投资共赢型"的转型。共享经济时代,对组织来说,最大的挑战莫过于如何吸引人才、留住人才,如何将人才价值链的延伸和拓展转化成组织发展的动力。最后,从企业文化的角度,加快"保守封闭型"向"开放共创型"的转型。彼得·德鲁克曾指出:企业管理与文化之间关系密切,二者之间应是相辅相成的关系。于企业而言,为促进自身的发展,提升竞争力,需从企业文化入手;于共享时代的企业而言,建立多元而包容的企业文化更是企业发展的加速器,企业应通过建立"开放、合作、信任、包容、共享"的企业文化,最大限度地凝聚组织共识和群体智慧,激发员工的工作积极性和创造性。

四、跨国企业的人力资源管理

经济全球化使全球市场的联系越发紧密,走出国门、走向世界,成为众多企业追求的目标,加之中国"一带一路"倡议的实施,越来越多的中国企业开始"走出去"。对于企业家和人力资源管理者而言,"走出去"就意味着管理的不断整合提升与动态进化,如何进行有效的管理成为一个严峻的挑战,如何将各种管理理论与中国的管理实践结合起来,如何突破传统意义上的企业边界、组织边界,如何培养员工的全球化意识,如何对海外员工进行管理,都是企业家和管理者亟须解决的问题。2017年6月中旬,一篇刊登在美国《纽约时报》上的名为《中国工厂遇到了美国工会》的文章引起了社会的注意,该文将"玻璃大王"曹德旺和其福耀集团推向了公众的视野。事情起因于福耀美国工厂内的文化冲突,原本为美国公民创造了1 500多个岗位的福耀集团本应受到当地人民的爱戴,却因车间内的工人质疑公司是否真正按照美式监督和美国标准来经营而受到全美汽车工人联合会(UAW)的调查,调查结果显示该企业由于一些违规行为需缴纳22.5万美元的罚金。该事件反映了曹德旺在美建厂时所遇到的困境,即如何适应美国的用工环境以及工作习惯,如何处理车间里中美文化差异所带来的冲突。为解决这种冲突并作为对美国工会调查结果的反馈,福耀集团及时做出回应,一是针对车间的生产安全性疑问,集团已采取更多的措施来保证员工生产的安全,同时,集团通过不断扩大投资,提高员工的时薪;二是积极与美国工会沟通,争取降低罚款数额。在此后的发展中,福耀集团不仅考虑自身的利益,同时还参与当地的社会公益,积极为地方做贡献,并寻求当地政府的支持。从曹德旺赴美建厂出现的"水土不服"问题,以及对该问题有针对性的解决来看,跨国企业在发展过程中很容易遇到由文化差异所引发的危机,因此,对于我国跨国企业来说,树立跨文化管理理念,突破传统意义上的国家边界,培养全球意识,建立多元而包容的企业内部环境,从而正确处理好危机,使危机转化为企业发展的动力,显得尤为重要。越来越多的企业家,尤其是跨国企业的管理者们和管理学界的学者们,开始正视跨文化管理的重要性,许多案例都表明文化差异带来的冲突会对企业内部产生负面影响,甚至带来破产危机,这使得学者们开始研究不同国家和地区的文化所导致的管理方面的差异,以及在不同文化背景下经营成功的案例,也因此诞生了跨文化管理这一研究领域。而对于企业的人力资源管理者来说,遵循文化的多样性,制定适合不同文化类型、不同发展阶段的人力资源管理方案极为重要。这就要求人力资源管理者结合企业自身的实际情况,制定适合企业跨国、跨文化发展的,既具有战略性又具备科学性的人力资源管理方案。在全球各个国家联系越来越紧密的当下,跨国企业也具备国际化特点,具体表现为经营战略的全球化、组织结构的网络化、企业文化的多元化和团队管理的全球化。① 跨国企业的人力资源配置也存在两种不同的模式,一是母国化模式,二是本地化模式。母国化模式是指外派母国的人员去管理子公司,这种模式主要应用于跨国企业经营的早期阶段,但到目前为止,很少有跨国企业采取这种模式。这种模式的前提是母国企业的外派人员与子公司不存在过多的文化背景上的差异,外派人员熟知母国企业的经营战略和目标,通过他们的外派管理,跨国企业可以更好地控制和管理子公司。但该模式也存在一定的弊端,从人力资源管理的性质来看,存在招聘风险、培训风险、配置风险、绩效评估风险、薪酬考核风险等。具体来说,招聘风险指的是对外派人员的选拔缺乏科学且合适的标准,在招聘适合

---

① 张光宇、李华军:《"外派"模式下的跨国公司人力资源风险研究》,《工业工程》,2010年第5期,第48—52页。

子公司发展的外派人员的过程中存在风险;培训风险指的是外派人员的"文化休克"现象;配置风险指的是外派人员的能力、素质、经验等能否与子公司的岗位要求相一致和匹配;绩效评估风险和薪酬考核风险是指跨文化的双重身份使得对外派人员的评估和考核缺乏合适的丈量标准。① 此外,由于文化信仰、价值观、态度等的差异,母国外派人员在管理中易形成与东道国子公司的矛盾和冲突,出现各种管理风险。另外,即便是能很好地适应东道国文化等环境的外派人员,在回国后也会产生"重返文化休克"现象。因此,为避免文化冲突以及各种人力资源管理风险,很多跨国企业在经营中会选择本地化模式,即在东道国选拔和培养合适的管理人才,这样的管理者更熟悉当地的政治体制、经济文化、价值观念和风俗习惯等,有利于与子公司的员工进行高效的沟通,形成良好的组织凝聚力,同时,也能有效降低母国企业的用人成本。总体而言,相比于母国化模式,本地化模式有利于子公司在东道国的发展②,因此,本地化模式越来越受到跨国企业的推崇,成为很多跨国企业正在使用的模式。面对遍布全球的子公司,各跨国企业在选用合适的管理人才的基础之上,需统领好各个子公司,正确处理和解决文化冲突,做好员工之间的文化管理,这就要求跨国企业尊重文化的多样性,找到不同文化之间的结合点,建立和谐统一的企业文化,通过营造良好稳定的工作环境,为各子公司的员工提供广阔的发展空间,由此改善员工关系、促进员工成长,进而推动企业的快速发展。此外,人力资源的开发与培训也必不可少,有效的培训与开发可以培养适合企业发展的积极且高效的管理者,使得管理者能较好地适应和融入新的环境,通过及时与东道国子公司的员工进行沟通,建立良好的员工关系,增强企业内部的凝聚力,助力企业的发展。另外,应建立适应全球化竞争的人力资源管理组织系统。③ 即便是采用目前大多数企业所青睐的本地化模式,仍可能选聘不到合适的人才,而如今,人力资源是企业成功的关键,因此,企业更需要广纳贤才,选贤任能,全面实施人才发展战略。

【本章小结】

本章对我国人力资源管理的发展历程进行了回顾,从艰苦奋斗的劳动人事管理到对外开放的人力资源管理,我国人力资源管理发展经历了 70 年的风风雨雨,从起步到成长,最后到逐步成熟阶段,人力资源管理的重点一直在发展演变。而这种演变与我国经济发展、社会文化变迁以及技术的进步存在必然的联系。

这种变化最终导致人力资源管理面临三个方面的挑战。例如,新生代员工与传统背景下的员工从理想、信念到价值观都存在极大的不同,我们的管理方式也应该更具针对性;大数据和人工智能影响企业人力资源管理模式,人工智能的发展意味着组织治理、人本激励的战略性和多维度的变革;共享经济条件下,平台上人力资源较为丰富,且打破了地域和空间上的限制,成本较低,使得平台管理者与供给者之间的关系更为自由,上下级

---

① 张光宇、李华军:《"外派"模式下的跨国公司人力资源风险研究》,《工业工程》,2010 年第 5 期,第 48—52 页。
② 刘正凯:《跨国公司人力资源管理的特点及发展趋势探讨》,《中国城市经济》,2011 年第 29 期,第 114 页。
③ 孟艳:《跨国公司的人力资源及文化管理》,《人力资源管理》,2011 年第 5 期,第 26—27 页。

观念越发淡薄,且发达的网络平台使得供给者与消费者能够进行有效的实时沟通。本章最后对跨国公司的人力资源管理如何突破传统意义上的企业边界、组织边界,如何培养员工的全球化意识,如何对海外员工进行管理等问题提出了相应对策。

【关键概念】

人事管理;新生代员工;共享经济;平台企业;大数据下的人力资源管理

【思考与练习】

1. 新生代员工有哪些特点?
2. 共享经济下人力资源管理存在哪些挑战?
3. 大数据给人力资源管理带来了哪些便利?
4. 跨国公司人力资源管理面临的最大挑战是什么?

参 考 文 献

[1] Arthur, J. B., "The link between business strategy and industrial Relations systems in american steel minimills", *ILR Review*, 1992, 45(3): 488-506.
[2] Beer, M., Spector, B., Lawrence. P., Quin Mills, D. and Walton, R., *Managing Human Assets*, New York: Fress Press, 1984.
[3] Beatty, R. W., Schneier, C. E., "A case for positive reinforcement", *Business Horizons*, 1975, 18(2): 57-66.
[4] Black, J. S., Gregersen, H. B., "High impact training forging leaders for the global frontier", *Human resource management*, (summer/fall), 2000, 39: 173-184.
[5] Boxall, P., "Beginnings of a new theoretical sophistication?", *Human Resource Management Journal*, 1992, 2: 60-79.
[6] Botsman, R., Rogers, R., *What's Mine is Yours: The Rise of Collaborative Consumption*, Doylestown: Harper Business, 2010.
[7] Brewster, C., Piekard, J., "Evaluating expatriate training", *International Studies of Management and Organization*, 1994, 24(3): 18-35.
[8] Cassell, C., *Qualitative Methods in Organizational Research: A Practical Guide*, Sage Publications, 1994.
[9] Chadwick, Dabu, "Human resources, human resource management, and the competitive advantage of firms: Toward a more comprehensive model of causal linkages", *Organization Science*, 2009, 20(1): 253-272.
[10] Chew, I. K. H., Chong, P. F., "Effects of strategic human resource management on strategic vision", *The International Journal of Human Resource Management*, 1999, 10(6): 1031-1045.
[11] Cook, P., "Management and leadership development: making it work", *Industrial & Commercial Training*, 2006, 38(1): 49-52.
[12] Davis, K., *Human Relations in Business*, New York: McGraw-Hill, 1957.
[13] Delery, J. E., Doty, D. H., "Modes of theorizing in strategic human resource management: Tests of universalistic, contingency, andconfigurational performance predictions", *Academy of Management Journal*, 1996, 39(4): 802-835.
[14] Dowling, P. J., Festing, M., and Engle, Sr. A. D., *International human Resource Management (6th eds)*. London: Cengage Learning, 2013.
[15] Drucker, P. F., *The Practice of Management*, New York: Harper & Brothers, 1954.
[16] Dulebohn, J. H., Ferris, G. R., Stodd, J. T., *The History and Evolution of Human Resource Management*, in Ferris, G., Rosen, S., Barnum, D. T., *Handbook of Human Resource Management*, New York: Blackwell, 1995.
[17] Edwards, J. R., "Person-job Fit: A conceptual integration, literature review, and methodological cri-

tique", *International Review of Industrial and Organizational Psychology*, 1991,6: 283-357.

[18] Elias, N., "Elias' experimental study of the effects of human asset statements on the investment decision", In Eric Flamholtz, *Human Resource Accounting*, Dickenson Publishing Company, 1974:340356.

[19] Fairbairn, U., "HR as a strategic partner: Culture change as an American express case study", *Human Resource Management*,2005,44(1): 79-84.

[20] Fombrun, C. J., Tichy, N. M., Devanna, M. A., *Strategic Human Resource Management*, New York: Wiley,1984.

[21] Friedman, B. A., "Globalization implications for human resource management roles", *Employee Responsibilities and Rights Journal*, 2007,19(3): 157-171.

[22] Gale, S. F., "Welcome to the Human Cloud", *Workforce*, 2016,95: 48-51.

[23] GomezSanchez, E. P., Ahmad, N., Romero, D. G., et al., "Is aldosterone synthesized within the rat brain?",*American Journal of Physiology Endocrinology and Metabolism*,2005,288(2): E342-E346.

[24] Hertog, F. D., Van Iterson, A., Mari, C., "Does HRM really matter in bringing about strategic change? Comparative action researchin ten European steel firms", *European Management Journal*, 2010,28(1): 14-24.

[25] Hoffman, B. J., Woehr, D. J., "A quantitative review of the relationship between person-organization fit and behavioral outcomes", *Journal of Vocational Behavior*, 2006,68:389-399.

[26] Huber, V. L., *Validation Study for Electronics Maintenance Technical Positions*. Washington DC: Human Resource Development Institutes,AFL-CIO,1991.

[27] Huselid, M. A., "The impact of human resource management practices on turnover, productivity, and corporate financial performance", *Academy of Management Journal*,1995,38(3): 635-672.

[28] Jackson, S. E., Schuler, R. S., "Understanding human resource management in the context of organizations and their environments", *Annual Review Psychology*, 1995,46:237-264.

[29] Kissler, G. D., "The new employment contract", *Human Resource Management*, 1994, 33 (3): 335-352.

[30] Kotter,J. P., *Why Change?*. Harvard Business School Press,1998.

[31] Kochan, T. A., McKersie, R. B., Katz, H. C., "U. S. industrial relations in transition", *Monthly Labor Review*, 1985,108(5): 28-29.

[32] Lado, A. A., Wilson M. C., "Human resource systems and sustained competitive advantage: A competency-based perspective", *The Academy of Management Review*, 1994,19: 699-727.

[33] Brown, S. M., Seidner, C. J.,*Evaluating Corporate Training: Models and Issues*. Boston: Kluwer Academic Publishers,1998.

[34] Lawler Ⅲ, E. E., Mohrman, S. A., *Creating a Strategic Human Resources Organization: An Assessment of Trends and New Directions*, Stanford, California: Stanford University Press,2003.

[35] Lengnick-Hall, C. A., Lengnick-Hall, M. L.,"Strategic human resources management: A review of the literature and a proposed typology", *Academy of Management Review*, 1998,13:454-470.

[36] London,M., "Job feedback: giving, seeking, and using feedback for performance improvement", Mahwah, NJ, US: Lawrence Erlbaum Associates Publishers, 1997,96-97.

[37] Lu1thans, F., *Organisational Behavior(Fifth Edition)*. New York:McGraw-Hill,1989.

[38] MacDuffie, J. P., "Human resource bundles and manufacturing performance: Organizational logic and flexible production syst ems in the world auto industry", *ILR Review*,1995,48(2): 197-221.

[39] McClelland, D. C., "Testing for competence rather than for intelligence'", *Journal of American*

Psychologist,1973,28(1):1-14.

[40] McClelland, D. C., "Identifying competencies with behavioral event interviews", *Psychological Science*,1998,(4):311-339.

[41] Miles, R. E., Snow, C. C., "Designing strategic human resources systems", *Organizational Dynamics*,1984,13(1):36-52.

[42] Mintzberg,H., *The Nature of Managerial Work*. NJ:Prentice-Hall Englewood Cliffs,1973.

[43] Morgan, P. V., "International human resource management: Fact of fiction", *Personal Administrator*, 1986,31(9):43-47.

[44] Parry,S. B., "Just what is a competency? And why should you care?",*Training*,1996,35(6):58-64.

[45] Patric, M., Wright, B. B., Dunford, Snell, S. A., "Human resources and the resource based view of the firm", *Journal of Management*,2001:27.

[46] Roth, K., and O'Donnell, S., "Foreign subsidiary compensation strategy: An agency theory perspective", *Academic of Management Journal*, 1996,39(3):678-703.

[47] Snell S. A., Youndt M. A., Wrigh P. M. T., "Establishing a framework for research in strategic human resource management: merging research theory and organizational learning", in G. Ferris(ed.), *Research in Personnel and Human Resource Management*. Greenwich, Conn.: JAI Press, 1996.

[48] Spencer,L. M., Spencer,S. M., *Competence at work:Models for Superior Performance*. NY:John Wiley & Sons Inc.,1993.

[49] Storey, J., *Developments in the Management of Human Resources*. Oxford: Blackwell, 1992.

[50] Truss, C., Gratton, L., Hope-Hailey, V., et al., "Soft and hard models of human resource management: A reappraisal", *Journal of Management Studies*,1997, 34(1):53-73.

[51] Van Maanen, J., Schein, E. H., "Toward a theory of organizational socialization", *Research in Organizational Behavior*, 1979(1):209-264.

[52] Wernerfelt, B., "Consumers with differing reaction speeds, scale advantages and industry structure", *European Economic Review*,1984,24(2):257-270.

[53] Wright, P., McMahan, G., "Theoretical perspectives for strategic resource management", *Journal of Management*, 1992(18):295-320.

[54] Wright, P., MacMahan, G., McWilliams, A., "Human resources and sustained competitive advantage: A resource-based view", *International Journal of HRM*,1994(5):301-26.

[55] Wright, P. M., Dunford, B. B., Snell, S. A., "Human resources and the resource based view of the firm", *Journal of Management*,2001,27(6):701-721.

[56] Zhang, Z., Liu, S., Tang, M., "Industry 4.0: challenges and opportunities for Chinese manufacturing industry", *Tehnicki Vjesnik*,2014,21(6):1-3.

[57] 〔美〕安德烈·德瓦尔:《成功实施绩效管理》,北京爱丁文化交流中心译,电子工业出版社2003年版,第13页。

[58] 鲍立刚、卢易菊、林新奇:《跌宕起伏、风雨兼程——改革开放前27年中国企业人力资源管理改革制度辨析》,《武汉商业服务学院学报》,2014年第1期,第48—51页。

[59] 〔美〕彼得·圣吉:《第五项修炼——学习型组织的艺术与实务》,郭进隆译,上海三联书店1998年版,第225页。

[60] 〔美〕彼得·圣吉:《第五项修炼—学习型组织的艺术与实践》,张成林译,中信出版社2009年版,第229—230页。

[61] 〔美〕比尔等:《管理人力资本》,华夏出版社1998年版,第19页。

[62] 车丽萍、秦启文:《管理心理学》,武汉大学出版社2009年版。
[63] 陈春花、杨忠、曹洲涛:《组织行为学》,机械工业出版社2016年版,第338—340页。
[64] 陈德金:《OKR,追求卓越的管理工具》,《清华管理评论》,2015年第12期,第78—83页。
[65] 陈立:《工业心理学简述》,浙江人民出版社1983年版。
[66] 陈丽贞:《90后新生代员工管理激励探析》,《现代营销》,2017年第3期,第90—91页。
[67] 陈民科:《基于胜任力的职务分析及其应用》,《人类功效学》,2002年第3期,第23—26页。
[68] 陈思明:《现代薪酬学》,立信会计出版社2004年版。
[69] 陈文君、马田田、周凤莹:《新生代员工的心理管理艺术》,《领导科学》,2017年第7期,第34—35页。
[70] 陈晓萍:《跨文化管理》,清华大学出版社2009年版,第6页。
[71] 陈心心:《"互联网+"背景下网络用工关系的认定与保护》,《唐山学院学报》,2020年第4期。
[72] 程素萍:《人性假设与人力资源管理模式》,《生产力研究》,2002年第6期,第76—78页。
[73] 程熙镕、李朋波、梁晗:《共享经济与新兴人力资源管理模式——以Airbnb为例》,《中国人力资源开发》,2016年第6期,第20—25页。
[74] 程延园:《劳动关系》,中国人民大学出版社2002版。
[75] 〔美〕德鲁克:《后资本主义社会》,上海译文出版社1998年版,第4页。
[76] 〔美〕德鲁克:《管理的实践》,机械工业出版社2006年版。
[77] 丁秀秀:《"工业4.0"时代人力资源管理新思维》,《经营管理者》,2017年第6期,第108—181页。
[78] 杜文含、刘平:《基于心理契约视角的90后新生代员工激励机制的研究》,《石河子科技》,2016年第6期,第34—36页。
[79] 樊志娟、王金根:《工业4.0时代企业管理的创新思考与研究》,《现代经济信息》,2015年第23期,第51页。
[80] 方妙英:《〈劳动合同法〉给HRM带来的三大风险及对策》,《商场现代化》,2007年第11期,第283页。
[81] 〔英〕菲利普·李维斯、阿德里安·桑希尔、马克·桑得斯等:《雇员关系:解析雇佣关系》,高嘉勇等译,东北财经大学出版社2005年版。
[82] 丰岩:《"90后"新生代员工的管理方略》,《经济导刊》,2011年第11期,第93—94页。
[83] 傅红、周贺、段万春等:《企业文化变革对新生代员工工作压力影响的实证研究》,《昆明理工大学学报(自然科学版)》,2015年第6期,第126—132页。
[84] 高超民:《分享经济模式下半契约型人力资源管理模式研究——基于6家企业的多案例研究》,《中国人力资源开发》,2015年第23期,第16—21页。
[85] 高松、汪金爱、林小桢:《行动学习理论、实务与案例》,机械工业出版社2014年版,第23—24页。
[86] 郭春梅、魏钧:《人力资源战略制定流程及要点》,《中国人才》,2003年第3期,第46—48页。
[87] 过文俊:《虚拟团队的运作与协调》,《中国MBA》,2004年第1期,第100—102页。
[88] 贺爱忠:《21世纪的企业人力资源管理》,《中国软科学》,2000年第2期,第37—39页。
[89] 洪桂彬:《人力资源管理法制化时代的挑战》,《人力资源管理(学术版)》,2008年第5期,第40页。
[90] 侯海青、张敏:《劳动关系和谐度对新生代员工绩效影响的实证研究》,《中国劳动》,2015年第24期,第75—79页。
[91] 侯烜方、李燕萍、涂乙冬:《新生代工作价值观结构、测量及对绩效影响》,《心理学报》,2014年第6期,第823—840页。
[92] 胡振华、朱娜:《对知识员工的薪酬管理体系研究》,《企业技术开发》,2004第10期,第36页。
[93] 华茂通咨询:《现代企业人力资源解决方案》,中国物资出版社2003年版。

[94] 解冻:《基于发展中心理论的企业领导胜任力开发研究》,上海交通大学博士研究生学位论文,2007。

[95] 〔美〕克里斯托弗·A.巴特利特、保罗·W.比米什:《跨国管理:教程、案例和阅读材料》(第7版),赵曙明、周路路主译,东北财经大学出版社2017年版。

[96] 〔美〕柯林斯等:《基业长青》,真如译,中信出版社2006年版。

[97] 孔令华:《岗位胜任力测评在企业人力资源管理中的应用》,《市场周刊》,2004年第3期,第22—25页。

[98] 〔美〕劳伦斯·S.克雷曼:《人力资源管理——获取竞争优势的工具》,机械工业出版社2003年版,第15页。

[99] 〔美〕雷恩:《管理思想的演变》,中国社会科学出版社1997年版,第416页。

[100] 〔美〕雷蒙德·A.诺伊、约翰·霍伦拜克、拜雷·格哈特:《人力资源管理:赢得竞争优势》,中国人民大学出版社2001年版。

[101] 李长江、欧阳奕、邵会会:《人性质态测评模型设计及现代人人性质态分析》,《华东经济管理》,2012年第11期,第95—100页。

[102] 〔美〕里尔登等:《职业生涯发展与规划(第3版)》,侯至瑾等译,中国人民大学出版社2010年版。

[103] 李菲菲:《企业中层管理者胜任特征模型建立及应用研究》,内蒙古大学硕士学位论文,2008。

[104] 李景峰、梁明蕙:《分享经济时代下基于互联网的人力资源众包模式初探》,《经济问题》,2016年第4期,第96—101页。

[105] 李隽、李新建、王玉姣:《人力资源管理角色研究述评》,《外国经济与管理》,2011年第4期,第43—50页。

[106] 李雄:《如何构建新时代和谐劳动关系》,《人民法院报》2018年2月27日。

[107] 李英:《西方战略人力资源管理综述》,《东岳论丛》,2005年第2期,第175—177页。

[108] 李召敏、韩小芳、赵曙明:《民营企业雇佣关系模式关键影响因素的多案例研究》,《管理科学》,2017年第5期,第119—135页。

[109] 联合国教科文组织总部:《教育:财富蕴藏其中》,教育科学出版社1996年版,第65页。

[110] 廖晓明、陈珊《"90后"新生代员工的特点与管理策略》,《领导科学》,2017年第19期,第10—11页。

[111] 林新奇:《未来10年、30年中国人力资源管理发展八大趋势》,《光明日报》2009年2月16日。

[112] 林新奇:《人力资源管理三十年:路径与走向》,《中国人才》,2008年第21期,第12—14页。

[113] 林新奇:《新中国人力资源管理变革的路径和走向:制度变迁与政策选择》东北财经大学出版社2012年版。

[114] 林新奇、苏伟琳:《社会交换理论视域下的新生代员工激励管理研究》,《现代管理科学》,2017年第5期,第6—8页。

[115] 林泽炎:《3P模式:规范中小企业人力资源管理》,《中国人力资源开发》,1999年第12期,第15—17页。

[116] 刘冰、张欣平:《职业生涯管理》,山东人民出版社2004年版。

[117] 刘大卫:《企业并购中的人力资源整合研究》,中国经济出版社2007年版,第53页。

[118] 刘洪:《薪酬管理》,北京师范大学出版社2007年版。

[119] 刘洪、赵曙明:《企业家薪酬确定的原则、影响因素与方案》,《中国软科学》,2000年第6期,第8—13页。

[120] 刘蕾、鄢章华:《共享经济——从"去中介化"到"再中介化"的被动创新》,《科技进步与对策》,2017年第7期,第14—20页。

[121] 刘楠、周小普:《乡村振兴背景下的"三农"主体话语生产与实践建构》,《甘肃社会科学》,2019年第5期,第215—221页。
[122] 刘宁、宾可、张正堂:《组织变革中软件开发企业绩效管理改进的案例研究——以某跨国IT公司南京软件中心为例》,《中国人力资源开发》,2012年第2期,第65—69页。
[123] 刘孝成、庞鹏:《战略性人力资源管理职能模式研究》,《北京石油管理干部学院学报》,2009年第1期,第33页。
[124] 刘元文:《相容与相悖:当代中国的职工民主参与研究》,中国劳动社会保障出版社2004年版。
[125] 刘正凯:《跨国公司人力资源管理的特点及发展趋势探讨》,《中国城市经济》,2011年第29期,第114页。
[126] 刘追、陈利芳:《基于互联网的人力资源共享服务中心服务模式研究》,《中国人力资源开发》,2017年第7期,第92—98页。
[127] 龙彦君:《人工智能(AI)技术在人力资源管理信息系统的应用》,《自动化与仪器仪表》,2016年第10期,第187—188页。
[128] 龙叶、振磊史:《人力资源开发与管理》,清华大学出版社、北京交通大学出版社2007年版,第37页。
[129] 〔美〕罗宾·蔡斯:《共享经济:重构未来商业新模式》,王芮译,浙江人民出版社2015年版。
[130] 〔美〕罗宾斯:《组织行为学》,中国人民大学出版社1997年版,第9页。
[131] 罗天昕:《国际化背景下企业变革领导力结构与绩效关系研究》,浙江大学出版社2008年版。
[132] 吕翠、杨培兴、周欢:《从富士康员工"12跳"谈新生代员工管理》,《经营与管理》,2010年第6期,第20—22页。
[133] 〔美〕Lyle M Spencer,Signe M Spencer,《才能评鉴法:建立卓越的绩效模式》,魏梅金译,汕头大学出版社2003年版。
[134] 〔美〕马克·N·克莱门特:《并购制胜战略》,机械工业出版社2003年版,第290—312页。
[135] 马丽、鲍红娟、杨春江等:《新生代员工工作场所乐趣对离职的影响——组织嵌入的中介作用》,《中国人力资源开发》,2016年第23期,第6—14页。
[136] 〔英〕马里恩·迪瓦恩:《成功并购指南》,中信出版社2004年版,第10页。
[137] 马薪婷:《联想:基于战略和文化的领导力模型构建》,《销售与管理》,2006年第10期。
[138] 〔英〕迈克·佩德勒、克里斯蒂娜·阿博特:《行动学习的催化密集》,机械工业出版社2015年版,第14—15页。
[139] 孟宁:《企业全球化经营与跨文化管理》,《中国外资》,2006年第4期,第32—34页。
[140] 孟艳:《跨国公司的人力资源及文化管理》,《人力资源管理》,2011年第5期,第26—27页。
[141] 苗青、王重鸣:《基于企业竞争力的企业家胜任力模型》,《中国地质大学学报(社会科学版)》,2003年第3期,第18—20页。
[142] 穆胜:《人力资源管理的"云范式"革命》,《中国人力资源开发》,2013年第15期,第6—13页。
[143] 倪渊:《新生代知识型员工离职倾向影响因素——基于互联网创业公司的实证研究》,《北京理工大学学报(社会科学版)》,2017年第1期,第108—115页。
[144] 欧阳奕:《基于人性质态复杂性分析的企业人力资源管理对策研究》,浙江师范大学硕士学位论文,2013。
[145] 彭光灿:《关于人性和管理中人性假设之间关系的思考》,《宁夏大学学报(人文社会科学版)》,2012年第3期,第160—164页。
[146] 彭剑锋:《人力资源管理概论》,复旦大学出版社2003年版,第19页。
[147] 彭剑锋:《华为人力资源管理四大法宝对国企人力资源管理改革的启示——国企人力资源机制

创新应如何向华为学习》,《中国人力资源开发》,2014年第8期,第74—79页。

[148] 彭熠:《我国农业上市公司经营绩效研究——基于转型经济背景的分析》,经济科学出版社2008年版。

[149] 亓名杰:《当代管理理论发展趋势》,《嘉兴学院学报》,2009年第1期,第63—68页。

[150] 戚振江:《网络时代的团队:虚拟团队》,《经济管理》,2002年第4期,第23页。

[151] 钱士茹、徐自强、王灵巧:《新生代员工心理契约破裂和离职倾向的关系研究》,《现代财经(天津财经大学学报)》,2015年第2期,第102—113页。

[152] 瞿皎姣、赵曙明:《中国工会代表性的提升策略研究—组织社会学新制度主义的分析视角》,《南京大学学报》,2017年第2期,第36—46页。

[153] 任建平:《发展基于企业战略的胜任领导力》,《当代经理人》,2006年第10期,第104—106页。

[154] 石金涛、颜世富:《培训与开发》(第4版),中国人民大学出版社2019年版,第82—88、190页。

[155] 时勘、王继承、李超平:《企业高层管理者胜任特征评价的研究》,《心理学报》,2002年第3期,第306—311页。

[156] 时勘:《我国的员工培训心理学研究及其症结》,《中国人力资源开发》,1990年第6期,第13—15页。

[157] 时勘、时雨:《人力资源管理——心理学的理论基础与方法》,高等教育出版社2017年版。

[158] 〔美〕斯蒂芬·P. 罗宾斯:《管理学(第4版)》,黄卫伟译,中国人民大学出版社1997年版。

[159] 〔英〕斯图尔特·克雷纳:《百年管理》,邱琼等译,海南出版社2003年版,第124页。

[160] 苏方国、赵曙明、高慧如、罗旖顾:《共享经济中劳动关系治理》,《现代管理科学》,2018年第8期,第9—11页。

[161] 苏剑:《共享经济:动因、问题和前景》,《新疆师范大学学报(哲学社会科学版)》,2018年第2期,第126—131页。

[162] 孙建安、李志铭:《国有企业应尝试人力资源"6P"管理模式》,《中国劳动》,2000年第2期,第29—30页。

[163] 孙美佳:《"80后""90后"新生代员工的价值观透视及有效激励》,《领导科学》,2017年第19期,第5—7页。

[164] 〔美〕泰勒:《科学管理原理》,机械工业出版社2007年版,第22页。

[165] 田书芹、王东强:《"新常态"下中小企业新生代员工人力资源生态管理模式研究》,《中国劳动》,2015年第24期,第109—113页。

[166] 王重鸣:《管理心理学》,人民教育出版社2000年版。

[167] 王重鸣、陈民科:《管理胜任力特征分析:结构方程模型检验》,《心理科学》,2002年第5期,第513—516页。

[168] 王重鸣、唐宁玉:《虚拟团队研究:回顾、分析和展望》,《科学学研究》,2006年第2期,第117页。

[169] 王重鸣:《劳动人事心理学》,浙江教育出版社1988年版。

[170] 王重鸣:《管理与人事心理学研究与理论体系的新进展》,《应用心理学》,1988年第4期,第1—6页。

[171] 王继承:《谁能胜任——胜任模型及使用》,中国财政经济出版社2004年版。

[172] 王俊秀、刘梦泽:《〈劳动合同法〉实施两年:劳动争议案数量仍居高不下》,《中国青年报》2010年1月19日。

[173] 汪莉:《职业生涯规划与管理》,中国华侨出版社2007年版。

[174] 王丽娟、武晓光、辛巍巍:《人类命运共同体构建背景下的中俄关系研究》,《现代交际》,2018年第9期,第56—58页。

[175] 王明辉、凌文辁:《员工组织社会化研究的概况》,《心理科学进展》,2006 年第 5 期,第 722—728 页。

[176] 王通讯:《人力资源管理与开发必将在中国兴起》,《人事与人才》,1994 年第 10 期,第 5 页。

[177] 王晓晖:《基于不同人性假设的员工激励机制分析》,《价格月刊》,2008 年第 3 期,第 72—74 页。

[178] 王俞:《西方人力资源管理概念浅析》,《中国人才》,2003 年第 9 期,第 20—23 页。

[179] 王志强:《我国劳动关系三方协商机制存在的问题及完善对策》,《经济论坛》,2011 年第 5 期。

[180] 〔美〕韦恩·卡肖:《低工资的高成本》,《哈佛商业评论》,2006 年第 12 期,第 32—33 页。

[181] 魏文斌:《西方管理学范式的三种维度》,《国外社会科学》,2007 第 1 期,第 2—7 页。

[182] 文跃然:《薪酬管理原理》,复旦大学出版社 2004 年版。

[183] 吴敬琏:《中国经济六十年》,《财经》,2009 年第 20 期,第 4—8 页。

[184] 吴秀莲:《人力资源管理范式演进的资本逻辑》,《科学学与科学技术管理》,2006 年第 12 期,第 161—162 页。

[185] 席猛、赵曙明:《劳资冲突研究述评:定义、前因及研究新视角》,《管理学报》,2014 年第 3 期,第 455—461 页。

[186] 线玲玲:《行动学习的理论发展及应用要点探讨》,《现代商贸工业》,2011 年第 12 期,第 53 页。

[187] 谢晋宇:《人力资源管理模式:工作生活管理的革命》,《中国社会科学》,2001 年第 2 期,第 27—37 页。

[188] 信卫平:《公平与不平:当代中国的劳动收入问题研究》,中国劳动社会保障出版社 2002 年版。

[189] 徐长江、陶小红:《90 后知识型员工高离职率的成因及对策分析》,《企业改革与管理》,2017 年第 11 期,第 69—71 页。

[190] 徐小洪:《冲突与协调:当代中国私营企业的劳资关系研究》,中国劳动社会保障出版社 2004 年版。

[191] 颜爱民、胡仁泽、徐婷:《新生代员工感知的高绩效工作系统与工作幸福感关系研究》,《管理学报》,2016 年第 4 期,第 542—550 页。

[192] 颜世富:《培训与开发》,北京师范大学出版社 2007 年版。

[193] 杨东涛、朱武生:《激励性薪酬体系设计》,《中国人力资源开发》,2001 年第 7 期,第 9—12 页。

[194] 〔美〕杨国安、欧瑞奇:《学习力》,华夏出版社 2005 年版。

[195] 杨河清、唐军等:《企业经营者薪酬激励机制研究》,中国劳动社会保障出版社 2004 年版。

[196] 杨云霞、庄季桥:《推动中国特色和谐劳动关系健康发展》,《光明日报》2018 年 8 月 21 日。

[197] 易子敬:《中小企业领导胜任力影响因素及其实证研究》,湖南大学博士研究生学位论文,2006。

[198] 于换军、毛日昇:《中美贸易摩擦对两国就业的影响》,《东北师大学报(哲学社会科学版)》,2019 年第 6 期,第 136—139 页。

[199] 于桂青:《工业 4.0 下中小企业人力资源管理绩效评价研究》,《现代经济信息》,2016 年第 10 期,第 37 页。

[200] 于晓东、刘荣、陈浩:《共享经济背景下的人力资源管理模式探索:以滴滴出行为例》,《中国人力资源开发》,2016 年第 6 期,第 6—11、54 页。

[201] 于衍平:《科技人力资源管理与激励模式》,《科研管理》,1997 年第 6 期,第 38—45 页。

[202] 于永达:《基于 PLS 的领导人才胜任力测评方法研究改革》,《改革》,2005 年第 1 期,第 101—109 页。

[203] 〔美〕约翰 M. 伊万切维奇、赵曙明:《人力资源管理(第九版)》,机械工业出版社 2006 年版。

[204] 曾湘泉:《中国劳动问题研究》,中国劳动社会保障出版社 2006 年版。

[205] 张德:《企业文化建设的心理机制》,《清华大学学报(哲学社会科学版)》,1989 年第 2 期,第 11—

15页。

[206] 张光宇、李华军:《"外派"模式下的跨国公司人力资源风险研究》,《工业工程》,2010年第5期,第48—52页。

[207] 张弘、赵曙明:《人才流动探析》,《中国人力资源开发》,2000年第8期,第4—6页。

[208] 张嘉昕、唐鑫:《新时代高质量发展下的和谐劳动关系构建》,《学术研究》,2020年第5期。

[209] 张立富:《人力资源开发》,南开大学出版社2009年版。

[210] 张丽娟:《基于心理契约理论的"90后"新生代员工激励措施》,《经营与管理》,2017年第7期,第44—47页。

[211] 张杉杉、罗震雷、徐晓峰:《人力资源管理心理学》,首都经济贸易大学出版社2009年版。

[212] 张戌凡、赵曙明:《中国工会研究的再认识:工会效能研究的范式重构及层级测量框架》,《江海学刊》(双月刊),2019年第5期,第139—147页。

[213] 张素凤:《新时代非典型用工关系的定位与规制》,《安徽师范大学学报(人文社会科学版)》,2019年第4期。

[214] 张莹:《如何进行职业生涯规划与管理》,北京大学出版社2004年版。

[215] 张祖安:《我要的是全部!》,《北大商业评论》,2009年第1期,第104—108页。

[216] 赵曙明:《中国企业人力资源管理》,南京大学出版社1995年版。

[217] 赵曙明:《论战略人力资源管理》,《中国工业经济》,1996年第4期,第17—23页。

[218] 赵曙明:《人力资源管理与开发》,中国人事出版社1998年版。

[219] 赵曙明:《我国三种不同所有制企业的人力资源管理》,《中国工业经济》,1998年第10期,61—66页。

[219] 赵曙明:《国际企业人力资源管理》,南京大学出版社1998年版。

[220] 赵曙明:《企业人力资源管理与开发国际比较研究》,人民出版社1999年版,第140页。

[221] 赵曙明:《国际企业:跨文化管理》,南京大学出版社1999年版,第189页。

[222] 赵曙明:《21世纪全球企业的人力资源管理所面临的问题与挑战》,《第三届企业跨国经营国际研讨会论文集》,1999年,第406页。

[223] 赵曙明、彼得·J.道林、丹尼斯·E.韦尔奇:《跨国公司人力资源管理》,中国人民大学出版社2001年版,第9页。

[224] 赵曙明:《人力资源管理研究》,中国人民大学出版社2001年版。

[225] 赵曙明:《人力资源战略与规划》,中国人民大学出版社2002年版。

[226] 赵曙明:《人力资源管理案例点评》,浙江人民出版社2003年版,第60—69页。

[227] 赵曙明、罗伯特·马希斯、约翰·杰克逊:《人力资源管理(第九版)》,电子工业出版社2003年版。

[228] 赵曙明、Mathis. R., Jackson. J.:《人力资源管理》,电子工业出版社2003年版,第10页。

[229] 赵曙明:《人力资源管理理论研究现状分析》,《外国经济与管理》,2005年第1期,第15—20、26页。

[230] 赵曙明:《海外派遣经理人的思考》,《管理人》,2007年第1期,第39—40页。

[231] 赵曙明、杜娟:《企业经营者胜任力及测评理论研究》,《外国经济与管理》,2007年第1期,第33—40页。

[232] 赵曙明、杨慧芳:《企业管理者的任职素质研究》,《心理科学》,2007年第6期,第1503—1505页。

[233] 赵曙明:《中国人力资源管理三十年的转变历程与展望》,《南京社会科学》,2009年第1期,第7—11页。

[234] 赵曙明:《开发与管理具有全球胜任力的领导者》,《新思维》2007年总第3期。

[235] 赵曙明:《中、美、欧企业人力资源管理差异与中国本土企业人力资源管理应用研究》,《管理学报》,2012年第3期,第380—387页。

[236] 赵曙明、张敏、赵宜萱:《人力资源管理百年:演变与发展》,《外国经济与理》,2019年第41卷第12期,第50—73页。

[237] 赵曙明等:《人力资源管理》,电子工业出版社2008年版,第46页。

[238] 赵曙明、刘燕、道林.彼得等:《国际人力资源管理(第五版)》,中国人民大学出版社2012年版。

[239] 赵曙明、陶向南、周文成:《人力资源管理与开发》,北京大学出版社2019年3月第1版。

[240] 赵曙明、张宏远、〔美〕罗伯特·马希斯、约翰·杰克逊等:《人力资源管理》(第15版)(中国版),电子工业出版社2018年版。

[241] 赵曙明:《国际企业:人力资源管理》(第四版),南京大学出版社2010年版。

[242] 赵曙明:《国际企业:人力资源管理》,南京大学出版社1992年版。

[243] 赵曙明:《人才是跨国经营的关键》,《开放导报》,1993年第5期,第44—45页。

[244] 赵曙明:《做好企业复工复产的人力资源管理》,《人民日报》2020年2月25日。

[245] 赵曙明:《深化人力资源管理变革与创新》,《新华日报》2020年3月24日。

[246] 赵曙明:《高校如何面对生涯规划教育新要求》,《光明日报》2020年3月31日。

[247] 赵曙明:《国外集体谈判研究现状评述及展望》,《外国经济与管理》,2012年第1期,第18—26页。

[248] 赵曙明:《中、美、欧企业人力资源管理差异与中国本土企业人力资源管理应用研究》,《管理学报》,2012年第3期,第380—387页。

[249] 赵曙明、白晓明:《企业劳资冲突的波及面差异:国际经验与启示》,《改革》,2012年第12期,第125—131页。

[250] 赵曙明:《构建和谐的劳动关系实现中国梦》,《新华日报》2013年7月16日。

[251] 赵曙明、白晓明、赵宜萱:《转型经济背景下我国企业家胜任素质分析》,《南京大学学报》,2015年第2期,第25—35页。

[252] 赵曙明:《无边界的人资管理》,《商界:评论》,2015年第8期,第74—75页。

[253] 赵曙明、席猛、蒋春燕:《人力资源管理重要性与能力对企业雇用关系模式选择的影响》,《经济管理》,2016年第4期,第83—92页。

[254] 赵曙明:《"快捷"时代的人力资源管理》,《新华日报》2016年3月29日。

[255] 赵曙明:《时代巨变中的中国人力资源管理研究——〈中国人力资源开发〉编辑部专访赵曙明教授》,《中国人力资源开发》,2018年第11期,第6—11页。

[256] 赵曙明:《共享经济下人力资源管理面临新变化》,《新华日报》2018年1月17日。

[257] 赵曙明:《新时代我国企业劳动关系管理》,《新华日报》2018年5月8日。

[258] 赵曙明:《建立创新型人力资源管理模式》,《人民日报》2018年12月10日。

[259] 赵曙明、张紫滕、陈万思:《新中国70年中国情境下人力资源管理研究知识图谱及展望》,《经济管理》,2019年第7期,第190—208页。

[260] 赵曙明、张敏、赵宜萱:《人力资源管理百年:演变与发展》,《外国经济与管理》,2019年第12期,第1—24页。

[261] 赵宜萱、徐云飞:《新生代员工与非新生代员工的幸福感差异研究——基于工作特征与员工幸福感模型的比较》,《管理世界》,2016年第6期,第178—179页。

[262] 赵宜萱、赵曙明、杜鹏程、张敏:《逆全球化风险下的企业家精神、组织变革、雇佣关系——第九届(2017)企业跨国经营国际研讨会综述》,《经济管理》,2017年第11期,第186—195页。

[263] 赵宜萱、赵曙明、徐云飞:《基于20年成就方式数据的中国员工代际差异研究》,《管理学报》,

2019年第12期,第1751—1760页。

[264] 郑志来:《共享经济的成因、内涵与商业模式研究》,《现代经济探讨》,2016年第3期,第32—36页。

[265] 仲理峰、时勘:《家族企业高层管理者胜任特征模型》,《心理学报》,2004年第1期,第110—115页。

[266] 赵继新、郑强国:《人力资源——基本理论、操作实务、精选案例》,清华大学出版社、北京交通大学出版社2011年版。

[267] 赵静:《企业全方位领导胜任力模型的建立》,《安徽农业大学学报(社会科学版)》,2007年第3期,第33—36页。

[268] 赵履宽:《体制改革与人力资源开发——中国的当务之急》,《中国民办科技实业》,1995年第4期,第4—6页。

[269] 宗洋洋:《F公司新生代员工离职问题研究》,安徽大学硕士研究生学位论文,2017。

后　　记

本教材于 2011 年 6 月出版以来，被诸多高校选为 EMBA 或 MBA 的人力资源管理课程教材，获得师生们的广泛好评，也得到了实践界的一致肯定，我和我的团队甚感欣慰。

经过近十年的使用和磨合，本次教材修订的动因主要基于以下几方面：一是企业内外部环境的深刻变化。特别是面临 VUCA 时代（易变性、不确定性、复杂性、模糊性）的挑战，传统的管理经验不再适用，新的科学管理范式正处于酝酿和逐步形成阶段。数字时代、人工智能技术等给全球商业模式带来前所未有的机遇与挑战，对各行各业的人力资源管理实践造成急剧冲击，这些内外部环境的变化亟须体现在新教材修订中，以更好地贴近现实。二是人力资源管理的新发展。这既包含了国内外企业的最新人力资源管理实践，也包含了南京大学商学院人力资源管理团队对于人力资源管理理论的最新研究成果，这些都需要反映在教材的相关章节中，以更好地服务实际。三是教材在使用过程中需要不断进行完善，以更好地引导读者。

本次修订保留了第一版的总体框架，但部分内容根据上述内外部环境的变化和人力资源管理的发展，进行了与时俱进的修订。我负责新版的修订总体规划并对修改进行了具体分工，具体是：第一章，李晋；第二章，孔锦；第三章，王成城；第四、五、七章，周路路；第六章，刘善堂；第八、九、十章，刘燕。李召敏博士后为本次修订提出了诸多宝贵意见。最后，由我、刘洪、李乾文三位主编对教材整体内容进行修改、统稿与审定。

本教材的出版还要感谢书中所借鉴和引用的大量国内外文献的原作者，在编写过程中，我们尽可能进行了标注或说明，但仍难免疏漏，未能找到文献出处的作者请随时与出版社或我们联系。

赵曙明

2020 年 11 月 28 日于南京大学商学院